금융감독원

NCS + 논술 + 최종점검 모의고사 5회

SD에듀
(주)시대고시기획

2024 최신판 SD에듀 All-New 금융감독원
NCS + 논술 + 최종점검 모의고사 5회 + 무료NCS특강

Always with you

사람의 인연은 길에서 우연하게 만나거나 함께 살아가는 것만을 의미하지는 않습니다.
책을 펴내는 출판사와 그 책을 읽는 독자의 만남도 소중한 인연입니다.
SD에듀는 항상 독자의 마음을 헤아리기 위해 노력하고 있습니다. 늘 독자와 함께하겠습니다.

머리말

금융기관의 건전성을 확보하고 공정한 시장 질서를 확립하며 금융소비자를 보호하는 금융감독원은 2024년에 신입직원을 채용할 예정이다. 금융감독원의 채용절차는 「입사지원서 접수 ➡ 1차 필기전형 ➡ 2차 필기전형 ➡ 1차 면접전형 ➡ 2차 면접전형 ➡ 신원조사 · 신체검사 ➡ 최종 합격자 발표」 순서로 이루어진다. 필기전형은 1차의 경우 직업기초능력으로, 2차의 경우 전공평가 및 논술평가로 진행한다. 그중 직업기초능력은 의사소통능력, 수리능력, 문제해결능력 총 3개의 영역을 평가하며, 2023년에는 PSAT형으로 진행되었다. 또한, 전공평가는 분야별 전공 지식을, 논술평가는 일반논술을 평가하므로 반드시 확정된 채용공고를 확인하는 것이 필요하다. 따라서 필기전형에서 고득점을 받기 위해 다양한 유형에 대한 폭넓은 학습과 문제풀이능력을 높이는 등 철저한 준비가 필요하다.

금융감독원 합격을 위해 SD에듀에서는 금융감독원 판매량 1위의 출간 경험을 토대로 다음과 같은 특징을 가진 도서를 출간하였다.

도서의 특징

❶ **기출복원문제를 통한 출제 유형 확인!**
- 2023년 주요 공기업 NCS 기출문제를 복원하여 공기업별 NCS 필기 유형을 파악할 수 있도록 하였다.

❷ **금융감독원 필기전형 출제 영역 맞춤 문제를 통한 실력 상승!**
- 직업기초능력 출제유형분석&실전예제를 수록하여 유형별로 대비할 수 있도록 하였다.
- 금융감독원 전공 및 논술 기출문제를 수록하여 2차 필기전형까지 완벽히 대비할 수 있도록 하였다.

❸ **최종점검 모의고사를 통한 완벽한 실전 대비!**
- 철저한 분석을 통해 실제 유형과 유사한 최종점검 모의고사를 수록하여 자신의 실력을 최종 점검할 수 있도록 하였다.

❹ **다양한 콘텐츠로 최종 합격까지!**
- 금융감독원 채용 가이드와 면접 기출질문을 수록하여 채용을 준비하는 데 부족함이 없도록 하였다.
- 온라인 모의고사를 무료로 제공하여 필기전형에 대비할 수 있도록 하였다.

끝으로 본 도서를 통해 금융감독원 채용을 준비하는 모든 수험생 여러분이 합격의 기쁨을 누리기를 진심으로 기원한다.

SDC(Sidae Data Center) 씀

○ 설립 안내

⋯ '금융감독기구의 설치 등에 관한 법률'에 의거 전 은행감독원, 증권감독원, 보험감독원, 신용관리기금 등 4개 감독기관이 통합되어 설립됨(1999. 1. 2.)

⋯ 그 후 '금융위원회의 설치 등에 관한 법률'에 의거하여 현재의 금융감독원으로 거듭남

○ 설립 목적

⋯ 금융기관에 대한 검사 · 감독업무 등의 수행을 통하여 건전한 신용질서와 공정한 금융거래관행을 확립하고 예금자 및 투자자 등 금융수요자를 보호함으로써 국민경제의 발전에 기여함

○ 심벌

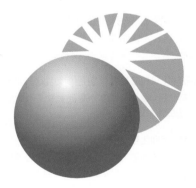

• 글로벌한 금융환경을 의미하는 입체의 원과 금융계를 상향적으로 발전시키는 감독기관으로 서의 기능을 상징하는 빛의 이미지를 결합하여 표현함

• 단순한 형태와 엄정한 질서의 기하학적인 형태로 신뢰감과 권위를 강조하는 금융감독원의 심벌마크는 입체의 원과 빛의 이미지가 결합된 형태로, 원은 균형과 완벽함을, 빛은 방향을 제시하고 계도하는 상징적 의미를 가짐

○ 윤리경영 세부 추진계획

> **청렴성과 도덕성을 갖춘 신뢰받는 감독기구**

친절교육 강화	사회 공헌활동 활성화	대내외 홍보
▼	▼	▼
비리 유착 방지	**청렴성 강화**	**투명성 제고**
• 국민검사청구서 • 청구인연명주 • 개인정보 수집 · 이용 · 제3자 제공 동의서	• 임직원의 금융투자상품 거래신고 • 소유재산등록제도 실시 • 윤리의식 고취를 위한 윤리교육 강화	• 업무처리 시 담당자, 진행과정 공개 • 금융감독법규 적용 및 해석의 투명성 제고 • 투명성 규약관련 국제기구권고 철저이행 등

○ 윤리헌장

우리는 금융산업의 건전한 발전과 금융시장의 안정을 통해 국민의 재산을 보호하고 국민경제에 이바지하고자 신명을 바쳐 주어진 소임을 다한다.

우리는 항상 금융소비자의 입장에서 생각하고 금융소비자의 권익보호를 위해 최선을 다한다.

우리는 높은 윤리의식을 바탕으로 지위나 권한을 남용하지 않으며 담당직무와 직위를 이용하여 부당한 이익을 추구하지 아니한다.

우리는 투철한 준법정신과 고도의 전문성을 바탕으로 투명하고 공정한 자세로 맡은 바 소명을 엄정하게 수행한다.

우리는 공무수행자로서 높은 사명감과 긍지를 가지고 사회공동체의 일원으로서 공익활동에 적극 참여하고 사회적 책임을 다한다.

우리는 변화와 혁신의 자세로 우리 스스로가 더욱 청렴하고 겸손하게 업무에 임한다.

우리는 금융시장의 법질서를 위반하는 행위에 대해서는 '법과 원칙'에 따라 엄정하게 조치하여 시장에서 금융윤리가 철저히 정립될 수 있도록 노력한다.

우리는 금융시장 상황에 대해 정보수집 및 분석능력을 함양하고 적극적으로 정보를 공유하며 금융시장의 문제점에 대해 보다 신속한 대응자세를 갖춘다.

신입 채용 안내 INFORMATION

🔄 지원자격(공통)

❶ 학력 · 연령 : 제한 없음

❷ 병역 : 남성의 경우 군필 또는 면제자

❸ 금융감독원 인사관리규정에 따른 결격사유에 해당되지 않는 자

🔄 필기전형

구분		분야		내용	시간
1차	직업기초능력	전 분야		의사소통능력, 수리능력, 문제해결능력	90분
2차	전공평가	1차 합격자	경영학	경영학	90분
			법학	법학	
			경제학	경제학	
			IT	IT	
			통계학	통계학	
			금융공학	금융공학	
			소비자학	소비자학	
	논술평가	1차 합격자	전 분야	일반논술 2문항 중 1문항(계산문제 배제)	60분

🔄 면접전형

구분		내용
1차	개별면접	인성, 조직적응력, 직무수행능력 등을 평가
	집단토론	
2차	개별면접	인성 등을 종합적으로 평가

❖ 위 채용안내는 2023년에 발표된 채용공고를 기준으로 작성하였으므로 세부내용은 반드시 확정된 채용공고를 확인하기 바랍니다.

2023 기출분석 ANALYSIS

총평

2023년 금융감독원 필기전형은 PSAT형으로 출제되었으며, 90문항을 90분 이내에 풀어야 했기 때문에 시간이 촉박했다는 후기가 많았다. 의사소통능력의 경우 글의 내용을 이해하거나 추론하는 문제가 다수 출제되었으며, 문단을 나열하는 문제가 출제되었다. 수리능력의 경우 표나 그래프를 해석하는 문제가 다수 출제되었으며, 분수나 소수점 등 숫자를 계산하는 문제가 출제되었다. 마지막으로 문제해결능력의 경우 조건을 추론하거나 주어진 자료를 토대로 판단하는 문제가 다수 출제되었다.

의사소통능력

출제 특징	• 내용 일치 문제가 다수 출제됨 • 문단 나열 문제가 출제됨 • 내용 추론 문제가 출제됨
출제 키워드	• 금융, 경제 등

수리능력

출제 특징	• 자료 해석 문제가 다수 출제됨 • 숫자 계산 문제가 출제됨
출제 키워드	• 분수, 소수점 등

문제해결능력

출제 특징	• 조건 추론 문제가 다수 출제됨 • 자료 해석 문제가 출제됨
출제 키워드	• 휴가 계산, 자리 배치 등

NCS 문제 유형 소개 NCS TYPES

PSAT형

※ 다음은 K공단의 국내 출장비 지급 기준에 대한 자료이다. 이어지는 질문에 답하시오. [15~16]

〈국내 출장비 지급 기준〉

① 근무지로부터 편도 100km 미만의 출장은 공단 차량 이용을 원칙으로 하며, 다음 각호에 따라 "별표 1"에 해당하는 여비를 지급한다.
　㉠ 일비
　　ⓐ 근무시간 4시간 이상 : 전액
　　ⓑ 근무시간 4시간 미만 : 1일분의 2분의 1
　㉡ 식비 : 명령권자가 근무시간이 모두 소요되는 1일 출장으로 인정한 경우에는 1일분의 3분의 1 범위 내에서 지급
　㉢ 숙박비 : 편도 50km 이상의 출장 중 출장일수가 2일 이상으로 숙박이 필요할 경우, 증빙자료 제출 시 숙박비 지급
② 제1항에도 불구하고 공단 차량을 이용할 수 없어 개인 소유 차량으로 업무를 수행한 경우에는 일비를 지급하지 않고 이사장이 따로 정하는 바에 따라 교통비를 지급한다.
③ 근무지로부터 100km 이상의 출장은 "별표 1"에 따라 교통비 및 일비는 전액을, 식비는 1일분의 3분의 2 해당액을 지급한다. 다만, 업무 형편상 숙박이 필요하다고 인정할 경우에는 출장기간에 대하여 숙박비, 일비, 식비 전액을 지급할 수 있다.

〈별표 1〉

구분	교통비				일비 (1일)	숙박비 (1박)	식비 (1일)
	철도임	선임	항공임	자동차임			
임원 및 본부장	1등급	1등급	실비	실비	30,000원	실비	45,000원
1, 2급 부서장	1등급	2등급	실비	실비	25,000원	실비	35,000원
2, 3, 4급 부장	1등급	2등급	실비	실비	20,000원	실비	30,000원
4급 이하 팀원	2등급	2등급	실비	실비	20,000원	실비	30,000원

1. 교통비는 실비를 기준으로 하되, 실비 정산은 국토해양부장관 또는 특별시장・광역시장・도지사・특별자치도지사 등이 인허한 요금을 기준으로 한다.
2. 선임 구분표 중 1등급 해당자는 특등, 2등급 해당자는 1등을 적용한다.
3. 철도임 구분표 중 1등급은 고속철도 특실, 2등급은 고속철도 일반실을 적용한다.
4. 임원 및 본부장의 식비가 위 정액을 초과하였을 경우 실비를 지급할 수 있다.
5. 운임 및 숙박비의 할인이 가능한 경우에는 할인 요금으로 지급한다.
6. 자동차임 실비 지급은 연료비와 실제 통행료를 지급한다.
　　(연료비)=[여행거리(km)]×(유가)÷(연비)
7. 임원 및 본부장을 제외한 직원의 숙박비는 70,000원을 한도로 실비를 정산할 수 있다.

특징 ▶ 대부분 의사소통능력, 수리능력, 문제해결능력을 중심으로 출제(일부 기업의 경우 자원관리능력, 조직이해능력을 출제)
　　　▶ 자료에 대한 추론 및 해석 능력을 요구

대행사 ▶ 엑스퍼트컨설팅, 커리어넷, 태드솔루션, 한국행동과학연구소(행과연), 휴노 등

모듈형

| 대인관계능력

60 다음 자료는 갈등해결을 위한 6단계 프로세스이다. 3단계에 해당하는 대화의 예로 가장 적절한 것은?

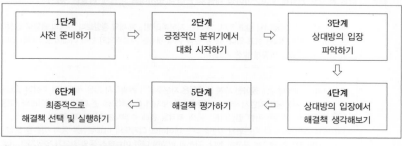

① 그럼 A씨의 생각대로 진행해 보시죠.

특징
▶ 이론 및 개념을 활용하여 푸는 유형
▶ 채용 기업 및 직무에 따라 NCS 직업기초능력평가 10개 영역 중 선발하여 출제
▶ 기업의 특성을 고려한 직무 관련 문제를 출제
▶ 주어진 상황에 대한 판단 및 이론 적용을 요구

대행사
▶ 인트로맨, 휴스테이션, ORP연구소 등

피듈형(PSAT형 + 모듈형)

| 문제해결능력

60 P회사는 직원 20명에게 나눠 줄 추석 선물 품목을 조사하였다. 다음은 유통업체별 품목 가격과 직원들의 품목 선호도를 나타낸 자료이다. 이를 참고하여 P회사에서 구매하는 물품과 업체를 바르게 연결한 것은?

〈업체별 품목 금액〉

구분		1세트당 가격	혜택
A업체	돼지고기	37,000원	10세트 이상 주문 시 배송 무료
	건어물	25,000원	
B업체	소고기	62,000원	20세트 주문 시 10% 할인
	참치	31,000원	
C업체	스팸	47,000원	50만 원 이상 주문 시 배송 무료
	김	15,000원	

〈구성원 품목 선호도〉

특징
▶ 기초 및 응용 모듈을 구분하여 푸는 유형
▶ 기초인지모듈과 응용업무모듈로 구분하여 출제
▶ PSAT형보다 난도가 낮은 편
▶ 유형이 정형화되어 있고, 유사한 유형의 문제를 세트로 출제

대행사
▶ 사람인, 스카우트, 인크루트, 커리어케어, 트리피, 한국사회능력개발원 등

주요 공기업 적중 문제 TEST CHECK

금융감독원

문단 나열 ▶ 유형

07 다음 제시된 단락을 읽고, 이어질 내용을 논리적 순서대로 바르게 나열한 것은?

> 우리는 자본주의 체제에서 살고 있다. '우리는 자본주의라는 체제의 종말보다 세계의 종말을 상상하는 것이 더 쉬운 시대에 살고 있다.'고 할 만큼 현재 세계는 자본주의의 논리 아래에 굴러가고 있다. 이러한 자본주의는 어떻게 발생하였을까?

> (가) 그러나 1920년대에 몰아친 세계 대공황은 자본주의가 완벽하지 않은 체제이며 수정이 필요함을 모든 사람에게 각인시켜줬다. 학문적으로 보자면 대표적으로 존 메이너드 케인스의『고용·이자 및 화폐에 관한 일반이론』등의 저작을 통해 수정자본주의가 피력됐다.
> (나) 애덤 스미스로부터 학문화된 자본주의는 데이비드 리카도의 비교우위론 등의 이론을 포섭해나가며 자신의 영역을 공고히 했다. 자본의 폐해에 대한 마르크스 등의 경고가 있었지만, 자본주의는 그 위세를 계속 떨칠 것 같이 보였다.
> (다) 1950년대에는 중산층의 신화가 이루어지면서 수정자본주의 체제는 영원할 것 같이 보였지만, 오일 쇼크 등으로 인해서 수정자본주의 또한 그 한계를 보이게 되었고, 빈 학파로부터 파생된 신자유주의 이론이 가미되기 시작하였다.
> (라) 자본주의의 시작이라 하면 대부분 애덤 스미스의『국부론』을 떠올리겠지만, 역사학자인 페르낭 브로델에 의하면 자본주의는 16세기 이탈리아에서부터 시작된 것이라고 한다. 이를 학문적으로 정립한 최초의 저작이『국부론』이다.

① (나) − (라) − (다) − (가)
② (나) − (라) − (가) − (다)
③ (라) − (나) − (다) − (가)
④ (라) − (나) − (가) − (다)

자리 배치 ▶ 유형

75 A ~ E 5명이 다음 〈조건〉에 따라 일렬로 나란히 자리에 앉는다고 할 때, 바르게 추론한 것은?

> **조건**
> • 자리의 순서는 왼쪽을 기준으로 첫 번째 자리로 한다.
> • D는 A의 바로 왼쪽에 있다.
> • B와 D 사이에 C가 있다.
> • A는 마지막 자리가 아니다.
> • A와 B 사이에 C가 있다.
> • B는 E의 바로 오른쪽에 앉는다.

① D는 두 번째에 앉을 수 있다.
② E는 네 번째 자리에 앉을 수 있다.
③ C는 두 번째 자리에 앉을 수 있다.
④ C는 E의 오른쪽에 앉을 수 있다.

HUG 주택도시보증공사

금융 ▶ 키워드

03 다음 문단을 논리적 순서대로 바르게 나열한 것은?

> (가) 정책 수단 선택의 사례로 환율과 관련된 경제 현상을 살펴보자. 외국 통화에 대한 자국 통화의 교환 비율을 의미하는 환율은 장기적으로 한 국가의 생산성과 물가 등 기초 경제 여건을 반영하는 수준으로 수렴된다.
> (나) 이처럼 환율이나 주가 등 경제 변수가 단기에 지나치게 상승 또는 하락하는 현상을 오버슈팅(Overshooting)이라고 한다.
> (다) 이러한 오버슈팅은 물가 경직성 또는 금융 시장 변동에 따른 불안 심리 등에 의해 촉발되는 것으로 알려져 있다. 여기서 물가 경직성은 시장에서 가격이 조정되기 어려운 정도를 의미한다.
> (라) 그러나 단기적으로 환율은 이와 괴리되어 움직이는 경우가 있다. 만약 환율이 예상과는 다른 방향으로 움직이거나 또는 비록 예상과 같은 방향으로 움직이더라도 변동 폭이 예상보다 크게 나타날 경우 경제 주체들은 과도한 위험에 노출될 수 있다.

① (가) - (라) - (나) - (다)　　　　② (가) - (나) - (다) - (라)
③ (가) - (다) - (나) - (라)　　　　④ (나) - (다) - (라) - (가)
⑤ (나) - (라) - (다) - (가)

신용보증기금

증가율 ▶ 키워드

※ 다음은 우리나라의 예산분야별 재정지출 추이를 나타낸 자료이다. 이어지는 질문에 답하시오. **[15~16]**

〈우리나라의 예산분야별 재정지출 추이〉

(단위 : 조 원, %)

구분	2018년	2019년	2020년	2021년	2022년	연평균 증가율
예산	137.3	147.5	153.7	165.5	182.8	7.4
기금	59.0	61.2	70.4	72.9	74.5	6.0
교육	24.5	27.6	28.8	31.4	35.7	9.9
사회복지 · 보건	32.4	49.6	56.0	61.4	67.5	20.1
R&D	7.1	7.8	8.9	9.8	10.9	11.3
SOC	27.1	18.3	18.4	18.4	18.9	-8.6
농림 · 해양 · 수산	12.3	14.1	15.5	15.9	16.5	7.6
산업 · 중소기업	11.4	11.9	12.4	12.6	12.6	2.5
환경	3.5	3.6	3.8	4.0	4.4	5.9
국방비	18.1	21.1	22.5	24.5	26.7	10.2
통일 · 외교	1.4	2.0	2.6	2.4	2.6	16.7
문화 · 관광	2.3	2.6	2.8	2.9	3.1	7.7
공공질서 · 안전	7.6	9.4	11.0	10.9	11.6	11.2
균형발전	5.0	5.5	6.3	7.2	8.1	12.8
기타	43.5	35.2	35.1	37.0	38.7	-2.9
총 지출	196.3	208.7	224.1	238.4	257.3	7.0

※ (총 지출)=(예산)+(기금)

주요 공기업 적중 문제 TEST CHECK

코레일 한국철도공사 사무직

24 다음 글의 제목으로 가장 적절한 것은?

'5060세대'. 몇 년 전까지만 해도 그들은 사회로부터 '지는 해' 취급을 받았다. '오륙도'라는 꼬리표를 달아 일터에서 밀어내고, 기업은 젊은 고객만 왕처럼 대우했다. 젊은 층의 지갑을 노려야 돈을 벌 수 있다는 것이 기업의 마케팅 전략이었기 때문이다.

그러나 최근 들어 상황이 달라졌다. 5060세대가 새로운 소비 군단으로 주목되기 시작한 가장 큰 이유는 고령화 사회로 접어들면서 시니어(Senior) 마켓 시장이 급속도로 커지고 있는 데다 이들이 돈과 시간을 가장 넉넉하게 가진 세대이기 때문이다. 한 경제연구원에 따르면 50대 이상 인구 비중이 30%에 이르면서 50대 이상을 겨냥한 시장 규모가 100조 원대까지 성장할 예정이다.

통계청이 집계한 가구주 나이별 가계수지 자료를 보면, 한국 사회에서는 50대 가구주의 소득이 가장 높다. 월평균 361만 500원으로 40대의 소득보다도 높은 것으로 집계됐다. 가구주 나이가 40대인 가구의 가계수지를 보면, 소득은 50대보다 적으면서도 교육 관련 지출(45만 6,400원)이 압도적으로 높아 소비 여력이 낮은 편이다. 그러나 50대 가구주의 경우 소득이 높으면서 소비 여력 또한 충분하다. 50대 가구주의 처분가능소득은 288만 7,500원으로 전 연령층에서 가장 높다.

이들이 신흥 소비군단으로 떠오르면서 '애플(APPLE)족'이라는 마케팅 용어까지 등장했다. 활동적이고(Active) 자부심이 강하며(Pride) 안정적으로(Peace) 고급문화(Luxury)를 즐기는 경제력(Economy) 있는 50대 이후 세대를 뜻하는 말이다. 통계청은 여행과 레저를 즐기는 5060세대를 '주목해야 할 블루슈머*7' 가운데 하나로 선정했다. 과거 5060세대는 자식을 보험으로 여기며 자식에게 의존하면서 살아가는 전통적인 노인이었다. 그러나 애플족은 자녀로부터 독립해 자기만의 새로운 인생을 추구한다. '통크족(TONK; Two Only, No Kids)'이라는 별칭이 붙는 이유이다. 통크족이나 애플족의 젊은 층의 전유물로 여겨졌던 자기중심

코레일 한국철도공사 기술직

01 K공사는 부대시설 건축을 위해 A건축회사와 계약을 맺었다. 다음의 계약서를 보고 건축시설처의 L대리가 파악할 수 있는 내용으로 가장 적절한 것은?

〈공사도급계약서〉

상세시공도면 작성(제10조)
① '을'은 건축법 제19조 제4항에 따라 공사감리자로부터 상세시공도면의 작성을 요청받은 경우에는 상세시공도면을 작성하여 공사감리자의 확인을 받아야 하며, 이에 따라 공사를 하여야 한다.
② '갑'은 상세시공도면의 작성범위에 관한 사항을 설계자 및 공사감리자의 의견과 공사의 특성을 감안하여 계약서상의 시방에 명시하고, 상세시공도면의 작성비용을 공사비에 반영한다.

안전관리 및 재해보상(제11조)
① '을'은 산업재해를 예방하기 위하여 안전시설의 설치 및 보험의 가입 등 적정한 조치를 하여야 한다. 이때 '갑'은 계약금액의 안전관리비 및 보험료 상당액을 계상하여야 한다.
② 공사현장에서 발생한 산업재해에 대한 책임은 '을'에게 있다. 다만, 설계상의 하자 또는 '갑'의 요구에 의한 작업으로 인한 재해에 대하여는 그러하지 아니하다.

응급조치(제12조)
① '을'은 재해방지를 위하여 특히 필요하다고 인정될 때에는 미리 긴급조치를 취하고 즉시 이를 '갑'에게 통지하여야 한다.
② '갑'은 재해방지 및 기타 공사의 시공상 긴급·부득이하다고 인정할 때에는 '을'에게 긴급조치를 요구할 수 있다.

국민건강보험공단

가중치 계산 ▶ 유형

55 국민건강보험공단은 직원들의 여가를 위해 하반기 동안 다양한 프로그램을 운영하고자 한다. 운영할 프로그램은 수요도 조사 결과를 통해 결정된다. 다음 〈조건〉에 따라 프로그램을 선정할 때, 운영될 프로그램으로 바르게 짝지어진 것은?

〈프로그램 후보별 수요도 조사 결과〉

분야	프로그램명	인기 점수	필요성 점수
운동	강변 자전거 타기	6	5
진로	나만의 책 쓰기	5	7
여가	자수 교실	4	2
운동	필라테스	7	6
교양	독서 토론	6	4
여가	볼링 모임	8	3

※ 수요도 조사에는 전 직원이 참여하였다.

조건
- 수요도는 인기 점수와 필요성 점수에 가점을 적용한 후 2 : 1의 가중치에 따라 합산하여 판단한다.
- 각 프로그램의 인기 점수와 필요성 점수는 10점 만점으로 하여 전 직원이 부여한 점수의 평균값이다.
- 운영 분야에 하나의 프로그램만 있는 경우, 그 프로그램의 필요성 점수에 2점을 가산한다.
- 운영 분야에 복수의 프로그램이 있는 경우, 분야별로 필요성 점수가 가장 낮은 프로그램은 후보에서 탈락한다.
- 수요도 점수가 동점일 경우, 인기 점수가 높은 프로그램을 우선시한다.
- 수요도 점수가 가장 높은 2개의 프로그램을 선정한다.

서울교통공사

보고서 작성법 ▶ 유형

27 다음 중 A대리가 메일에서 언급하지 않았을 내용은?

A대리 : ○○○씨, 보고서 잘 받아봤습니다.
B사원 : 아, 네. 대리님. 미흡한 점이 많았을 텐데…… 죄송합니다.
A대리 : 아닙니다. 처음인데도 잘했습니다. 그런데, 얘기해 줄 것이 있어요. 문서는 '내용'이 물론 가장 중요하기 하지만 '표현'과 '형식'도 중요합니다. 앞으로 참고할 수 있게 메일로 유의사항을 보냈으니까 읽어보세요.
B사원 : 감사합니다. 확인하겠습니다.

① 의미를 전달하는 데 문제가 없다면 문장은 가능한 한 짧게 만드는 것이 좋다.
② 우회적인 표현은 오해의 소지가 있으므로 가능하면 쓰지 않는 것이 좋다.
③ 한자의 사용을 자제하되, 만약 사용할 경우 상용한자의 범위 내에서 사용한다.
④ 중요한 내용은 미괄식으로 작성하는 것이 그 의미가 강조되어 효과적이다.
⑤ 핵심을 담은 문장을 앞에 적어준다면 이해가 더 잘 될 것이다.

도서 200% 활용하기 STRUCTURES

1 기출복원문제로 출제 경향 파악

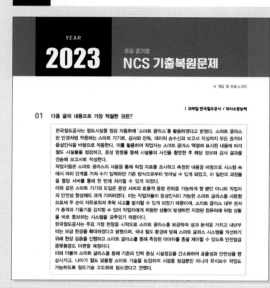

▶ 2023년 주요 공기업 NCS 기출문제를 복원하여 공기업별 NCS 필기 유형을 파악할 수 있도록 하였다.

2 출제유형분석 + 실전예제로 1차 필기전형 완벽 대비

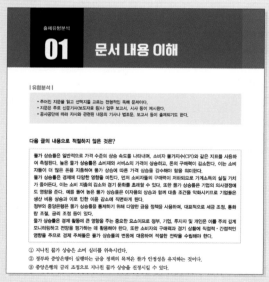

▶ NCS 출제 영역에 대한 출제유형분석과 유형별 실전예제를 수록하여 NCS 문제에 대한 접근 전략을 익히고 점검할 수 있도록 하였다.

3 최종점검 모의고사 + OMR을 활용한 실전 연습

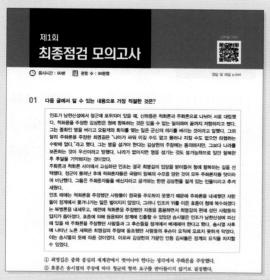

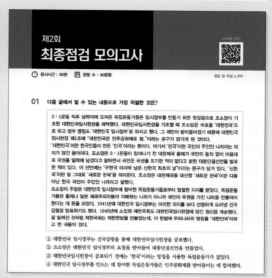

▶ 최종점검 모의고사와 OMR 답안카드를 수록하여 실제로 시험을 보는 것처럼 최종 마무리 연습을 할 수 있도록 하였다.
▶ 모바일 OMR 답안채점/성적분석 서비스를 통해 필기전형에 대비할 수 있도록 하였다.

4 전공 및 논술 기출문제로 2차 필기전형 완벽 대비

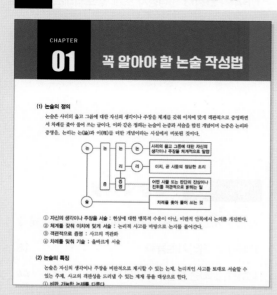

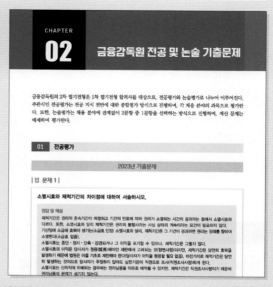

▶ 꼭 알아야 할 논술 작성법을 수록하여 논술 작성 요령을 익힐 수 있도록 하였다.
▶ 금융감독원 전공 및 논술 기출문제를 수록하여 2차 필기전형의 출제 경향까지 파악하고 대비할 수 있도록 하였다.

이 책의 차례 CONTENTS

Add+

2023년 주요 공기업
NCS 기출복원문제

※ 정답 및 해설 p.002

| 코레일 한국철도공사 / 의사소통능력

01 다음 글의 내용으로 가장 적절한 것은?

> 한국철도공사는 철도시설물 점검 자동화에 '스마트 글라스'를 활용하겠다고 밝혔다. 스마트 글라스란 안경처럼 착용하는 스마트 기기로, 검사와 판독, 데이터 송수신과 보고서 작성까지 모든 동작이 음성인식을 바탕으로 작동한다. 이를 활용하여 작업자는 스마트 글라스 액정에 표시된 내용에 따라 철도 시설물을 점검하고, 음성 명령을 통해 시설물의 사진을 촬영한 후 해당 정보와 검사 결과를 전송해 보고서로 작성한다.
>
> 작업자들은 스마트 글라스의 사용을 통해 직접 자료를 조사하고 측정한 내용을 바탕으로 시스템 속에서 여러 단계를 거쳐 수기 입력하던 기존 방식으로부터 벗어날 수 있게 되었고, 이 일련의 과정들을 중앙 서버를 통해 한 번에 처리할 수 있게 되었다.
>
> 이와 같은 스마트 기기의 도입은 중앙 서버의 효율적 종합 관리를 가능하게 할 뿐만 아니라 작업자의 안전성 향상에도 크게 기여하였다. 이는 작업자들이 음성인식이 가능한 스마트 글라스를 사용함으로써 두 손이 자유로워져 추락 사고를 방지할 수 있게 되었기 때문이며, 스마트 글라스 내부 센서가 충격과 기울기를 감지할 수 있어 작업자에게 위험한 상황이 발생하면 지정된 컴퓨터에 위험 상황을 바로 통보하는 시스템을 갖추었기 때문이다.
>
> 한국철도공사는 주요 거점 현장을 시작으로 스마트 글라스를 보급하여 성과 분석을 거치고 내년부터는 보급 현장을 확대하겠다고 밝혔으며, 국내 철도 환경에 맞춰 스마트 글라스 시스템을 개선하기 위해 현장 검증을 진행하고 스마트 글라스를 통해 측정된 데이터를 총괄 제어할 수 있도록 안전점검 플랫폼망도 마련할 예정이다.
>
> 이와 더불어 스마트 글라스를 통해 기존의 인력 중심 시설점검을 간소화하여 효율성과 안전성을 향상시키고, 나아가 철도 맞춤형 스마트 기술을 도입하여 시설물 점검뿐만 아니라 유지보수 작업도 가능하도록 철도기술 고도화에 힘쓰겠다고 전했다.

① 작업자의 음성인식을 통해 철도시설물의 점검 및 보수 작업이 가능해졌다.

② 스마트 글라스의 도입으로 철도시설물 점검의 무인작업이 가능해졌다.

③ 스마트 글라스의 도입으로 철도시설물 점검 작업 시 안전사고 발생 횟수가 감소하였다.

④ 스마트 글라스의 도입으로 철도시설물 작업 시간 및 인력이 감소하고 있다.

⑤ 스마트 글라스의 도입으로 작업자의 안전사고 발생을 바로 파악할 수 있게 되었다.

02 다음 글에 대한 설명으로 적절하지 않은 것은?

> 2016년 4월 27일 오전 7시 20분경 임실역에서 익산으로 향하던 열차가 전기 공급 중단으로 멈추는 사고가 발생해 약 50여 분간 열차 운행이 중단되었다. 바로 전차선에 지어진 까치집 때문이었는데, 까치가 집을 지을 때 사용하는 젖은 나뭇가지나 철사 등이 전선과 닿거나 차로에 떨어져 합선과 단전을 일으킨 것이다.
>
> 비록 이번 사고는 단전에서 끝났지만, 고압 전류가 흐르는 전차선인 만큼 철사와 젖은 나뭇가지만으로도 자칫하면 폭발사고로 이어질 우려가 있다. 지난 5년간 까치집으로 인한 단전사고는 한 해 평균 3 ~ 4건 발생해 왔으며, 한국철도공사는 사고방지를 위해 까치집 방지 설비를 설치하고 설비가 없는 구간은 작업자가 육안으로 까치집 생성 여부를 확인해 제거하고 있는데, 이렇게 제거해 온 까치집 수가 연평균 8,000개에 달한다. 하지만 까치집은 빠르면 불과 4시간 만에 완성되어 작업자들에게 큰 곤욕을 주고 있다.
>
> 이에 한국철도공사는 전차선로 주변 까치집 제거의 효율성과 신속성을 높이기 위해 인공지능(AI)과 사물인터넷(IoT) 등 첨단 기술을 활용하기에 이르렀다. 열차 운전실에 영상 장비를 설치해 달리는 열차에서 전차선을 촬영한 화상 정보를 인공지능으로 분석함으로써 까치집 등의 위험 요인을 찾아 해당 위치와 현장 이미지를 작업자에게 실시간으로 전송하는 '실시간 까치집 자동 검출 시스템'을 개발한 것이다. 하지만 시속 150km로 빠르게 달리는 열차에서 까치집 등의 위험 요인을 실시간으로 판단해 전송하는 것이다 보니 그 정확도는 65%에 불과했다.
>
> 이에 한국철도공사는 전차선과 까치집을 정확하게 식별하기 위해 인공지능이 스스로 학습하는 '딥러닝' 방식을 도입했고, 전차선을 구성하는 복잡한 구조 및 까치집과 유사한 형태를 빅데이터로 분석해 이미지를 구분하는 학습을 실시한 결과 까치집 검출 정확도는 95%까지 상승했다. 또한 해당 이미지를 실시간 문자메시지로 작업자에게 전송해 위험 요소와 위치를 인지시켜 현장에 적용할 수 있다는 사실도 확인했다. 현재는 이와 더불어 정기열차가 운행하지 않거나 작업자가 접근하기 쉽지 않은 차량 정비 시설 등에 드론을 띄워 전차선의 까치집을 발견 및 제거하는 기술도 시범 운영하고 있다.

① 인공지능도 학습을 통해 그 정확도를 향상시킬 수 있다.
② 빠른 속도에서 인공지능의 사물 식별 정확도는 낮아진다.
③ 사람의 접근이 불가능한 곳에 위치한 까치집의 제거도 가능해졌다.
④ 까치집 자동 검출 시스템을 통해 실시간으로 까치집 제거가 가능해졌다.
⑤ 인공지능 등의 스마트 기술 도입으로 까치집 생성의 감소를 기대할 수 있다.

03 다음 글을 이해한 내용으로 적절하지 않은 것은?

> 열차 내에서의 범죄가 급격하게 증가함에 따라 한국철도공사는 열차 내 범죄 예방과 안전 확보를 위해 2023년까지 현재 운행하고 있는 열차의 모든 객실에 CCTV를 설치하고, 모든 열차 승무원에게 바디캠을 지급하겠다고 밝혔다.
> CCTV는 열차 종류에 따라 운전실에서 비상시 실시간으로 상황을 파악할 수 있는 '네트워크 방식'과 각 객실에서의 영상을 저장하는 '개별 독립 방식'이라는 2가지 방식으로 사용 및 설치가 진행될 예정이며, 객실에는 사각지대를 없애기 위해 4대가량의 CCTV가 설치된다. 이 중 2대는 휴대 물품 도난 방지 등을 위해 휴대 물품 보관대 주변에 위치하게 된다.
> 이에 따라 한국철도공사는 CCTV 제품 품평회를 가져 제품의 형태와 색상, 재질 등에 대한 의견을 나누고 각 제품이 실제로 열차 운행 시 진동과 충격 등에 적합한지 시험을 거친 후 도입할 예정이다.

① 현재는 모든 열차의 객실 전부에 CCTV가 설치되어 있진 않을 것이다.
② 과거에 비해 승무원에 대한 승객의 범죄행위 증거 취득이 유리해질 것이다.
③ CCTV 설치를 통해 인적 피해와 물적 피해 모두 예방할 수 있을 것이다.
④ CCTV 설치를 통해 실시간으로 모든 객실을 모니터링할 수 있을 것이다.
⑤ CCTV의 내구성뿐만 아니라 외적인 디자인도 제품 선택에 영향을 줄 수 있을 것이다.

04 작년 K대학교에 재학 중인 학생 수는 6,800명이고 남학생과 여학생의 비는 8 : 9였다. 올해 남학생 수와 여학생 수의 비가 12 : 13만큼 줄어들어 7 : 8이 되었다고 할 때, 올해 K대학교의 전체 재학생 수는?

① 4,440명   ② 4,560명
③ 4,680명   ④ 4,800명
⑤ 4,920명

05 다음 자료에 대한 설명으로 가장 적절한 것은?

- KTX 마일리지 적립
  - KTX 이용 시 결제금액의 5%가 기본 마일리지로 적립됩니다.
  - 더블적립(×2) 열차로 지정된 열차는 추가로 5%가 적립됩니다(결제금액의 총 10%).
    ※ 더블적립 열차는 홈페이지 및 코레일톡 애플리케이션에서만 승차권 구매 가능
  - 선불형 교통카드 Rail+(레일플러스)로 승차권을 결제하는 경우 1% 보너스 적립도 제공되어 최대 11% 적립이 가능합니다.
  - 마일리지를 적립받고자 하는 회원은 승차권을 발급받기 전에 코레일 멤버십카드 제시 또는 회원번호 및 비밀번호 등을 입력해야 합니다.
  - 해당 열차 출발 후에는 마일리지를 적립받을 수 없습니다.
- 회원 등급 구분

구분	등급 조건	제공 혜택
VVIP	• 반기별 승차권 구입 시 적립하는 마일리지가 8만 점 이상인 고객 또는 기준일부터 1년간 16만 점 이상 고객 중 매년 반기 익월 선정	• 비즈니스 회원 혜택 기본 제공 • KTX 특실 무료 업그레이드 쿠폰 6매 제공 • 승차권 나중에 결제하기 서비스 (열차 출발 3시간 전까지)
VIP	• 반기별 승차권 구입 시 적립하는 마일리지가 4만 점 이상인 고객 또는 기준일부터 1년간 8만 점 이상 고객 중 매년 반기 익월 선정	• 비즈니스 회원 혜택 기본 제공 • KTX 특실 무료 업그레이드 쿠폰 2매 제공
비즈니스	• 철도 회원으로 가입한 고객 중 최근 1년간 온라인에서 로그인한 기록이 있거나, 회원으로 구매실적이 있는 고객	• 마일리지 적립 및 사용 가능 • 회원 전용 프로모션 참가 가능 • 열차 할인상품 이용 등 기본서비스와 멤버십 제휴서비스 등 부가서비스 이용
패밀리	• 철도 회원으로 가입한 고객 중 최근 1년간 온라인에서 로그인한 기록이 없거나, 회원으로 구매실적이 없는 고객	• 멤버십 제휴서비스 및 코레일 멤버십 라운지 이용 등의 부가서비스 이용 제한 • 휴면 회원으로 분류 시 별도 관리하며, 본인 인증 절차로 비즈니스 회원으로 전환 가능

  - 마일리지는 열차 승차 다음날 적립되며, 지연료를 마일리지로 적립하신 실적은 등급 산정에 포함되지 않습니다.
  - KTX 특실 무료 업그레이드 쿠폰 유효기간은 6개월이며, 반기별 익월 10일 이내에 지급됩니다.
  - 실적의 연간 적립 기준일은 7월 지급의 경우 전년도 7월 1일부터 당해 연도 6월 30일까지 실적이며, 1월 지급은 전년도 1월 1일부터 전년도 12월 31일까지의 실적입니다.
  - 코레일에서 지정한 추석 및 설 명절 특별수송기간의 승차권은 실적 적립 대상에서 제외됩니다.
  - 회원 등급 조건 및 제공 혜택은 사전 공지 없이 변경될 수 있습니다.
  - 승차권 나중에 결제하기 서비스는 총 편도 2건 이내에서 제공되며, 3회 자동 취소 발생(열차 출발 전 3시간 내 미결제) 시 서비스가 중지됩니다. 리무진+승차권 결합 발권은 2건으로 간주되며, 정기권, 특가상품 등은 나중에 결제하기 서비스 대상에서 제외됩니다.

① 코레일에서 운행하는 모든 열차는 이용 때마다 결제금액의 최소 5%가 KTX 마일리지로 적립된다.
② 회원 등급이 높아져도 열차 탑승 시 적립되는 마일리지는 동일하다.
③ 비즈니스 등급은 기업회원을 구분하는 명칭이다.
④ 6개월간 마일리지 4만 점을 적립하더라도 VIP 등급을 부여받지 못할 수 있다.
⑤ 회원 등급이 높아도 승차권을 정가보다 저렴하게 구매할 수 있는 방법은 없다.

※ 다음 자료를 보고 이어지는 질문에 답하시오. [6~8]

〈2023년 한국의 국립공원 기념주화 예약 접수〉

- 우리나라 자연환경의 아름다움과 생태 보전의 중요성을 널리 알리기 위해 K공사는 한국의 국립공원 기념 주화 3종(설악산, 치악산, 월출산)을 발행할 예정임
- 예약 접수일 : 3월 2일(목) ~ 3월 17일(금)
- 배부 시기 : 2023년 4월 28일(금)부터 예약자가 신청한 방법으로 배부
- 기념주화 상세

화종	앞면	뒷면
은화Ⅰ – 설악산		
은화Ⅱ – 치악산		
은화Ⅲ – 월출산		

- 발행량 : 화종별 10,000장씩 총 30,000장
- 신청 수량 : 단품 및 3종 세트로 구분되며 단품과 세트에 중복신청 가능
  - 단품 : 1인당 화종별 최대 3장
  - 3종 세트 : 1인당 최대 3세트
- 판매 가격 : 액면금액에 판매 부대비용(케이스, 포장비, 위탁판매수수료 등)을 부가한 가격
  - 단품 : 각 63,000원(액면가 50,000원＋케이스 등 부대비용 13,000원)
  - 3종 세트 : 186,000원(액면가 150,000원＋케이스 등 부대비용 36,000원)
- 접수 기관 : 우리은행, 농협은행, K공사
- 예약 방법 : 창구 및 인터넷 접수
  - 창구 접수
    신분증[주민등록증, 운전면허증, 여권(내국인), 외국인등록증(외국인)]을 지참하고 우리・농협은행 영업점을 방문하여 신청
  - 인터넷 접수
    ① 우리・농협은행의 계좌를 보유한 고객은 개시일 9시부터 마감일 23시까지 홈페이지에서 신청
    ② K공사 온라인 쇼핑몰에서는 가상계좌 방식으로 개시일 9시부터 마감일 23시까지 신청
- 구입 시 유의사항
  - 수령자 및 수령지 등 접수 정보가 중복될 경우 단품별 10장, 3종 세트 10세트만 추첨 명단에 등록
  - 비정상적인 경로나 방법으로 접수할 경우 당첨을 취소하거나 배송을 제한

06 다음 중 한국의 국립공원 기념주화 발행 사업의 내용으로 옳은 것은?

① 국민들을 대상으로 예약 판매를 실시하며, 외국인에게는 판매하지 않는다.

② 1인당 구매 가능한 최대 주화 수는 10장이다.

③ 기념주화를 구입하기 위해서는 우리・농협은행 계좌를 사전에 개설해 두어야 한다.

④ 사전예약을 받은 뒤, 예약 주문량에 맞추어 제한된 수량만 생산한다.

⑤ K공사를 통한 예약 접수는 온라인에서만 가능하다.

07 외국인 A씨는 이번에 발행되는 기념주화를 예약 주문하려고 한다. 다음 상황을 참고했을 때 A씨가 기념주화 구매 예약을 할 수 있는 방법으로 옳은 것은?

〈외국인 A씨의 상황〉

• A씨는 국내 거주 외국인으로 등록된 사람이다.

• A씨의 명의로 국내은행에 개설된 계좌는 총 2개로, 신한은행, 한국씨티은행에 1개씩이다.

• A씨는 우리은행이나 농협은행과는 거래이력이 없다.

---

① 여권을 지참하고 우리은행이나 농협은행 지점을 방문한다.

② K공사 온라인 쇼핑몰에서 신용카드를 사용한다.

③ 계좌를 보유한 신한은행이나 한국씨티은행의 홈페이지를 통해 신청한다.

④ 외국인등록증을 지참하고 우리은행이나 농협은행 지점을 방문한다.

⑤ 우리은행이나 농협은행의 홈페이지에서 신청한다.

08 다음은 기념주화를 예약한 5명의 신청내역이다. 이 중 가장 많은 금액을 지불한 사람의 구매 금액은?

(단위 : 세트, 장)

구매자	3종 세트	단품		
		은화Ⅰ - 설악산	은화Ⅱ - 치악산	은화Ⅲ - 월출산
A	2	1	–	–
B	–	2	3	3
C	2	1	1	–
D	3	–	–	–
E	1	–	2	2

① 558,000원

② 561,000원

③ 563,000원

④ 564,000원

⑤ 567,000원

척추는 신체를 지탱하고, 뇌로부터 이어지는 중추신경인 척수를 보호하는 중요한 뼈 구조물이다. 보통 사람들은 허리에 심한 통증이 느껴지면 허리디스크(추간판탈출증)를 떠올리는데, 디스크 이외에도 통증을 유발하는 척추 질환은 다양하다. 특히 노인 인구가 증가하면서 척추관협착증(요추관협착증)의 발병 또한 늘어나고 있다. 허리디스크와 척추관협착증은 사람들이 혼동하기 쉬운 척추 질환으로, 발병 원인과 치료법이 다르기 때문에 두 질환의 차이를 이해하고 통증 발생 시 질환에 맞춰 적절하게 대응할 필요가 있다.

허리디스크는 척추 뼈 사이에 쿠션처럼 완충 역할을 해주는 디스크(추간판)에 문제가 생겨 발생한다. 디스크는 찐득찐득한 수핵과 이를 둘러싸는 섬유륜으로 구성되는데, 나이가 들어 탄력이 떨어지거나, 젊은 나이에도 급격한 충격에 의해서 섬유륜에 균열이 생기면 속의 수핵이 빠져나오면서 주변 신경을 압박하거나 염증을 유발한다. 허리디스크가 발병하면 초기에는 허리 통증으로 시작되어 점차 허벅지에서 발까지 찌릿하게 저리는 방사통을 유발하고, 디스크에서 수핵이 흘러나오는 상황이기 때문에 허리를 굽히거나 앉아 있으면 디스크에 가해지는 압력이 높아져 통증이 더욱 심해진다. 허리디스크는 통증이 심한 질환이지만, 흘러나온 수핵은 대부분 대식세포에 의해 제거되고, 자연치유가 가능하기 때문에 병원에서는 주로 통증을 줄이고, 안정을 취하는 방법으로 보존치료를 진행한다. 하지만 염증이 심해져 중앙 척수를 건드리게 되면 하반신 마비 등의 증세가 나타날 수 있는데, 이러한 경우에는 탈출된 디스크 조각을 물리적으로 제거하는 수술이 필요하다.

반면, 척추관협착증은 대표적인 척추 퇴행성 질환으로 주변 인대(황색 인대)가 척추관을 압박하여 발생한다. 척추관은 척추 가운데 신경 다발이 지나갈 수 있도록 속이 빈 공간인데, 나이가 들면서 척추가 흔들리게 되면 흔들리는 척추를 붙들기 위해 인대가 점차 두꺼워지고, 척추 뼈에 변형이 생겨 결과적으로 척추관이 좁아지게 된다. 이렇게 오랜 기간 동안 변형된 척추 뼈와 인대가 척추관 속의 신경을 눌러 발생하는 것이 척추관협착증이다. 척추관 속의 신경이 눌리게 되면 통증과 함께 저리거나 당기게 되어 보행이 힘들어지며, 지속적으로 압박받을 경우 척추 신경이 경색되어 하반신 마비 증세로 악화될 수 있다. 일반적으로 서 있을 경우보다 허리를 구부렸을 때 척추관이 더 넓어지므로 허리디스크 환자와 달리 앉아 있을 때 통증이 완화된다. 척추관협착증은 자연치유가 되지 않고 척추관이 다시 넓어지지 않으므로 발병 초기를 제외하면 일반적으로 변형된 부분을 제거하는 수술을 하게 된다.

이와 같이 허리디스크와 척추관협착증은 똑같이 허리 통증을 유발하지만 원인과 증상, 치료법이 서로 상이하다. 비교적 고령인 60대 이상의 사람이 만성적으로 서 있을 때 통증이 나타난다면   ㉠   을/를 의심해야 하며, 비교적 젊은 20 ~ 50대의 사람이 앉아 있을 때 통증이 급작스럽게 나타날 때는   ㉡   을/를 의심해야 한다. 척추는 우리의 몸을 지탱하는 중요한 골격이며, 신경계와 밀접한 관련이 있으므로 통증이 발생한다면 자신의 몸 상태를 잘 파악하고, 초기에 치료를 받는 것이 중요하다.

| 국민건강보험공단 / 의사소통능력

09 다음 중 윗글의 내용으로 적절하지 않은 것은?

① 일반적으로 허리디스크는 척추관협착증에 비해 급작스럽게 증상이 나타난다.

② 허리디스크는 서 있을 때 통증이 더 심해진다.

③ 허리디스크에 비해 척추관협착증은 외과적 수술 빈도가 높다.

④ 허리디스크와 척추관협착증 모두 증세가 심해지면 하반신 마비의 가능성이 있다.

10 다음 중 빈칸 ㉠과 ㉡에 들어갈 단어가 바르게 연결된 것은?

	㉠	㉡
①	허리디스크	추간판탈출증
②	허리디스크	척추관협착증
③	척추관협착증	요추관협착증
④	척추관협착증	허리디스크

11 다음 문단을 논리적 순서대로 바르게 나열한 것은?

> (가) 주장애관리는 장애정도가 심한 장애인이 의원뿐만 아니라 병원 및 종합병원급에서 장애 유형별 전문의에게 전문적인 장애관리를 받을 수 있는 서비스이다. 이전에는 대상 관리 유형이 지체장애, 시각장애, 뇌병변장애로 제한되어 있었으나, 3단계부터는 지적장애, 정신장애, 자폐성 장애까지 확대되어 더 많은 중증장애인들이 장애관리를 받을 수 있게 되었다.
>
> (나) 이와 같이 3단계 장애인 건강주치의 시범사업은 기존 1·2단계 시범사업보다 더욱 확대되어 많은 중증장애인들의 참여를 예상하고 있다. 장애인 건강주치의 시범사업에 신청하기 위해서는 국민건강보험공단 홈페이지의 건강IN에서 장애인 건강주치의 의료기관을 찾은 후 해당 의료기관에 방문하여 장애인 건강주치의 이용 신청사실 통지서를 작성하면 신청할 수 있다.
>
> (다) 장애인 건강주치의 제도가 제공하는 서비스는 일반건강관리, 주(主)장애관리, 통합관리로 나누어진다. 일반건강관리 서비스는 모든 유형의 중증장애인이 만성질환 등 전반적인 건강관리를 받을 수 있는 서비스로, 의원급에서 원하는 의사를 선택하여 참여할 수 있다. 1·2단계까지의 사업에서는 만성질환관리를 위해 장애인 본인이 검사비용의 30%를 부담해야 했지만, 3단계부터는 본인부담금 없이 질환별 검사바우처로 제공한다.
>
> (라) 마지막으로 통합관리는 일반건강관리와 주장애관리를 동시에 받을 수 있는 서비스로, 동네에 있는 의원급 의료기관에 속한 지체·뇌병변·시각·지적·정신·자폐성 장애를 진단하는 전문의가 주장애관리와 만성질환관리를 모두 제공한다. 이 3가지 서비스들은 거동이 불편한 환자를 위해 의사나 간호사가 직접 집으로 방문하는 방문 서비스를 제공하고 있으며 기존까지는 연 12회였으나, 3단계 시범사업부터 연 18회로 증대되었다.
>
> (마) 보건복지부와 국민건강보험공단은 2021년 9월부터 3단계 장애인 건강주치의 시범사업을 진행하였다. 장애인 건강주치의 제도는 중증장애인이 인근 지역에서 주치의로 등록 신청한 의사 중 원하는 의사를 선택하여 장애로 인한 건강문제, 만성질환 등 건강상태를 포괄적이고 지속적으로 관리 받을 수 있는 제도로, 2018년 5월 1단계 시범사업을 시작으로 2단계 시범사업까지 완료되었다.

① (다) – (마) – (가) – (나) – (라) 　② (다) – (가) – (라) – (마) – (나)

③ (마) – (가) – (라) – (나) – (다) 　④ (마) – (다) – (가) – (라) – (나)

12 다음은 K지역의 연도별 건강보험금 부과액 및 징수액에 대한 자료이다. 직장가입자 건강보험금 징수율이 가장 높은 해와 지역가입자의 건강보험금 징수율이 가장 높은 해를 바르게 짝지은 것은?

〈건강보험금 부과액 및 징수액〉

(단위 : 백만 원)

구분		2019년	2020년	2021년	2022년
직장가입자	부과액	6,706,712	5,087,163	7,763,135	8,376,138
	징수액	6,698,187	4,898,775	7,536,187	8,368,972
지역가입자	부과액	923,663	1,003,637	1,256,137	1,178,572
	징수액	886,396	973,681	1,138,763	1,058,943

※ (징수율)$=\dfrac{(징수액)}{(부과액)}\times100$

	직장가입자	지역가입자
①	2022년	2020년
②	2022년	2019년
③	2021년	2020년
④	2021년	2019년

13 다음은 K병원의 하루 평균 이뇨제, 지사제, 진통제 사용량에 대한 자료이다. 이에 대한 설명으로 옳지 않은 것은?

〈하루 평균 이뇨제, 지사제, 진통제 사용량〉

구분	2018년	2019년	2020년	2021년	2022년	1인 1일 투여량
이뇨제	3,000mL	3,480mL	3,360mL	4,200mL	3,720mL	60mL/일
지사제	30정	42정	48정	40정	44정	2정/일
진통제	6,720mg	6,960mg	6,840mg	7,200mg	7,080mg	60mg/일

※ 모든 의약품은 1인 1일 투여량을 준수하여 투여했다.

① 전년 대비 2022년 사용량 감소율이 가장 큰 의약품은 이뇨제이다.

② 5년 동안 지사제를 투여한 환자 수의 평균은 18명 이상이다.

③ 이뇨제 사용량은 증가와 감소를 반복하였다.

④ 매년 진통제를 투여한 환자 수는 이뇨제를 투여한 환자 수의 2배 이하이다.

14 다음은 분기별 상급병원, 종합병원, 요양병원의 보건인력 현황에 대한 자료이다. 분기별 전체 보건인력 중 전체 사회복지사 인력의 비율로 옳지 않은 것은?

〈상급병원, 종합병원, 요양병원의 보건인력 현황〉

(단위 : 명)

구분		2022년 3분기	2022년 4분기	2023년 1분기	2023년 2분기
상급병원	의사	20,002	21,073	22,735	24,871
	약사	2,351	2,468	2,526	2,280
	사회복지사	391	385	370	375
종합병원	의사	32,765	33,084	34,778	33,071
	약사	1,941	1,988	2,001	2,006
	사회복지사	670	695	700	720
요양병원	의사	19,382	19,503	19,761	19,982
	약사	1,439	1,484	1,501	1,540
	사회복지사	1,887	1,902	1,864	1,862
계		80,828	82,582	86,236	86,707

※ 보건인력은 의사, 약사, 사회복지사 인력 모두를 포함한다.

① 2022년 3분기 : 약 3.65%

② 2022년 4분기 : 약 3.61%

③ 2023년 1분기 : 약 3.88%

④ 2023년 2분기 : 약 3.41%

15 다음은 건강생활실천지원금제에 대한 자료이다. 〈보기〉의 신청자 중 예방형과 관리형에 해당하는 사람을 바르게 분류한 것은?

〈건강생활실천지원금제〉

• 사업설명 : 참여자 스스로 실천한 건강생활 노력 및 건강개선 결과에 따라 지원금을 지급하는 제도
• 시범지역

지역	예방형	관리형
서울	노원구	중랑구
경기·인천	안산시, 부천시	인천 부평구, 남양주시, 고양일산(동구, 서구)
충청권	대전 대덕구, 충주시, 충남 청양군(부여군)	대전 동구
전라권	광주 광산구, 전남 완도군, 전주시(완주군)	광주 서구, 순천시
경상권	부산 중구, 대구 남구, 김해시, 대구 달성군	대구 동구, 부산 북구
강원·제주권	원주시, 제주시	원주시

• 참여대상 : 주민등록상 주소지가 시범지역에 해당되는 사람 중 아래에 해당하는 사람

구분	조건
예방형	만 20 ~ 64세인 건강보험 가입자(피부양자 포함) 중 국민건강보험공단에서 주관하는 일반건강검진 결과 건강관리가 필요한 사람*
관리형	고혈압·당뇨병 환자

*건강관리가 필요한 사람 : 다음에 모두 해당하거나 ①, ② 또는 ①, ③에 해당하는 사람

① 체질량지수(BMI) 25kg/m^2 이상
② 수축기 혈압 120mmHg 이상 또는 이완기 혈압 80mmHg 이상
③ 공복혈당 100mg/dL 이상

보기

신청자	주민등록상 주소지	체질량지수	수축기 혈압 / 이완기 혈압	공복혈당	기저질환
A	서울 강북구	22kg/m^2	117mmHg / 78mmHg	128mg/dL	–
B	서울 중랑구	28kg/m^2	125mmHg / 85mmHg	95mg/dL	–
C	경기 안산시	26kg/m^2	142mmHg / 92mmHg	99mg/dL	고혈압
D	인천 부평구	23kg/m^2	145mmHg / 95mmHg	107mg/dL	고혈압
E	광주 광산구	28kg/m^2	119mmHg / 78mmHg	135mg/dL	당뇨병
F	광주 북구	26kg/m^2	116mmHg / 89mmHg	144mg/dL	당뇨병
G	부산 북구	27kg/m^2	118mmHg / 75mmHg	132mg/dL	당뇨병
H	강원 철원군	28kg/m^2	143mmHg / 96mmHg	115mg/dL	고혈압
I	제주 제주시	24kg/m^2	129mmHg / 83mmHg	108mg/dL	–

※ 단, 모든 신청자는 만 20 ~ 64세이며, 건강보험에 가입하였다.

	예방형	관리형		예방형	관리형
①	A, E	C, D	②	B, E	F, I
③	C, E	D, G	④	F, I	C, H

16 K동에서는 임신한 주민에게 출산장려금을 지원하고자 한다. 출산장려금 지급 기준 및 K동에 거주하는 임산부에 대한 정보가 다음과 같을 때, 출산장려금을 가장 먼저 받을 수 있는 사람은?

〈K동 출산장려금 지급 기준〉

- 출산장려금 지급액은 모두 같으나, 지급 시기는 모두 다르다.
- 지급 순서 기준은 임신일, 자녀 수, 소득 수준 순서이다.
- 임신일이 길수록, 자녀가 많을수록, 소득 수준이 낮을수록 먼저 받는다(단, 자녀는 만 19세 미만의 아동 및 청소년으로 제한한다).
- 임신일, 자녀 수, 소득 수준이 모두 같으면 같은 날에 지급한다.

〈K동 거주 임산부 정보〉

임산부	임신일	자녀	소득 수준
A	150일	만 1세	하
B	200일	만 3세	상
C	100일	만 10세, 만 6세, 만 5세, 만 4세	상
D	200일	만 7세, 만 5세, 만 3세	중
E	200일	만 20세, 만 16세, 만 14세, 만 10세	상

① A임산부
② B임산부
③ D임산부
④ E임산부

17 다음 글의 주제로 가장 적절한 것은?

현재 우리나라의 진료비 지불제도 중 가장 주도적으로 시행되는 지불제도는 행위별수가제이다. 행위별수가제는 의료기관에서 의료인이 제공한 의료서비스(행위, 약제, 치료 재료 등)에 대해 서비스별로 가격(수가)을 정하여 사용량과 가격에 의해 진료비를 지불하는 제도로, 의료보험 도입 당시부터 채택하고 있는 지불제도이다. 그러나 최근 관련 전문가들로부터 이러한 지불제도를 개선해야 한다는 목소리가 많이 나오고 있다.

조사에 의하면 우리나라의 국민의료비를 증대시키는 주요 원인은 고령화로 인한 진료비 증가와 행위별수가제로 인한 비용의 무한 증식이다. 현재 우리나라의 국민의료비는 OECD 회원국 중 최상위를 기록하고 있으며 앞으로 더욱 심화될 것으로 예측된다. 특히 행위별수가제는 의료행위를 할수록 지불되는 진료비가 증가하므로 CT, MRI 등 영상검사를 중심으로 의료 남용이나 과다 이용 문제가 발생하고 있고, 병원의 이익 증대를 위하여 환자에게는 의료비 부담을, 의사에게는 업무 부담을, 건강보험에는 재정 부담을 증대시키고 있다.

이러한 행위별수가제의 문제점을 개선하기 위해 일부 질병군에서는 환자가 입원해서 퇴원할 때까지 발생하는 진료에 대하여 질병마다 미리 정해진 금액을 내는 제도인 포괄수가제를 시행 중이며, 요양병원, 보건기관에서는 입원 환자의 질병, 기능 상태에 따라 입원 1일당 정액수가를 적용하는 정액수가제를 병행하여 실시하고 있지만 비용 산정의 경직성, 의사 비용과 병원 비용의 비분리 등 여러 가지 문제점이 있어 현실적으로 효과를 내지 못하고 있다는 지적이 나오고 있다.

기획재정부와 보건복지부는 시간이 지날수록 건강보험 적자가 계속 증대되어 머지않아 고갈될 위기에 있다고 발표하였다. 당장 행위별수가제를 전면적으로 폐지할 수는 없으므로 기존의 다른 수가제의 문제점을 개선하여 확대하는 등 의료비 지불방식의 다변화가 구조적으로 진행되어야 할 것이다.

① 신포괄수가제의 정의
② 행위별수가제의 한계점
③ 의료비 지불제도의 역할
④ 건강보험의 재정 상황
⑤ 다양한 의료비 지불제도 소개

18 다음 중 제시된 단어와 그 뜻이 바르게 연결되지 않은 것은?

① 당위(當爲) : 마땅히 그렇게 하거나 되어야 하는 것

② 구상(求償) : 자연적인 재해나 사회적인 피해를 당하여 어려운 처지에 있는 사람을 도와줌

③ 명문(明文) : 글로 명백히 기록된 문구 또는 그런 조문

④ 유기(遺棄) : 어떤 사람이 종래의 보호를 거부하여 그를 보호받지 못하는 상태에 두는 일

⑤ 추계(推計) : 일부를 가지고 전체를 미루어 계산함

19 질량이 2kg인 공을 지표면으로부터 높이가 50cm인 지점에서 지표면을 향해 수직으로 4m/s의 속력으로 던져 공이 튀어 올랐다. 다음 〈조건〉을 보고 가장 높은 지점에서 공의 위치에너지를 구하면?(단, 에너지 손실은 없으며, 중력가속도는 $10m/s^2$으로 가정한다)

> **조건**
>
> • (운동에너지)=$\left[\frac{1}{2} \times (질량) \times (속력)^2\right]$J
>
> (위치에너지)=[(질량)×(중력가속도)×(높이)]J
>
> (역학적 에너지)=[(운동에너지)+(위치에너지)]J
>
> • 에너지 손실이 없다면 역학적 에너지는 어떠한 경우에도 변하지 않는다.
>
> • 공이 지표면에 도달할 때 위치에너지는 0이고, 운동에너지는 역학적 에너지와 같다.
>
> • 공이 튀어 오른 후 가장 높은 지점에서 운동에너지는 0이고, 위치에너지는 역학적 에너지와 같다.
>
> • 운동에너지와 위치에너지를 구하는 식에 대입하는 질량의 단위는 kg, 속력의 단위는 m/s, 중력가속도의 단위는 m/s^2, 높이의 단위는 m이다.

① 26J

② 28J

③ 30J

④ 32J

⑤ 34J

20 A부장이 시속 200km의 속력으로 달리는 기차로 1시간 30분 걸리는 출장지에 자가용을 타고 출장을 갔다. 시속 60km의 속력으로 가고 있는데, 속력을 유지한 채 가면 약속시간보다 1시간 늦게 도착할 수 있어 도중에 시속 90km의 속력으로 달려 약속시간보다 30분 일찍 도착하였다. A부장이 시속 90km의 속력으로 달린 거리는?(단, 달리는 동안 속력은 시속 60km로 달리는 도중에 시속 90km로 바뀌는 경우를 제외하고는 그 속력을 유지하는 것으로 가정한다)

① 180km　　　　　　　　　　　　② 210km

③ 240km　　　　　　　　　　　　④ 270km

⑤ 300km

21 S공장은 어떤 상품을 원가에 23%의 이익을 남겨 판매하였으나, 잘 팔리지 않아 판매가에서 1,300원 할인하여 판매하였다. 이때 얻은 이익이 원가의 10%일 때, 상품의 원가는?

① 10,000원　　　　　　　　　　② 11,500원

③ 13,000원　　　　　　　　　　④ 14,500원

⑤ 16,000원

22 A ~ G 7명은 일렬로 배치된 의자에 다음 〈조건〉과 같이 앉는다. 이때 가능한 경우의 수는?

> **조건**
> • A는 양 끝에 앉지 않는다.
> • G는 가운데에 앉는다.
> • B는 G의 바로 옆에 앉는다.

① 60가지　　　　　　　　　　　② 72가지

③ 144가지　　　　　　　　　　④ 288가지

⑤ 366가지

23 S유치원에 다니는 아이 11명의 키는 평균 113cm이다. 키가 107cm인 원생이 유치원을 나가게 되어 원생이 10명이 되었을 때, 남은 유치원생 10명의 평균 키는?

① 113cm

② 113.6cm

③ 114.2cm

④ 114.8cm

⑤ 115.4cm

24 다음 글과 같이 한자어 및 외래어를 순화한 내용으로 적절하지 않은 것은?

> 열차를 타다 보면 한 번쯤은 다음과 같은 안내방송을 들어 봤을 것이다.
> "○○역 인근 '공중사상사고' 발생으로 KTX 열차가 지연되고 있습니다."
> 이때 들리는 안내방송 중 한자어인 '공중사상사고'를 한 번에 알아듣기란 일반적으로 쉽지 않다. 실제로 S교통공사 관계자는 승객들로부터 안내방송 문구가 적절하지 않다는 지적을 받아 왔다고 밝혔으며, 이에 S교통공사는 국토교통부와 협의를 거쳐 보다 이해하기 쉬운 안내방송을 전달하기 위해 문구를 바꾸는 작업에 착수하기로 결정하였다고 전했다.
> 우선 가장 먼저 수정하기로 한 것은 한자어 및 외래어로 표기된 철도 용어이다. 그중 대표적인 것이 '공중사상사고'이다. S교통공사 관계자는 이를 '일반인의 사상사고'나 '열차 운행 중 인명사고' 등과 같이 이해하기 쉬운 말로 바꿀 예정이라고 밝혔다. 이 외에도 열차 지연 예상 시간, 사고복구 현황 등 열차 내 안내방송을 승객에게 좀 더 알기 쉽고 상세하게 전달할 것이라고 전했다.

① 열차시격 → 배차간격

② 전차선 단전 → 선로 전기 공급 중단

③ 우회수송 → 우측 선로로 변경

④ 핸드레일(Handrail) → 안전손잡이

⑤ 키스 앤 라이드(Kiss and Ride) → 환승정차구역

25 다음 글에서 언급되지 않은 내용은?

> 전 세계적인 과제로 탄소중립이 대두되자 친환경적 운송수단인 철도가 주목받고 있다. 특히 국제에너지기구는 철도를 에너지 효율이 가장 높은 운송 수단으로 꼽으며, 철도 수송을 확대하면 세계 수송 부문에서 온실가스 배출량이 그렇지 않을 때보다 약 6억 톤이 줄어들 수 있다고 하였다.
>
> 특히 철도의 에너지 소비량은 도로의 22분의 1이고, 온실가스 배출량은 9분의 1에 불과해, 탄소 배출이 높은 도로 운행의 수요를 친환경 수단인 철도로 전환한다면 수송 부문 총배출량이 획기적으로 감소될 것이라 전망하고 있다.
>
> 이에 발맞춰 우리나라의 S철도공단도 '녹색교통'인 철도 중심 교통체계를 구축하기 위해 박차를 가하고 있으며, 정부 역시 '2050 탄소중립 실현' 목표에 발맞춰 저탄소 철도 인프라 건설·관리로 탄소를 지속적으로 감축하고자 노력하고 있다.
>
> S철도공단은 철도 인프라 생애주기 관점에서 탄소를 감축하기 위해 먼저 철도 건설 단계에서부터 친환경·저탄소 자재를 적용해 탄소 배출을 줄이고 있다. 실제로 중앙선 안동 ~ 영천 간 궤도 설계 당시 철근 대신에 저탄소 자재인 유리섬유 보강근을 콘크리트 궤도에 적용했으며, 이를 통한 탄소 감축효과는 약 6,000톤으로 추정된다. 이 밖에도 저탄소 철도 건축물 구축을 위해 2025년부터 모든 철도건축물을 에너지 자립률 60% 이상(3등급)으로 설계하기로 결정했으며, 도심의 철도 용지는 지자체와 협업을 통해 도심 속 철길 숲 등 탄소 흡수원이자 지역민의 휴식처로 철도부지 특성에 맞게 조성되고 있다.
>
> S철도공단은 이와 같은 철도로의 수송 전환으로 약 20%의 탄소 감축 목표를 내세웠으며, 이를 위해서는 정부의 노력도 필요하다고 강조하였다. 특히 수송 수단 간 공정한 가격 경쟁이 이루어질 수 있도록 도로 차량에 집중된 보조금 제도를 화물차의 탄소배출을 줄이기 위한 철도 전환교통 보조금으로 확대하는 등 실질적인 방안의 필요성을 제기하고 있다.

① 녹색교통으로 철도 수송이 대두된 배경
② 철도 수송 확대를 통해 기대할 수 있는 효과
③ 국내의 탄소 감축 방안이 적용된 설계 사례
④ 정부의 철도 중심 교통체계 구축을 위해 시행된 조치
⑤ S철도공단의 철도 중심 교통체계 구축을 위한 방안

26 다음 글의 주제로 가장 적절한 것은?

지난 5월 아이슬란드에 각종 파이프와 열교환기, 화학물질 저장탱크, 압축기로 이루어져 있는 '조지 올라 재생가능 메탄올 공장'이 등장했다. 이곳은 이산화탄소로 메탄올을 만드는 첨단 시설로, 과거 2011년 아이슬란드 기업 '카본리사이클링인터내셔널(CRI)'이 탄소 포집·활용(CCU) 기술의 실험 을 위해서 지은 곳이다.

이곳에서는 인근 지열발전소에서 발생하는 적은 양의 이산화탄소(CO_2)를 포집한 뒤 물을 분해해 조달한 수소(H_2)와 결합시켜 재생 메탄올(CH_3OH)을 제조하였으며, 이때 필요한 열과 냉각수 역시 지열발전소의 부산물을 이용했다. 이렇게 만들어진 메탄올은 자동차, 선박, 항공 연료는 물론 플라 스틱 제조 원료로 활용되는 등 여러 곳에서 활용되었다.

하지만 이렇게 메탄올을 만드는 것이 미래 원료 문제의 근본적인 해결책이 될 수는 없었다. 왜냐하 면 메탄올이 만드는 에너지보다 메탄올을 만드는 데 들어가는 에너지가 더 필요하다는 문제점에 더 하여 액화천연가스(LNG)를 메탄올로 변환할 경우 이전보다 오히려 탄소배출량이 증가하고, 탄소배 출량을 감소시키기 위해서는 태양광과 에너지 저장장치를 활용해 메탄올 제조에 필요한 에너지를 모두 조달해야만 하기 때문이다.

또한 탄소를 포집해 지하에 영구 저장하는 탄소포집 저장방식과 달리, 탄소를 포집해 만든 연료나 제품은 사용 중에 탄소를 다시 배출할 가능성이 있어 이에 대한 논의가 분분한 상황이다.

① 탄소 재활용의 득과 실
② 재생 에너지 메탄올의 다양한 활용
③ 지열발전소에서 탄생한 재활용 원료
④ 탄소 재활용을 통한 미래 원료의 개발
⑤ 미래의 에너지 원료로 주목받는 재활용 원료, 메탄올

27 다음은 A ~ C철도사의 연도별 차량 수 및 승차인원에 대한 자료이다. 이에 대한 설명으로 옳지 않은 것은?

<표 제목>

〈철도사별 차량 수 및 승차인원〉

구분	2020년			2021년			2022년		
철도사	A	B	C	A	B	C	A	B	C
차량 수(량)	2,751	103	185	2,731	111	185	2,710	113	185
승차인원 (천 명/년)	775,386	26,350	35,650	768,776	24,746	33,130	755,376	23,686	34,179

① C철도사가 운영하는 차량 수는 변동이 없다.
② 3년간 전체 승차인원 중 A철도사 철도를 이용하는 승차인원의 비율이 가장 높다.
③ A ~ C철도사의 철도를 이용하는 연간 전체 승차인원 수는 매년 감소하였다.
④ 3년간 차량 1량당 연간 평균 승차인원 수는 B철도사가 가장 적다.
⑤ C철도사의 차량 1량당 연간 승차인원 수는 200천 명 미만이다.

28 다음은 A ~ H국의 연도별 석유 생산량에 대한 자료이다. 이에 대한 설명으로 옳은 것은?

〈연도별 석유 생산량〉

(단위 : bbl/day)

국가	2018년	2019년	2020년	2021년	2022년
A	10,356,185	10,387,665	10,430,235	10,487,336	10,556,259
B	8,251,052	8,297,702	8,310,856	8,356,337	8,567,173
C	4,102,396	4,123,963	4,137,857	4,156,121	4,025,936
D	5,321,753	5,370,256	5,393,104	5,386,239	5,422,103
E	258,963	273,819	298,351	303,875	335,371
F	2,874,632	2,633,087	2,601,813	2,538,776	2,480,221
G	1,312,561	1,335,089	1,305,176	1,325,182	1,336,597
H	100,731	101,586	102,856	103,756	104,902

① 석유 생산량이 매년 증가한 국가의 수는 6개이다.
② 2018년 대비 2022년에 석유 생산량 증가량이 가장 많은 국가는 A이다.
③ 매년 E국가의 석유 생산량은 H국가 석유 생산량의 3배 미만이다.
④ 연도별 석유 생산량 상위 2개 국가의 생산량 차이는 매년 감소한다.
⑤ 2018년 대비 2022년에 석유 생산량 감소율이 가장 큰 국가는 F이다.

29 A씨는 최근 승진한 공무원 친구에게 선물로 개당 12만 원인 수석을 보내고자 한다. 다음 부정청탁 및 금품 등 수수의 금지에 관한 법률에 따라 선물을 보낼 때, 최대한 많이 보낼 수 있는 수석의 수는?(단, A씨는 공무원인 친구와 직무 연관성이 없는 일반인이며, 선물은 한 번만 보낸다)

> **금품 등의 수수 금지(부정청탁 및 금품 등 수수의 금지에 관한 법률 제8조 제1항)**
> 공직자 등은 직무 관련 여부 및 기부·후원·증여 등 그 명목에 관계없이 동일인으로부터 1회에 100만 원 또는 매 회계연도에 300만 원을 초과하는 금품 등을 받거나 요구 또는 약속해서는 아니 된다.

① 7개
② 8개
③ 9개
④ 10개
⑤ 11개

30 S대리는 업무 진행을 위해 본사에서 거래처로 외근을 가고자 한다. 본사에서 거래처까지 가는 길이 다음과 같을 때, 본사에서 출발하여 C와 G를 거쳐 거래처로 간다면 S대리의 최소 이동거리는?(단, 어떤 곳을 먼저 가도 무관하다)

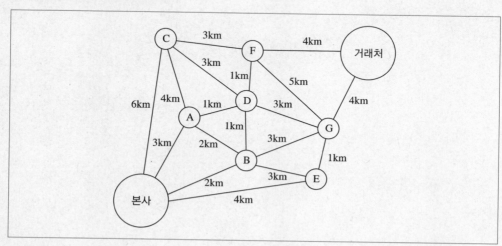

① 8km
② 9km
③ 13km
④ 16km
⑤ 18km

31 총무부에 근무하는 A사원은 각 부서에 필요한 사무용품을 조사한 결과, 볼펜 30자루, 수정테이프 8개, 연필 20자루, 지우개 5개가 필요하다고 한다. 다음 〈조건〉에 따라 비품을 구매할 때, 지불할 수 있는 가장 저렴한 금액은?(단, 필요한 비품 수를 초과하여 구매할 수 있고, 지불하는 금액은 배송료를 포함한다)

> **조건**
>
> • 볼펜, 수정테이프, 연필, 지우개의 판매 금액은 다음과 같다(단, 모든 품목은 낱개로 판매한다).
>
> | 품목 | 가격(원/1EA) | 비고 |
> |------|------|------|
> | 볼펜 | 1,000 | 20자루 이상 구매 시 개당 200원 할인 |
> | 수정테이프 | 2,500 | 10개 이상 구매 시 개당 1,000원 할인 |
> | 연필 | 400 | 12자루 이상 구매 시 연필 전체 가격의 25% 할인 |
> | 지우개 | 300 | 10개 이상 구매 시 개당 100원 할인 |
>
> • 품목당 할인을 적용한 금액의 합이 3만 원을 초과할 경우, 전체 금액의 10% 할인이 추가로 적용된다.
> • 전체 금액의 10% 할인 적용 전 금액이 5만 원 초과 시 배송료는 무료이다.
> • 전체 금액의 10% 할인 적용 전 금액이 5만 원 이하 시 배송료 5,000원이 별도로 적용된다.

① 51,500원   ② 51,350원

③ 46,350원   ④ 45,090원

⑤ 42,370원

32 S사는 개발 상품 매출 순이익에 기여한 직원에게 성과급을 지급하고자 한다. 기여도에 따른 성과급 지급 기준과 〈보기〉를 참고하여 성과급을 차등지급할 때, 가장 많은 성과급을 지급받는 직원은? (단, 팀장에게 지급하는 성과급은 기준 금액의 1.2배이다)

〈기여도에 따른 성과급 지급 기준〉

매출 순이익	개발 기여도			
	1% 이상 5% 미만	5% 이상 10% 미만	10% 이상 20% 미만	20% 이상
1천만 원 미만	-	-	매출 순이익의 1%	매출 순이익의 2%
1천만 원 이상 3천만 원 미만	5만 원	매출 순이익의 1%	매출 순이익의 2%	매출 순이익의 5%
3천만 원 이상 5천만 원 미만	매출 순이익의 1%	매출 순이익의 2%	매출 순이익의 3%	매출 순이익의 5%
5천만 원 이상 1억 원 미만	매출 순이익의 1%	매출 순이익의 3%	매출 순이익의 5%	매출 순이익의 7.5%
1억 원 이상	매출 순이익의 1%	매출 순이익의 3%	매출 순이익의 5%	매출 순이익의 10%

보기

직원	직책	매출 순이익	개발 기여도
A	팀장	4,000만 원	25%
B	팀장	2,500만 원	12%
C	팀원	1억 2,500만 원	3%
D	팀원	7,500만 원	7%
E	팀원	800만 원	6%

① A
② B
③ C
④ D
⑤ E

33 다음은 S시의 학교폭력 상담 및 신고 건수에 대한 자료이다. 이에 대한 설명으로 옳지 않은 것은?

〈학교폭력 상담 및 신고 건수〉

(단위 : 건)

구분	2022년 7월	2022년 8월	2022년 9월	2022년 10월	2022년 11월	2022년 12월
상담	977	805	3,009	2,526	1,007	871
상담 누계	977	1,782	4,791	7,317	8,324	9,195
신고	486	443	1,501	804	506	496
신고 누계	486	929	2,430	3,234	3,740	4,236
구분	2023년 1월	2023년 2월	2023년 3월	2023년 4월	2023년 5월	2023년 6월
상담	( )	( )	4,370	3,620	1,004	905
상담 누계	9,652	10,109	14,479	18,099	19,103	20,008
신고	305	208	2,781	1,183	557	601
신고 누계	4,541	4,749	7,530	( )	( )	( )

① 2023년 1월과 2023년 2월의 학교폭력 상담 건수는 같다.

② 학교폭력 상담 건수와 신고 건수 모두 2023년 3월에 가장 많다.

③ 전월 대비 학교폭력 상담 건수가 가장 크게 감소한 월과 학교폭력 신고 건수가 가장 크게 감소한 월은 다르다.

④ 전월 대비 학교폭력 상담 건수가 증가한 월은 학교폭력 신고 건수도 같이 증가하였다.

⑤ 2023년 6월까지의 학교폭력 신고 누계 건수는 10,000건 이상이다.

34 다음은 5년 동안 발전원별 발전량 추이에 대한 자료이다. 이에 대한 설명으로 옳지 않은 것은?

〈2018 ~ 2022년 발전원별 발전량 추이〉

(단위 : GWh)

자원	2018년	2019년	2020년	2021년	2022년
원자력	127,004	138,795	140,806	155,360	179,216
석탄	247,670	226,571	221,730	200,165	198,367
가스	135,072	126,789	138,387	144,976	160,787
신재생	36,905	38,774	44,031	47,831	50,356
유류·양수	6,605	6,371	5,872	5,568	5,232
계	553,256	537,300	550,826	553,900	593,958

① 매년 원자력 자원 발전량과 신재생 자원 발전량의 증감 추이는 같다.
② 석탄 자원 발전량의 전년 대비 감소폭이 가장 큰 해는 2021년이다.
③ 신재생 자원 발전량 대비 가스 자원 발전량이 가장 큰 해는 2018년이다.
④ 매년 유류·양수 자원 발전량은 전체 발전량의 1% 이상을 차지한다.
⑤ 전체 발전량의 전년 대비 증가폭이 가장 큰 해는 2022년이다.

35 다음 중 〈보기〉에 해당하는 문제해결방법이 바르게 연결된 것은?

> 보기
>
> ㉠ 중립적인 위치에서 그룹이 나아갈 방향과 주제에 대한 공감을 이룰 수 있도록 도와주어 깊이 있는 커뮤니케이션을 통해 문제점을 이해하고 창조적으로 해결하도록 지원하는 방법이다.
> ㉡ 상이한 문화적 토양을 가진 구성원이 사실과 원칙에 근거한 토론을 바탕으로 서로의 생각을 직설적인 논쟁이나 협상을 통해 의견을 조정하는 방법이다.
> ㉢ 구성원이 같은 문화적 토양을 가지고 서로를 이해하는 상황에서 권위나 공감에 의지하여 의견을 중재하고, 타협과 조정을 통해 해결을 도모하는 방법이다.

	㉠	㉡	㉢
①	하드 어프로치	퍼실리테이션	소프트 어프로치
②	퍼실리테이션	하드 어프로치	소프트 어프로치
③	소프트 어프로치	하드 어프로치	퍼실리테이션
④	퍼실리테이션	소프트 어프로치	하드 어프로치
⑤	하드 어프로치	소프트 어프로치	퍼실리테이션

36 A ~ G 7명은 주말 여행지를 고르기 위해 투표를 진행하였다. 다음 〈조건〉과 같이 투표를 진행하였을 때, 투표를 하지 않은 사람을 모두 고르면?

> 조건
>
> • D나 G 중 적어도 한 명이 투표하지 않으면, F는 투표한다.
> • F가 투표하면, E는 투표하지 않는다.
> • B나 E 중 적어도 한 명이 투표하지 않으면, A는 투표하지 않는다.
> • A를 포함하여 투표한 사람은 모두 5명이다.

① B, E   ② B, F

③ C, D   ④ C, F

⑤ F, G

37 다음과 같이 G마트에서 파는 물건을 상품코드와 크기에 따라 엑셀 프로그램으로 정리하였다. 상품코드가 S3310897이고, 크기가 '중'인 물건의 가격을 구하는 함수로 옳은 것은?

	A	B	C	D	E	F
1						
2		상품코드	소	중	대	
3		S3001287	18,000	20,000	25,000	
4		S3001289	15,000	18,000	20,000	
5		S3001320	20,000	22,000	25,000	
6		S3310887	12,000	16,000	20,000	
7		S3310897	20,000	23,000	25,000	
8		S3311097	10,000	15,000	20,000	
9						

① =HLOOKUP(S3310897,$B$2:$E$8,6,0)

② =HLOOKUP("S3310897",$B$2:$E$8,6,0)

③ =VLOOKUP("S3310897",$B$2:$E$8,2,0)

④ =VLOOKUP("S3310897",$B$2:$E$8,6,0)

⑤ =VLOOKUP("S3310897",$B$2:$E$8,3,0)

38 다음 중 Windows Game Bar 녹화 기능에 대한 설명으로 옳지 않은 것은?

① 〈Windows 로고 키〉+〈Alt〉+〈G〉를 통해 백그라운드 녹화 기능을 사용할 수 있다.

② 백그라운드 녹화 시간은 변경할 수 있다.

③ 녹화한 영상의 저장 위치는 변경할 수 없다.

④ 각 메뉴의 단축키는 본인이 원하는 키 조합에 맞추어 변경할 수 있다.

⑤ 게임 성능에 영향을 줄 수 있다.

우리나라에서 500MW 규모 이상의 발전설비를 보유한 발전사업자(공급의무자)는 신재생에너지 공급의무화제도(RPS; Renewable Portfolio Standard)에 의해 의무적으로 일정 비율 이상을 기존의 화석연료를 변환시켜 이용하거나 햇빛·물·지열·강수·생물유기체 등 재생 가능한 에너지를 변환시켜 이용하는 에너지인 신재생에너지로 발전해야 한다. 이에 따라 공급의무자는 매년 정해진 의무공급비율에 따라 신재생에너지를 사용하여 전기를 공급해야 하는데 의무공급비율은 매년 확대되고 있으므로 여기에 맞춰 태양광, 풍력 등 신재생에너지 발전설비를 추가로 건설하기에는 여러 가지 한계점이 있다. ___㉠___ 공급의무자는 의무공급비율을 외부 조달을 통해 충당하게 되는데 이를 인증하는 것이 신재생에너지 공급인증서(REC; Renewable Energy Certificates)이다. 공급의무자는 신재생에너지 발전사에서 판매하는 REC를 구매하는 것으로 의무공급비율을 달성하게 되며, 이를 이행하지 못할 경우 미이행 의무량만큼 해당 연도 평균 REC 거래가격의 1.5배 이내에서 과징금이 부과된다.

신재생에너지 공급자가 공급의무자에게 REC를 판매하기 위해서는 먼저 「신에너지 및 재생에너지 개발·이용·보급 촉진법(신재생에너지법)」 제12조의7에 따라 공급인증기관(에너지관리공단 신재생에너지센터, 한국전력거래소 등)으로부터 공급 사실을 증명하는 공급인증서를 신청해야 한다. 인증 신청을 받은 공급인증기관은 신재생에너지 공급자, 신재생에너지 종류별 공급량 및 공급기간, 인증서 유효기간을 명시한 공급인증서를 발급해 주는데, 여기서 공급인증서의 유효기간은 발급받은 날로부터 3년이며, 공급량은 발전방식에 따라 실제 공급량에 가중치를 곱해 표기한다. 이렇게 발급받은 REC는 공급인증기관이 개설한 거래시장인 한국전력거래소에서 거래할 수 있으며, 거래시장에서 공급의무자가 구매하여 의무공급량에 충당한 공급인증서는 효력을 상실하여 폐기하게 된다.

RPS 제도를 통한 REC 거래는 최근 더욱 확대되고 있다. 시행 초기에는 전력거래소에서 신재생에너지 공급자와 공급의무자 간 REC를 거래하였으나, 2021년 8월 이후 에너지관리공단에서 운영하는 REC 거래시장을 통해 한국형 RE100에 동참하는 일반기업들도 신재생에너지 공급자로부터 REC를 구매할 수 있게 되었고 여기서 구매한 REC는 기업의 온실가스 감축실적으로 인정되어 인센티브 등 다양한 혜택을 받을 수 있게 된다.

| 한국남동발전 / 의사소통능력

39 다음 중 윗글의 내용으로 적절하지 않은 것은?

① 공급의무자는 의무공급비율 달성을 위해 반드시 신재생에너지 발전설비를 건설해야 한다.

② REC 거래를 위해서는 먼저 공급인증기관으로부터 인증서를 받아야 한다.

③ 일반기업도 REC 구매를 통해 온실가스 감축실적을 인정받을 수 있다.

④ REC에 명시된 공급량은 실제 공급량과 다를 수 있다.

40 다음 중 빈칸 ㉠에 들어갈 접속부사로 가장 적절한 것은?

① 한편
② 그러나
③ 그러므로
④ 예컨대

41 다음 자료를 토대로 신재생에너지법상 바르게 거래된 것은?

〈REC 거래내역〉

(거래일 : 2023년 10월 12일)

설비명	에너지원	인증서 발급일	판매처	거래시장 운영소
A발전소	풍력	2020.10.06	E기업	에너지관리공단
B발전소	천연가스	2022.10.12	F발전	한국전력거래소
C발전소	태양광	2020.10.24	G발전	한국전력거래소
D발전소	수력	2021.04.20	H기업	한국전력거래소

① A발전소
② B발전소
③ C발전소
④ D발전소

※ 다음 기사를 읽고 이어지는 질문에 답하시오. [42~43]

N전력공사가 밝힌 에너지 공급비중을 살펴보면 2022년 우리나라의 발전비중 중 가장 높은 것은 석탄 (32.51%)이고, 두 번째는 액화천연가스(27.52%) 즉 LNG 발전이다. LNG의 경우 석탄에 비해 탄소 배출량 이 적어 화석연료와 신재생에너지의 전환단계인 교량 에너지로서 최근 크게 비중이 늘었지만, 여전히 많은 양의 탄소를 배출한다는 문제점이 있다. 지구 온난화 완화를 위해 어떻게든 탄소 배출량을 줄여야 하는 상황 에서 이에 대한 현실적인 대안으로 수소혼소 발전이 주목받고 있다. _____(가)_____

수소혼소 발전이란 기존의 화석연료인 LNG와 친환경에너지인 수소를 혼합 연소하여 발전하는 방식이다. 수소는 지구에서 9번째로 풍부하여 고갈될 염려가 없고, 연소 시 탄소를 배출하지 않는 친환경에너지이다. 발열량 또한 1kg당 142MJ로, 다른 에너지원에 비해 월등이 높아 같은 양으로 훨씬 많은 에너지를 생산할 수 있다. _____(나)_____

그러나 수소를 발전 연료로서 그대로 사용하기에는 여러 가지 문제점이 있다. 수소는 LNG에 비해 7 ~ 8배 빠르게 연소되므로 제어에 실패하면 가스 터빈에서 급격하게 발생한 화염이 역화하여 폭발할 가능성이 있 다. 또한 높은 온도로 연소되므로 그만큼 공기 중의 질소와 반응하여 많은 질소산화물(NOx)을 발생시키는 데, 이는 미세먼지와 함께 대기오염의 주요 원인이 된다. 마지막으로 연료로 사용할 만큼 정제된 수소를 얻 기 위해서는 물을 전기분해해야 하는데, 여기에는 많은 전력이 들어가므로 수소 생산 단가가 높아진다는 단 점이 있다. _____(다)_____

이러한 수소의 문제점을 해결하기 위한 대안이 바로 수소혼소 발전이다. 인프라적인 측면에서 기존의 LNG 발전설비를 활용할 수 있기 때문에 수소혼소 발전은 친환경에너지로 전환하는 사회적·경제적 충격을 완화 할 수 있다. 또한 수소를 혼입하는 비율이 많아질수록 그만큼 LNG를 대체하게 되므로 기술발전으로 인해 혼입하는 수소의 비중이 높아질수록 발전으로 인한 탄소의 발생을 줄일 수 있다. 아직 많은 기술적·경제적 문제점이 남아있지만, 세계의 많은 나라들은 탄소 배출량 저감을 위해 수소혼소 발전 기술에 적극적으로 뛰 어들고 있다. 우리나라 또한 2024년 세종시에 수소혼소 발전이 가능한 열병합발전소가 들어설 예정이며, 한화, 포스코 등 많은 기업들이 수소혼소 발전 실현을 위해 사업을 추진하고 있다. _____(라)_____

| 한국남동발전 / 의사소통능력

42 다음 중 윗글의 내용으로 적절하지 않은 것은?

① 수소혼소 발전은 기존 LNG 발전설비를 활용할 수 있다.
② 수소를 연소할 때에도 공해물질은 발생한다.
③ 수소혼소 발전은 탄소를 배출하지 않는 발전 기술이다.
④ 수소혼소 발전에서 수소를 더 많이 혼입할수록 탄소 배출량은 줄어든다.

| 한국남동발전 / 의사소통능력

43 다음 중 〈보기〉의 문장이 들어갈 위치로 가장 적절한 곳은?

> 보기
> 따라서 수소는 우리나라의 2050 탄소중립을 실현하기 위한 최적의 에너지원이라 할 수 있다.

① (가) ② (나)
③ (다) ④ (라)

44 다음은 N사의 비품 구매 신청 기준이다. 부서별로 비품 수량 현황과 기준을 참고하여 비품을 신청 해야 할 때, 비품 신청 수량이 바르게 연결되지 않은 부서는?

〈비품 구매 신청 기준〉

비품	연필	지우개	볼펜	수정액	테이프
최소 수량	30자루	45개	60자루	30개	20개

- 팀별 비품 보유 수량이 비품 구매 신청 기준 이하일 때, 해당 비품을 신청할 수 있다.
- 각 비품의 신청 가능한 개수는 최소 수량에서 부족한 수량 이상 최소 보유 수량의 2배 이하이다.
- 예 연필 20자루, 지우개 50개, 볼펜 50자루, 수정액 40개, 테이프 30개가 있다면 지우개, 수정액, 테이프는 신청할 수 없고, 연필은 10자루 이상 60자루 이하, 볼펜은 10자루 이상 120자루 이하를 신청할 수 있다.

〈N사 부서별 비품 수량 현황〉

팀 \ 비품	연필	지우개	볼펜	수정액	테이프
총무팀	15자루	30개	20자루	15개	40개
연구개발팀	45자루	60개	50자루	20개	30개
마케팅홍보팀	40자루	40개	15자루	5개	10개
인사팀	25자루	50개	80자루	50개	5개

	팀	연필	지우개	볼펜	수정액	테이프
①	총무팀	15자루	15개	40자루	15개	0개
②	연구개발팀	0자루	0개	100자루	20개	0개
③	마케팅홍보팀	20자루	10개	50자루	50개	40개
④	인사팀	45자루	0개	0자루	0개	30개

※ 다음은 N사 인근의 지하철 노선도 및 관련 정보이다. 이어지는 질문에 답하시오. [45~47]

<N사 인근 지하철 노선도>

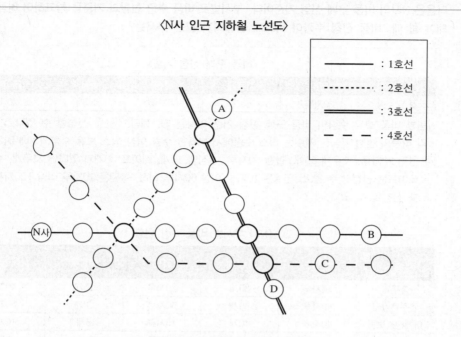

<N사 인근 지하철 관련 정보>

• 역간 거리 및 부과요금은 다음과 같다.

열차	역간 거리	기본요금	거리비례 추가요금
1호선	900m	1,200원	5km 초과 시 500m마다 50원 추가
2호선	950m	1,500원	5km 초과 시 1km마다 100원 추가
3호선	1,000m	1,800원	5km 초과 시 500m마다 100원 추가
4호선	1,300m	2,000원	5km 초과 시 1.5km마다 150원 추가

• 모든 노선에서 다음 역으로 이동하는 데 걸리는 시간은 2분이다.
• 모든 노선에서 환승하는 데 걸리는 시간은 3분이다.
• 기본요금이 더 비싼 열차로 환승할 때에는 부족한 기본요금을 추가로 부과하며, 기본요금이 더 저렴한 열차로 환승할 때에는 요금을 추가로 부과하거나 공제하지 않는다.
• 1회 이상 환승할 때의 거리비례 추가요금은 이용한 열차 중 기본요금이 가장 비싼 열차를 기준으로 적용한다.

예 1호선으로 3,600m 이동 후 3호선으로 환승하여 3,000m 더 이동했다면, 기본요금 및 거리비례 추가요금은 3호선 기준이 적용되어 1,800+300=2,100원이다.

45 다음 중 N사와 A지점을 왕복하는 데 걸리는 최소 이동시간은?

① 28분

② 34분

③ 40분

④ 46분

46 다음 중 N사로부터 이동거리가 가장 짧은 지점은?

① A지점

② B지점

③ C지점

④ D지점

47 다음 중 N사에서 이동하는 데 드는 비용이 가장 적은 지점은?

① A지점

② B지점

③ C지점

④ D지점

※ 다음 글을 읽고 이어지는 질문에 답하시오. [48~50]

SF 영화나 드라마에서만 나오던 3D 푸드 프린터를 통해 음식을 인쇄하여 소비하는 모습은 더 이상 먼 미래의 모습이 아니게 되었다. 2023년 3월 21일 미국의 컬럼비아 대학교에서는 3D 푸드 프린터와 땅콩버터, 누텔라, 딸기잼 등 7가지의 반죽형 식용 카트리지로 7겹 치즈케이크를 만들었다고 국제학술지 'NPJ 식품과학'에 소개하였다. (가) 특히 이 치즈케이크는 베이킹 기능이 있는 레이저와 식물성 원료를 사용한 비건식 식용 카트리지를 통해 만들어졌다. ㉠ 그래서 이번 발표는 대체육과 같은 다른 관련 산업에서도 많은 주목을 받게 되었다.

3D 푸드 프린터는 산업 현장에서 사용되는 일반적인 3D 프린터가 사용자가 원하는 대로 3차원의 물체를 만드는 것처럼 사람이 섭취가 가능한 페이스트, 반죽, 분말 등을 카트리지로 사용하여 사용자가 원하는 디자인으로 압출·성형하여 음식을 만들어 내는 것이다. (나) 현재 3D 푸드 프린터는 산업용 3D 프린터처럼 페이스트를 층층이 쌓아서 만드는 FDM(Fused Deposition Modeling) 방식, 분말형태로 된 재료를 접착제로 굳혀 찍어내는 PBF(Powder Bed Fusion), 레이저로 굳혀 찍어내는 SLS(Selective Laser Sintering) 방식이 주로 사용된다.

(다) 3D 푸드 프린터는 아직 대중화되지 않았지만, 많은 장점을 가지고 있어 미래에 활용가치가 아주 높을 것으로 예상되고 있다. ㉡ 예를 들어 증가하는 노령인구에 맞춰 씹고 삼키는 것이 어려운 사람을 위해 질감과 맛을 조정하거나, 개인별로 필요한 영양소를 첨가하는 등 사용자의 건강관리를 수월하게 해 준다. ㉢ 또한 우주 등 음식을 조리하기 어려운 곳에서 평소 먹던 음식을 섭취할 수 있게 하는 등 활용도는 무궁무진하다. 특히 대체육 부분에서 주목받고 있는데, 3D 푸트 프린터로 육류를 제작하게 된다면 동물을 키우고 도살하여 고기를 얻는 것보다 환경오염을 줄일 수 있다. (라) 대체육은 식물성 원료를 소재로 하는 것이므로 일반적인 고기보다는 맛은 떨어지게 된다. 실제로 대체육 전문 기업인 리디파인 미트(Redefine Meat)에서는 대체육이 축산업에서 발생하는 일반 고기보다 환경오염을 95% 줄일 수 있다고 밝히고 있다.

㉣ 따라서 3D 푸드 프린터는 개발 초기 단계이므로 아직 개선해야 할 점이 많다. 가장 중요한 것은 맛이다. 3D 푸드 프린터에 들어가는 식용 카트리지의 주원료는 식물성 재료이므로 실제 음식의 맛을 내기까지는 아직 많은 노력이 필요하다. (마) 디자인의 영역도 간과할 수 없는데, 길쭉한 필라멘트(3D 프린터에 사용되는 플라스틱 줄) 모양으로 성형된 음식이 '인쇄'라는 인식과 함께 음식을 섭취하는 데 심리적인 거부감을 주는 것도 해결해야 하는 문제이다. ㉤ 게다가 현재 주로 사용하는 방식은 페이스트, 분말을 레이저나 압출로 성형하는 것이므로 만들 수 있는 요리의 종류가 매우 제한적이며, 전력 소모 또한 많다는 것도 해결해야 하는 문제이다.

48 윗글의 내용에 대한 추론으로 적절하지 않은 것은?

① 설탕 케이크 장식 제작은 SLS 방식의 3D 푸드 프린터가 적절하다.

② 3D 푸드 프린터는 식감 등으로 발생하는 편식을 줄일 수 있다.

③ 3D 푸드 프린터는 사용자 맞춤 식단을 제공할 수 있다.

④ 현재 3D 푸드 프린터로 제작된 음식은 거부감을 일으킬 수 있다.

⑤ 컬럼비아 대학교에서 만들어 낸 치즈케이크는 PBF 방식으로 제작되었다.

49 윗글의 (가) ~ (마) 중 삭제해야 할 문장으로 가장 적절한 것은?

① (가) ② (나)
③ (다) ④ (라)
⑤ (마)

50 윗글의 접속부사 ㉠ ~ ㉤ 중 문맥상 적절하지 않은 것은?

① ㉠ ② ㉡
③ ㉢ ④ ㉣
⑤ ㉤

꿈을 계속 간직하고 있으면 반드시 실현할 때가 온다.

- 괴테 -

PART 1

직업기초능력

CHAPTER 01

의사소통능력

합격 Cheat Key

의사소통능력은 평가하지 않는 공사·공단이 없을 만큼 필기시험에서 중요도가 높은 영역으로, 세부 유형은 문서 이해, 문서 작성, 의사 표현, 경청, 기초 외국어로 나눌 수 있다. 문서 이해·문서 작성과 같은 지문에 대한 주제 찾기, 내용 일치 문제의 출제 비중이 높으며, 문서의 특성을 파악하는 문제도 출제되고 있다.

1 문제에서 요구하는 바를 먼저 파악하라!

의사소통능력에서 가장 중요한 것은 제한된 시간 안에 빠르고 정확하게 답을 찾아내는 것이다. 의사소통능력에서는 지문이 아니라 문제가 주인공이므로 지문을 보기 전에 문제를 먼저 파악해야 하며, 문제에 따라 전략적으로 빠르게 풀어내는 연습을 해야 한다.

2 잠재되어 있는 언어 능력을 발휘하라!

세상에 글은 많고 우리가 학습할 수 있는 시간은 한정적이다. 이를 극복할 수 있는 방법은 다양한 글을 접하는 것이다. 실제 시험장에서 어떤 내용의 지문이 나올지 아무도 예측할 수 없으므로 평소에 신문, 소설, 보고서 등 여러 글을 접하는 것이 필요하다.

3 　상황을 가정하라!

업무 수행에 있어 상황에 따른 언어 표현은 중요하다. 같은 말이라도 상황에 따라 다르게
해석될 수 있기 때문이다. 그런 의미에서 자신의 의견을 효과적으로 전달할 수 있는 능력
을 평가하는 것이다. 업무를 수행하면서 발생할 수 있는 여러 상황을 가정하고 그에 따른
올바른 언어표현을 정리하는 것이 필요하다.

4 　말하는 이의 입장에서 생각하라!

잘 듣는 것 또한 하나의 능력이다. 상대방의 이야기에 귀 기울이고 공감하는 태도는 업무
를 수행하는 관계 속에서 필요한 요소이다. 그런 의미에서 다양한 상황에서의 듣는 능력
을 평가하는 것이다. 말하는 이가 요구하는 듣는 이의 태도를 파악하고, 이에 따른 판단을
할 수 있도록 언제나 말하는 사람의 입장이 되는 연습이 필요하다.

| 유형분석 |

- 주어진 지문을 읽고 선택지를 고르는 전형적인 독해 문제이다.
- 지문은 주로 신문기사(보도자료 등)나 업무 보고서, 시사 등이 제시된다.
- 공사공단에 따라 자사와 관련된 내용의 기사나 법조문, 보고서 등이 출제되기도 한다.

다음 글의 내용으로 적절하지 않은 것은?

물가 상승률은 일반적으로 가격 수준의 상승 속도를 나타내며, 소비자 물가지수(CPI)와 같은 지표를 사용하여 측정된다. 높은 물가 상승률은 소비재와 서비스의 가격이 상승하고, 돈의 구매력이 감소한다. 이는 소비자들이 더 많은 돈을 지출하여 물가 상승에 따른 가격 상승을 감수해야 함을 의미한다.

물가 상승률은 경제에 다양한 영향을 미친다. 먼저 소비자들의 구매력이 저하되므로 가계소득의 실질 가치가 줄어든다. 이는 소비 지출의 감소와 경기 둔화를 초래할 수 있다. 또한 물가 상승률은 기업의 의사결정에도 영향을 준다. 예를 들어 높은 물가 상승률은 이자율의 상승과 함께 대출 조건을 악화시키므로 기업들은 생산 비용 상승과 이로 인한 이윤 감소에 직면하게 된다.

정부와 중앙은행은 물가 상승률을 통제하기 위해 다양한 금융 정책을 사용하며, 대표적으로 세금 조정, 통화량 조절, 금리 조정 등이 있다.

물가 상승률은 경제 활동에 큰 영향을 주는 중요한 요소이므로 정부, 기업, 투자자 및 개인은 이를 주의 깊게 모니터링하고 전망을 평가하는 데 활용해야 한다. 또한 소비자의 구매력과 경기 상황에 직접적·간접적인 영향을 주므로 경제 주체들은 물가 상승률의 변동에 대응하여 적절한 전략을 수립해야 한다.

① 지나친 물가 상승은 소비 심리를 위축시킨다.
② 정부와 중앙은행이 실행하는 금융 정책의 목적은 물가 안정성을 유지하는 것이다.
③ 중앙은행의 금리 조정으로 지나친 물가 상승을 진정시킬 수 있다.
④ 소비재와 서비스의 가격이 상승하므로 기업의 입장에서는 물가 상승률이 커질수록 이득이다.

정답 ④

높은 물가 상승률은 이자율의 상승과 함께 대출 조건을 악화시키므로 기업들은 생산 비용 상승과 이로 인한 이윤 감소에 직면하게 된다.

풀이 전략!

주어진 선택지에서 키워드를 체크한 후, 지문의 내용과 비교해 가면서 내용의 일치 유무를 빠르게 판단한다.

01 다음 글을 통해 알 수 있는 내용으로 적절하지 않은 것은?

인간의 사유는 특정한 기준을 바탕으로 다른 것과의 차이를 인식하는 것이라 할 수 있다. 이때의 기준을 이루는 근간(根幹)은 당연히 현실 세계의 경험과 인식이다. 하지만 인간은 현실적 경험으로 인식되지 않는 대상을 사유하기도 하는데, 그중 하나가 신화적 사유이고 이는 상상력의 산물이다. 상상력은 통념(通念)상 현실과 대립되는 위치에 속한다. 또한, 현대 문명에서 상상력은 과학적ㆍ합리적 사고와 반대되는 사유 체계로 간주되기도 한다. 그러나 신화적 사유를 떠받치고 있는 상상력은 '현실적 – 비현실적', '논리적 – 비논리적', '합리적 – 비합리적' 등과 같은 단순한 양항 체계 속으로 환원될 수 없다.

초기 인류학에서는 근대 문명과 대비시켜 신화적 사유를 미개한 존재들의 미숙한 단계의 사고로 간주(看做)했었다. 이러한 입장을 대표하는 레비브륄에 따르면 미개인은 논리 이전의 사고방식과 비현실적 감각을 가진 존재이다. 그러나 신화 연구에 적지 않은 영향을 끼쳤고 오늘날에도 여전히 유효한 레비스트로스의 논의에 따르면 미개인과 문명인의 사고방식은 사물을 분류하는 방식과 주된 관심 영역 등이 다를 뿐, 어느 것이 더 합리적이거나 논리적이라고 할 수는 없다. 또한, 그것은 세계를 이해하는 두 가지의 서로 다른 방식 혹은 태도일 뿐이다. 신화적 사유를 비롯한 이른바 미개인의 사고방식을 가리키는 레비스트로스가 말하는 '야생의 사고'는 이러한 사고방식이 근대인 혹은 문명인 못지않게 질서와 체계에 민감하고 그 나름의 현실적, 논리적, 합리적 기반을 갖추고 있음을 함축하고 있는 개념이다.

레비스트로스의 '야생의 사고'는 신화시대와 신화적 사유를 근대적 문명에 입각한 발전론적 시각이 아닌 상대주의적 시각으로 바라보았다는 점에서 의미가 크다. 그러나 그가 신화 자체의 사유 방식이나 특성을 특정 시대의 것으로 한정(限定)하는 오류를 범하고 있다는 점에 유의해야 한다. 과거 신화시대에 생겨난 신화적 사유는 신화가 재현되고 재생되는 한 여전히 시간과 공간을 뛰어넘어 현재화되고 있기 때문이다.

이상에서 보듯이 신화적 사유는 현실적ㆍ경험적 차원의 '진실'이나 '비진실'로 구분될 수 없다. 신화는 허구적이거나 진실한 것 모두를 '재료'로 사용할 수 있으며, 이러한 재료들은 신화적 사유 고유의 규칙과 체계에 따라 배열된다. 그러므로 신화 텍스트에서 이러한 재료들의 구성 원리를 밝히는 것은 그 신화에 반영된 신화적 사유 체계를 밝히는 것이라 할 수 있다. 또한, 이는 신화를 공유하고 전승(傳承)해 왔던 집단의 원형적 사유 체계에 접근하는 작업이라고도 할 수 있다.

① 신화는 그 고유의 규칙과 체계를 갖고 있다.
② 신화적 사유는 상상력의 산물이라 할 수 있다.
③ 신화적 사유는 특정 시대의 사유 특성에 한정된다.
④ 신화적 상상력은 상상력에 대한 통념적 인식과 차이가 있다.

02 다음 글의 내용으로 가장 적절한 것은?

지금까지 보았듯이 체계라는 개념은 많은 현실주의자들에게 있어서 중요한 개념이다. 무질서 상태라는 비록 단순한 개념이든 현대의 현실주의자가 고안한 정교한 이론이든 체계라는 것은 국제적인 행위체에 영향을 주기 때문에 중요시되는 것이다. 그런데 최근의 현실주의자들은 체계를 하나의 유기체로 보고 얼핏 국가의 의지나 행동으로부터 독립한 듯이 기술하고 있다. 정치가는 거의 자율성이 없으며 획책할 여지도 없어서 정책결정과정에서는 인간의 의지가 별 효과가 없는 것으로 본다. 행위자로서 인간은 눈앞에 버티고 선 냉혹한 체계의 앞잡이에 불과하며, 그러한 체계는 이해할 수 없는 기능을 갖는 하나의 구조이며 그러한 메커니즘에 대하여 막연하게 밖에는 인지할 수 없다. 정치가들은 무수한 제약에 직면하지만 호기는 거의 오지 않는다. 정치가들은 권력정치라고 불리는 세계규모의 게임에 열중할 뿐이며 자발적으로 규칙을 변화시키고 싶어도 그렇게 하지 못한다. 결국 비판의 초점은 현실주의적 연구의 대부분은 숙명론적이며 결정론적이거나 비관론적인 저류가 흐르고 있다고 지적한다. 그 결과 이러한 비판 중에는 행위자로서 인간과 구조는 상호 간에 영향을 주고 있다는 것을 강조하면서 구조를 보다 동적으로 파악하는 사회학에 눈을 돌리는 학자도 있다.

① 이상주의자들에게 있어서 체계라는 개념은 그리 중요하지 않다.
② 무질서 상태는 국제적 행위체로서 작용하는 체계가 없는 혼란스러운 상태를 의미한다.
③ 현실주의자들은 숙명론 혹은 결정론을 신랄하게 비판한다.
④ 현실주의적 관점에서 정치인들은 체계 앞에서 무기력하다.

03 다음 글의 내용으로 적절하지 않은 것은?

우리 민족은 고유한 주거문화로 바닥 난방 기술인 구들을 발전시켜 왔는데, 구들은 우리 민족에 다양한 영향을 주었다. 우선 오랜 구들 생활은 우리 민족의 인체에 적지 않은 변화를 초래하였다. 태어나면서부터 따뜻한 구들에 누워 자는 것이 습관이 된 우리 아이들은 사지의 활동량이 적어 발육이 늦어졌다. 구들에서 자란 우리 아이들은 다른 어떤 민족의 아이들보다 따뜻한 곳에서 안정감을 느꼈으며, 우리 민족은 아이들에게 따뜻함을 만들어주기 위해 여러 가지를 고안하여 발전시켰다.
구들은 농경을 주업으로 하는 우리 민족의 생산도구의 제작과 사용에 많은 영향을 주었다. 구들에 앉아 오랫동안 활동하는 습관은 하반신보다 상반신의 작업량을 증가시켰고 상반신의 움직임이 상대적으로 정교하게 되었다. 구들 생활에 익숙해진 우리 민족은 방 안에서의 작업뿐만 아니라 농사를 비롯한 야외의 많은 작업에서도 앉아서 하는 습관을 갖게 되었는데, 이는 큰 농기구를 이용하여 서서 작업을 하는 서양과는 완전히 다른 방식이었다.

① 구들의 영향으로 우리 민족은 앉아서 하는 작업방식이 일반화되었다.
② 구들은 아이들의 체온을 높여 발육을 방해한다.
③ 우리 민족은 하반신 활동보다 상반신 활동이 많은 대신 상반신 작업이 정교한 특징이 있다.
④ 구들은 실내뿐 아니라 실외활동에도 영향을 끼쳤다.

04 다음 글의 내용으로 가장 적절한 것은?

상업 광고는 기업은 물론이고 소비자에게도 요긴하다. 기업은 마케팅 활동의 주요한 수단으로 광고를 적극적으로 이용하여 기업과 상품의 인지도를 높이려 한다. 소비자는 소비 생활에 필요한 상품의 성능, 가격, 판매 조건 등의 정보를 광고에서 얻으려 한다. 광고를 통해 기업과 소비자가 모두 이익을 얻는다면 이를 규제할 필요는 없을 것이다. 그러나 광고에서 기업과 소비자의 이익이 상충하는 경우도 있고, 광고가 사회 전체에 폐해를 낳는 경우도 있어 다양한 규제 방식이 모색되었다.

이때 문제가 된 것은 과연 광고로 인한 피해를 책임질 당사자로서 누구를 상정할 것인가였다. 초기에는 '소비자 책임 부담 원칙'에 따라 광고 정보를 활용한 소비자의 구매 행위에 대해 소비자가 책임을 져야 한다고 보았다. 여기에는 광고 정보가 정직한 것인지와는 관계없이 소비자는 이성적으로 이를 판단하여 구매할 수 있어야 한다는 전제가 있었다. 그래서 기업은 광고에 의존하여 물건을 구매한 소비자가 입은 피해에 대하여 책임을 지지 않았고, 광고의 기만성에 대한 입증 책임도 소비자에게 있었다.

책임 주체로 기업을 상정하여 '기업 책임 부담 원칙'이 부상하게 된 배경은 복합적이다. 시장의 독과점 상황이 광범위해지면서 소비자의 자유로운 선택이 어려워졌고, 상품에 응용된 과학 기술이 복잡해지고 첨단화되면서 상품 정보에 대한 소비자의 정확한 이해도 기대하기 어려워졌다. 또한 다른 상품 광고와의 차별화를 위해 통념에 어긋나는 표현이나 장면도 자주 활용되었다. 그리하여 경제적, 사회·문화적 측면에서 광고로부터 소비자를 보호해야 한다는 당위를 바탕으로 기업이 광고에 대해 책임을 져야 한다는 공감대가 확산되었다.

오늘날 행해지고 있는 여러 광고 규제는 크게 법적 규제와 자율 규제로 나눌 수 있다. 구체적인 법 조항을 통해 광고를 규제하는 법적 규제는 광고 또한 사회적 활동의 일환이라는 점에 근거한다. 특히 자본주의 사회에서는 기업이 시장 점유율을 높여 다른 기업과의 경쟁에서 승리하기 위하여 사실에 반하는 광고나 소비자를 현혹하는 광고를 할 가능성이 높다. 법적 규제는 허위 광고나 기만 광고 등을 불공정 경쟁의 수단으로 간주하여 정부 기관이 규제를 가하는 것이다.

자율 규제는 법적 규제에 대한 기업의 대응책으로 등장했다. 법적 규제가 광고의 역기능에 따른 피해를 막기 위한 강제적 조치라면, 자율 규제는 광고의 순기능을 극대화하기 위한 자율적 조치이다. 광고에 대한 기업의 책임감에서 비롯된 자율 규제는 법적 규제를 보완하는 효과가 있다.

① 광고 주체의 자율 규제가 잘 작동될수록 광고에 대한 법적 규제의 역할도 커진다.

② 기업의 이익과 소비자의 이익이 상충하는 정도가 클수록 법적 규제와 자율 규제의 필요성이 약화된다.

③ 시장 독과점 상황이 심각해지면서 기업 책임 부담 원칙이 약화되고 소비자 책임부담 원칙이 부각되었다.

④ 첨단 기술을 강조한 상품의 광고일수록 소비자가 광고 내용을 정확히 이해하지 못한 채 상품을 구매할 가능성이 커진다.

※ 다음 글의 내용으로 적절하지 않은 것을 고르시오. [5~6]

05

생물 농약이란 농작물에 피해를 주는 병이나 해충, 잡초를 제거하기 위해 자연에 있는 생물로 만든 천연 농약을 뜻한다. 생물 농약을 개발한 것은 흙 속에 사는 병원균으로부터 식물을 보호할 목적에 서였다. 뿌리를 공격하는 병원균은 땅속에 살고 있으므로 병원균을 제거하기에는 어려움이 있었다. 게다가 화학 농약의 경우 그 성분이 토양에 달라붙어 제 기능을 발휘하지 못했기 때문에 식물 성장을 돕고 항균 작용을 할 수 있는 미생물에 주목하기 시작한 것이다.

식물 성장을 돕고 항균 작용을 하는 미생물 집단을 '근권미생물'이라 하는데, 여러 종류의 근권미생물 중 농약으로 쓰기에 가장 좋은 것은 뿌리에 잘 달라붙는 것들이다. 근권미생물의 입장에서 뿌리 주변은 사막의 오아시스와 비슷한 조건이다. 뿌리 주변은 뿌리에서 공급되는 양분과 안락한 서식 환경을 제공받지만, 뿌리 주변에서 멀리 떨어진 곳은 황량한 지역이어서 먹을 것을 찾기가 어렵기 때문이다. 따라서 뿌리 주변에서는 좋은 위치를 선점하기 위해 미생물 간에 치열한 싸움이 벌어진다. 얼마나 뿌리에 잘 정착하느냐가 생물 농약으로 사용되는 미생물을 결정하는 데 중요한 기준이 되는 셈이다.

생물 농약으로 쓰이는 미생물은 식물 성장을 돕는 성질을 포함한다. 미생물이 만든 항균 물질은 농작물의 뿌리에 침입하려는 곰팡이나 병원균의 성장을 억제하거나 죽게 한다. 그리고 병원균이나 곤충, 선충에 기생하는 종들을 사용한 생물 농약은 유해 병원균이나 해충을 직접 공격하기도 한다. 예를 들어 흰가루병은 채소 대부분에 생겨나는 곰팡이 때문에 발생하는데, 흰가루병을 일으키는 곰팡이의 영양분을 흡수해 죽이는 천적 곰팡이(Ampelomyces Quisqualis)를 이용한 생물 농약이 만들어졌다.

① 화학 농약은 화학 성분이 토양에 달라붙어 제 기능을 발휘하지 못한다.
② 생물 농약으로 쓰이는 미생물들은 유해 병원균이나 해충을 직접 공격하지는 못한다.
③ '근권미생물'이란 식물의 성장에 도움을 주는 미생물이다.
④ 뿌리에 잘 정착하는지의 여부가 미생물의 생물 농약 사용 기준이 된다.

06

경제학에서는 가격이 한계 비용과 일치할 때를 가장 이상적인 상태라고 본다. '한계 비용'이란 재화의 생산량을 한 단위 증가시킬 때 추가되는 비용을 말한다. 한계 비용 곡선과 수요 곡선이 만나는 점에서 가격이 정해지면 재화의 생산 과정에 들어가는 자원이 낭비 없이 효율적으로 배분되며, 이때 사회 전체의 만족도가 가장 커진다. 가격이 한계 비용보다 높아지면 상대적으로 높은 가격으로 인해 수요량이 줄면서 거래량이 따라 줄고, 결과적으로 생산량도 감소한다. 이는 사회 전체의 관점에서 볼 때 자원이 효율적으로 배분되지 못하는 상황이므로 사회 전체의 만족도가 떨어지는 결과를 낳는다.

위에서 설명한 일반 재화와 마찬가지로 수도, 전기, 철도와 같은 공익 서비스도 자원배분의 효율성을 생각하면 한계 비용 수준으로 가격(공공요금)을 결정하는 것이 바람직하다. 대부분의 공익 서비스는 초기 시설 투자비용은 막대한 반면 한계 비용은 매우 적다. 이러한 경우, 한계 비용으로 공공요금을 결정하면 공익 서비스를 제공하는 기업은 손실을 볼 수 있다.

예컨대 초기 시설 투자비용이 6억 달러이고, 톤당 1달러의 한계 비용으로 수돗물을 생산하는 상수도 서비스를 가정해보자. 이때 수돗물 생산량을 '1톤, 2톤, 3톤, …'으로 늘리면 총비용은 '6억 1달러, 6억 2달러, 6억 3달러, …'로 늘어나고, 톤당 평균 비용은 '6억 1달러, 3억 1달러, 2억 1달러, …'로 지속적으로 줄어든다. 그렇지만 평균 비용이 계속 줄어들더라도 한계 비용 아래로는 결코 내려가지 않는다. 따라서 한계 비용으로 수도 요금을 결정하면 총비용보다 총수입이 적으므로 수도 사업자는 손실을 보게 된다.

이를 해결하는 방법에는 크게 두 가지가 있다. 하나는 정부가 공익 서비스 제공 기업에 손실분만큼 보조금을 주는 것이고, 다른 하나는 공공요금을 평균 비용 수준으로 정하는 것이다. 전자의 경우 보조금을 세금으로 충당한다면 다른 부문에 들어갈 재원이 줄어드는 문제가 있다. 평균 비용 곡선과 수요 곡선이 교차하는 점에서 요금을 정하는 후자의 경우에는 총수입과 총비용이 같아져 기업이 손실을 보지는 않는다. 그러나 요금이 한계 비용보다 높기 때문에 사회 전체의 관점에서 자원의 효율적 배분에 문제가 생긴다.

① 평균 비용이 한계 비용보다 큰 경우, 공공요금을 평균 비용 수준에서 결정하면 자원의 낭비를 방지할 수 있다.

② 가격이 한계 비용보다 높은 경우에는 한계 비용과 같은 경우에 비해 결국 그 재화의 생산량이 줄어든다.

③ 공익 서비스와 일반 재화의 생산 과정에서 자원을 효율적으로 배분하기 위한 조건은 서로 같다.

④ 정부는 공공요금을 한계 비용 수준으로 유지하기 위하여 보조금 정책을 펼 수 있다.

02 문단 나열

| 유형분석 |

- 각 문단의 내용을 파악하고 논리적 순서에 맞게 배열하는 복합적인 문제이다.
- 전체적인 글의 흐름을 이해하는 것이 중요하며, 각 문장의 지시어나 접속어에 주의한다.

다음 문단을 논리적 순서대로 바르게 나열한 것은?

(가) 여기에 반해 동양에서는 보름달에 좋은 이미지를 부여한다. 예를 들어, 우리나라의 처녀귀신이나 도깨비는 달빛이 흐린 그믐 무렵에나 활동하는 것이다. 그런데 최근에는 동서양의 개념이 마구 뒤섞여 보름달을 배경으로 악마의 상징인 늑대가 우는 광경이 동양의 영화에 나오기도 한다.

(나) 동양에서 달은 '음(陰)'의 기운을, 해는 '양(陽)'의 기운을 상징한다는 통념이 자리를 잡았다. 그래서 달을 '태음', 해를 '태양'이라고 불렀다. 동양에서는 해와 달의 크기가 같은 덕에 음과 양도 동등한 자격을 갖춘다. 즉, 음과 양은 어느 하나가 좋고 다른 하나는 나쁜 것이 아니라 서로 보완하는 관계를 이루는 것이다.

(다) 옛날부터 형성된 이러한 동서양 간의 차이는 오늘날까지 영향을 끼치고 있다. 동양에서는 달이 밝으면 달맞이를 하는데, 서양에서는 달맞이를 자살 행위처럼 여기고 있다. 특히 보름달은 서양인들에게 거의 공포의 상징과 같은 존재이다. 예를 들어, 13일의 금요일에 보름달이 뜨게 되면 사람들이 외출조차 꺼린다.

(라) 하지만 서양의 경우는 다르다. 서양에서 낮은 신이, 밤은 악마가 지배한다는 통념이 자리를 잡았다. 따라서 밤의 상징인 달에 좋지 않은 이미지를 부여하게 되었다. 이는 해와 달의 명칭을 보면 알 수 있다. 라틴어로 해를 'Sol', 달을 'Luna'라고 하는데 정신병을 뜻하는 단어 'Lunacy'의 어원이 바로 'Luna'이다.

① (가) - (나) - (라) - (다) ② (나) - (라) - (가) - (다)
③ (나) - (라) - (다) - (가) ④ (나) - (다) - (가) - (라)
⑤ (다) - (나) - (라) - (가)

정답 ③

제시문은 동양과 서양에서 서로 다른 의미를 부여하고 있는 달에 대해 설명하고 있는 글이다. 따라서 (나) 동양에서 나타나는 해와 달의 의미 → (라) 동양과 상반되는 서양에서의 해와 달의 의미 → (다) 최근까지 지속되고 있는 달에 대한 서양의 부정적 의미 → (가) 동양에서의 변화된 달의 이미지의 순서대로 나열하는 것이 적절하다.

풀이 전략!

상대적으로 시간이 부족하다고 느낄 때는 선택지를 참고하여 문장의 순서를 생각해 본다.

01   다음 문단을 논리적 순서대로 바르게 나열한 것은?

> (가) 닭 한 마리가 없어져서 뒷집 식구들이 모두 나서서 찾았다. 그런데 앞집 부엌에서 고기 삶는 냄새가 났다. 왜 우리 닭을 잡아먹었느냐고 따지자 주인은 아니라고 잡아뗐다. 부엌에서 나는 고기 냄새는 무어냐고 물었더니, 냄새가 날 리 없다고, 아마도 네가 오랫동안 고기 맛을 보지 못해서 환장했을 거라고 면박을 준다. 너희 집 두엄 더미에 버려진 닭 털은 어찌된 거냐고 들이대자 오리 발을 들고 나와 그것은 네 집 닭 털이 아니라 우리 집 오리털이라고 변명한다. 네 집 닭을 훔쳐 먹은 것이 아니라 우리 집 오리를 내가 잡은 것인데, 그게 무슨 죄가 되냐고 오히려 큰소리친다.
>
> (나) 남의 닭을 훔쳐다 잡아먹고서 부인할 수는 있다. 그러나 뭐 뀐 놈이 성내는 것도 분수가 있지 피해자를 가해자로 몰아 처벌하게 하는 데야 말문이 막힐 수밖에 없는 일이 아닌가. 적반하장도 유분수지 도둑이 주인을 도둑으로 처벌해 달라고 고소하는 일은 별로 흔하지 않을 것이다.
>
> (다) 뒷집 사람은 원님에게 불려 가게 되었다. 뒷집이 우리 닭을 훔쳐다 잡아먹었으니 처벌해 달라고 앞집 사람이 고소했던 것이다. 이번에는 증거물이 있었다. 바로 앞집 사람이 잡아먹고 남은 닭발이었는데, 그것을 뒷집 두엄 더미에 넣어 두었던 것이다. 뒷집 사람은 앞집에서는 증조부 때 이후로 닭을 기른 적이 없다고 항변했지만 그것을 입증해 줄 만한 사람은 없었다. 뒷집 사람은 어쩔 수 없이 앞집에 닭 한 마리 값을 물어 주었다.
>
> (라) '닭 잡아먹고 오리 발 내민다.'는 속담이 있다. 제가 저지른 나쁜 일이 드러나게 되니 어떤 수단을 써서 남을 속이려 한다는 뜻이다. 남을 속임으로써 난감한 처지에서 벗어나고자 하는 약삭빠른 사람의 행위를 우리는 이렇게 비유해서 말하는 것이다.

① (라) – (가) – (다) – (나)
② (라) – (가) – (나) – (다)
③ (라) – (다) – (나) – (가)
④ (라) – (나) – (가) – (다)

02

다음 글에서 〈보기〉가 들어갈 위치로 가장 적절한 것은?

(가) 피타고라스학파는 사실 학파라기보다는 오르페우스(Orpheus)교라는 신비주의 신앙을 가진 하나의 종교 집단이었다고 한다. 피타고라스가 살던 당시 그리스에서는 철학적 사유가 막 싹트고 있었다. 당시 철학계에서는 이 세상의 다양한 사물과 변화무쌍한 현상 속에서 변하지 않는 어떤 '근본적인 것(Arkhe)'을 찾는 것이 유행이었다. 어떤 사람은 그것을 '물'이라 하고, 어떤 사람은 '불'이라 했다. 그런데 피타고라스는 특이하게도 그런 눈에 보이는 물질이 아니라 추상적인 것, 곧 '수(數)'가 만물의 근원이라고 생각했다.

(나) 피타고라스학파가 신봉하던 오르페우스는 인류 최초의 음악가였다. 이 때문에 그들은 음악에서도 수적 비례를 찾아냈다. 음의 높이는 현(絃)의 길이와의 비례 관계로 설명된다. 현의 길이를 1/3만 줄이면 음은 정확하게 5도 올라가고, 반으로 줄이면 한 옥타브 올라간다. 여러 음 사이의 수적 비례는 아름다운 화음을 만들어 낸다.

(다) 이 신비주의자들이 밤하늘에 빛나는 별의 신비를 그냥 지나쳤을 리 없다. 하늘에도 수의 조화가 지배하고 있다. 별은 예정된 궤도를 따라 움직이고 일정한 시간에 나타나 일정한 시간에 사라진다. 그래서 그들에게 별의 움직임은 리드미컬한 춤이었다. 재미있게도 그들은 별들이 현악기 속에 각자의 음을 갖고 있다고 믿었다. 그렇다면 천체의 운행 자체가 거대한 교향곡이 아닌가.

(라) 아득한 옛날 사람들은 우리와는 다른 태도로 자연과 세계를 대했다. 그들은 세상의 모든 것에 생명이 있다고 믿었고, 그 생명과 언제든지 교감할 수 있었다. 무정한 밤하늘에서조차 그들은 별들이 그려내는 아름다운 그림을 보고, 별들이 연주하는 장엄한 곡을 들었다.

언제부터인가 우리는 불행하게도 세계를 이렇게 느끼길 그만두었다. 다시 그 시절로 되돌아갈 수는 없을까? 물론 그럴 수는 없다. 하지만 놀랍게도 우리 삶의 한구석엔 고대인들의 심성이 여전히 남아 있다. 여기서는 아직도 그들처럼 세계를 보고 느낄 수 있다. 바로 예술의 세계이다.

보기

세상의 모든 것은 수로 표시된다. 수를 갖지 않는 사물은 없다. 그러면 모든 것에 앞서 존재하는 것이 바로 수가 아닌가. 수는 모든 것에 앞서 존재하며 혼돈의 세계에 질서를 주고 형체 없는 것에 형상을 준다. 따라서 수를 연구하는 것이 바로 존재의 가장 깊은 비밀을 탐구하는 것이었다. 그러므로 수학 연구는 피타고라스 교단에서 지켜야 할 계율 가운데 가장 중요한 것으로 여겨졌다.

① (가) 문단의 뒤   ② (나) 문단의 뒤
③ (다) 문단의 뒤   ④ (라) 문단의 뒤

03 다음 문단을 논리적 순서대로 바르게 나열한 것은?

(가) 칸트의 '무관심성'에 대한 논의에서 이에 대한 단서를 얻을 수 있다. 칸트는 미적 경험의 주체가 '객체가 존재한다.'는 사실성 자체로부터 거리를 둔다고 주장한다.

이에 따르면, 영화관에서 관객은 영상의 존재 자체에 대해 '무관심한' 상태에 있다. 영상의 흐름을 냉정하고 분석적인 태도로 받아들이는 것이 아니라, 영상의 흐름이 자신에게 말을 걸어오는 듯이, 자신이 미적 경험의 유희에 초대된 듯이 공감하며 체험하고 있다. 미적 거리 두기와 공감적 참여의 상태를 경험하는 것이다. 주체와 객체가 엄격하게 분리되거나 완전히 겹쳐지는 것으로 이해하는 통상적인 동일시 이론과 달리, 칸트는 미적 지각을 지각 주체와 지각 대상 사이의 분리와 융합의 긴장감 넘치는 '중간 상태'로 본 것이다.

(나) 관객은 영화를 보면서 영상의 흐름을 어떻게 지각하는 것일까? 그토록 빠르게 변화하는 앵글, 인물, 공간, 시간 등을 어떻게 별 어려움 없이 흥미진진하게 따라가는 것일까? 흔히 영화의 수용에 대해 설명할 때 관객의 눈과 카메라의 시선 사이에 일어나는 동일시 과정을 내세운다. 그러나 동일시 이론은 어떠한 조건을 기반으로, 어떠한 과정을 거쳐서 동일시가 일어나는지, 영상의 흐름을 지각할 때 일어나는 동일시의 고유한 방식이 어떤 것인지에 대해 의미 있는 설명을 제시하지 못하고 있다.

(다) 이렇게 볼 때 영화 관객은 자신의 눈을 단순히 카메라의 시선과 직접적으로 동일시하는 것이 아니다. 관객은 영화를 보면서 영화 속 공간, 운동의 양상 등을 유희적으로 동일시하며, 장소 공간이나 방향 공간 등 다양한 공간의 층들을 동시에 인지할 뿐만 아니라 감정 공간에서 나오는 독특한 분위기의 힘을 감지하고, 이를 통해 영화 속의 공간과 공감하며 소통하고 있는 것이다.

(라) 관객이 영상의 흐름을 생동감 있게 체험할 수 있는 이유는 영화 속의 공간이 단순한 장소로서의 공간이기보다는 '방향 공간'이기 때문이다. 카메라의 다양한 앵글 선택과 움직임, 자유로운 시점 선택이 방향 공간적 표현을 용이하게 해 준다.

두 사람의 대화 장면을 보여 주는 장면을 생각해 보자. 관객은 단지 대화에 참여한 두 사람의 존재와 위치만 확인하는 것이 아니라, 두 사람의 시선 자체가 지닌 방향성의 암시, 즉 두 사람의 얼굴과 상반신이 서로를 향하고 있는 방향 공간적 상황을 함께 지각하고 있는 것이다.

(마) 영화의 매체적 강점은 방향 공간적 표현이라는 데만 그치지 않는다. 영상의 흐름에 대한 지각은 언제나 생생한 느낌을 동반한다. 관객은 영화 속 공간과 인물의 독특한 감정에서 비롯된 분위기의 힘을 늘 느끼고 있다. 따라서 영화 속 공간은 근본적으로 이러한 분위기의 힘을 느끼도록 해 주는 '감정 공간'이라 할 수 있다.

① (가) – (라) – (나) – (마) – (다)
② (다) – (라) – (마) – (나) – (가)
③ (나) – (다) – (가) – (라) – (마)
④ (나) – (가) – (라) – (마) – (다)

04 다음 글에서 〈보기〉가 들어갈 위치로 가장 적절한 것은?

_____(가)_____ 나는 하나의 생각하는 것이다. 즉, 의심하고, 긍정하고, 부정하고, 약간의 것을 알고 많은 것을 모르며, 바라고 바라지 않으며, 또 상상하고, 감각하는 어떤 것이다. 왜냐하면 앞서 내가 깨달은 바와 같이 설사 내가 감각하고 상상하는 것들이 내 밖에서는 아마도 무(無)라고 할지라도 내가 감각 및 상상이라고 부르는 이 사고방식만큼은 그것이 하나의 사고방식인 한 확실히 내 속에 있음을 내가 확신하기 때문이다. 그리고 이 몇 마디 말로 나는 내가 참으로 알고 있는 것을 혹은 지금까지 알고 있다고 생각한 모든 것을 요약했다고 믿는다.

_____(나)_____ 하지만 전에 내가 매우 확실하고 명백하다고 인정한 것으로서 그 후 의심스러운 것이라고 알게 된 것이 많다. 무엇이 이런 것들이었는가? 그것은 땅, 하늘, 별들, 이밖에 내가 감각을 통하여 알게 된 모든 것이었다. _____(다)_____ 그러면 나는 이것들에 대해서 무엇을 명석하게 지각하고 있었는가? 물론 이것들의 관념 자체, 즉 이것들에 대한 생각이 내 정신에 나타났다고 하는 것이다. 그리고 이러한 관념들이 내 속에 있다는 것에 대해서는 나는 지금도 부정하지 않는다.

_____(라)_____ 그러나 나는 내가 아주 명석하게 지각하는 것들을 바라볼 때마다 다음과 같이 외치지 않을 수 없다. 누구든지 나를 속일 수 있거든 속여 보라. 그러나 내가 나를 어떤 무엇이라고 생각하고 있는 동안은 결코 나를 무(無)이게끔 할 수는 없을 것이다. 혹은 내가 있다고 하는 것이 참이라고 할진대 내가 현존한 적이 없었다고 하는 것이 언젠가 참된 것이 될 수는 없을 것이다. 또 혹은 2에 3을 더할 때 5보다 크게 되거나 작게 될 수 없으며, 이 밖에 이와 비슷한 일, 즉 거기서 내가 명백한 모순을 볼 수 있는 일이 생길 수는 없을 것이라고. 그리고 확실히 나에게는 어떤 하느님이 기만자라고 보아야 할 아무 이유도 없고, 도대체 하느님이 있는지 없는지도 아직 충분히 알려져 있지 않으므로 그저 저러한 선입견에 기초를 둔 의심의 이유는 매우 박약하다.

> **보기**
>
> 그러나 산술이나 기하학에 대하여 아주 단순하고 쉬운 것, 가령 2에 3을 더하면 5가 된다고 하는 것 및 이와 비슷한 것을 내가 고찰하고 있었을 때, 나는 적어도 이것들을 참되다고 긍정할 만큼 명료하게 직관하고 있었던 것은 아닐까? 확실히 나는 나중에 이것들에 대해서도 의심할 수 있다고 판단하기는 했으나, 이것은 하느님과 같은 어떤 전능자라면 다시없이 명백하다고 여겨지는 것들에 대해서도 속을 수 있는 본성을 나에게 줄 수 있었다고 하는 생각이 내 마음에 떠올랐기 때문일 따름이었다.

① (가) ② (나)
③ (다) ④ (라)

05

> (가) 인간의 도덕적 자각과 사회적 실천을 강조한 개인 윤리로 '충서(忠恕)'가 있다. 충서란 공자의 모든 사상을 꿰뚫고 있는 도리로, 인간 개인의 자아 확립과 이를 통한 만물일체의 실현을 위한 것이다.
>
> (나) 또한 '서(恕)'란 '여심'이다. '내 마음과 같이 한다.'는 말이다. '공자는 내가 하고자 하지 않는 것을 남에게 베풀지 말라. 내가 서고자 하면 남도 서게 하고 내가 이루고자 하면 남도 이루게 하라.'라고 하였다.
>
> (다) 이때, '충(忠)'이란 '중심'이다. 주희는 충을 '자기의 마음을 다하는 것'이라고 설명하였다. 이것은 자신의 내면에 대한 충실을 의미한다. 이는 자아의 확립이며 본성에 대한 깨달음이다.
>
> (라) 즉, 역지사지(易地思之)의 마음을 지닌 상태가 '서'의 상태이며 인간의 자연스러운 마음이라는 것이다.

① (가) – (다) – (나) – (라)

② (가) – (라) – (나) – (다)

③ (다) – (가) – (나) – (라)

④ (나) – (가) – (라) – (다)

06

> (가) 그런데 자연의 일양성은 선험적으로 알 수 있는 것이 아니라 경험에 기대어야 알 수 있는 것이다. 즉, '귀납이 정당한 추론이다.'라는 주장은 '자연은 일양적이다.'라는 다른 지식을 전제로 하는데, 그 지식은 다시 귀납에 의해 정당화되어야 하는 경험 지식이므로 귀납의 정당화는 순환 논리에 빠져 버린다는 것이다. 이것이 귀납의 정당화 문제이다.
>
> (나) 귀납은 논리학에서 연역이 아닌 모든 추론, 즉 전제가 결론을 개연적으로 뒷받침하는 모든 추론을 가리킨다. 귀납은 기존의 정보나 관찰 증거 등을 근거로 새로운 사실을 추가하는 지식 확장적 특성을 지닌다.
>
> (다) 이와 관련하여 흄은 과거의 경험을 근거로 미래를 예측하는 귀납이 정당한 추론이 되려면 미래의 세계가 과거에 우리가 경험해 온 세계와 동일하다는 자연의 일양성, 곧 한결같음이 가정되어야 한다고 보았다.
>
> (라) 이 특성으로 인해 귀납은 근대 과학 발전의 방법적 토대가 되었지만, 한편으로 귀납 자체의 논리 한계를 지적하는 문제들에 부딪히기도 한다.

① (가) – (라) – (나) – (다)

② (가) – (나) – (다) – (라)

③ (가) – (다) – (나) – (라)

④ (나) – (라) – (다) – (가)

PART 1

03 내용 추론

| 유형분석 |

- 주어진 지문을 바탕으로 도출할 수 있는 내용을 찾는 문제이다.
- 선택지의 내용을 정확하게 확인하고 지문의 정보와 비교하여 추론하는 능력이 필요하다.

다음 글을 읽고 추론한 내용으로 적절하지 않은 것은?

1977년 개관한 퐁피두 센터의 정식명칭은 국립 조르주 퐁피두 예술문화 센터로, 공공정보기관(BPI), 공업창작센터(CCI), 음악·음향의 탐구와 조정연구소(IRCAM), 파리 국립 근현대 미술관(MNAM) 등이 있는 종합문화예술 공간이다. 퐁피두라는 이름은 이 센터의 창설에 힘을 기울인 조르주 퐁피두 대통령의 이름을 딴 것이다.

1969년 당시 대통령이었던 퐁피두는 파리의 중심지에 미술관이면서 동시에 조형예술과 음악, 영화, 서적 그리고 모든 창조적 활동의 중심이 될 수 있는 문화 복합센터를 지어 프랑스 미술을 더욱 발전시키고자 했다. 요즘 미술관들은 미술관의 이러한 복합적인 기능과 역할을 인식하고 변화를 시도하는 곳이 많다. 미술관은 더 이상 전시만 보는 곳이 아니라 식사도 하고 영화도 보고 강연도 들을 수 있는 곳으로, 대중과의 거리 좁히기를 시도하고 있는 것도 그리 특별한 일은 아니다. 그러나 이미 40년 전에 21세기 미술관의 기능과 역할을 미리 내다볼 줄 아는 혜안을 가지고 설립된 퐁피두 미술관은 프랑스가 왜 문화강국이라 불리는지를 알 수 있게 해준다.

① 퐁피두 미술관의 모습은 기존 미술관의 모습과 다를 것이다.
② 퐁피두 미술관을 찾는 사람들의 목적은 다양할 것이다.
③ 퐁피두 미술관은 전통적인 예술작품들을 선호할 것이다.
④ 퐁피두 미술관은 파격적인 예술작품들을 배척하지 않을 것이다.
⑤ 퐁피두 미술관은 현대 미술관의 선구자라는 자긍심을 가지고 있을 것이다.

정답 ③

제시문에 따르면 퐁피두 미술관은 모든 창조적 활동을 위한 공간이므로, 퐁피두가 전통적인 예술작품을 선호할 것이라는 내용은 추론할 수 없다.

풀이 전략!

주어진 지문이 어떠한 내용을 다루고 있는지 파악한 후 선택지의 키워드를 확실하게 체크하고, 지문의 정보에서 도출할 수 있는 내용을 찾는다.

01　다음 글을 읽고 뒤르켐이 헤겔에게 비판할 수 있는 주장으로 가장 적절한 것은?

시민 사회라는 용어는 17세기에 등장했지만 19세기 초에 이를 국가와 구분하여 개념적으로 정교화한 인물이 헤겔이다. 그가 활동하던 시기에 유럽의 후진국인 프러시아에는 절대주의 시대의 잔재가 아직 남아 있었다. 산업 자본주의도 미성숙했던 때여서 산업화를 추진하고 자본가들을 육성하며 심각한 빈부 격차나 계급 갈등 등의 사회문제를 해결해야 하는 시대적 과제가 있었다. 그는 사익의 극대화가 국부를 증대해준다는 점에서 공리주의를 긍정했으나, 그것이 시민 사회 내에서 개인들의 무한한 사익 추구가 일으키는 빈부 격차나 계급 갈등을 해결할 수는 없다고 보았다. 그는 시민 사회가 개인들의 사적 욕구를 추구하며 살아가는 생활 영역이자 그 욕구를 사회적 의존 관계 속에서 추구하게 하는 공동체적 윤리성의 영역이어야 한다고 생각했다. 특히 시민 사회 내에서 사익 조정과 공익 실현에 기여하는 직업 단체와 복지 및 치안 문제를 해결하는 복지 행정 조직의 역할을 설정하면서 이 두 기구가 시민 사회를 이상적인 국가로 이끌 연결 고리가 될 것으로 기대했다. 하지만 빈곤과 계급 갈등은 시민 사회 내에서 근원적으로 해결될 수 없는 것이었다. 따라서 그는 국가를 사회문제를 해결하고 공적 질서를 확립할 최종 주체로 설정하면서 시민 사회가 국가에 협력해야 한다고 생각했다.

한편, 1789년 프랑스 혁명 이후 프랑스 사회는 혁명을 이끌었던 계몽주의자들의 기대와는 다른 모습을 보이고 있었다. 사회는 사익을 추구하는 파편화된 개인들의 각축장이 되어 있었고 빈부 격차와 계급 갈등은 격화된 상태였다. 이러한 혼란을 극복하기 위해 노동자 단체와 고용주 단체 모두를 불법으로 규정한 르샤폴리에 법이 1791년부터 약 90년간 시행되었으나, 이 법은 분출되는 사익의 추구를 억제하지도 못하면서 오히려 프랑스 시민 사회를 극도로 위축시켰다.

뒤르켐은 이러한 상황을 아노미, 곧 무규범 상태로 파악하고 최대 다수의 최대 행복을 표방하는 공리주의가 사실은 개인의 이기심을 전제로 하고 있기에 아노미를 조장할 뿐이라고 생각했다. 그는 사익을 조정하고 공익과 공동체적 연대를 실현할 도덕적 개인주의의 규범에 주목하면서 이를 수행할 주체로서 직업 단체의 역할을 강조하였다. 뒤르켐은 직업 단체가 정치적 중간 집단으로서 구성원의 이해관계를 국가에 전달하는 한편 국가를 견제해야 한다고 보았던 것이다.

① 직업 단체는 정치적 중간집단의 역할로 빈곤과 계급 갈등을 근원적으로 해결하지 못해요.
② 직업 단체와 복지행정조직이 시민 사회를 이상적인 국가로 이끌어 줄 열쇠예요.
③ 국가가 주체이기는 하지만 공동체적 연대의 실현을 수행할 중간 집단으로서의 주체가 필요해요.
④ 국가를 최종 주체로 설정한다면 사익을 조정할 수 있고, 공적 질서를 확립할 수 있어요.

다음 글의 '나'의 입장에서 비판할 수 있는 것을 〈보기〉에서 모두 고르면?

어떤 사람이 내게 말했다.

"어제 저녁, 어떤 사람이 몽둥이로 개를 때려죽이는 것을 보았네. 그 모습이 불쌍해 마음이 너무 아팠네. 그래서 이제부터는 개고기나 돼지고기를 먹지 않을 생각이네."

그 말을 듣고 내가 말했다.

"어제 저녁, 어떤 사람이 화로 옆에서 이를 잡아 태워 죽이는 것을 보고 마음이 무척 아팠네. 그래서 다시는 이를 잡지 않겠다고 맹세를 하였네."

그러자 그 사람은 화를 내며 말했다.

"이는 하찮은 존재가 아닌가? 나는 큰 동물이 죽는 것을 보고 불쌍한 생각이 들어 말한 것인데, 그대는 어찌 그런 사소한 것이 죽는 것과 비교하는가? 그대는 지금 나를 놀리는 것인가?"

나는 좀 구체적으로 설명할 필요를 느꼈다.

"무릇 살아 있는 것은 사람으로부터 소, 말, 돼지, 양, 곤충, 개미에 이르기까지 모두 사는 것을 원하고 죽는 것을 싫어한다네. 어찌 큰 것만 죽음을 싫어하고 작은 것은 싫어하지 않겠는가? 그렇다면 개와 이의 죽음은 같은 것이겠지. 그래서 이를 들어 말한 것이지 어찌 그대를 놀리려는 뜻이 있었겠는가? 내 말을 믿지 못하거든 그대의 열손가락을 깨물어 보게나. 엄지손가락만 아프고 나머지 손가락은 안 아프겠는가? 우리 몸에 있는 것은 크고 작은 마디를 막론하고 그 아픔은 모두 같은 것일세. 더구나 개나 이나 각기 생명을 받아 태어났는데, 어찌 하나는 죽음을 싫어하고 하나는 좋아하겠는가? 그대는 눈을 감고 조용히 생각해 보게. 그리하여 달팽이의 뿔을 소의 뿔과 같이 보고, 메추리를 큰 붕새와 동일하게 보도록 노력하게나. 그런 뒤에야 내가 그대와 더불어 도(道)를 말할 수 있을 걸세."

– 이규보, 『슬견설』

보기

㉠ 중동의 분쟁에는 관심을 집중하지만, 아프리카에서 굶주림으로 죽어가는 아이들에게는 침묵하는 세계 여론

㉡ 우리의 역사를 객관적인 관점에서 평가해야 한다고 주장하는 한 대학의 교수

㉢ 집안일은 전통적으로 여자들이 해야 하는 일이므로 남자는 집안일을 할 필요가 없다고 생각하는 우리 아빠

㉣ 외국인 노동자들에게 적절한 임금과 근로조건을 제공하지 않으려 하는 한 기업의 대표

㉤ 구체적인 자료를 통해 범죄 사실을 입증하려는 검사

① ㉠, ㉡, ㉣   ② ㉠, ㉢, ㉣

③ ㉡, ㉣, ㉤   ④ ㉠, ㉡, ㉢, ㉣

03 다음 글에 대한 반박으로 적절하지 않은 것은?

> 텔레비전은 어른이나 아이 모두 함께 보는 매체이다. 더구나 텔레비전을 보고 이해하는 데는 인쇄 문화처럼 어려운 문제 해득력이나 추상력이 필요 없다. 그래서 아이들은 어른에게서보다 텔레비전이나 컴퓨터에서 더 많은 것을 배운다. 이 때문에 오늘날의 어린이나 젊은이들에게서 어른에 대한 두려움이나 존경을 찾는 것은 쉽지 않은 일이다. 전통적인 역할과 행동을 기대하는 어른들이 어린이나 젊은이의 불손, 거만, 경망, 무분별한 '반사회적' 행동에 대해 불평하게 되는 것도 이런 이유 때문일 것이다.

① 가족과 텔레비전을 함께 시청하며 나누는 대화를 통해 아이들은 사회적 행동을 기를 수 있다.
② 텔레비전의 교육적 프로그램은 아이들의 예절 교육에 도움이 된다.
③ 정보 사회를 선도하는 텔레비전은 인간의 다양한 필요성을 충족시켜준다.
④ 아이들은 텔레비전보다 학교의 선생님이나 친구들과 더 많은 시간을 보낸다.

04 다음 글에서 도킨스의 논리에 대한 필자의 문제 제기로 가장 적절한 것은?

> 도킨스는 인간의 모든 행동이 유전자의 자기 보존 본능에 따라 일어난다고 주장했다. 사실 도킨스는 플라톤에서부터 쇼펜하우어에 이르기까지 통용되던 철학적 생각을 유전자라는 과학적 발견을 이용하여 반복하고 있을 뿐이다. 이에 따르면 인간 개체는 유전자라는 진정한 주체의 매체에 지나지 않게 된다. 그런데 이 같은 도킨스의 논리에 근거하면 우리 인간은 이제 자신의 몸과 관련된 모든 행동에 대해 면죄부를 받게 된다. 모든 것이 이미 유전자가 가진 이기적 욕망으로부터 나왔다고 볼 수 있기 때문이다. 그래서 도킨스의 생각에는 살아가고 있는 구체적 생명체를 경시하게 되는 논리가 잠재되어 있다.

① 고대의 철학은 현대의 과학과 양립할 수 있는가?
② 유전자의 자기 보존 본능이 초래하게 되는 결과는 무엇인가?
③ 인간을 포함한 생명체는 진정한 주체가 아니란 말인가?
④ 생명 경시 풍조의 근원이 되는 사상은 무엇인가?

05 다음 글의 주장을 반박하는 내용으로 적절하지 않은 것은?

윤리와 관련하여 가장 광범위하게 받아들여진 사실 가운데 하나는 옳은 것과 그른 것에 대한 광범위한 불일치가 과거부터 현재까지 항상 있었고, 아마도 앞으로도 계속 있을 것이라는 점이다. 가령 육식이 올바른지를 두고 한 문화에 속해 있는 사람들의 판단은 다른 문화에 속해 있는 사람들의 판단과 굉장히 다르다. 그뿐만 아니라 한 문화에 속한 사람들의 판단은 시대마다 아주 다르기도 하다. 심지어 우리는 동일한 문화와 시대 안에서도 하나의 행위에 대해 서로 다른 윤리적 판단을 하는 경우를 볼 수 있다.

이러한 사실이 의미하는 바는 사람들의 윤리적 기준이 시간과 장소 그리고 그들이 사는 상황에 따라 달라진다는 것이다. 그러므로 올바른 윤리적 기준은 그것을 적용하는 사람에 따라 상대적이다. 이것이 바로 윤리적 상대주의의 핵심 논지이다. 따라서 우리는 윤리적 상대주의가 참이라는 결론을 내려야 한다.

① 사람들의 윤리적 판단은 그들이 사는 지역에 따라 크게 다르지 않다.

② 윤리적 상대주의가 옳다고 해서 사람들의 윤리적 판단이 항상 서로 다른 것은 아니다.

③ 윤리적 판단이 다르다고 해서 윤리적 기준도 반드시 달라지는 것은 아니다.

④ 인류학자들에 따르면 문화에 따른 판단의 차이에도 불구하고 일부 윤리적 기준은 보편적으로 신봉되고 있다.

06 다음 글에 대한 반박으로 가장 적절한 것은?

한국 사회의 행복 수준은 단순히 풍요의 역설로 설명할 수 없다. 행복에 대한 심리학적 연구에 따르면 타인과 비교하는 성향이 강한 사람일수록 행복감이 낮아지게 된다. 비교 성향이 강한 사람은 사회적 관계에서 자신보다 우월한 사람들을 준거집단으로 삼아 비교하기 쉽고 이로 인해 상대적 박탈감이 커질 수 있기 때문이다. 한국과 같은 경쟁 사회에서는 진학이나 구직 등에서 과열 경쟁이 벌어지고 등수에 의해 승자와 패자가 구분된다. 이 과정에서 비교 우위를 차지하지 못한 사람들은 좌절을 경험하기 쉬운데, 비교 성향이 강할수록 좌절감은 더 크다. 따라서 한국 사회의 행복감이 낮은 이유는 한국 사람들이 다른 사람들과 비교하는 성향이 매우 높은 데서 찾을 수 있다.

① 한국 사회는 인당 소득 수준이 비슷한 다른 나라와 비교했을 때 행복감의 수준이 상당히 낮다.

② 준거집단을 자기보다 우월한 사람들로 삼지 않는 나라라고 하더라도 행복감이 높지 않은 나라가 있다.

③ 자신보다 우월한 사람들을 준거집단으로 삼는 경향이 한국보다 강해도 행복감은 더 높은 나라가 있다.

④ 한국보다 소득 수준이 높고 대학 입학을 위한 입시 경쟁이 매우 치열한 나라도 있다.

07 다음 글을 읽고 ㉠과 같은 현상이 나타나게 된 이유를 추론한 내용으로 적절하지 않은 것은?

고려와 조선은 국가적으로 금속화폐의 통용을 추진한 적이 있다. 화폐 주조권을 장악하여 세금을 효과적으로 징수하고 효율적으로 저장하려는 것이 그 목적이었다. 그러나 물품화폐에 익숙한 농민들은 금속화폐를 불편하게 여겼으며 금속화폐의 유통 범위는 한정되고 끝내는 삼베를 비롯한 물품화폐에 압도당하고 말았다. ㉠ 조선 태종 때와 세종 때에도 동전의 유통을 시도하였지만 실패하였다. 조선 전기 은화(銀貨)는 서울을 중심으로 유통되었고, 주로 왕실과 관청, 지배층과 상인, 역관(譯官) 등이 이용한 '돈'이었다. 그러나 은화(銀貨)는 고액 화폐였다. 그 때문에 서민의 경제생활에서는 여전히 무명 옷감이 화폐의 기능을 담당하였다.

그러한 가운데서도 농업생산력의 발전과 인구의 증가, 17세기 이후 지방시장의 성장은 금속화폐 통용을 위한 여건이 마련되었음을 뜻하였다. 17세기 전반 이미 개성에서는 모든 거래가 동전으로 이루어지고 있었다. 이러한 여건 아래에서 1678년(숙종 4년)부터 강력한 통용책이 추진되면서 금속화폐가 널리 보급될 수 있었다. 동전인 상평통보 1개는 1푼(分)이었다. 10푼이 1전(錢), 10전이 1냥(兩), 10냥이 1관(貫)이다. 대원군이 집권할 때 주조된 당백전(當百錢)과 1883년 주조된 당오전(當五錢)은 1개가 각각 100푼과 5푼의 가치를 가지는 동전이었다. 동전 주조가 늘면서 그 유통 범위가 경기, 충청지방으로부터 점차 확산되었고, 18세기 초에는 전국에 미칠 정도였다. 동전을 시전(市廛)에 무이자로 대출하고, 관리의 녹봉을 동전으로 지급하고, 일부 세금을 동전으로 거두어들이는 등의 국가 정책도 동전의 통용을 촉진하였다. 화폐경제의 성장은 상업적 동기를 촉진시키고 경제생활, 나아가 사회생활에 변화를 주었다.

이러한 가운데 일부 위정자들은 화폐경제로 인한 부작용을 우려했는데, 특히 농촌 고리대금업(高利貸金業)의 성행을 가장 심각한 문제로 생각했다. 그래서 동전의 폐지를 주장하는 이도 있었다. 1724년 등극한 영조는 이 주장을 받아들여 동전 주조를 정지하였다. 그런데 당시에 동전은 이미 일상생활로 퍼졌기 때문에 동전의 수요에 비해 공급이 부족한 현상이 일어나 동전주조의 정지는 화폐 유통질서와 상품경제에 타격을 가하였다. 돈이 매우 귀하여 농민과 상인의 교역에 불편을 가져다 준 것이다. 또한 소수의 부유한 상인이 동전을 집중적으로 소유하여 고리대금업(高利貸金業) 활동을 강화함에 따라 오히려 농민 몰락이 조장되었다. 결국 영조 7년 이후 동전은 다시 주조되기 시작했다.

① 화폐가 통용될 시장이 발달하지 않았다.
② 화폐가 주로 일부 계층 위주로 통용되었다.
③ 백성들이 화폐보다 물품화폐를 선호하였다.
④ 국가가 화폐수요량에 맞추어 원활하게 공급하지 못했다.

| 유형분석 |

- 주어진 지문을 파악하여 전달하고자 하는 핵심 주제를 고르는 문제이다.
- 정보를 종합하고 중요한 내용을 구별하는 능력이 필요하다.
- 설명문부터 주장, 반박문까지 다양한 성격의 지문이 제시되므로 글의 성격별 특징을 알아두는 것이 좋다.

다음 글의 주제로 가장 적절한 것은?

> 멸균이란 곰팡이, 세균, 박테리아, 바이러스 등 모든 미생물을 사멸시켜 무균 상태로 만드는 것을 의미한다. 멸균 방법에는 물리적, 화학적 방법이 있으며, 멸균 대상의 특성에 따라 적절한 멸균 방법을 선택하여 실시할 수 있다. 먼저 물리적 멸균법에는 열이나 화학약품을 사용하지 않고 여과기를 이용하여 세균을 제거하는 여과법, 병원체를 불에 태워 없애는 소각법, 100℃에서 10 ~ 20분간 물품을 끓이는 자비소독법, 미생물을 자외선에 직접 노출시키는 자외선 소독법, 160 ~ 170℃의 열에서 1 ~ 2시간 동안 건열 멸균기를 사용하는 건열법, 포화된 고압증기 형태의 습열로 미생물을 파괴시키는 고압증기 멸균법 등이 있다. 다음으로 화학적 멸균법은 화학약품이나 가스를 사용하여 미생물을 파괴하거나 성장을 억제하는 방법으로, E.O 가스, 알코올, 염소 등 여러 가지 화학약품이 사용된다.

① 멸균의 중요성
② 뛰어난 멸균 효과
③ 다양한 멸균 방법
④ 멸균 시 발생할 수 있는 부작용
⑤ 멸균 시 사용하는 약품의 종류

정답 ③

제시문에서는 멸균에 대해 언급하며, 멸균 방법을 물리적 · 화학적으로 구분하여 다양한 멸균 방법에 대해 설명하고 있다. 따라서 글의 주제로는 ③이 가장 적절하다.

풀이 전략!

‘결국’, ‘즉’, ‘그런데’, ‘그러나’, ‘그러므로’ 등의 접속어 뒤에 주제가 드러나는 경우가 많다는 것에 주의하면서 지문을 읽는다.

01   다음 글의 주제로 가장 적절한 것은?

유전학자들의 최종 목표는 결함이 있는 유전자를 정상적인 유전자로 대체하는 것이다. 이렇게 가장 기본적인 세포 내 차원에서 유전병을 치료하는 것을 '유전자 치료'라 일컫는다. '유전자 치료'를 하기 위해서는 이상이 있는 유전자를 찾아야 한다. 이를 위해 과학자들은 DNA의 특성을 이용한다. DNA는 두 가닥이 나선형으로 꼬여 있는 이중 나선 구조로 이루어진 분자이다. 그런데 이 두 가닥에 늘어서 있는 염기들은 임의적으로 배열되어 있는 것이 아니다. 한쪽에 늘어선 염기에 따라 다른 쪽 가닥에 늘어선 염기들의 배열이 결정되는 것이다. 즉, 한쪽에 A염기가 존재하면 거기에 연결되는 반대쪽에는 반드시 T염기가, 그리고 C염기에 대응해서는 반드시 G염기가 존재하게 된다. 염기들이 짝을 지을 때 나타나는 이러한 선택적 특성을 이용하여 유전병을 일으키는 유전자를 찾아낼 수 있다. 유전자를 찾기 위해 사용하는 첫 번째 도구는 DNA 한 가닥 중 극히 일부이다. '프로브(Probe)'라 불리는 이 DNA 조각은 염색체상의 위치가 알려져 있는 이십여 개의 염기들로 이루어진다. 한 가닥으로 이루어져 있는 특성으로 인해 프로브는 자신의 염기 배열에 대응하는 다른 쪽 가닥의 DNA 부분에 가서 결합할 것이다. 대응하는 두 가닥의 DNA가 이렇게 결합하는 것을 '교잡'이라고 일컫는다. 조사 대상인 염색체로부터 추출한 많은 한 가닥의 염색체 조각들과 프로브를 섞어 놓았을 때, 프로브는 신비스러울 정도로 자신의 짝을 정확하게 찾아 교잡한다. 두 번째 도구는 '겔 전기영동'이라는 방법이다. 생물을 구성하고 있는 단백질·핵산 등 많은 분자들은 전하를 띠고 있어서 전기장 속에서 분자마다 독특하게 이동을 한다. 이러한 성질을 이용해 생물을 구성하고 있는 물질의 분자량, 각 물질의 전하량이나 형태의 차이를 이용하여 물질을 분리하는 것이 전기영동법이다. 이를 활용하여 DNA를 분리하려면 우선 DNA 조각들을 전기장에서 이동시키고, 이것을 젤라틴 판을 통과하게 함으로써 분리하면 된다.

이러한 조사 도구들을 갖추고서 유전학자들은 유전병을 일으키는 유전자를 추적하는 데 나섰다. 유전학자들은 먼저 겔 전기영동법으로 유전병을 일으키는 유전자로 의심되는 부분과 동일한 부분에 존재하는 프로브를 건강한 사람에게서 떼어내었다. 그리고 건강한 사람에게서 떼어낸 프로브에 방사성이나 형광성을 띠게 하였다. 그 후에 유전병 환자들에게서 채취한 DNA 조각들과 함께 교잡 실험을 반복하였다. 유전병과 관련된 유전 정보가 담긴 부분의 염기 서열이 정상인과 다르므로 이 부분은 프로브와 교잡하지 않는다는 점을 이용하는 것이다. 교잡이 일어난 후 프로브가 위치하는 곳은 X선 필름을 통해 쉽게 찾아낼 수 있고, 이로써 DNA의 특정 조각은 염색체상에서 프로브와 같은 위치에 존재한다는 것을 알 수 있다.

언뜻 보기에는 대단한 진보를 이룬 것 같지 않지만, 유전자 치료는 최근 들어 공상 과학을 방불케 하는 첨단 의료 기술의 대표적인 주자로 부각되고 있다. DNA 연구 결과로 인해, 우리는 지금까지 절망적이라고 여겨 온 질병들을 치료할 수 있다는 희망을 갖게 되었다.

① 유전자 추적의 도구와 방법
② 유전자의 종류와 기능
③ 유전자 치료의 의의와 한계
④ 유전자 치료의 상업적 가치

시장경제는 국민 모두가 잘살기 위한 목적을 달성하기 위한 수단으로서 선택한 나라 살림의 운영 방식이다. 그러나 최근에 재계, 정계, 그리고 경제 관료 사이에 벌어지고 있는 시장경제에 대한 논쟁은 마치 시장경제 그 자체가 목적인 것처럼 왜곡되고 있다. 국민들이 잘살기 위해서는 경제가 성장해야 한다. 그러나 경제가 성장했는데도 다수의 국민들이 잘사는 결과를 가져오지 못하고 경제적 강자들의 기득권을 확대 생산하는 결과만을 가져온다면 국민들은 시장경제를 버리고 대안적 경제 체제를 찾을 것이다. 그렇기 때문에 시장경제를 유지하기 위해서는 성장과 분배의 균형이 중요하다. 시장경제는 경쟁을 통해서 효율성을 높이고 성장을 달성한다. 경쟁의 동기는 사적인 이익을 추구하는 인간의 이기적 속성에 기인한다. 국민 각자는 모두가 함께 잘살기 위해서가 아니라 내가 잘살기 위해서 경쟁을 한다. 모두가 함께 잘살기 위한 공동의 목적을 달성하기 위한 수단으로 시장경제를 선택한 것이지만 개개인은 이기적인 동기로 시장에 참여하는 것이다. 이와 같이 시장경제는 개인과 공동의 목적이 서로 상반되는 모순을 갖는 것이 그 본질이다. 그래서 시장경제가 제대로 운영되기 위해서는 국가의 소임이 중요하다.

시장경제에서 국가가 할 일을 크게 세 가지로 나누어 볼 수 있다. 첫째는 경쟁을 유도하는 시장 체제를 만드는 것이고, 둘째는 공정한 경쟁이 이루어지도록 시장 질서를 세우는 것이며, 셋째는 경쟁의 결과로 얻은 성과가 모두에게 공평하게 분배되도록 조정하는 것이다. 최근에 벌어지고 있는 시장경제의 논쟁은 세 가지 국가의 역할 중에서 논쟁의 주체들이 자신의 이해관계에 따라서 선택적으로 시장경제를 왜곡하고 있다. 경쟁에서 강자의 위치를 확보한 재벌들은 경쟁 촉진을 주장하면서 공정 경쟁이나 분배를 말하는 것은 반시장적이라고 매도한다. 정치권은 인기 영합의 수단으로, 그리고 일부 노동계는 이기적 동기에서 분배를 주장하면서 분배의 전제가 되는 성장을 위해서 필요한 경쟁을 훼손하는 모순된 주장을 한다. 경제 관료들은 자신의 권력을 강화하기 위한 부처의 이기적인 관점에서 경쟁촉진과 공정 경쟁 사이에서 줄타기 곡예를 하며 분배에 대해서 말하는 것은 금기시한다. 모두가 자신들의 기득권을 위해서 선택적으로 왜곡하고 있다.

경쟁은 원천적으로 공정성을 보장하지 못한다. 서로 다른 능력이 주어진 천부적인 차이는 물론이고, 물려받는 재산과 환경의 차이로 인하여 출발선에서부터 불공정한 경쟁이 시작된다. 그럼에도 불구하고 경쟁은 창의력을 가지고 노력하는 사람에게 성공을 가져다주는 체제이다. 그래서 출발점이 다를지라도 노력과 능력에 따라서 성공의 기회가 제공되도록 보장하기 위해서 공정 경쟁이 중요하다. 경쟁은 또한 분배의 공평성을 보장하지 못한다. 경쟁의 결과는 경쟁에 참여한 모든 사람들의 노력의 결과로 이루어진 것이지, 승자만의 노력으로 이루어진 것은 아니다. 경쟁의 결과가 승자에 의해서 독점된다면 국민들은 경쟁의 참여를 거부할 수밖에 없다. 그래서 경쟁에 참여한 모두에게 공평한 분배가 이루어지는 것이 중요하다.

① 시장경제에서의 개인과 경쟁의 상호 관계
② 시장경제에서의 국가의 역할
③ 시장경제에서의 개인 상호 간의 경쟁
④ 시장경제에서의 경쟁의 양면성과 그 한계

03 다음 글의 요지로 가장 적절한 것은?

대부분의 동물에게 후각은 생존에 필수적인 본능으로 진화되었다. 수컷 나비는 몇 km 떨어진 곳에 있는 암컷 나비의 냄새를 맡을 수 있고, 돼지는 15cm 깊이의 땅 속에 숨어있는 송로버섯의 냄새를 맡을 수 있다. 그중에서도 가장 예민한 후각을 가진 동물은 개나 다람쥐처럼 냄새분자가 가라앉은 땅에 코를 바짝 댄 채 기어 다니는 짐승이다. 때문에 지구상의 거의 모든 포유류의 공통점은 '후각'의 발달이라고 할 수 있다.

여기서 주목할 만한 점은 만물의 영장이라 하는 인간이 후각 기능만큼은 대부분의 포유류보다 한참 뒤떨어진 수준이라는 사실이다. 개는 2억 2,000만 개의 후각세포를 갖고 있고, 토끼는 1억 개를 갖고 있는 반면, 인간은 500만 개의 후각세포를 갖고 있을 뿐이며, 그마저도 실제로 기능하는 것은 평균 375개 정도라고 알려져 있다.

이처럼 인간의 진화과정에서 유독 후각이 퇴화한 이유는 무엇일까? 새는 지면에서 멀리 떨어진 곳에 활동 영역이 있기 때문에 맡을 수 있는 냄새가 제한적이다. 자연스레 그들은 후각기관을 퇴화시키는 대신 시각기관을 발달시켰다. 인간 역시 직립보행 이후에는 냄새를 맡고 구별하는 능력보다는 시야의 확보가 생존에 더 중요해졌고, 점차 시각정보에 의존하기 시작하면서 후각은 자연스레 퇴화한 것이다.

따라서 인간의 후각정보를 관장하는 후각 중추는 이처럼 대폭 축소된 후각 기능을 반영이라도 하듯 아주 작다. 뇌 전체의 0.1% 정도에 지나지 않는 후각 중추는 감정을 관장하는 변연계의 일부이고, 언어 중추가 있는 대뇌지역과는 직접적인 연결이 없다. 따라서 후각은 시각이나 청각을 통해 감지한 요소에 비해 언어로 분석해서 묘사하기가 어려우며, 감정이 논리적 사고와 같이 정밀하고 체계적이지 못한 것처럼 후각도 체계적이지 않다. 인간이 후각을 언어로 표현하는 것은 시각을 언어로 표현하는 것보다 세밀하지 못하며, 동일한 냄새에 대한 인지도 현저히 떨어진다는 사실은 이미 다양한 연구를 통해 증명되었다.

그러나 후각과 뇌변연계의 연결고리는 여전히 제법 강력하다. 냄새는 감정과 욕망을 넌지시 암시하고 불러일으킨다. 또한 냄새는 일단 우리의 뇌 속에 각인되면 상당히 오랫동안 지속되고, 이와 관련된 기억들을 상기시킨다. 언어로 된 기억은 기록의 힘을 빌리지 않고는 오래 남겨두기 어렵지만, 냄새로 이루어진 기억은 작은 단서만 있으면 언제든 다시 꺼낼 수 있다. 뿐만 아니라 후각은 청각이나 시각과 달리, 차단할 수 없는 유일한 감각이기도 하다. 하루에 2만 번씩 숨을 쉴 때마다 후각은 계속해서 작동하고 있고, 지금도 우리에게 영향을 끼치고 있다.

① 후각은 다른 모든 감각을 지배하는 상위 기능을 담당한다.
② 인간은 선천적인 뇌구조로 인해 후각이 발달하지 못했다.
③ 모든 동물은 정밀한 감각을 두 가지 이상 갖기 어렵다.
④ 인간은 진화하면서 필요에 따라 후각을 퇴화시켰다.

04

> 임신 중 고지방식 섭취가 태어날 자식의 생식기에서 종양의 발생 가능성을 높일 수 있다는 것이 밝혀졌다. 이 결과는 임신한 암쥐 261마리 중 130마리의 암쥐에게는 고지방식을, 131마리의 암쥐에게는 저지방식을 제공한 연구를 통해 얻었다. 실험 결과, 고지방식을 섭취한 암쥐에게서 태어난 새끼 가운데 54%가 생식기에 종양이 생겼지만, 저지방식을 섭취한 암쥐가 낳은 새끼 중에서 그러한 종양이 생긴 것은 21%였다.
>
> 한편, 사지 중 하나 이상의 절단 수술이 심장병으로 사망할 가능성을 증가시킬 수 있다는 것이 밝혀졌다. 이것은 제2차 세계대전 중에 부상을 당한 9,000명의 군인에 대한 진료 기록을 조사한 결과이다. 이들 중 4,000명은 사지 중 하나 이상의 절단 수술을 받은 사람이었고, 5,000명은 사지 절단 수술을 받지 않았지만 중상을 입은 사람이었다. 이들에 대한 기록을 추적 조사한 결과, 사지 중 하나 이상의 절단 수술을 받은 사람이 심장병으로 사망한 비율은 그렇지 않은 사람의 1.5배였다. 즉, 사지 중 하나 이상의 절단 수술을 받은 사람 중 600명은 심장병으로 사망하였고, 그렇지 않은 사람 중 500명이 심장병으로 사망하였다.

① 발생 부위에 따른 뇌종양 증상
② 염색체 이상 유전병의 위험을 높이는 요인
③ 절단 수술과 종양의 상관관계
④ 의외의 질병 원인과 질병 사이의 상관관계

05

> '새'는 하나의 범주이다. [+동물], [+날 것]과 같이 성분 분석을 한다면 우리 머릿속에 떠오른 '새'의 의미를 충분히 설명했다고 보기 어렵다. 성분 분석 이론의 의미자질 분석은 단순할 뿐이다. 이것이 실망스런 이유는 성분 분석 이론의 '새'에 대한 의미 기술이 고작해야 다른 범주, 즉 조류가 아닌 다른 동물 범주와 구별해 주는 정도밖에 되지 못했기 때문이다. 아리스토텔레스 이래로 하나의 범주는 경계가 뚜렷한 실재물이며, 범주의 구성원은 서로 동등한 자격을 가지고 있다고 믿어 왔다. 그리고 범주를 구성하는 단위는 자질들의 집합으로 설명될 수 있다고 생각해 왔다. 앞에서 보여 준 성분 분석 이론 역시 그런 고전적인 범주 인식에 바탕을 두고 있다. 어휘의 의미는 의미 성분, 곧 의미자질들의 총화로 기술될 수 있다고 믿는 것이고, 하나의 범주가 필요충분조건으로 이루어져 있다는 가정에서만이 가능한 것이었다. 그러나 '새'의 범주를 떠올려 보면 범주의 구성원들끼리 결코 동등한 자격을 가지고 있지 않다. 가장 원형적인 구성원이 있는가 하면 덜 원형적인 것, 주변적인 것도 있는 것이다. 이렇게 고전 범주화 이론과 차별되는 범주에 대한 새로운 인식은 인지 언어학에서 하나의 혁명으로 간주되었다.

① 고전 범주화 이론의 한계
② '새'가 갖는 성분 분석의 이론적 의미
③ '새'의 성분 분석 결과
④ 성분 분석 이론의 바탕

06 다음 기사의 제목으로 적절하지 않은 것은?

대·중소기업 간 동반성장을 위한 '상생'이 산업계의 화두로 조명 받고 있다. 4차 산업혁명 시대 도래 등 글로벌 시장에서의 경쟁이 날로 치열해지는 상황에서 대기업과 중소기업이 힘을 합쳐야 살아남을 수 있다는 위기감이 상생의 중요성을 부각하고 있다고 분석된다. 재계 관계자는 "그동안 반도체, 자동차 등 제조업에서 세계적인 경쟁력을 갖출 수 있었던 배경에는 대기업과 협력업체 간 상생의 역할이 컸다."라며 "고속 성장기를 지나 지속 가능한 구조로 한 단계 더 도약하기 위해 상생경영이 중요하다."라고 강조했다.

우리 기업들은 협력사의 경쟁력 향상이 곧 기업의 성장으로 이어질 것으로 보고 2·3차 중소 협력업체들과의 상생경영에 힘쓰고 있다. 단순히 갑을 관계에서 대기업을 서포트 해야 하는 존재가 아니라 상호 발전을 위한 동반자라는 인식이 자리 잡고 있다는 분석이다. 이에 따라 협력사들에 대한 지원도 거래대금 현금 지급 등 1차원적인 지원 방식에서 벗어나 경영 노하우 전수, 기술 이전 등을 통한 '상생 생태계' 구축에 도움을 주는 방향으로 초점이 맞춰지는 추세다.

특히 최근에는 상생 협력이 대기업이 중소기업에 주는 일시적인 시혜 차원의 문제가 아니라 경쟁에서 살아남기 위한 생존 문제와 직결된다는 인식이 강하다. 협약을 통해 협력업체를 지원해준 대기업이 업체의 기술력 향상으로 더 큰 이득으로 보상받고 이를 통해 우리 산업의 경쟁력이 강화될 것이란 설명이다.

경제 전문가는 "대·중소기업 간의 상생 협력이 강제 수단이 아니라 문화적으로 자리 잡아야 할 시기"라며 "대기업, 특히 오너 중심의 대기업들도 단기적인 수익이 아닌 장기적인 시각에서 질적 평가를 통해 협력업체의 경쟁력을 키울 방안을 고민해야 한다."라고 강조했다.

이와 관련해 국내 주요 기업들은 대기업보다 연구개발(R&D) 인력과 관련 노하우가 부족한 협력사들을 위해 각종 노하우를 전수하는 프로그램을 운영 중이다. S전자는 협력사들에 기술 노하우를 전수하기 위해 경영관리 제조 개발 품질 등 해당 전문 분야에서 20년 이상 노하우를 가진 S전자 임원과 부장급 100여 명으로 '상생컨설팅팀'을 구성했다. 지난해부터는 해외에 진출한 국내 협력사에도 노하우를 전수하고 있다.

① 지속 가능한 구조를 위한 상생 협력의 중요성
② 상생경영, 함께 가야 멀리 간다.
③ 대기업과 중소기업, 상호 발전을 위한 동반자로
④ 시혜적 차원에서의 대기업 지원의 중요성

05 빈칸 삽입

| 유형분석 |

- 주어진 지문을 바탕으로 빈칸에 들어갈 내용을 찾는 문제이다.
- 선택지의 내용을 정확하게 확인하고 빈칸 앞뒤 문맥을 파악하는 능력이 필요하다.

다음 글의 빈칸에 들어갈 내용으로 가장 적절한 것은?

미세먼지와 황사는 여러모로 비슷하면서도 뚜렷한 차이점을 지니고 있다. 삼국사기에도 기록되어 있는 황사는 중국 내륙 내몽골 사막에 강풍이 불면서 날아오는 모래와 흙먼지를 일컫는데, 장단점이 존재했던 과거와 달리 중국 공업지대를 지난 황사에 미세먼지와 중금속 물질이 더해지며 심각한 환경문제로 대두되었다. 이와 달리 미세먼지는 일반적으로는 대기오염물질이 공기 중에 반응하여 형성된 황산염이나 질산염 등 이온성분, 석탄 · 석유 등에서 발생한 탄소화합물과 검댕, 흙먼지 등 금속화합물의 유해성분으로 구성된다.

미세먼지의 경우 통념적으로는 먼지를 미세먼지와 초미세먼지로 구분하고 있지만, 대기환경과 환경 보전을 목적으로 하는 환경정책기본법에서는 미세먼지를 PM(Particulate Matter)이라는 단위로 구분한다. 즉, 미세먼지(PM_{10})의 경우 입자의 크기가 $10\mu m$ 이하인 먼지이고, 미세먼지($PM_{2.5}$)는 입자의 크기가 $2.5\mu m$ 이하인 먼지로 정의하고 있다. 이에 비해 황사는 통념적으로는 입자 크기로 구분하지 않으나 주로 지름 $20\mu m$ 이하의 모래로 구분하고 있다. 때문에 _____

① 황사 문제를 해결하기 위해서는 근본적으로 황사의 발생 자체를 억제할 필요가 있다.

② 황사와 미세먼지의 차이를 입자의 크기만으로 구분 짓긴 어렵다.

③ 미세먼지의 역할 또한 분명히 존재함을 기억해야 할 것이다.

④ 황사와 미세먼지의 근본적인 구별법은 그 역할에서 찾아야 할 것이다.

⑤ 초미세먼지를 차단할 수 있는 마스크라 해도 황사와 초미세먼지를 동시에 차단하긴 어렵다.

정답 ②

미세먼지의 경우 최소 $10\mu m$ 이하의 먼지로 정의되고 있지만, 황사의 경우 주로 지름 $20\mu m$ 이하의 모래로 구분하되 통념적으로는 입자 크기로 구분하지 않는다. 따라서 $10\mu m$ 이하의 황사의 경우 크기만으로 미세먼지와 구분 짓기는 어렵다.

오답분석

① · ⑤ 제시문을 통해서 알 수 없는 내용이다.

③ 미세먼지의 역할에 대한 설명을 찾을 수 없다.

④ 제시문에서 설명하는 황사와 미세먼지의 근본적인 구별법은 구성성분의 차이이다.

풀이 전략!

빈칸 앞뒤의 문맥을 파악한 후 선택지에서 가장 어울리는 내용을 찾는다. 빈칸 앞에 접속사가 있다면 이를 활용한다.

01 다음 글의 빈칸에 들어갈 내용으로 가장 적절한 것은?

스트레스는 만병의 근원이란 말이 나돌고 있다. 정말로 스트레스는 의학적인 만병의 근원으로, 우리에게 신체적 해가 되는 일 자체보다도 이를 극복해 나가는 고통스런 과정이 더 문제인 것 같다. 허나 살아가면서 아무리 큰 스트레스를 겪더라도 시간이 경과함에 따라 점차 망각의 세계로 흘려보내게 되는 것은 천만다행인 일이 아닐 수 없다. 개인적 차이야 있겠지만 고독한 개별 존재로 살아가면서 겪는 삶의 갈등에서 '세월이 약이다.'라는 우리 속담의 역할은 우리에게 참으로 큰 위안을 준다. 과거 기억의 집착에서 빨리 벗어나는 것은 진정으로 필요한 일이며, 이러한 자각의 과정이야말로 결국 혼자인 자신을 성찰할 좋은 기회가 된다. 그러니 이런 의미의 건망증이야 하느님이 우리에게 주신 좋은 선물 가운데 하나가 아니겠는가.

이와 같은 공리적인 건망증과는 달리, 우리 속담에 ＿＿＿＿＿＿＿＿＿＿＿＿＿＿＿는 말과 같이 순간적인 건망증은 우리 생활에 웃음을 주는 활력소가 된다. 주부가 손에 고무장갑을 끼고 장갑을 찾는다든가 안경을 쓴 채 안경을 찾으러 이리저리 다니는 일 따위의 일이야 주변에서 흔히 목격할 수 있는 일이다. 영국의 명재상이면서 끽연가인 처칠이 파이프를 물고 파이프를 찾았다든가 18세기 영국의 문명 비평가였던 사무엘 존슨이 자신의 결혼식 날을 잊고 그 시간에 서재에서 집필하고 있었다는 일화도 정말로 우리를 웃음 짓게 하는 유쾌한 건망증이다.

의학적으로 대충 50대를 전후하여 기억 세포의 사멸로 기억력이 점차 쇠퇴하기 시작한다고 한다. 이제 이순(耳順)의 나이를 넘어서다 보니 주변 친구들을 만나면 늙는다는 타령과 함께 건망증을 소재로 한담(閑談)의 공간을 채우는 경우가 많아지게 되었다. 한 번은 건망증을 화제로 한자리에서 지우(知友)가 이젠 하도 잊어버리는 일이 많더니 급기야 잊지 않으려 적어 놓은 메모까지도 잊어 못 찾게 되었노라고 한숨을 짓는 것을 보고 나는 빙그레 웃어 주었다. 그리고 이 말을 해주었다. 그 자체가 바로 자연이고 순리인 것이라고. 잊지 않으려고 억지로 노력하는 일도 하나의 집착인 것이라고.

① 우물에 가 숭늉 찾는다

② 장님 코끼리 말하듯 한다

③ 소문 난 잔치에 먹을 것 없다

④ 업은 아이 삼 년을 찾는다

02 다음 빈칸에 들어갈 적절한 내용을 〈보기〉에서 찾아 순서대로 바르게 나열한 것은?

뉴스는 언론이 현실을 '틀 짓기(Framing)'하여 전달한 것이다. 여기서 틀 짓기란 일정한 선택과 배제의 원리에 따라 현실을 구성하는 것을 말한다. 그런데 수용자는 이러한 뉴스를 그대로 받아들이지는 않는다. 수용자는 수동적인 존재가 아닌 능동적인 행위자가 되어 언론이 전하는 뉴스의 의미를 재구성한다. ＿＿＿＿＿＿＿＿ 이를 뉴스 틀 짓기에 대한 수용자의 '다시 틀 짓기(Reframing)'라고 한다. '다시 틀 짓기'가 가능한 이유는 수용자가 주체적인 의미 해석자로, 사회 속에서 사회와 상호 작용하는 존재이기 때문이다.

그렇다면 수용자의 주체적인 의미 해석은 어떻게 가능할까? ＿＿＿＿＿＿＿＿ 인지 구조는 경험과 지식, 편향성 등으로 구성되는데, 뉴스 틀과 수용자의 인지 구조는 일치하기도 하고 갈등하기도 한다. 이 과정에서 수용자는 자신의 경험, 지식, 편향성 등에 따라 뉴스가 전달하는 의미를 재구성하게 된다. 수용자의 이러한 재구성, 즉 해석은 특정 화제에 대해 어떤 태도를 취할 것인가, 그 화제와 관련된 다른 화제나 행위자들을 어떻게 평가할 것인가 등을 결정하는 근거가 된다.

이렇게 특정 화제에 대한 수용자의 다양한 해석들은 수용자들이 사회 속에서 상호 작용하는 과정에서 여론의 형태로 나타난다. ＿＿＿＿＿＿＿＿ 이렇게 형성된 여론은 다시 뉴스 틀에 영향을 주며, 이에 따라 새로운 틀과 여론이 만들어진다. 새로운 틀이 만들어짐으로써 특정 화제에 대한 사회적 논의들은 후퇴하거나 발전할 수 있으며, 보다 다양해질 수 있다.

보기

ⓐ 이렇게 재구성된 의미들을 바탕으로 여론이 만들어지고, 이것은 다시 뉴스 구성의 '틀(Frame)'에 영향을 준다.
ⓑ 그것은 수용자가 외부 정보를 해석하는 인지 구조를 갖고 있기 때문이다.
ⓒ 여론은 사회적 차원에서 벌어지는 특정 화제에 대한 사회적 공방들과 개인적 차원에서의 대화, 논쟁들로 만들어지는 의견들을 모두 포괄한다.

① ⓐ, ⓑ, ⓒ   ② ⓐ, ⓒ, ⓑ
③ ⓑ, ⓐ, ⓒ   ④ ⓑ, ⓒ, ⓐ

03 다음 글의 빈칸에 들어갈 단어로 가장 적절한 것은?

죄가 언론 보도의 주요 소재가 되고 있다. 그 이유는 언론이 범죄를 취잿감으로 찾아내기가 쉽고 편의에 따라 기사화할 수 있을 뿐만 아니라, 범죄 보도를 통하여 시청자의 관심을 끌 수 있기 때문이다. 이러한 보도는 범죄에 대한 국민의 알 권리를 충족시키는 공적 기능을 수행하기 때문에 사회적으로 용인되는 경향이 있다. 그러나 지나친 범죄 보도는 범죄자나 범죄 피의자의 초상권을 침해하여 법적·윤리적 문제를 일으키기도 한다.

일반적으로 초상권은 얼굴 및 기타 사회 통념상 특정인임을 식별할 수 있는 신체적 특징을 타인이 함부로 촬영하여 공표할 수 없다는 인격권과 이를 광고 등에 영리적으로 이용할 수 없다는 재산권을 포괄한다. 언론에 의한 초상권 침해의 유형으로는 본인의 동의를 구하지 않은 무단 촬영·보도, 승낙의 범위를 벗어난 촬영·보도, 몰래 카메라를 동원한 촬영·보도 등을 들 수 있다.

법원의 판결로 이어진 대표적인 사례로는 교내에서 불법으로 개인 지도를 하던 대학 교수를 현행범으로 체포하려는 현장을 방송 기자가 경찰과 동행하여 취재하던 중 초상권을 침해한 경우를 들 수 있다. 법원은 '원고의 동의를 구하지 않고, 연습실을 무단으로 출입하여 취재한 것은 원고의 사생활과 초상권을 침해하는 행위'라고 판시했다. 더불어 취재의 자유를 포함하는 언론의 자유는 다른 법익을 침해하지 않는 범위 내에서 인정되며, 비록 취재 당시 원고가 현행범으로 체포되는 상황이라 하더라도 원고의 연습실과 같은 사적인 장소는 수사 관계자의 동의 없이는 출입이 금지되고, 이를 무시한 취재는 원칙적으로 불법이라고 판결했다.

이 사례는 법원이 언론의 자유와 초상권 침해의 갈등을 어떤 기준으로 판단하는지 보여 주고 있다. 또한 이 판결은 사적 공간에서의 취재 활동이 어디까지 허용되는가에 대한 법적 근거를 제시하고 있다. 언론 보도에 노출된 범죄 피의자는 경제적·직업적·가정적 불이익을 당할 뿐만 아니라, 인격이 심하게 훼손되거나 심지어는 생명을 버리기까지도 한다. 따라서 사회적 공기(公器)인 언론은 개인의 초상권을 존중하고 언론 윤리에 부합하는 범죄 보도가 될 수 있도록 신중을 기해야 한다. 범죄 보도가 초래하는 법적·윤리적 논란은 언론계 전체의 신뢰도에 치명적인 손상을 가져올 수도 있다. 이는 범죄가 언론에는 매혹적인 보도 소재이지만, 자칫 _____이/가 될 수도 있음을 의미한다.

① 시금석

② 부메랑

③ 아킬레스건

④ 악어의 눈물

04

_____는 슬로건이 대두되는 이유는 우리가 작품의 맥락과 내용에 대한 지식에 의존하여 작품을 감상하는 일이 자주 있기 때문이다. 맥락에 있어서든 내용에 있어서든 지식이 작품의 가치 평가에서 하는 역할이란 작품의 미적인 측면과는 관련이 없는 것처럼 보인다. 단토는 일찍이 '어떤 것을 예술로 보는 것은 눈이 알아보지 못하는 무엇[예술 이론의 분위기와 예술사에 대한 지식, 즉 예술계(Artworld)]을 요구한다.'라고 주장했다. 그가 드는 고전적인 예는 앤디 워홀이 복제한 브릴로 상자들인데, 이 상자들은 1960년대의 평범한 슈퍼마켓에 깔끔하게 쌓아올려진 채 진열되어 있었던 그런 종류의 물건이었다. 어떤 의도와 목적을 가지고 보든지 워홀의 브릴로 상자들은 그것이 모사하는 일상의 대상인 실제 브릴로 상자들과 조금도 달라 보이지 않지만, 그래도 우리는 워홀의 상자는 예술로 대하고 가게에 있는 상자들은 그렇게 대하지 않는다. 그 차이는 워홀이 만든 대상이 지닌 아름다움으로는 설명될 수 없다. 이 측면에서라면 두 종류의 상자가 지닌 특질은 동일하다고 볼 수 있기 때문이다. 그렇다면 우리는 워홀의 브릴로 상자가 지닌 아름다움에 대해 그것은 그 작품의 예술로서의 본성과 의미와 관련하여 외적이라고 말할 수 있을 것이다.

① 의미가 중요하다

② 대중성이 중요하다

③ 실천이 중요하다

④ 지식이 중요하다

05

최근 미국 국립보건원은 벤젠 노출과 혈액암 사이에 연관이 있다고 보고했다. 직업안전보건국은 작업장에서 공기 중 벤젠 노출 농도가 1ppm을 넘지 말아야 한다는 한시적 긴급 기준을 발표했다. 당시 법규에 따른 기준은 10ppm이었는데, 직업안전보건국은 이 엄격한 새 기준이 영구적으로 정착되길 바랐다. 그런데 벤젠 노출 농도가 10ppm 이상인 작업장에서 인명피해가 보고된 적은 있지만, 그보다 낮은 노출 농도에서 인명피해가 있었다는 검증된 데이터는 없었다. 그럼에도 불구하고 직업안전보건국은 벤젠이 발암물질이라는 이유를 들어 당시 통용되는 기기로 쉽게 측정할 수 있는 최소치인 1ppm을 기준으로 삼아야 한다고 주장했다. 직업안전보건국은 직업안전보건법의 구체적 실행에 관여하는 핵심 기관인데, 이 법은 '직장생활을 하는 동안 위험물질에 업무상 주기적으로 노출되더라도 그로 인해 어떤 피고용인도 육체적 손상이나 작업 능력의 손상을 입어서는 안 된다.'라고 규정하고 있다.

이후 대법원은 직업안전보건국이 제시한 1ppm의 기준이 지나치게 엄격하다고 판결하였다. 대법원은 '직업안전보건법이 비용 등 다른 조건은 무시한 채 전혀 위험이 없는 작업장을 만들기 위한 표준을 채택하도록 직업안전보건국에게 무제한의 재량권을 준 것은 아니다.'라고 밝혔다. _____

직업안전보건국은 과학적 불확실성에도 불구하고 사람의 생명이 위험에 처할 수 있는 경우에는 더욱 엄격한 기준을 시행하는 것이 옳다면서 자신들에게 책임을 전가하는 것에 반대했다. 직업안전보건국은 노동자를 생명의 위협이 될 수 있는 화학 물질에 노출시키는 사람들이 그 안전성을 입증해야 한다고 보았다.

① 여러 가지 과학적 불확실성으로 인해 직업안전보건국의 기준이 합당하다는 것을 대법원이 입증할 수 없으므로 이를 수용할 수 없다는 것이다.

② 대법원은 벤젠의 노출 수준이 1ppm을 초과할 경우 노동자의 건강에 실질적으로 위험하다는 것을 직업안전보건국이 입증해야 한다고 주장했다.

③ 대법원은 재량권의 범위가 클수록 그만큼 더 신중하게 사용해야 한다는 점을 환기시키면서 10ppm 수준의 벤젠 농도가 노동자의 건강에 정확히 어떤 손상을 가져오는지를 직업안전보건국이 입증해야 한다고 주장했다.

④ 직업안전보건국은 발암물질이 함유된 공기가 있는 작업장들 가운데서 전혀 위험이 없는 환경과 미미한 위험이 있는 환경을 구별해야 한다고 주장했는데, 대법원은 이것이 무익하고 무책임한 일이라고 지적했다.

06 다음 빈칸에 들어갈 적절한 내용을 〈보기〉에서 찾아 순서대로 바르게 나열한 것은?

먹을거리가 풍부한 현대인의 가장 큰 관심사 중 하나는 웰빙과 다이어트일 것이다. 현대인은 날씬한 몸매에 대한 열망이 지나쳐서 비만인 사람들이 나태하다고 생각하기도 하고, 심지어는 거식증으로 인해 사망한 패션모델까지 있었다. _____ 물론 과도한 지방 섭취, 특히 몸에 좋지 않은 지방은 비만의 원인이 되고 당뇨병, 심장병, 고혈압과 같은 각종 성인병을 유발하지만, 사실 지방은 우리 몸이 정상적으로 활동하는 데 필수적인 성분이다.

사실 비만과 다이어트의 문제는 찰스 다윈(Charles R. Darwin)의 진화론과 밀접한 관련이 있다. 찰스 다윈은 19세기 영국의 생물학자로, 『종의 기원』이라는 책을 써서 자연선택을 통한 생물의 진화 과정을 설명하였다. 생물체가 살아남고 번식을 해서 자손을 남길 수 있느냐 하는 것은 주위 환경과의 관계가 중요한 역할을 하는데, 자연선택이란 주위 환경에 따라 생존하기에 적합한 성질 또는 기능을 가진 종들이 그렇지 못한 종들보다 더 잘 살아남게 되어 자손을 남기게 된다는 개념이다. 약 100년 전만 해도 우리나라를 비롯한 전 세계 대부분의 국가는 식량이 그리 풍족하지 않았다. 실제로 수십만 년 지속된 인류의 역사에서 인간이 매일 끼니 걱정을 하지 않고 살게 된 것은 최근 수십 년의 일이다. _____ 그러므로 인류는 이러한 축적 능력이 유전적으로 뛰어난 사람들이 그렇지 않은 사람들보다 상대적으로 더 잘 살아남았을 것이다. 그렇게 살아남은 자들의 후손인 현대인들이 달거나 기름진 음식을 본능적으로 좋아하게 된 것은 진화의 당연한 결과였다. _____ 지방이 풍부한 음식을 찾는 경향은 지나치게 지방을 축적하게 했고, 결국 부작용으로 이어졌다.

보기

㉠ 그리하여 음식이 풍부한 현대 사회에서는 이러한 유전적 특성은 단점으로 작용하게 되었다.
㉡ 이러한 사회적 경향 때문에 우리가 먹는 음식물에 포함된 지방이나 기름 성분은 몸에 좋지 않은 '나쁜 성분'으로 매도당하기도 한다.
㉢ 먹을 것이 풍족하지 않은 상황에서 생존에 필수적인 능력은 다름 아닌 에너지를 몸 안에 축적하는 능력이었다.

① ㉠, ㉡, ㉢
② ㉠, ㉢, ㉡
③ ㉡, ㉢, ㉠
④ ㉢, ㉠, ㉡

미학은 자연, 인생, 예술에 담긴 아름다움의 현상이나 가치 그리고 체험 따위를 연구하는 학문으로, 미적 현상이 지닌 본질이나 법칙성을 명백히 밝히는 학문이다. 본래 미학은 플라톤에서 비롯되었지만, 오늘날처럼 미학이 독립된 학문으로 불린 것은 18세기 중엽 독일의 알렉산더 고틀리프 바움가르텐(Alexander Gottlieb Baumgarten)의 저서 『미학』에서 시작된다. 바움가르텐은 '미(美)'란 감성적 인식의 완전한 것으로, 감성적 인식의 학문은 미의 학문이라고 생각했다. 여기서 근대 미학의 방향이 개척되었다.

미학에 대한 연구는 심리학·사회학·철학 등 다양한 각도에서 시도할 수 있다. 또한 미적 사실을 어떻게 보느냐에 따라서 미학의 성향도 달라지며, _____ 예컨대 고전 미학은 영원히 변하지 않는 초감각적 존재로서의 미의 이념을 추구하고, 근대 미학은 감성적 인식 때문에 포착된 현상으로서 미적인 것을 대상으로 한다. 여기서 미적인 것은 우리들의 인식에 비치는 아름다움을 말한다.

미학을 연구하는 사람들은 이러한 미적 의식 및 예술의 관계를 해명하는 것을 주된 과제로 삼는다. 그들에게 '아름다움'을 성립시키는 주관적 원리는 가장 중요한 것이다. 미학은 우리에게 즐거움과 기쁨을 안겨주며, 인생을 충실하고 행복하게 해준다. 더 나아가 오늘날에는 이러한 미적 현상의 해명에 사회학적 방법을 적용하려는 '사회학적 미학'이나 분석 철학의 언어 분석 방법을 미학에 적용하려고 하는 '분석미학' 등 다채로운 연구 분야가 개척되고 있다.

① 최근에는 미학의 새로운 분야를 개척하고 있다.
② 추구하는 이념과 대상도 시대에 따라 다르다.
③ 미학은 이분법적인 원리로 적용할 수 없다.
④ 다른 학문과 달리 미학의 경계는 모호하다.

02

수리능력

합격 Cheat Key

수리능력은 사칙 연산·통계·확률의 의미를 정확하게 이해하고 이를 업무에 적용하는 능력으로, 기초 연산과 기초 통계, 도표 분석 및 작성의 문제 유형으로 출제된다. 수리능력 역시 채택하지 않는 공사·공단이 거의 없을 만큼 필기시험에서 중요도가 높은 영역이다.

특히, 난이도가 높은 공사·공단의 시험에서는 도표 분석, 즉 자료 해석 유형의 문제가 많이 출제되고 있고, 응용 수리 역시 꾸준히 출제하는 공사·공단이 많기 때문에 기초 연산과 기초 통계에 대한 공식의 암기와 자료 해석 능력을 기를 수 있는 꾸준한 연습이 필요하다.

1 응용 수리의 공식은 반드시 암기하라!

응용 수리는 공사·공단마다 출제되는 문제는 다르지만, 사용되는 공식은 비슷한 경우가 많으므로 자주 출제되는 공식을 반드시 암기하여야 한다. 문제에서 묻는 것을 정확하게 파악하여 그에 맞는 공식을 적절하게 적용하는 꾸준한 노력과 공식을 암기하는 연습이 필요하다.

2 **자료의 해석은 자료에서 즉시 확인할 수 있는 지문부터 확인하라!**

수리능력 중 도표 분석, 즉 자료 해석 능력은 많은 시간을 필요로 하는 문제가 출제되므로, 증가·감소 추이와 같이 눈으로 확인이 가능한 지문을 먼저 확인한 후 복잡한 계산이 필요한 지문을 확인하는 방법으로 문제를 풀이한다면 시간을 조금이라도 아낄 수 있다. 또한, 여러 가지 보기가 주어진 문제 역시 지문을 잘 확인하고 문제를 풀이한다면 불필요한 계산을 생략할 수 있으므로 항상 지문부터 확인하는 습관을 들여야 한다.

3 **도표 작성에서는 지문에 작성된 도표의 제목을 반드시 확인하라!**

도표 작성은 하나의 자료 혹은 보고서와 같은 수치가 표현된 자료를 도표로 작성하는 형식으로 출제되는데, 대체로 표보다는 그래프를 작성하는 형태로 많이 출제된다. 지문을 살펴보면 각 지문에서 주어진 도표에도 소제목이 있는 경우가 대부분이다. 이때, 자료의 수치와 도표의 제목이 일치하지 않는 경우 함정이 존재하는 문제일 가능성이 높으므로 도표의 제목을 반드시 확인하는 것이 중요하다.

| 유형분석 |

- 문제에서 제공하는 정보를 파악한 뒤, 사칙연산을 활용하여 계산하는 전형적인 수리문제이다.
- 문제를 풀기 위한 정보가 산재되어 있는 경우가 많으므로 주어진 조건 등을 꼼꼼히 확인해야 한다.

세희네 가족의 올해 휴가비용은 작년 대비 교통비는 15%, 숙박비는 24% 증가하였고, 전체 휴가비용은 20% 증가하였다. 작년 전체 휴가비용이 36만 원일 때, 올해 숙박비는?(단, 전체 휴가비는 교통비와 숙박비의 합이다)

① 160,000원   ② 184,000원
③ 200,000원   ④ 248,000원
⑤ 268,000원

정답 ④

작년 교통비를 x원, 숙박비를 y원이라 하자.
$1.15x + 1.24y = 1.2(x+y) \cdots$ ㉠
$x+y=36 \cdots$ ㉡
㉠과 ㉡을 연립하면 $x=16$, $y=20$이다.
따라서 올해 숙박비는 $20 \times 1.24 = 24.8$만 원이다.

풀이 전략!

문제에서 묻는 바를 정확하게 확인한 후, 필요한 조건 또는 정보를 구분하여 신속하게 풀어 나간다. 단, 계산에 착오가 생기지 않도록 유의한다.

01 농도가 9%인 A소금물 300g과 농도가 11.2%인 B소금물 250g을 합쳐서 C소금물을 만들었다. C소금물을 20% 덜어내고, 10g의 소금을 추가했을 때, 만들어진 소금물의 농도는?

① 12%   ② 13%

③ 14%   ④ 15%

02 외국인 A씨의 현재 잔고는 5달러이고, 매일 2달러를 저금한다. 한국인 B씨와 C씨의 현재 잔고는 각각 y, $2y$ 달러를 가지고 있고 매일 5달러, 3달러씩 저금을 하고 있다. 2일 후 B씨와 C씨의 자산의 차액은 A씨의 2일 후 자산과 동일하다고 할 때, B씨의 자산이 C씨의 자산보다 같거나 많게 되는 날은 오늘로부터 며칠 후인가?(단, 기간은 소수점 첫째 자리에서 반올림한다)

① 7일 후   ② 8일 후

③ 9일 후   ④ 10일 후

03 G사원은 인사평가에서 A ~ D 네 가지 항목의 점수를 받았다. 이 점수를 각각 1 : 1 : 1 : 1의 비율로 평균을 구하면 82.5점이고, 2 : 3 : 2 : 3의 비율로 평균을 구하면 83점, 2 : 2 : 3 : 3의 비율로 평균을 구하면 83.5점이다. 각 항목의 만점은 100점이라고 할 때, G사원이 받을 수 있는 최고점과 최저점의 차는?

① 45점   ② 40점

③ 35점   ④ 30점

04 영희는 회사에서 150km 떨어져 있는 지역에 운전하여 출장을 가게 되었다. 회사에서 출발하여 일정한 속력으로 가던 중 회사로부터 60km 떨어진 곳에서 차에 이상이 생겨 원래 속력에서 50%만큼 느리게 운전했다. 목적지에 도착하는 데 총 1시간 30분이 걸렸다면 고장이 나기 전 처음 속력은 얼마인가?

① 180km/h

② 160km/h

③ 140km/h

④ 120km/h

05 50명의 남학생 중에서 24명, 30명의 여학생 중에서 16명이 뮤지컬을 좋아한다고 한다. 전체 80명의 학생 중에서 임의로 선택한 한 명이 뮤지컬을 좋아하지 않는 학생이었을 때, 그 학생이 여학생일 확률은?

① $\dfrac{3}{20}$

② $\dfrac{1}{4}$

③ $\dfrac{3}{10}$

④ $\dfrac{7}{20}$

06 A지역 유권자의 $\dfrac{3}{5}$ 과 B지역 유권자의 $\dfrac{1}{2}$ 이 헌법 개정에 찬성하였다. A지역 유권자가 B지역 유권자의 4배일 때, A와 B 두 지역 유권자의 헌법 개정 찬성률은 얼마인가?

① 54%

② 56%

③ 58%

④ 60%

07 비누를 생산할 수 있는 두 종류의 기계 A, B가 있다. A기계 1대와 B기계 4대를 동시에 5분 동안 가동하면 100개의 비누를 생산할 수 있고, A기계 2대와 B기계 3대를 동시에 4분 동안 가동하면 100개의 비누를 생산할 수 있다. 이때 A기계 3대와 B기계 2대를 동시에 가동하여 비누 100개를 생산하는 데 걸리는 시간은?

① $\dfrac{10}{3}$ 시간

② $\dfrac{10}{7}$ 시간

③ $\dfrac{11}{3}$ 시간

④ $\dfrac{11}{5}$ 시간

08 남자 5명과 여자 3명 중에서 4명의 대표를 선출할 때, 적어도 1명의 여자가 포함되도록 선출하는 경우의 수는?

① 55가지

② 60가지

③ 65가지

④ 70가지

09 G사는 전 직원을 대상으로 유연근무제에 대한 찬반투표를 진행하였다. 그 결과 전체 직원의 80%가 찬성하였고, 20%는 반대하였다. 전 직원의 40%는 여직원이고, 유연근무제에 찬성한 직원의 70%는 남직원이었다. 여직원 한 명을 뽑았을 때, 이 직원이 유연근무제에 찬성했을 확률은?(단, 모든 직원은 찬성이나 반대의 의사표시를 하였다)

① $\dfrac{1}{5}$

② $\dfrac{2}{5}$

③ $\dfrac{3}{5}$

④ $\dfrac{4}{6}$

02 통계 분석

|유형분석|

- 통계와 관련한 이론을 활용하여 계산하는 문제이다.
- 중·고등학교 수준의 통계 이론은 숙지하고 있어야 하며, 주로 상대도수, 평균, 표준편차, 최댓값, 최솟값, 가중치 등이 활용된다.

다음은 K중학교 한 학급의 수학 성적을 조사한 자료이다. 수학 성적의 평균과 표준편차를 바르게 나열한 것은?

수학 성적(점)	도수(명)
45 이상 55 미만	2
55 이상 65 미만	9
65 이상 75 미만	27
75 이상 85 미만	11
85 이상 95 미만	1

① 60, 6 ② 60, 8

③ 70, 6 ④ 70, 8

⑤ 70, 10

정답 ④

우선 도수의 총합을 구하면 2+9+27+11+1=50이다.

각 구간의 계급값을 이용하여 평균을 구하면

$$(평균)=\frac{(50\times2)+(60\times9)+(70\times27)+(80\times11)+(90\times1)}{50}=70점$$

(편차)=(계급값)−(평균)이므로

각 구간의 편차는 각각 −20, −10, 0, 10, 20이다.

편차의 제곱을 이용하여 분산을 구하면

$$(분산)=\frac{\{2\times(-20)^2\}+\{9\times(-10)^2\}+(27\times0^2)+(11\times10^2)+(1\times20^2)}{50}=64$$

따라서 표준편차는 $\sqrt{64}=8$이다.

풀이 전략!

통계와 관련된 기본적인 공식은 반드시 암기해 두도록 하며, 이를 활용한 다양한 문제를 풀어보면서 풀이방법을 습득하는 연습이 필요하다.

01 G공단 영업부는 야유회에서 34개의 팀으로 나누어서 철봉에 오래 매달리기 시합을 하였다. 팀별 기록에 대한 정보가 다음과 같을 때, A팀 4번 선수와 B팀 2번 선수 기록의 평균은 얼마인가?

〈팀별 철봉 오래 매달리기 기록〉

(단위 : 초)

구분	1번 선수	2번 선수	3번 선수	4번 선수	5번 선수
A팀	32	46	42	( )	42
B팀	48	( )	36	53	55
C팀	51	30	46	45	53
D팀	36	50	40	52	42

〈정보〉

• C팀의 평균은 A팀보다 3초 길다.
• D팀의 평균은 B팀보다 2초 짧다.

① 40초   ② 41초

③ 42초   ④ 43초

02 다음 중 직원 (가) ~ (바)의 사내 업무 평가 점수의 중앙값으로 옳은 것은?

직원	(가)	(나)	(다)	(라)	(마)	(바)
점수	83	76	75	85	91	79

① 79   ② 80

③ 81   ④ 82

03 다음은 의약품 종류별 가격 및 상자 수에 대한 자료이다. 종류별 상자 수를 가중치로 적용하여 가격에 대한 가중평균을 구하면 66만 원이다. 이때, 빈칸에 알맞은 수는 얼마인가?

〈의약품 종류별 가격 및 상자 수〉

(단위 : 만 원, 개)

구분	A	B	C	D
가격	( )	70	60	65
상자 수	30	20	30	20

① 60

② 65

③ 70

④ 75

04 다음은 행정업무용 물품의 조달단가와 구매 효용성을 나타낸 것이다. 20억 원 이내에서 구매예산을 집행한다고 할 때, 정량적 기대효과 총합의 최댓값은?

〈물품별 조달단가와 구매 효용성〉

(단위 : 억 원)

구분	A	B	C	D	E	F	G	H
조달단가	3	4	5	6	7	8	10	16
구매 효용성	1	0.5	1.8	2.5	1	1.75	1.9	2

※ (구매 효용성)=(정량적 기대효과)÷(조달단가)
※ 각 물품은 구매하지 않거나, 1개만 구매 가능하다.

① 35

② 36

③ 37

④ 38

05 다음은 G공사 인턴사원들의 최종 평가 점수를 나타낸 표이다. 최종 평가 점수의 중앙값과 최빈값은 얼마인가?

〈최종 평가 점수〉

(단위 : 점)

구분	A	B	C	D	E	F
점수	12	17	15	13	20	17

	중앙값	최빈값
①	14점	13점
②	15점	15점
③	15점	17점
④	16점	17점

06 G공사에서는 직원들의 통근시간을 조사하여 집에서 회사까지 1시간 이내로 통근하는 20명을 다음과 같이 정리해 보았다. 20명의 통근시간 표를 보고 중위값을 구하면?

〈통근시간 현황〉

(단위 : 분)

이름	A	B	C	D	E	F	G	H	I	J
시간	45	41	44	30	21	25	33	55	19	14
이름	K	L	M	N	O	P	Q	R	S	T
시간	50	48	39	36	28	25	52	37	33	30

① 33.5분

② 34.0분

③ 34.5분

④ 35.0분

| 유형분석 |

- 제시된 표를 분석하여 선택지의 정답 유무를 판단하는 문제이다.
- 표의 수치 등을 통해 변화량이나 증감률, 비중 등을 비교하여 판단하는 문제가 자주 출제된다.
- 지원하고자 하는 기업이나 산업과 관련된 자료 등이 문제의 자료로 많이 다뤄진다.

다음은 도시폐기물량 상위 10개국의 도시폐기물량지수와 한국의 도시폐기물량을 나타낸 자료이다. 이에 대한 〈보기〉 중 옳은 것을 모두 고르면?

〈도시폐기물량 상위 10개국의 도시폐기물량지수〉

순위	2020년		2021년		2022년		2023년	
	국가	지수	국가	지수	국가	지수	국가	지수
1	미국	12.05	미국	11.94	미국	12.72	미국	12.73
2	러시아	3.40	러시아	3.60	러시아	3.87	러시아	4.51
3	독일	2.54	브라질	2.85	브라질	2.97	브라질	3.24
4	일본	2.53	독일	2.61	독일	2.81	독일	2.78
5	멕시코	1.98	일본	2.49	일본	2.54	일본	2.53
6	프랑스	1.83	멕시코	2.06	멕시코	2.30	멕시코	2.35
7	영국	1.76	프랑스	1.86	프랑스	1.96	프랑스	1.91
8	이탈리아	1.71	영국	1.75	이탈리아	1.76	터키	1.72
9	터키	1.50	이탈리아	1.73	영국	1.74	영국	1.70
10	스페인	1.33	터키	1.63	터키	1.73	이탈리아	1.40

※ (도시폐기물량지수) = $\dfrac{\text{(해당 연도 해당 국가의 도시폐기물량)}}{\text{(해당 연도 한국의 도시폐기물량)}}$

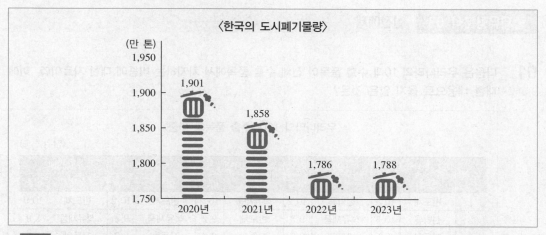

〈한국의 도시폐기물량〉

PART 1

보기

㉠ 2023년 도시폐기물량은 미국이 일본의 4배 이상이다.
㉡ 2022년 러시아의 도시폐기물량은 8,000만 톤 이상이다.
㉢ 2023년 스페인의 도시폐기물량은 2020년에 비해 감소하였다.
㉣ 영국의 도시폐기물량은 터키의 도시폐기물량보다 매년 많다.

① ㉠, ㉢
② ㉠, ㉣
③ ㉡, ㉢
④ ㉢, ㉣

정답 ①

㉠ 제시된 자료의 각주에 의해 같은 해의 각국의 도시폐기물량지수는 그 해 한국의 도시폐기물량을 기준해 도출된다. 즉, 같은 해의 여러 국가의 도시폐기물량을 비교할 때 도시폐기물량지수로도 비교가 가능하다. 2023년 미국과 일본의 도시폐기물량지수는 각각 12.73, 2.53이다. 2.53×4＝10.12<12.73이므로 옳은 설명이다.

㉢ 2020년 한국의 도시폐기물량은 1,901만 톤이므로 2020년 스페인의 도시폐기물량은 1,901×1.33＝2,528.33만 톤이다. 도시폐기물량 상위 10개국의 도시폐기물량지수 자료를 보면 2023년 스페인의 도시폐기물량지수는 상위 10개국에 포함되지 않았음을 확인할 수 있다. 즉, 스페인의 도시폐기물량은 도시폐기물량지수 10위인 이탈리아의 도시폐기물량보다 적다. 2023년 한국의 도시폐기물량은 1,788만 톤이므로 이탈리아의 도시폐기물량은 1,788×1.40＝2,503.2만 톤이다. 즉, 2023년 이탈리아의 도시폐기물량은 2020년 스페인의 도시폐기물량보다 적다. 따라서 2023년 스페인의 도시폐기물량은 2020년에 비해 감소했다.

오답분석

㉡ 2022년 한국의 도시폐기물량은 1,786만 톤이므로 2022년 러시아의 도시폐기물량은 1,786×3.87＝6,911.82만 톤이다.

㉣ 2023년의 경우 터키의 도시폐기물량지수는 영국보다 높다. 따라서 2023년 영국의 도시폐기물량은 터키의 도시폐기물량보다 적다.

풀이 전략!

평소 변화량이나 증감률, 비중 등을 구하는 공식을 알아두고 있어야 하며, 지원하는 기업이나 산업에 관한 자료 등을 확인하여 비교하는 연습 등을 한다.

01 다음은 우리나라의 10대 수출 품목이 전체 수출 품목에서 차지하는 비중에 대한 자료이다. 이에 대한 내용으로 옳지 않은 것은?

〈우리나라의 10대 수출 품목과 비중〉

(단위 : %)

순위	2019년		2020년		2021년		2022년		2023년	
	품목	비중	품목	비중	품목	비중	품목	비중	품목	비중
1	반도체	10.8	선박류	10.2	석유제품	10.2	반도체	10.2	반도체	10.9
2	선박류	10.5	석유제품	9.3	반도체	9.2	석유제품	9.4	석유제품	8.9
3	자동차	7.6	반도체	9.0	자동차	8.6	자동차	8.7	자동차	8.5
4	평판 디스플레이	7.0	자동차	8.2	선박류	7.3	선박류	6.6	선박류	7.0
5	석유제품	6.8	평판 디스플레이	5.6	평판 디스플레이	5.7	평판 디스플레이	5.1	무선 통신기기	5.2
6	무선 통신기기	5.9	무선 통신기기	4.9	자동차부품	4.5	무선 통신기기	4.9	자동차부품	4.7
7	자동차부품	4.1	자동차부품	4.2	무선 통신기기	4.2	자동차부품	4.7	평판 디스플레이	4.6
8	합성수지	3.7	철강판	3.8	철강판	3.6	합성수지	3.8	합성수지	3.8
9	철강판	3.6	합성수지	3.5	합성수지	3.6	철강판	3.1	철강판	3.3
10	컴퓨터	2.0	컴퓨터	1.6	전자 응용기기	1.6	전자 응용기기	1.9	전자 응용기기	1.7
계	−	61.8	−	60.3	−	58.4	−	58.6	−	58.6

① 전 기간에 걸쳐 10대 수출 품목은 전체 수출 품목의 절반 이상을 차지했다.

② 상위 3개 품목의 비중이 10대 품목 비중의 절반 이상을 차지한 해는 없다.

③ 컴퓨터는 2020년 이후 합성수지에 밀려 10대 품목에서 제외되었다.

④ 반도체의 비중이 가장 큰 해에는 철강판이 두 번째로 적은 비중을 차지했다.

02 다음은 우리나라의 농축산물 대미 수입규모에 대한 자료이다. 이에 대한 내용으로 옳지 않은 것은?

〈농축산물 대미 수입규모〉

(단위 : 천 톤/백만 달러)

구분	전체 수입규모		대미 수입규모		
	물량	금액	물량	금액	비중
농산물	32,777	17,896	8,045	4,408	24.6%
곡류	15,198	3,872	4,867	1,273	24.6%
밀	4,064	1,127	1,165	363	32.9%
옥수수	10,368	2,225	3,539	765	32.3%
대두	1,330	654	532	287	43.9%
축산물	1,464	5,728	410	1,761	30.7%
쇠고기	331	2,008	115	802	39.9%
돼지고기	494	1,424	151	455	32.0%
치즈	116	502	55	251	50.0%
합계	34,241	23,624	8,455	6,169	26.1%

① 대두에 대한 수입규모는 미국이 세계에서 가장 크다.

② 전체 수입규모 중 금액이 가장 큰 품목은 곡류이다.

③ 수입품목 중 대미 수입규모가 가장 큰 비중을 차지하는 것은 치즈이다.

④ 전 세계에서 수입하는 밀의 물량이 미국에서 수입하는 물량보다 3배 이상 많다.

03 다음은 민간 분야 사이버 침해사고 발생현황에 대한 자료이다. 〈보기〉 중 이에 대한 설명으로 옳지 않은 것을 모두 고르면?

〈민간 분야 사이버 침해사고 발생현황〉

(단위 : 건)

구분	2020년	2021년	2022년	2023년
홈페이지 변조	6,490	10,148	5,216	3,727
스팸릴레이	1,163	988	731	365
기타 해킹	3,175	2,743	4,126	2,961
단순침입시도	2,908	3,031	3,019	2,783
피싱 경유지	2,204	4,320	3,043	1,854
전체	15,940	21,230	16,135	11,690

보기

ㄱ. 단순침입시도 분야의 침해사고는 매년 스팸릴레이 분야의 침해사고 건수의 두 배 이상이다.
ㄴ. 2020년 대비 2023년 침해사고 건수가 50%p 이상 감소한 분야는 2개 분야이다.
ㄷ. 2022년 홈페이지 변조 분야의 침해사고 건수가 차지하는 비중은 35% 이하이다.
ㄹ. 2021년 대비 2023년은 모든 분야의 침해사고 건수가 감소하였다.

① ㄱ, ㄴ
② ㄱ, ㄹ
③ ㄴ, ㄹ
④ ㄷ, ㄹ

04 다음은 출생, 사망 추이를 나타낸 자료이다. 이에 대한 설명으로 옳지 않은 것은?

〈출생, 사망 추이〉

구분		2017년	2018년	2019년	2020년	2021년	2022년	2023년
출생아 수(명)		490,543	472,761	435,031	448,153	493,189	465,892	444,849
사망자 수(명)		244,506	244,217	243,883	242,266	244,874	246,113	246,942
기대수명(년)		77.44	78.04	78.63	79.18	79.56	80.08	80.55
수명	남자(년)	73.86	74.51	75.14	75.74	76.13	76.54	76.99
	여자(년)	80.81	81.35	81.89	82.36	82.73	83.29	83.77

① 출생아 수는 2017년 이후 감소하다가 2020년, 2021년에 증가 이후 다시 감소하고 있다.
② 매년 기대수명은 증가하고 있다.
③ 남자와 여자의 수명은 매년 5년 이상의 차이를 보이고 있다.
④ 매년 출생아 수는 사망자 수보다 20만 명 이상 더 많으므로 매년 총 인구는 20만 명 이상씩 증가한 다고 볼 수 있다.

05 다음은 어느 학원의 강사 A~E의 시급과 수강생 만족도에 대한 자료이다. 이에 대한 설명으로 옳은 것은?

〈강사의 시급 및 수강생 만족도〉

(단위 : 원, 점)

구분	2022년		2023년	
	시급	수강생 만족도	시급	수강생 만족도
강사 A	50,000	4.6	55,000	4.1
강사 B	45,000	3.5	45,000	4.2
강사 C	52,000	( )	54,600	4.8
강사 D	54,000	4.9	59,400	4.4
강사 E	48,000	3.2	( )	3.5

〈수강생 만족도 점수별 시급 인상률〉

수강생 만족도	인상률
4.5점 이상	10% 인상
4.0점 이상 4.5점 미만	5% 인상
3.0점 이상 4.0점 미만	동결
3.0점 미만	5% 인하

※ 당해 연도 시급 대비 다음 연도 시급의 인상률은 당해 연도 수강생 만족도에 따라 결정된다.
※ 강사가 받을 수 있는 시급은 최대 60,000원이다.

① 강사 E의 2023년 시급은 45,600원이다.
② 2024년 시급은 강사 D가 강사 C보다 높다.
③ 2023년과 2024년 시급 차이가 가장 큰 강사는 C이다.
④ 강사 C의 2022년 수강생 만족도 점수는 4.5점 이상이다.

06 다음은 당뇨병 환자에 대한 자료이다. 이에 대한 설명으로 옳지 않은 것은?

〈당뇨병 환자수〉

(단위 : 명)

나이 ＼ 당뇨병	경증		중증	
	여자	남자	여자	남자
50세 미만	9	13	8	10
50세 이상	10	18	8	24

① 여자 환자 중 중증인 환자의 비율은 $\dfrac{16}{35}$ 이다.

② 경증 환자 중 남자 환자의 비율은 중증 환자 중 남자 환자의 비율보다 높다.

③ 50세 이상의 환자 수는 50세 미만 환자 수의 1.5배이다.

④ 중증인 여자 환자의 비율은 전체 당뇨병 환자의 16%이다.

07 다음은 성별 국민연금 가입자 현황이다. 이에 대한 설명으로 옳은 것은?

〈성별 국민연금 가입자 수〉

(단위 : 명)

구분	사업장가입자	지역가입자	임의가입자	임의계속가입자	합계
남자	8,059,994	3,861,478	50,353	166,499	12,138,324
여자	5,775,011	3,448,700	284,127	296,644	9,804,482
합계	13,835,005	7,310,178	334,480	463,143	21,942,806

① 남자 사업장가입자 수는 남자 지역가입자 수의 2배 미만이다.

② 여자 사업장가입자 수는 이를 제외한 항목의 여자 가입자 수를 모두 합친 것보다 적다.

③ 전체 지역가입자 수는 전체 사업장가입자 수의 50% 미만이다.

④ 전체 가입자 중 여자 가입자 수의 비율은 40% 이상이다.

08 다음은 비만도 측정에 대한 자료와 3명의 학생 신체조건이다. 3명 학생의 비만도 측정에 대한 설명으로 옳지 않은 것은?(단, 비만도는 소수점 첫째 자리에서 반올림한다)

〈비만도 측정법〉

- (표준체중)$=[($신장$)-100]\times0.9$
- (비만도)$=\dfrac{(현재체중)}{(표준체중)}\times100$

〈비만도 구분〉

구분	조건
저체중	90% 미만
정상체중	90% 이상 110% 이하
과체중	110% 초과 120% 이하
경도비만	120% 초과 130% 이하
중등도비만	130% 초과 150% 이하
고도비만	150% 이상 180% 이하
초고도비만	180% 초과

〈신체조건〉

- 혜지 : 키 158cm, 몸무게 58kg
- 기원 : 키 182cm, 몸무게 71kg
- 용준 : 키 175cm, 몸무게 96kg

① 혜지의 표준체중은 52.2kg이고, 기원이의 표준체중은 73.8kg이다.
② 기원이가 과체중이 되기 위해선 5kg 이상 체중이 증가해야 한다.
③ 3명의 학생 중 정상체중인 학생은 기원이뿐이다.
④ 용준이가 약 22kg 이상 체중을 감량하면 정상체중 범주에 포함된다.

09 석유 정제업을 하는 G기업의 신사업추진위원회는 유망한 새로운 에너지 부문으로 진출할 계획을 세우고 있다. 다음 자료에 대한 설명으로 옳지 않은 것은?

〈국내 최종에너지원별 소비량〉

(단위 : 천 TOE)

구분	4월	5월	6월	7월	8월
합계	19,051	17,902	17,516	18,713	19,429
석탄	2,661	2,694	2,641	2,655	2,747
석유	9,520	9,115	9,045	10,028	10,305
천연가스	179	156	181	209	206
도시가스	2,135	1,580	1,311	1,244	1,157
전력	3,650	3,501	3,493	3,695	4,090
열	193	100	73	75	65
신재생	713	756	772	807	859

〈G기업의 에너지 신사업추진 평가 결과〉

부문	진입 시 추가확충 필요자금	규제 완화 정도	1위 기업의 현재 시장점유율	진입 후 흑자전환 소요기간
석탄	600억 원	84점	55%	4년
천연가스	1,240억 원	37점	72%	5년
열	360억 원	22점	66%	3년
신재생	430억 원	48점	35%	6년

※ 규제 완화 정도는 점수가 높을수록 자유도가 높은 것이다.

① 열 에너지 부문으로 진출하는 경우, 신재생 에너지로 진출하는 경우에 비해 소비량이 적을 것이다.

② 진입 시 제도적 장애물에 가장 자주 부딪히게 될 부문은 열 에너지이다.

③ 진입 시 G기업이 추가로 확충해야 하는 자금의 규모가 작을수록 흑자전환에 소요되는 기간도 짧을 것이다.

④ 신재생 에너지 부문보다는 천연가스 에너지 부문에 진입 시 초기 시장점유율을 확보하기 어려울 것이다.

10 다음은 연령별 선물환거래 금액 비율을 나타낸 자료이다. 이에 대한 설명으로 옳은 것은?

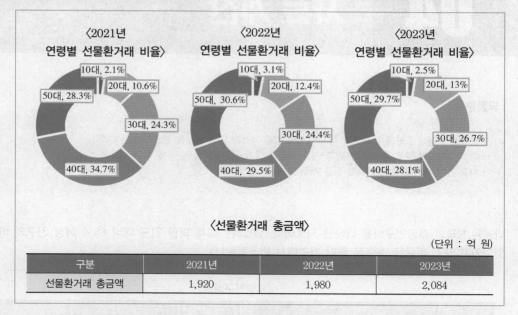

〈2021년
연령별 선물환거래 비율〉

10대, 2.1%
20대, 10.6%
30대, 24.3%
40대, 34.7%
50대, 28.3%

〈2022년
연령별 선물환거래 비율〉

10대, 3.1%
20대, 12.4%
30대, 24.4%
40대, 29.5%
50대, 30.6%

〈2023년
연령별 선물환거래 비율〉

10대, 2.5%
20대, 13%
30대, 26.7%
40대, 28.1%
50대, 29.7%

〈선물환거래 총금액〉

(단위 : 억 원)

구분	2021년	2022년	2023년
선물환거래 총금액	1,920	1,980	2,084

① 2022 ~ 2023년의 전년 대비 10대와 20대의 선물환거래 금액 비율 증감 추이는 같다.

② 2022년 대비 2023년의 50대의 선물환거래 금액 증가량은 13억 원 이상이다.

③ 2022 ~ 2023년 동안 전년 대비 매년 40대의 선물환거래 금액은 지속적으로 감소하고 있다.

④ 2023년 10 ~ 40대의 선물환거래 금액 총비율은 2022년 50대의 비율의 2.5배 이상이다.

| 유형분석 |

- 문제에 주어진 도표를 분석하여 각 선택지의 값을 계산해 정답 유무를 판단하는 문제이다.
- 주로 그래프와 표로 제시되며, 경영·경제·산업 등과 관련된 최신 이슈를 많이 다룬다.
- 자료 간의 증감률·비율·추세 등을 자주 묻는다.

다음은 K국의 부양인구비를 나타낸 자료이다. 2023년 15세 미만 인구 대비 65세 이상 인구의 비율은 얼마인가?(단, 비율은 소수점 둘째 자리에서 반올림한다)

〈부양인구비〉

구분	2019년	2020년	2021년	2022년	2023년
부양비	37.3	36.9	36.8	36.8	36.9
유소년부양비	22.2	21.4	20.7	20.1	19.5
노년부양비	15.2	15.6	16.1	16.7	17.3

※ (유소년부양비)$=\dfrac{(15세\ 미만\ 인구)}{(15 \sim 64세\ 인구)} \times 100$

※ (노년부양비)$=\dfrac{(65세\ 이상\ 인구)}{(15 \sim 64세\ 인구)} \times 100$

① 72.4% ② 77.6%
③ 81.5% ④ 88.7%

정답 ④

2023년 15세 미만 인구를 x명, 65세 이상 인구를 y명, 15~64세 인구를 a명이라 하면,

15세 미만 인구 대비 65세 이상 인구 비율은 $\dfrac{y}{x} \times 100$이므로

(2023년 유소년부양비)$=\dfrac{x}{a} \times 100=19.5 \rightarrow a=\dfrac{x}{19.5} \times 100 \cdots \bigcirc$

(2023년 노년부양비)$=\dfrac{y}{a} \times 100=17.3 \rightarrow a=\dfrac{y}{17.3} \times 100 \cdots \bigcirc$

$\bigcirc$, $\bigcirc$을 연립하면 $\dfrac{x}{19.5}=\dfrac{y}{17.3} \rightarrow \dfrac{y}{x}=\dfrac{17.3}{19.5}$이므로, 15세 미만 인구 대비 65세 이상 인구의 비율은 $\dfrac{17.3}{19.5} \times 100 \fallingdotseq 88.7\%$이다.

풀이 전략!

선택지를 먼저 읽고 필요한 정보를 도표에서 확인하도록 하며, 계산이 필요한 경우에는 실제 수치를 사용하여 복잡한 계산을 하는 대신, 대소 관계의 비교나 선택지의 옳고 그름만을 판단할 수 있을 정도로 간소화하여 계산해 풀이시간을 단축할 수 있도록 한다.

01 G씨는 무역회사의 영업부에서 근무하고 있으며, 출장이 잦은 편이다. 최근에 출장을 다녀온 국가의 화폐가 남아 이를 환전하여 추후 있을 출장을 대비해 미국 달러로 환전해 놓기로 하였다. G씨가 보유하고 있는 외화가 다음과 같을 때, 환전 후 보유하게 될 달러는 총 얼마인가?(단, 환전수수료는 없다고 가정한다)

〈보유화폐〉

EUR	AED	THB
100	4,000	1,500

〈환전 기준〉

구분	매매기준율(KRW)	스프레드(%)
미국 USD	1,160	1.5
유럽 EUR	1,305	2
아랍에미리트 AED	320	4
태국 THB	35	6

※ 스프레드 : 통화의 매매기준율과 대고객매매율의 차이를 계산하기 위해 매매기준율에 곱하는 백분율
※ 매입률을 구할 때는 '1−(스프레드)'로 계산하고, 매도율을 구할 때는 '1+(스프레드)'로 계산한다.
※ 국내에서 외화를 다른 외화로 환전할 경우에는 원화로 먼저 환전한 후 다른 외화로 환전한다.

① USD 1,018.20
② USD 1,150.36
③ USD 1,194.19
④ USD 1,208.50

02 새롭게 비품관리를 담당하게 된 G사원은 기존에 거래하던 ○○문구와 다른 업체들과의 가격 비교를 위해 △△문구와 □□문구에 견적서를 요청한 뒤 세 곳을 비교하려고 한다. 비품의 성능 차이는 다르지 않으므로 비교 후 가격이 저렴한 곳과 거래할 예정이다. 견적서의 총액과 최종적으로 거래할 업체를 바르게 짝지은 것은?(단, 업체별 조건은 모두 적용하고 배송료는 총주문금액 계산 이후 더하며, 백 원 미만은 절사한다)

○○문구			
품명	수량	단가	공급가액
MLT – D209S[호환]	1	32,000원	32,000원
A4 복사용지 80G(2박스 묶음)	1	31,900원	31,900원
친환경 진행 문서 파일	1	2,500원	2,500원

※ 총주문금액에서 20% 할인 쿠폰 사용 가능
※ 배송료 : 4,000원(10만 원 이상 구매 시 무료 배송)

△△문구			
품명	수량	단가	공급가액
PGI – 909 – PINK[호환]	1	25,000원	25,000원
더블비 A4 복사용지 80G(2박스 묶음)	1	22,800원	22,800원
친환경 진행 문서 파일	1	1,800원	1,800원

※ 4만 원 이상 구매 시 판매가의 7% 할인
※ 배송료 : 2,500원(7만 원 이상 구매 시 무료 배송)

□□문구			
품명	수량	단가	공급가액
MST – D128S	1	24,100원	24,100원
A4 복사용지 75G(2박스 묶음)	1	28,000원	28,000원
문서 파일	1	3,600원	3,600원

※ 첫 구매 적립금 4,000 포인트(원) 사용 가능
※ 5만 원 이상 구매 시 문서 파일 1개 무료 증정
※ 배송료 : 4,500원(6만 원 이상 구매 시 무료 배송)

① ○○문구 – 49,000원
② △△문구 – 46,100원
③ □□문구 – 48,200원
④ △△문구 – 48,600원

03 G통신사 대리점에서 근무하는 귀하는 판매율을 높이기 위해 핸드폰을 구매한 고객에게 사은품을 나누어 주는 이벤트를 실시하고자 한다. 본사로부터 할당받은 예산은 총 5백만 원이며, 예산 내에서 고객 1명당 2가지 상품을 증정하고자 한다. 고객 만족도 대비 비용이 낮은 순으로 상품을 확보하였을 때, 최대 몇 명의 고객에게 사은품을 전달할 수 있는가?

상품명	개당 구매비용(원)	확보 가능한 최대물량(개)	상품에 대한 고객 만족도(점)
차량용 방향제	7,000	300	5
식용유 세트	10,000	80	4
유리용기 세트	6,000	200	6
32GB USB	5,000	180	4
머그컵 세트	10,000	80	5
육아 관련 도서	8,800	120	4
핸드폰 충전기	7,500	150	3

① 360명
② 370명
③ 380명
④ 390명

04 귀하는 각 생산부서의 사업평가 자료를 취합하였는데 커피를 흘려 자료의 일부가 훼손되었다. 다음 중 (가) ~ (라)에 들어갈 수치로 옳은 것은?(단, 인건비와 재료비 이외의 투입요소는 없다)

〈사업평가 자료〉

구분	목표량	인건비	재료비	산출량	효과성 순위	효율성 순위
A부서	(가)	200	50	500	3	2
B부서	1,000	(나)	200	1,500	2	1
C부서	1,500	1,200	(다)	3,000	1	3
D부서	1,000	300	500	(라)	4	4

※ (효과성)＝(산출량)÷(목표량)
※ (효율성)＝(산출량)÷(투입량)

	(가)	(나)	(다)	(라)
①	300	500	800	800
②	500	800	300	800
③	800	500	300	300
④	500	300	800	800

05 다음은 한국생산성본부에서 작성한 혁신클러스터 시범단지 현황이다. 반월시화공단과 울산공단의 업체당 평균 고용인원의 차이는 얼마인가?(단, 업체당 평균 고용인원은 소수점 둘째 자리에서 반올림한다)

〈혁신클러스터 시범단지 현황〉

단지명	특화업종	입주기업 (개사)	생산규모 (억 원)	수출액 (백만 불)	고용인원 (명)	지정시기
창원	기계	1,893	424,399	17,542	80,015	2023년
구미	전기전자	1,265	612,710	36,253	65,884	2023년
반월시화	부품소재	12,548	434,106	6,360	195,635	2023년
울산	자동차	1,116	1,297,185	57,329	101,677	2023년

① 83.1명

② 75.5명

③ 71.4명

④ 68.6명

06 다음은 2023년 우리나라의 LPCD(Liter Per Capita Day)에 대한 자료이다. 1인 1일 사용량에서 영업용 사용량이 차지하는 비중과 1인 1일 가정용 사용량의 하위 두 항목이 차지하는 비중을 순서대로 나열한 것은?(단, 소수점 셋째 자리에서 반올림한다)

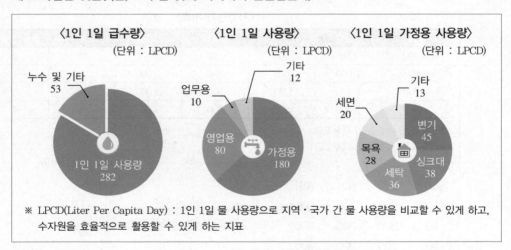

※ LPCD(Liter Per Capita Day) : 1인 1일 물 사용량으로 지역·국가 간 물 사용량을 비교할 수 있게 하고, 수자원을 효율적으로 활용할 수 있게 하는 지표

① 27.57%, 16.25%

② 27.57%, 19.24%

③ 28.37%, 18.33%

④ 28.37%, 19.24%

07 다음은 2023년 방송산업 종사자 수를 나타낸 자료이다. 2023년 추세에 언급되지 않은 분야의 인원은 고정되어 있었다고 할 때, 2022년 방송산업 종사자 수는 모두 몇 명인가?

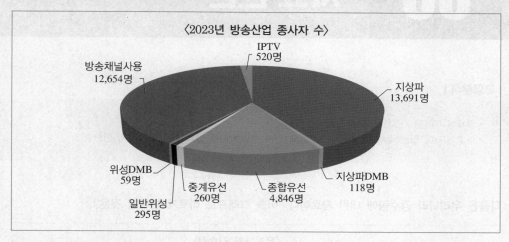

〈2023년 방송산업 종사자 수〉

- IPTV 520명
- 방송채널사용 12,654명
- 지상파 13,691명
- 지상파DMB 118명
- 종합유선 4,846명
- 중계유선 260명
- 일반위성 295명
- 위성DMB 59명

〈2023년 추세〉

지상파 방송사(지상파DMB 포함)는 전년보다 301명(2.2%p)이 증가한 것으로 나타났다. 직종별로 방송직에서는 PD(1.4%p 감소)와 아나운서(1.1%p 감소), 성우, 작가, 리포터, 제작지원 등의 기타 방송직(5%p 감소)이 감소했으나, 카메라, 음향, 조명, 미술, 편집 등의 제작관련직(4.8%p 증가)과 기자(0.5%p 증가)는 증가하였다. 그리고 영업홍보직(13.5%p 감소), 기술직(6.1%p 감소), 임원 (0.7%p 감소)은 감소했으나, 연구직(11.7%p 증가)과 관리행정직(5.8%p 증가)은 증가했다.

① 20,081명

② 24,550명

③ 32,142명

④ 36,443명

05 자료 변환

| 유형분석 |

• 문제에 주어진 자료를 도표로 변환하는 문제이다.
• 주로 자료에 있는 수치와 그래프 또는 표에 있는 수치가 서로 일치하는지의 여부를 판단한다.

다음은 우리나라 강수량에 대한 자료이다. 이를 그래프로 바르게 변환한 것은?

〈우리나라 강수량〉

(단위 : mm, 위)

구분	1월	2월	3월	4월	5월	6월	7월	8월	9월	10월	11월	12월
강수량	15.3	29.8	24.1	65.0	29.5	60.7	308.0	241.0	92.1	67.6	12.7	21.9
역대순위	32	23	39	30	44	43	14	24	26	13	44	27

①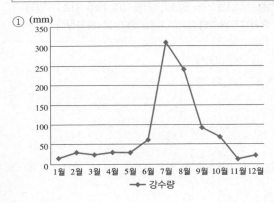

②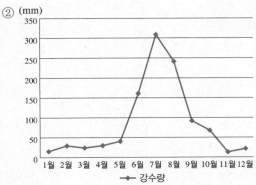

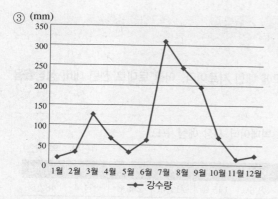

③ (mm)

━◆━ 강수량

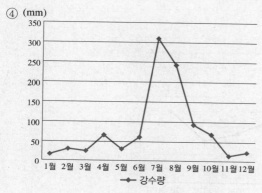

④ (mm)

━◆━ 강수량

정답 ④

강수량의 증감추이를 나타내면 다음과 같다.

1월	2월	3월	4월	5월	6월
–	증가	감소	증가	감소	증가

7월	8월	9월	10월	11월	12월
증가	감소	감소	감소	감소	증가

따라서 이와 동일한 추이를 보이는 그래프는 ④이다.

오답분석

① 증감추이는 같지만 4월의 강수량이 50mm 이하로 표현되어 있다.

풀이 전략!

각 선택지에 있는 도표의 제목을 먼저 확인한다. 그다음 제목에서 어떠한 정보가 필요한지 확인한 후, 문제에서 주어진 자료를 빠르게 확인하여 일치 여부를 판단한다.

PART 1

01 다음은 중국의 의료 빅데이터 시장 예상 규모에 대한 자료이다. 이를 토대로 전년 대비 성장률을 구해 그래프로 바르게 변환한 것은?

〈연도별 중국 의료 빅데이터 시장 예상 규모〉

(단위 : 억 위안)

구분	2021년	2022년	2023년	2024년	2025년	2026년	2027년	2028년	2029년	2030년
규모	9.6	15.0	28.5	45.8	88.5	145.9	211.6	285.6	371.4	482.8

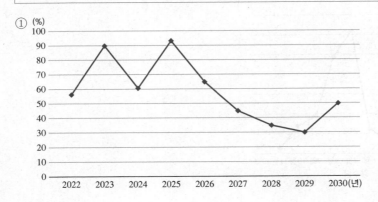

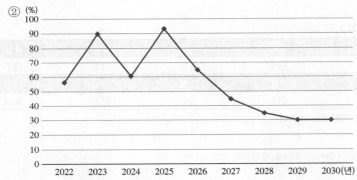

③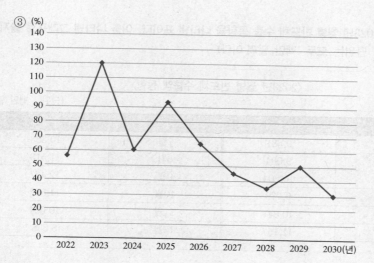

④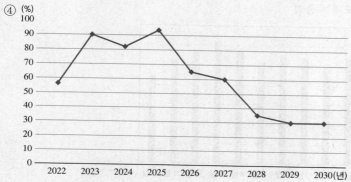

02 다음은 G국가의 2023년 월별 반도체 수출 동향을 나타낸 표이다. 이를 나타낸 그래프로 옳지 않은 것은?(단, 그래프 단위는 모두 '백만 달러'이다)

〈2023년 월별 반도체 수출액 동향〉

(단위 : 백만 달러)

기간	수출액	기간	수출액
1월	9,681	7월	10,383
2월	9,004	8월	11,513
3월	10,804	9월	12,427
4월	9,779	10월	11,582
5월	10,841	11월	10,684
6월	11,157	12월	8,858

① 2023년 월별 반도체 수출액

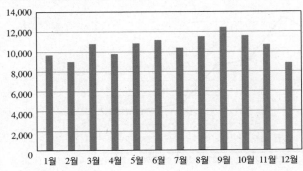

② 2023년 월별 반도체 수출액

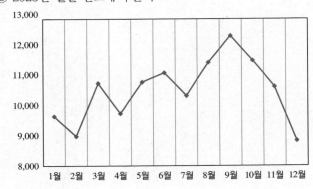

③ 2023년 월별 반도체 수출액

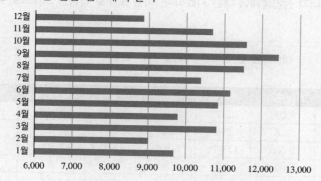

④ 2~12월의 전월 대비 반도체 수출 증감액

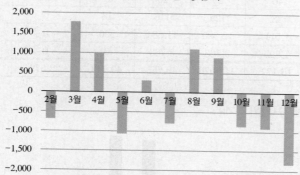

03 다음은 2023년 신재생에너지 산업통계에 대한 자료이다. 이를 토대로 작성한 그래프로 옳지 않은 것은?

〈2023년 신재생에너지원별 산업 현황〉

(단위 : 억 원)

구분	기업체 수(개)	고용인원(명)	매출액	내수	수출액	해외공장매출	투자액
태양광	127	8,698	75,637	22,975	33,892	18,770	5,324
태양열	21	228	290	290	0	0	1
풍력	37	2,369	14,571	5,123	5,639	3,809	583
연료전지	15	802	2,837	2,143	693	0	47
지열	26	541	1,430	1,430	0	0	251
수열	3	46	29	29	0	0	0
수력	4	83	129	116	13	0	0
바이오	128	1,511	12,390	11,884	506	0	221
폐기물	132	1,899	5,763	5,763	0	0	1,539
합계	493	16,177	113,076	49,753	40,743	22,579	7,966

① 신재생에너지원별 기업체 수(단위 : 개)

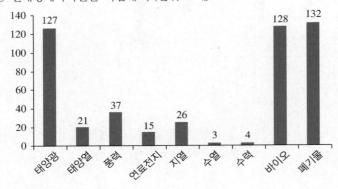

② 신재생에너지원별 고용인원(단위 : 명)

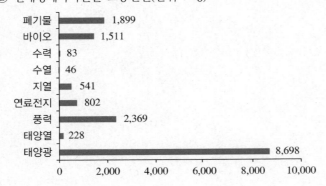

③ 신재생에너지원별 고용인원 비율

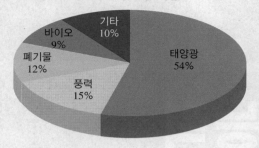

④ 신재생에너지원별 내수 현황(단위 : 억 원)

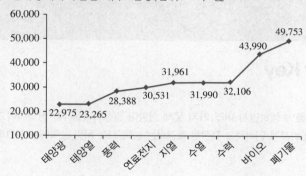

문제해결능력

합격 Cheat Key

문제해결능력은 업무를 수행하면서 여러 가지 문제 상황이 발생하였을 때, 창의적이고 논리적인 사고를 통하여 이를 올바르게 인식하고 적절히 해결하는 능력으로, 하위 능력에는 사고력과 문제처리능력이 있다.

문제해결능력은 NCS 기반 채용을 진행하는 대다수의 공사·공단에서 채택하고 있으며, 다양한 자료와 함께 출제되는 경우가 많아 어렵게 느껴질 수 있다. 특히, 난이도가 높은 문제로 자주 출제되기 때문에 다른 영역보다 더 많은 노력이 필요할 수는 있지만 그렇기에 차별화를 할 수 있는 득점 영역이므로 포기하지 말고 꾸준하게 노력해야 한다.

1 질문의 의도를 정확하게 파악하라!

문제해결능력은 문제에서 무엇을 묻고 있는지 정확하게 파악하여 먼저 풀이 방향을 설정하는 것이 가장 중요하다. 특히, 조건이 주어지고 답을 찾는 창의적·분석적인 문제가 주로 출제되고 있기 때문에 처음에 정확한 풀이 방향이 설정되지 않는다면 문제를 제대로 풀지 못하게 되므로 첫 번째로 출제 의도 파악에 집중해야 한다.

2 **중요한 정보는 반드시 표시하라!**

출제 의도를 정확히 파악하기 위해서는 문제의 중요한 정보를 반드시 표시하거나 메모하여 하나의 조건, 단서도 잊고 넘어가는 일이 없도록 해야 한다. 실제 시험에서는 시간의 압박과 긴장감으로 정보를 잘못 적용하거나 잊어버리는 실수가 많이 발생하므로 사전에 충분한 연습이 필요하다.

3 **반복 풀이를 통해 취약 유형을 파악하라!**

문제해결능력은 특히 시간관리가 중요한 영역이다. 따라서 정해진 시간 안에 고득점을 할 수 있는 효율적인 문제 풀이 방법을 찾아야 한다. 이때, 반복적인 문제 풀이를 통해 자신이 취약한 유형을 파악하는 것이 중요하다. 정확하게 풀 수 있는 문제부터 빠르게 풀고 취약한 유형은 나중에 푸는 효율적인 문제 풀이를 통해 최대한 고득점을 맞는 것이 중요하다.

01 명제

| 유형분석 |

- 주어진 문장을 토대로 논리적으로 추론하여 참 또는 거짓을 구분하는 문제이다.
- 대체로 연역추론을 활용한 문제가 출제된다.

다음 명제가 모두 참일 때, 반드시 참인 명제는?

- 물을 녹색으로 만드는 조류는 냄새 물질을 배출한다.
- 독소 물질을 배출하는 조류는 냄새 물질을 배출하지 않는다.
- 물을 황색으로 만드는 조류는 물을 녹색으로 만들지 않는다.

① 독소 물질을 배출하지 않는 조류는 물을 녹색으로 만든다.
② 물을 녹색으로 만들지 않는 조류는 냄새 물질을 배출하지 않는다.
③ 독소 물질을 배출하는 조류는 물을 녹색으로 만들지 않는다.
④ 냄새 물질을 배출하지 않는 조류는 물을 황색으로 만들지 않는다.
⑤ 냄새 물질을 배출하는 조류는 독소 물질을 배출한다.

정답 ③

'물을 녹색으로 만든다.'를 p, '냄새 물질을 배출한다.'를 q, '독소 물질을 배출한다.'를 r, '물을 황색으로 만든다.'를 s라고 하면 $p \rightarrow q$, $r \rightarrow \sim q$, $s \rightarrow \sim p$이 성립한다. 이때 첫 번째 명제의 대우인 $\sim q \rightarrow \sim p$가 성립함에 따라 $r \rightarrow \sim q \rightarrow \sim p$가 성립한다. 따라서 '독소 물질을 배출하는 조류는 물을 녹색으로 만들지 않는다.'는 반드시 참이 된다.

풀이 전략!

명제와 관련한 삼단 논법 등에 대해서는 미리 학습해 두며, 이를 바탕으로 각 문장에 있는 핵심단어를 기호화하여 정리한 후, 선택지와 비교하여 참 또는 거짓을 판단한다.

01 G공사의 A대리는 다음과 같이 보고서 작성을 위한 방향을 구상 중이다. 주어진 명제가 모두 참일 때, 공장을 짓는다는 결론을 얻기 위해 빈칸에 필요한 명제는?

> • 재고가 있다.
> • 설비 투자를 늘리지 않는다면, 재고가 있지 않다.
> • 건설투자를 늘릴 때에만, 설비 투자를 늘린다.
> • _____

① 설비 투자를 늘린다.
② 건설투자를 늘리지 않는다.
③ 재고가 있거나 설비 투자를 늘리지 않는다.
④ 건설투자를 늘린다면, 공장을 짓는다.

02 A ~ D 네 명은 한 판의 가위바위보를 한 후 그 결과에 대해 다음과 같이 각각 두 가지의 진술을 하였다. 두 가지의 진술 중 하나는 반드시 참이고, 하나는 반드시 거짓이라고 할 때, 항상 참인 것은?

> A : C는 B를 이길 수 있는 것을 냈고, B는 가위를 냈다.
> B : A는 C와 같은 것을 냈지만, A가 편 손가락의 수는 나보다 적었다.
> C : B는 바위를 냈고, 그 누구도 같은 것을 내지 않았다.
> D : A, B, C 모두 참 또는 거짓을 말한 순서가 동일하다. 이 판은 승자가 나온 판이었다.

① B와 같은 것을 낸 사람이 있다.
② 보를 낸 사람은 1명이다.
③ D는 혼자 가위를 냈다.
④ B가 기권했다면 가위를 낸 사람이 지는 판이다.

03 이번 학기에 4개의 강좌 A ~ D가 새로 개설되는데, 강사 갑 ~ 무 중 4명이 한 강좌씩 맡으려 한다. 배정 결과를 궁금해 하는 5명은 다음과 같이 예측했다. 배정 결과를 보니 갑 ~ 무의 진술 중 한 명의 진술만이 거짓이고 나머지는 참임이 드러났을 때, 다음 중 바르게 추론한 것은?

> 갑 : 을이 A강좌를 담당하고 병은 강좌를 담당하지 않을 것이다.
> 을 : 병이 B강좌를 담당할 것이다.
> 병 : 정은 D강좌가 아닌 다른 강좌를 담당할 것이다.
> 정 : 무가 D강좌를 담당할 것이다.
> 무 : 을의 말은 거짓일 것이다.

① 갑은 A강좌를 담당한다.
② 을은 C강좌를 담당한다.
③ 병은 강좌를 담당하지 않는다.
④ 정은 D강좌를 담당한다.

04 어떤 고고학 탐사대가 발굴한 네 개의 유물 A ~ D에 대하여 다음과 같은 사실을 알게 되었다. 발굴된 유물을 시대 순으로 오래된 유물부터 순서대로 나열한 것은?

> • B보다 시대가 앞선 유물은 두 개다.
> • C는 D보다 시대가 앞선 유물이다.
> • A는 C에 비해 최근의 유물이다.
> • D는 B가 만들어진 시대 이후에 제작된 유물이다.

① C – D – B – A   ② C – B – D – A
③ C – D – A – B   ④ C – A – B – D

05 다음 명제가 모두 참일 때, 반드시 참인 것은?

> • 김팀장이 이번 주 금요일에 월차를 쓴다면, 최대리는 이번 주 금요일에 월차를 쓰지 못한다.
> • 최대리가 이번 주 금요일에 월차를 쓰지 못한다면, 강사원의 프로젝트 마감일은 이번 주 금요일이다.

① 강사원의 프로젝트 마감일이 이번 주 금요일이 아니라면, 김팀장은 이번 주 금요일에 월차를 쓰지 않을 것이다.

② 강사원의 프로젝트 마감일이 금요일이라면, 최대리는 이번 주 금요일에 월차를 쓰지 않을 것이다.

③ 강사원의 프로젝트 마감일이 금요일이라면, 김팀장은 이번 주 금요일에 월차를 쓰지 않을 것이다.

④ 최대리가 이번 주 금요일에 월차를 쓰지 않는다면, 김팀장은 이번 주 금요일에 월차를 쓸 것이다.

06 다음 글의 내용이 참일 때, 반드시 채택되는 업체의 수는?

> G기업에서는 신제품에 들어갈 부품을 조달할 업체를 채택하려고 한다. 예비 후보로 A ~ E 5개 업체가 선정되었으며, 그 외에 다른 업체가 채택될 가능성은 없다. 각각의 업체에 대해 G기업은 채택하거나 채택하지 않거나 어느 하나의 결정만을 내린다.
> 기업 내부방침에 따라, 일정 규모 이상의 중견기업인 A가 채택되면 소기업인 B도 채택된다. A가 채택되지 않으면 D와 E 역시 채택되지 않는다. 그리고 G기업의 생산공장과 동일한 단지에 속한 업체인 B가 채택된다면, 같은 단지의 업체인 C가 채택되거나 혹은 타지역 업체인 A는 채택되지 않는다. 마지막으로 부품 공급위험을 분산하기 위해 D가 채택되지 않는다면, A는 채택되지만 C는 채택되지 않는다.

① 1곳

② 2곳

③ 3곳

④ 4곳

02 조건 추론

| 유형분석 |

- 주어진 조건을 토대로 논리적으로 추론하여 참 또는 거짓을 구분하는 문제이다.
- 자료를 제시하고 새로운 결과나 자료에 주어지지 않은 내용을 추론해 가는 형식의 문제가 출제된다.

K공사는 공휴일 세미나 진행을 위해 인근의 가게 A ~ F에서 필요한 물품을 구매하고자 한다. 다음 〈조건〉을 참고할 때, 공휴일에 영업하는 가게의 수는?

조건

- C는 공휴일에 영업하지 않는다.
- B가 공휴일에 영업하지 않으면, C와 E는 공휴일에 영업한다.
- E 또는 F가 영업하지 않는 날이면, D는 영업한다.
- B가 공휴일에 영업하면, A와 E는 공휴일에 영업하지 않는다.
- B와 F 중 한 곳만 공휴일에 영업한다.

① 2곳   ② 3곳
③ 4곳   ④ 5곳
⑤ 6곳

정답 ①

주어진 조건을 순서대로 논리 기호화하면 다음과 같다.
- 첫 번째 조건 : ~C
- 두 번째 조건 : ~B → (C ∧ E)
- 세 번째 조건 : (~E ∨ ~F) → D
- 네 번째 조건 : B → (~A ∧ ~E)

첫 번째 조건이 참이므로 두 번째 조건의 대우[(~C ∨ ~E) → B]에 따라 B는 공휴일에 영업한다. 이때 네 번째 조건에 따라 A와 E는 영업하지 않고, 다섯 번째 조건에 따라 F도 영업하지 않는다. 마지막으로 세 번째 조건에 따라 D는 영업한다. 따라서 공휴일에 영업하는 가게는 B와 D 2곳이다.

풀이 전략!

조건과 관련한 기본적인 논법에 대해서는 미리 학습해 두며, 이를 바탕으로 각 문장에 있는 핵심단어 또는 문구를 기호화하여 정리한 후, 선택지와 비교하여 참 또는 거짓을 판단한다. 또한, 이를 바탕으로 문제에서 구하고자 하는 내용을 추론 및 분석한다.

01 A ~ G 7명이 원형테이블에 〈조건〉과 같이 앉아 있을 때, 다음 중 직급이 사원인 사람과 대리인 사람을 순서대로 바르게 나열한 것은?

> **조건**
>
> A, B, C, D, E, F, G는 모두 사원, 대리, 과장, 차장, 팀장, 부부장, 부장 중 하나의 직급에 해당하며, 이 중 동일한 직급인 직원은 없다.
> • A의 왼쪽에는 부장이, 오른쪽에는 차장이 앉아 있다.
> • E는 사원과 이웃하여 앉지 않았다.
> • B는 부장과 이웃하여 앉아 있다.
> • C의 직급은 차장이다.
> • G는 차장과 과장 사이에 앉아 있다.
> • D는 A와 이웃하여 앉아 있다.
> • 사원은 부장, 대리와 이웃하여 앉아 있다.

	사원	대리
①	A	F
②	B	E
③	B	F
④	D	E

02 G공사의 갑 ~ 정은 각각 다른 팀에 근무하고 있으며, 각 팀은 2층, 3층, 4층, 5층에 위치하고 있다. 다음 〈조건〉을 참고할 때, 항상 참인 것은?

> **조건**
>
> • 갑, 을, 병, 정 중 2명은 부장, 1명은 과장, 1명은 대리이다.
> • 대리의 사무실은 을보다 높은 층에 있다.
> • 을은 과장이다.
> • 갑은 대리가 아니다.
> • 갑의 사무실이 가장 높다.

① 부장 중 한 명은 반드시 2층에 근무한다.
② 갑은 부장이다.
③ 대리는 4층에 근무한다.
④ 을은 2층에 근무한다.

03 G공사 사원 A~D는 올해 중국, 일본, 프랑스, 독일 지역 중 각기 다른 지역 한 곳에 해외 파견을 떠나게 되었다. 이들은 영어, 중국어, 일본어, 프랑스어, 독일어 중 1개 이상의 외국어를 능통하게 할 수 있다. 해외 파견이 다음 〈조건〉을 따를 때, 가장 적절한 것은?

> **조건**
> • 일본, 독일, 프랑스 지역에 해외 파견을 떠나는 사원은 해당 국가의 언어를 능통하게 한다.
> • 중국, 프랑스, 지역에 해외 파견을 떠나는 사원은 영어도 능통하게 한다.
> • 일본어, 프랑스어, 독일어를 능통하게 하는 사원은 각각 1명이다.
> • 사원 4명 중 영어가 능통한 사원은 3명이며, 중국어가 능통한 사원은 2명이다.
> • A는 영어와 독일어를 능통하게 한다.
> • C가 능통하게 할 수 있는 외국어는 중국어와 일본어뿐이다.
> • B가 능통하게 할 수 있는 외국어 중 한 개는 C와 겹친다.

① A는 세 개의 외국어를 능통하게 할 수 있다.
② B는 두 개의 외국어를 능통하게 할 수 있다.
③ C는 중국에 파견 근무를 떠난다.
④ D는 어느 국가로 파견 근무를 떠나는지 알 수 없다.

04 G공사의 마케팅팀 직원 A~G 7명이 세 대의 승용차를 나누어 타고 다른 장소로 이동하려고 한다. 다음 〈조건〉을 모두 만족하도록 차량 배치를 할 때, 가장 적절한 배치는?

> **조건**
> • 세 대의 승용차를 모두 이용한다.
> • 3명, 2명, 2명으로 나누어 탑승해야 한다.
> • B와 D는 한 차에 탑승할 수 없다.
> • E는 세 명이 탄 차에 탑승해야 한다.
> • E와 F가 한 차에 탔다면 A와 C도 한 차에 타야 한다.
> • A는 D와 F 중에 한 사람과는 함께 타야 한다.

① (A, D, G), (B, F), (C, E)
② (A, B, E), (C, F), (D, G)
③ (C, E, G), (B, F), (A, D)
④ (B, C, G), (A, D), (E, F)

05 A ~ F 여섯 명이 6층짜리 빌딩에 입주하려고 한다. 다음 〈조건〉을 만족할 때, 여섯 명이 빌딩에 입주하는 방법은 모두 몇 가지인가?

> **조건**
> • A와 C는 고소공포증이 있어서 3층 위에서는 살 수 없다.
> • B는 높은 경치를 좋아하기 때문에 6층에 살려고 한다.
> • F는 D보다, D는 E보다 높은 곳에 살려고 한다.
> • A, B, C, D, E, F는 같은 층에 거주하지 않는다.

① 2가지
② 4가지
③ 6가지
④ 8가지

---

06 갑 ~ 병이 다음 〈조건〉과 같이 주사위를 던져 나온 주사위의 수만큼 점수를 획득한다고 할 때, 항상 참이 아닌 것은?

> **조건**
> • 세 사람이 주사위를 던진 횟수는 총 10회이다.
> • 세 사람이 획득한 점수는 47점이다.
> • 갑은 가장 많은 횟수를 던졌다.
> • 을이 얻은 점수는 16점이다.
> • 병이 가장 많은 점수를 얻었다.

① 을은 주사위를 세 번 던졌다.
② 갑은 주사위를 네 번 던졌다.
③ 병은 6이 나온 적이 있다.
④ 을이 주사위를 던져서 얻은 점수는 모두 짝수이다.

07 다음 〈조건〉에 따라 A ~ D 4명이 각각 빨간색, 파란색, 노란색, 초록색의 모자, 티셔츠, 바지를 입고 있을 때, 이에 대한 추론으로 가장 적절한 것은?

> **조건**
> • 한 사람이 입고 있는 모자, 티셔츠, 바지의 색깔은 서로 겹치지 않는다.
> • 네 가지 색깔의 의상들은 각각 한 벌씩밖에 없다.
> • A는 빨간색을 입지 않았다.
> • C는 초록색을 입지 않았다.
> • D는 노란색 티셔츠를 입었다.
> • C는 빨간색 바지를 입었다.

① A의 티셔츠는 노란색이다.
② B의 바지는 초록색이다.
③ D의 바지는 빨간색이다.
④ B의 모자와 D의 바지의 색상은 서로 같다.

08 G전자는 신제품으로 총 4대의 가정용 AI 로봇을 선보였다. 각각의 로봇은 다음 〈조건〉과 같이 전시장에 일렬로 전시되어 있고 한국어, 중국어, 일본어, 영어 중 한 가지만을 사용할 수 있다고 할 때, 항상 옳은 것은?

> **조건**
> • 1번 로봇은 2번 로봇의 바로 옆에 위치해 있다.
> • 4번 로봇은 3번 로봇보다 오른쪽에 있지만, 바로 옆은 아니다.
> • 영어를 사용하는 로봇은 중국어를 사용하는 로봇의 바로 오른쪽에 있다.
> • 한국어를 사용하는 로봇은 중국어를 사용하는 로봇의 옆이 아니다.
> • 일본어를 사용하는 로봇은 가장자리에 있다.
> • 3번 로봇은 일본어를 사용하지 않으며, 2번 로봇은 한국어를 사용하지 않는다.

① 1번 로봇은 영어를 사용한다.
② 3번 로봇이 가장 왼쪽에 위치해 있다.
③ 4번 로봇은 한국어를 사용한다.
④ 중국어를 사용하는 로봇은 일본어를 사용하는 로봇의 옆에 위치해 있다.

09 다음 〈조건〉이 참일 때, 〈보기〉에서 반드시 참인 것을 모두 고르면?

조건

- A, B, C, D 중 한 명의 근무지는 서울이다.
- A, B, C, D는 각기 다른 한 도시에서 근무한다.
- 갑, 을, 병 각각의 두 진술 중 하나는 참이고 다른 하나는 거짓이다.
- 갑은 "A의 근무지는 광주이다."와 "D의 근무지는 서울이다."라고 진술했다.
- 을은 "B의 근무지는 광주이다."와 "C의 근무지는 세종이다."라고 진술했다.
- 병은 "C의 근무지는 광주이다."와 "D의 근무지는 부산이다."라고 진술했다.

보기

ㄱ. A의 근무지는 광주이다.
ㄴ. B의 근무지는 서울이다.
ㄷ. C의 근무지는 세종이다.

① ㄱ, ㄴ   ② ㄱ, ㄷ
③ ㄴ, ㄷ   ④ ㄱ, ㄴ, ㄷ

10 나란히 이웃해 있는 10개의 건물에 다음 〈조건〉과 같이 초밥가게, 옷가게, 신발가게, 편의점, 약국, 카페가 있다. 카페가 3번째 건물에 있을 때, 항상 옳은 것은?(단, 한 건물에 한 가지 업종만 들어갈 수 있다)

조건

- 초밥가게는 카페보다 앞에 있다.
- 초밥가게와 신발가게 사이에 건물이 6개 있다.
- 옷가게와 편의점은 인접할 수 없으며, 옷가게와 신발가게는 인접해 있다.
- 신발가게 뒤에 아무것도 없는 건물이 2개 있다.
- 2번째와 4번째 건물은 아무것도 없는 건물이다.
- 편의점과 약국은 인접해 있다.

① 카페와 옷가게는 인접해 있다.
② 초밥가게와 약국 사이에 2개의 건물이 있다.
③ 편의점은 6번째 건물에 있다.
④ 신발가게는 8번째 건물에 있다.

03 상황 판단

| 유형분석 |

- 주어진 상황과 조건을 종합적으로 활용하여 풀어가는 문제이다.
- 일정, 비용, 순서 등 다양한 내용을 다루고 있어 유형을 한 가지로 단일화하기 어렵다.

다음 A팀장의 설명을 참고할 때, 신입사원 B씨가 서류를 제출해야 할 장소로 가장 적절한 곳은?

A팀장 : B씨, 9층 입구로 들어가시면 기둥이 있습니다. 그 왼쪽으로 가시면 방이 두 개 있을 거예요. 그중 왼쪽 방에서 서류를 찾으셔서 제가 있는 방으로 가져다 주세요. 제가 있는 곳은 창문을 등지고 앞으로 쭉 오셔서 기둥을 지나 왼쪽으로 도시면 오른쪽에 보이는 방입니다.

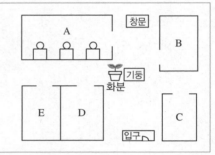

① A

② B

③ C

④ D

⑤ E

정답 ③

B씨가 서류를 제출해야 할 장소는 창문을 등지고 기둥을 지나 왼쪽으로 돈 뒤 오른쪽에 위치한 C이다.

풀이 전략!

문제에 제시된 상황을 정확히 파악한 후, 조건이나 선택지를 꼼꼼하게 확인하면서 문제를 풀어나간다.

01 G기업에서 다음 면접방식으로 면접을 진행할 때, 심층면접을 할 수 있는 최대 인원수와 마지막 심층면접자의 기본면접 종료 시각을 바르게 짝지은 것은?

〈면접방식〉

- 면접은 기본면접과 심층면접으로 구분된다. 기본면접실과 심층면접실은 각 1개이고, 면접대상자 는 1명씩 입실한다.
- 기본면접과 심층면접은 모두 개별면접의 방식을 취한다. 기본면접은 심층면접의 진행 상황에 관계없 이 10분 단위로 계속되고, 심층면접은 기본면접의 진행 상황에 관계없이 15분 단위로 계속된다.
- 기본면접을 마친 면접대상자는 순서대로 심층면접에 들어간다.
- 첫 번째 기본면접은 오전 9시 정각에 실시되고, 첫 번째 심층면접은 첫 번째 기본면접이 종료된 시각에 시작된다.
- 기본면접과 심층면접 모두 낮 12시부터 오후 1시까지 점심 및 휴식 시간을 가진다.
- 각각의 면접 도중에 점심 및 휴식 시간을 가질 수 없고, 1인을 위한 기본면접 시간이나 심층면접 시간이 확보되지 않으면 새로운 면접을 시작하지 않는다.
- 기본면접과 심층면접 모두 오후 1시에 오후 면접 일정을 시작하고, 기본면접의 일정과 관련 없이 심층면접은 오후 5시 정각에는 종료되어야 한다.

※ 면접대상자의 이동 및 교체 시간 등 다른 조건은 고려하지 않는다.

    인원수   종료 시각

① 27명   오후 2시 30분
② 27명   오후 2시 40분
③ 28명   오후 2시 30분
④ 28명   오후 2시 40분

02 다음은 G공사의 연차휴가와 관련된 자료이다. A대리는 2019년 1월 1일에 입사하였고 매해 80% 이상 출근하였다. 오늘 날짜가 2023년 1월 26일이라면 A대리의 당해 연도 연차휴가는 며칠인가?

> **연차휴가(제29조)**
> • 직전 연도에 연간 8할 이상 출근한 직원에게는 15일의 연차유급휴가를 준다.
> • 3년 이상 근속한 직원에 대하여는 최초 1년을 초과하는 근속연수 매 2년에 연차유급휴가에 1일을 가산한 휴가를 준다. 여기서 소수점 단위는 절사하고, 가산휴가를 포함한 총 휴가일수는 25일을 한도로 한다.
> • 연차휴가는 직원의 자유의사에 따라 분할하여 사용할 수 있다. 반일단위(09시 ~ 14시, 14시 ~ 18시)로 분할하여 사용할 수 있으며 반일 연차휴가 2회는 연차휴가 1일로 계산한다.
> • 연차휴가를 줄 수 없을 때는 연봉 및 복리후생관리규정에 정하는 바에 따라 보상금을 지급한다.

① 15일　　　　　　　　　　　　② 16일
③ 17일　　　　　　　　　　　　④ 18일

03 영업사원 G가 다음 〈조건〉에 따라 도시를 방문할 때, 도시 방문의 방법은 모두 몇 가지인가?

> **조건**
> • 출발지에 상관없이 세 도시를 방문해야 한다.
> • 같은 도시를 방문하지 않는다.
> • 선 위에 있는 숫자는 거리(km)이다.
> • 도시를 방문하는 순서 및 거리가 다르더라도 동일 도시를 방문하면 한 가지 방법이다.
> • 도시를 방문하는 거리는 80km를 초과할 수 없다.
> • 도시를 방문하는 방법 중 최소 거리로만 계산한다.

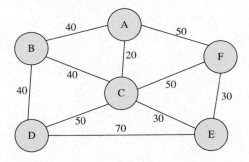

① 9가지　　　　　　　　　　　② 10가지
③ 11가지　　　　　　　　　　　④ 12가지

04 다음 글과 〈조건〉에 근거할 때, 이에 대한 내용으로 가장 적절한 것은?

환경오염 및 예방 대책의 추진(제○○조)
환경부장관 및 시장·군수·구청장 등은 국가산업단지의 주변지역에 대한 환경기초조사를 정기적으로 실시하여야 하며 이를 기초로 하여 환경오염 및 예방 대책을 수립·시행하여야 한다.

환경기초조사의 방법·시기 등(제○○조)
전조(前條)에 따른 환경기초조사의 방법과 시기 등은 다음 각 호와 같다.
1. 환경기초조사의 범위는 지하수 및 지표수의 수질, 대기, 토양 등에 대한 계획·조사 및 치유대책을 포함한다.
2. 환경기초조사는 당해 기초지방자치단체장이 1단계 조사를 하고 환경부장관이 2단계 조사를 한다. 다만, 1단계 조사결과에 의하여 정상지역으로 판정된 때는 2단계 조사를 하지 아니한다.
3. 제2호에 따른 1단계 조사는 그 조사 시행일 기준으로 매 3년마다 실시하고, 2단계 조사는 1단계 조사 판정일 이후 1개월 이내에 실시하여야 한다.

조건
• G시에는 갑, 을, 병 세 곳의 국가산업단지가 있다.
• G시 시장은 다음과 같이 세 개 단지의 주변지역에 대한 1단계 환경기초조사를 하였다. 2024년 1월 1일, 기록되어 있는 시행일과 판정일 및 판정 결과는 다음과 같다.

구분	1단계 조사 시행일	1단계 조사 판정일	결과
갑단지 주변지역	2023년 7월 1일	2023년 11월 30일	오염 지역
을단지 주변지역	2021년 3월 1일	2021년 9월 1일	오염 지역
병단지 주변지역	2022년 10월 1일	2023년 7월 1일	정상 지역

① 갑단지 주변지역에 대하여 2024년에 환경부장관은 2단계 조사를 해야 한다.
② 을단지 주변지역에 대하여 2024년에 G시 시장은 1단계 조사를 해야 한다.
③ 을단지 주변지역에 대하여 G시 시장은 2021년 9월 중에 2단계 조사를 하였다.
④ 병단지 주변지역에 대하여 환경부장관은 2023년 7월 중에 2단계 조사를 하였다.

04 · 자료 해석

| 유형분석 |

- 주어진 자료를 해석하고 활용하여 풀어가는 문제이다.
- 꼼꼼하고 분석적인 접근이 필요한 다양한 자료들이 출제된다.

다음 중 정수장 수질검사 현황에 대해 바르게 설명한 사람은?

<정수장 수질검사 현황>

급수 지역	항목						검사결과	
	일반세균 100 이하 (CFU/mL)	대장균 불검출 (수/100mL)	NH3-N 0.5 이하 (mg/L)	잔류염소 4.0 이하 (mg/L)	구리 1 이하 (mg/L)	망간 0.05 이하 (mg/L)	적합	기준 초과
함평읍	0	불검출	불검출	0.14	0.045	불검출	적합	없음
이삼읍	0	불검출	불검출	0.27	불검출	불검출	적합	없음
학교면	0	불검출	불검출	0.13	0.028	불검출	적합	없음
엄다면	0	불검출	불검출	0.16	0.011	불검출	적합	없음
나산면	0	불검출	불검출	0.12	불검출	불검출	적합	없음

① A사원 : 함평읍의 잔류염소는 가장 낮은 수치를 보였고, 기준치에 적합하네.

② B사원 : 모든 급수지역에서 일반세균이 나오지 않았어.

③ C사원 : 기준치를 초과한 곳은 없었지만 적합하지 않은 지역은 있어.

④ D사원 : 대장균과 구리가 검출되면 부적합 판정을 받는구나.

⑤ E사원 : 구리가 검출되지 않은 지역은 세 곳이야.

정답 ②

오답분석

① 잔류염소에서 가장 낮은 수치를 보인 지역은 나산면(0.12)이고, 함평읍(0.14)은 세 번째로 낮다.

③ 기준치를 초과한 곳도 없고, 모두 적합 판정을 받았다.

④ 항평읍과 학교면, 엄다면은 구리가 검출되었지만 적합 판정을 받았다.

⑤ 구리가 검출되지 않은 지역은 이삼읍과 나산면으로 두 곳이다.

풀이 전략!

문제 해결을 위해 필요한 정보가 무엇인지 먼저 파악한 후, 제시된 자료를 분석적으로 읽고 해석한다.

01 G연구소 연구원인 A씨는 휴가철을 맞아 가족여행을 가고자 한다. G연구소는 직원들의 복리증진을 위하여 휴가철 항공료를 일부 지원해 주고 있다. 다음 자료와 〈조건〉을 토대로 A씨가 선택할 여행지와 여행기간을 바르게 연결한 것은?

〈여행지별 항공료와 지원율〉

여행지	1인당 편도 항공료	항공료 지원율
중국	130,000원	10%
일본	125,000원	30%
싱가포르	180,000원	35%

※ 갈 때와 올 때의 편도 항공료는 동일하다.

〈8월 달력〉

일	월	화	수	목	금	토
			1	2	3	4
5	6	7	8	9	10	11
12	13	14	15	16	17	18
19	20	21	22	23	24	25
26	27	28	29	30	31	

※ 8월 3 ~ 4일은 현장부지답사로 휴가가 불가능하다.
※ 8월 15일은 광복절, 24일은 회사 창립기념일로 휴일이다.

> **조건**
> • A씨는 아내와 단둘이 여행할 예정이다.
> • A씨는 여행경비 중 항공료로 최대 450,000원을 쓸 수 있다.
> • 회사의 항공료 지원은 동반한 직계가족까지 모두 적용된다.

	여행지	여행기간
①	중국	9 ~ 11일
②	일본	3 ~ 6일
③	일본	16 ~ 19일
④	싱가포르	15 ~ 18일

02 한 경기장에는 네 개의 탈의실이 있는데 이를 대여할 때에는 〈조건〉을 따라야 하며, 이미 예약된 탈의실은 다음과 같다고 한다. 금요일의 빈 시간에 탈의실을 대여할 수 있는 단체를 모두 고르면?

구분	월	화	수	목	금
A	시대		한국		
B	우리			시대	
C			나라		나라
D	한국	시대		우리	

조건
- 일주일에 최대 세 번, 세 개의 탈의실을 대여할 수 있다.
- 한 단체가 하루에 두 개의 탈의실을 대여하려면, 인접한 탈의실을 대여해야 한다.
- 탈의실은 A − B − C − D 순서대로 직선으로 나열되어 있다.
- 한 단체는 탈의실을 하루에 두 개까지 대여할 수 있다.
- 전날 대여한 탈의실을 똑같은 단체가 다시 대여할 수 없다.

① 나라

② 우리, 나라, 한국

③ 한국, 나라

④ 시대, 한국, 나라

03 다음은 부품별 한 개당 가격, 마우스 부품 조립 시 소요시간과 필요 개수에 대한 자료이고, 마우스는 A ~ F부품 중 3가지 부품으로 구성된다. 마우스를 최대한 비용과 시간을 절약하여 완성할 경우 A ~ F부품 중 〈조건〉에 부합하는 부품 구성으로 적절한 것은?

〈부품 한 개당 가격 및 시간〉

부품	가격	시간	필요개수	부품	가격	시간	필요개수
A	20원	6분	3개	D	50원	11분 30초	2개
B	35원	7분	5개	E	80원	8분 30초	1개
C	33원	5분 30초	2개	F	90원	10분	2개

※ 시간은 필요개수 모두를 사용한 시간이다.

조건
- 완제품을 만들 때 부품의 총 가격이 가장 저렴해야 한다.
- 완제품을 만들 때 부품의 총 개수는 상관없다.
- 완제품을 만들 때 총소요시간이 25분 미만으로 한다.
- 총 가격 차액이 100원 미만일 경우 총 소요시간이 가장 짧은 구성을 택한다.

① A, B, E

② A, C, D

③ B, C, E

④ B, D, F

04 G공사의 평가지원팀 A팀장, B대리, C대리, D주임, E주임, F주임, G사원, H사원 8명은 기차를 이용해 대전으로 출장을 가려고 한다. 다음 〈조건〉에 따라 직원들의 좌석이 배정될 때, 〈보기〉 중 옳지 않은 것을 모두 고르면?(단, 이웃하여 앉는다는 것은 두 사람 사이에 복도를 두지 않고 양옆으로 붙어 앉는 것을 의미한다)

〈기차 좌석표〉

	앞					
창가	1가	1나	복도	1다	1라	창가
	2가	2나		2다	2라	
	뒤					

조건

- 팀장은 반드시 두 번째 줄에 앉는다.
- D주임은 2다 석에 앉는다.
- 주임끼리는 이웃하여 앉지 않는다.
- 사원은 나 열 혹은 다 열에만 앉을 수 있다.
- 팀장은 대리와 이웃하여 앉는다.
- F주임은 업무상 지시를 위해 H사원과 이웃하여 앉아야 한다.
- B대리는 창가쪽 자리에 앉는다.

보기

ㄱ. E주임은 1가 석에 앉는다.
ㄴ. C대리는 라 열에 앉는다.
ㄷ. G사원은 E주임과 이웃하여 앉는다.
ㄹ. A팀장의 앞 좌석에는 G사원 혹은 H사원이 앉는다.

① ㄱ
② ㄱ, ㄹ
③ ㄴ, ㄷ
④ ㄱ, ㄴ, ㄹ

CHAPTER 03 문제해결능력 • **89**

05 다음은 외래 진료 시 환자가 부담하는 비용에 대한 자료이다. 〈보기〉에 제시된 금액이 요양급여비용 총액이라고 할 때, 세 사람의 본인부담금은 총 얼마인가?(단, 모든 지역은 의약분업을 실시하고 있다)

<외래 진료 시 본인부담금>

구분		본인부담금 비율
의료 급여기관	상급종합병원	(진찰료 총액)+(나머지 진료비의 60%)
	종합병원	요양급여비용 총액의 45%(읍, 면지역), 50%(동지역)
	일반병원	요양급여비용 총액의 35%(읍, 면지역), 40%(동지역)
	의원	요양급여비용 총액의 30%
	※ 단, 65세 이상인 경우(의약분업 실시 지역) − 요양급여비용 총액이 25,000원 초과인 경우, 요양급여비용 총액의 30%를 부담 − 요양급여비용 총액이 20,000원 초과 25,000원 이하인 경우, 요양급여비용 총액의 20%를 부담 − 요양급여비용 총액이 15,000원 초과 20,000원 이하인 경우, 요양급여비용 총액의 10%를 부담 − 요양급여비용 총액이 15,000원 이하인 경우, 1,500원 부담	
약국	요양급여비용 총액의 30%	
	※ 단, 65세 이상인 경우(처방전에 의한 의약품조제 시) − 요양급여비용 총액이 12,000원 초과인 경우, 요양급여비용 총액의 30%를 부담 − 요양급여비용 총액이 10,000원 초과 12,000원 이하인 경우, 요양급여비용 총액의 20%를 부담 − 요양급여비용 총액이 10,000원 이하인 경우, 1,000원 부담	

※ 요양급여비용이란 아래 범위에 해당하는 요양 서비스의 비용을 말한다.
1. 진찰·검사
2. 약제(藥劑)·치료재료의 지급
3. 처치·수술 및 그 밖의 치료
4. 예방·재활
5. 입원
6. 간호
7. 이송(移送)

보기

ㄱ. Q동에서 살고 있는 67세 이○○씨는 종합병원에서 재활을 받고, 진료비 21,500원이 나왔다.

ㄴ. P읍에 사는 34세 김□□씨는 의원에서 진찰비 12,000원이 나오고, 처방전을 받아 약국에서 총액은 10,000원이 나왔다.

ㄷ. 60세 최△△씨는 M면 지역 일반병원에 방문하여 진료비 25,000원과 약국에서 처방전에 따라 총액 60,000원이 나왔다.

① 39,650원 ② 38,600원
③ 37,650원 ④ 36,600원

06 다음은 미성년자(만 19세 미만)의 전자금융서비스 신규·변경·해지 신청에 필요한 서류와 관련된 자료이다. 이를 이해한 내용으로 가장 적절한 것은?

구분	미성년자 본인 신청 (만 14세 이상)	법정대리인 신청 (만 14세 미만은 필수)
신청서류	• 미성년자 실명확인증표 • 법정대리인(부모) 각각의 동의서 • 법정대리인 각각의 인감증명서 • 미성년자의 가족관계증명서 • 출금계좌통장, 통장인감(서명)	• 미성년자의 기본증명서 • 법정대리인(부모) 각각의 동의서 • 내방 법정대리인 실명확인증표 • 미내방 법정대리인 인감증명서 • 미성년자의 가족관계증명서 • 출금계좌통장, 통장인감
	※ 유의사항 　① 미성년자 실명확인증표 : 학생증(성명·주민등록번호·사진 포함), 청소년증, 주민등록증, 　　 여권 등(단, 학생증에 주민등록번호가 포함되지 않은 경우 미성년자의 기본증명서 추가 필요) 　② 전자금융서비스 이용신청을 위한 법정대리인 동의서 법정대리인 미방문 시 인감 날인(단, 　　 한부모가정인 경우 친권자 동의서 필요 – 친권자 확인 서류 : 미성년자의 기본증명서) 　③ 법정대리인이 자녀와 함께 방문한 경우 법정대리인의 실명확인증표로 인감증명서 대체 가능 ※ 법정대리인 동의서 양식은 '홈페이지 → 고객센터 → 약관·설명서·서식 → 서식자료' 중 '전자 　 금융게시' 내용 참고	

① 만 13세인 희수가 전자금융서비스를 해지하려면 반드시 법정대리인이 신청해야 한다.

② 법정대리인이 자녀와 함께 방문하여 신청할 경우, 반드시 인감증명서가 필요하다.

③ 올해로 만 18세인 지성이가 전자금융서비스를 변경하려면 신청서류로 이름과 사진이 들어있는 학생증과 법정대리인 동의서가 필요하다.

④ 법정대리인 신청 시 동의서는 부모 중 한 명만 있으면 된다.

07 경영기획실에서 근무하는 귀하는 매년 부서별 사업계획을 정리하는 업무를 맡고 있다. 부서별 사업계획을 간략하게 정리한 보고서를 보고 귀하가 할 수 있는 생각으로 가장 적절한 것은?

〈사업별 기간 및 소요예산〉

- A사업 : 총 사업기간은 2년으로, 첫해에는 1조 원, 둘째 해에는 4조 원의 예산이 필요하다.
- B사업 : 총 사업기간은 3년으로, 첫해에는 15조 원, 둘째 해에는 18조 원, 셋째 해에는 21조 원의 예산이 필요하다.
- C사업 : 총 사업기간은 1년으로, 총 소요예산은 15조 원이다.
- D사업 : 총 사업기간은 2년으로, 첫해에는 15조 원, 둘째 해에는 8조 원의 예산이 필요하다.
- E사업 : 총 사업기간은 3년으로, 첫해에는 6조 원, 둘째 해에는 12조 원, 셋째 해에는 24조 원의 예산이 필요하다.

올해를 포함한 향후 5년간 위의 5개 사업에 투자할 수 있는 예산은 아래와 같다.

〈연도별 가용예산〉

(단위 : 조 원)

1차 연도(올해)	2차 연도	3차 연도	4차 연도	5차 연도
20	24	28.8	34.5	41.5

〈규정〉

- 모든 사업은 한번 시작하면 완료될 때까지 중단할 수 없다.
- 예산은 당해 사업연도에 남아도 상관없다.
- 각 사업연도의 예산은 이월될 수 없다.
- 모든 사업을 향후 5년 이내에 반드시 완료한다.

① B사업을 세 번째 해에 시작하고 C사업을 최종연도에 시행한다.
② A사업과 D사업을 첫해에 동시에 시작한다.
③ 첫해에는 E사업만 시작한다.
④ D사업을 첫해에 시작한다.

08 다음은 G손해보험 보험금 청구 절차 안내문이다. 이를 토대로 고객들의 질문에 답변할 때, 적절하지 않은 것은?

<보험금 청구 절차 안내문>

단계	구분	내용
Step 1	사고 접수 및 보험금청구	피보험자, 가해자, 피해자가 사고발생 통보 및 보험금 청구를 합니다. 접수는 가까운 영업점에 관련 서류를 제출합니다.
Step 2	보상팀 및 보상담당자 지정	보상처리 담당자가 지정되어 고객님께 담당자의 성명, 연락처를 SMS로 전송해드립니다. 자세한 보상관련 문의사항은 보상처리 담당자에게 문의하시면 됩니다.
Step 3	손해사정사법인 (현장확인자)	보험금 지급여부 결정을 위해 사고현장조사를 합니다. (병원 공인된 손해사정법인에게 조사업무를 위탁할 수 있음)
Step 4	보험금 심사 (심사자)	보험금 지급여부를 심사합니다.
Step 5	보험금 심사팀	보험금 지급여부가 결정되면 피보험자 예금통장에 보험금이 입금됩니다.

※ 3만 원 초과 10만 원 이하 소액통원의료비를 청구할 경우, 보험금 청구서와 병원영수증, 질병분류기호(질병명)가 기재된 처방전만으로 접수가 가능합니다.
※ 의료기관에서 환자가 요구할 경우 처방전 발급 시 질병분류기호(질병명)가 기재된 처방전 2부 발급이 가능합니다.
※ 온라인 접수 절차는 G손해보험 홈페이지에서 확인하실 수 있습니다.

① Q : 자전거를 타다가 팔을 다쳐서 병원비가 56,000원이 나왔습니다. 보험금을 청구하려고 하는데 제출할 서류는 어떻게 되나요?
   A : 고객님의 의료비는 10만 원이 넘지 않는 관계로 보험금 청구서와 병원영수증, 진단서가 필요합니다.

② Q : 사고를 낸 당사자도 보험금을 청구할 수 있나요?
   A : 네, 고객님. 사고의 가해자와 피해자 모두 보험금을 청구하실 수 있습니다.

③ Q : 사고 접수는 인터넷으로 접수가 가능한가요?
   A : 네, 가능합니다. 자세한 접수 절차는 G손해보험 홈페이지에서 확인하실 수 있습니다.

④ Q : 질병분류기호가 기재된 처방전은 어떻게 발급하나요?
   A : 처방전 발급 시 해당 의료기관에 질병분류기호를 포함해달라고 요청하시면 됩니다.

05 규칙 적용

| 유형분석 |

- 주어진 상황과 규칙을 종합적으로 활용하여 풀어 가는 문제이다.
- 일정, 비용, 순서 등 다양한 내용을 다루고 있어 유형을 한 가지로 단일화하기 어렵다.

A팀과 B팀은 보안등급 상에 해당하는 문서를 나누어 보관하고 있다. 이에 따라 두 팀은 보안을 위해 아래와 같은 규칙에 따라 각 팀의 비밀번호를 지정하였다. 다음 중 A팀과 B팀에 들어갈 수 있는 암호배열은?

〈규칙〉

- 1 ~ 9까지의 숫자로 (한 자릿수)×(두 자릿수)=(세 자릿수)=(두 자릿수)×(한 자릿수) 형식의 비밀번호로 구성한다.
- 가운데에 들어갈 세 자릿수의 숫자는 156이며 숫자는 중복 사용할 수 없다. 즉, 각 팀의 비밀번호에 1, 5, 6이란 숫자가 들어가지 않는다.

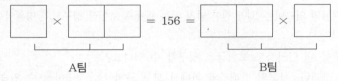

---

① 23

② 27

③ 29

④ 37

⑤ 39

정답 ⑤

규칙에 따라 사용할 수 있는 숫자는 1, 5, 6을 제외한 나머지 2, 3, 4, 7, 8, 9의 총 6개이다. (한 자릿수)×(두 자릿수)=156이 되는 수를 알기 위해서는 156의 소인수를 구해보면 된다. 156의 소인수는 3, 2^2, 13으로 여기서 156이 되는 수의 곱 중에 조건을 만족하는 것은 2×78과 4×39이다. 따라서 선택지 중에 A팀 또는 B팀에 들어갈 수 있는 암호배열은 39이다.

풀이 전략!

문제에 제시된 조건이나 규칙을 정확히 파악한 후, 선택지나 상황에 적용하여 문제를 풀어 나간다.

01　다음은 도서코드(ISBN)에 대한 자료이다. 주문한 도서에 대한 설명으로 옳은 것은?

〈[예시] 도서코드(ISBN)〉

국제표준도서번호					부가기호		
접두부	국가번호	발행자번호	서명식별번호	체크기호	독자대상	발행형태	내용분류
123	12	1234567		1	1	1	123

※ 국제표준도서번호는 5개의 군으로 나누어지고 군마다 '－'로 구분한다.

〈도서코드(ISBN) 세부사항〉

접두부	국가번호	발행자번호	서명식별번호	체크기호
978 또는 979	한국 89 미국 05 중국 72 일본 40 프랑스 22	발행자번호 － 서명식별번호 7자리 숫자 예 8491 － 208 : 발행자번호가 8491번인 출판사에서 208번째 발행한 책		0 ~ 9

독자대상	발행형태	내용분류
0 교양 1 실용 2 여성 3 (예비) 4 청소년 5 중고등 학습참고서 6 초등 학습참고서 7 아동 8 (예비) 9 전문	0 문고본 1 사전 2 신서판 3 단행본 4 전집 5 (예비) 6 도감 7 그림책, 만화 8 혼합자료, 점자자료, 전자책, 마이크로자료 9 (예비)	030 백과사전 100 철학 170 심리학 200 종교 360 법학 470 생명과학 680 연극 710 한국어 770 스페인어 740 영미문학 720 유럽사

〈주문도서〉

978 － 05 － 441 － 1011 － 314710

① 한국에서 출판한 도서이다.

② 441번째 발행된 도서이다.

③ 발행자번호는 총 7자리이다.

④ 한 권으로만 출판되지는 않았다.

02 G사는 신제품의 품번을 다음과 같은 규칙에 따라 정한다고 한다. 제품에 설정된 임의의 영단어가 'intellectual'이라면, 이 제품의 품번으로 옳은 것은?

〈규칙〉

- 1단계 : 알파벳 a ~ z를 숫자 1, 2, 3, …으로 변환하여 계산한다.
- 2단계 : 제품에 설정된 임의의 영단어를 숫자로 변환한 값의 합을 구한다.
- 3단계 : 임의의 영단어 속 자음의 합에서 모음의 합을 뺀 값의 절댓값을 구한다.
- 4단계 : 2단계와 3단계의 값을 더한 다음 4로 나누어 2단계의 값에 더한다.
- 5단계 : 4단계의 값이 정수가 아닐 경우, 소수점 첫째 자리에서 버림한다.

① 120 ② 140
③ 160 ④ 180

03 G제품을 운송하는 A씨는 업무상 편의를 위해 고객의 주문 내역을 임의의 기호로 기록하고 있다. 다음과 같은 주문전화가 왔을 때, A씨가 기록한 기호로 옳은 것은?

〈임의기호〉

재료	연강	고강도강	초고강도강	후열처리강
	MS	HSS	AHSS	PHTS
판매량	낱개	1묶음	1box	1set
	01	10	11	00
지역	서울	경기남부	경기북부	인천
	E	S	N	W
윤활유 사용	청정작용	냉각작용	윤활작용	밀폐작용
	P	C	I	S
용도	베어링	스프링	타이어코드	기계구조
	SB	SS	ST	SM

※ A씨는 [재료] – [판매량] – [지역] – [윤활유 사용] – [용도]의 순서로 기호를 기록한다.

〈주문전화〉

B씨 : 어이~ A씨. 나야, 나. 인천 지점에서 같이 일했던 B. 내가 필요한 것이 있어서 전화했어. 일단 서울 지점의 C씨가 스프링으로 사용할 제품이 필요하다고 하는데 한 박스 정도면 될 것 같아. 이전에 주문했던 대로 연강에 윤활용으로 윤활유를 사용한 제품으로 부탁하네. 나는 이번에 경기도 남쪽으로 가는데 거기에 있는 내 사무실 알지? 거기로 초고강도강 타이어 코드용으로 1세트 보내 줘. 튼실한 걸로 밀폐용 윤활유 사용해서 부탁해. 저번에 냉각용으로 사용한 제품은 생각보다 좋진 않았어.

① MS11EISB, AHSS00SSST ② MS11EISS, AHSS00SSST
③ MS11EISS, HSS00SSST ④ MS11WISS, AHSS10SSST

04 다음은 규칙에 따라 2에서 10까지의 서로 다른 자연수의 관계를 나타낸 것이다. 이때 A ~ C에 해당하는 수의 합은?

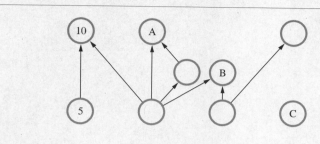

〈규칙〉

• 2에서 10까지의 자연수는 ◯ 안에 한 개씩만 사용되고, 사용되지 않는 자연수는 없다.
• 2에서 10까지의 서로 다른 임의의 자연수 3개를 x, y, z라고 할 때,
  – x → y 는 y가 x의 배수임을 나타낸다.
  – 화살표로 연결되지 않은 z 는 z가 x, y와 약수나 배수 관계가 없음을 나타낸다.

① 20

③ 22

② 21

④ 23

05 다음 〈조건〉을 근거로 〈보기〉를 계산한 값은?

조건

연산자 A, B, C, D는 다음과 같이 정의한다.
• A : 좌우에 있는 두 수를 더한다. 단, 더한 값이 10 미만이면 좌우에 있는 두 수를 곱한다.
• B : 좌우에 있는 두 수 가운데 큰 수에서 작은 수를 뺀다. 단, 두 수가 같거나 뺀 값이 10 미만이면 두 수를 곱한다.
• C : 좌우에 있는 두 수를 곱한다. 단, 곱한 값이 10 미만이면 좌우에 있는 두 수를 더한다.
• D : 좌우에 있는 두 수 가운데 큰 수를 작은 수로 나눈다. 단, 두 수가 같거나 나눈 값이 10 미만이면 두 수를 곱한다.
※ 연산은 '(   )', '[   ]'의 순으로 한다.

보기

$$[(1 A 5) B (3 C 4)] D 6$$

① 10

③ 90

② 12

④ 210

실패는 성공의 첫걸음이다.

- 월트 디즈니 -

PART 2

최종점검 모의고사

제1회
최종점검 모의고사

번호	O/×	영역	번호	O/×	영역	번호	O/×	영역
01			31			61		
02			32			62		
03			33			63		
04			34			64		
05			35			65		
06			36			66		
07			37			67		
08			38			68		
09			39			69		
10			40			70		
11			41			71		
12			42			72		
13			43			73		
14			44			74		
15		의사소통능력	45		수리능력	75		문제해결능력
16			46			76		
17			47			77		
18			48			78		
19			49			79		
20			50			80		
21			51			81		
22			52			82		
23			53			83		
24			54			84		
25			55			85		
26			56			86		
27			57			87		
28			58			88		
29			59			89		
30			60			90		

평가문항	90문항	평가시간	90분
시작시간	:	종료시간	:
취약영역			

01 다음 글에서 알 수 있는 내용으로 가장 적절한 것은?

> 인조가 남한산성에서 청군에 포위되어 있을 때, 신하들은 척화론과 주화론으로 나뉘어 서로 대립했다. 척화론을 주장한 김상헌은 청에 항복하는 것은 있을 수 없는 일이라며 끝까지 저항하자고 했다. 그는 중화인 명을 버리고 오랑캐와 화의를 맺는 일은 군신의 의리를 버리는 것이라고 말했다. 그와 달리 주화론을 주장한 최명길은 "나아가 싸워 이길 수도 없고 물러나 지킬 수도 없으면 타협하는 수밖에 없다."라고 했다. 그는 명을 섬겨야 한다는 김상헌의 주장에는 동의하지만, 그보다 나라를 보존하는 것이 우선이라고 말했다. 나라가 없어지면 명을 섬기는 것도 불가능하므로 일단 항복한 후 후일을 기약하자는 것이었다.
> 주화론과 척화론 사이에서 고심하던 인조는 결국 최명길의 입장을 받아들여 청에 항복하는 길을 선택했다. 청군이 물러난 후에 척화론자들은 국왕이 항복의 수모를 당한 것이 모두 주화론자들 탓이라며 비난했다. 그들은 주화론자들을 배신자라고 공격하는 한편 김상헌을 절개 있는 인물이라고 추켜세웠다.
> 인조 때에는 척화론을 주장했던 사람들이 정국을 주도하지 못했기 때문에 주화론을 내세웠던 사람들이 정계에서 쫓겨나가는 일은 벌어지지 않았다. 그러나 인조의 뒤를 이은 효종이 청에 복수하겠다는 북벌론을 내세우고, 예전에 척화론을 주장했던 자들을 중용하면서 최명길의 편에 섰던 사람들의 입지가 좁아졌다. 효종에 의해 등용되어 정계에 진출할 수 있었던 송시열은 인조가 남한산성에 피신해 있을 때 주화론을 주장했던 사람들과 그 후손들을 정계에서 배제해야 한다고 했다. 송시열 사후에 나타난 노론 세력은 최명길의 주장에 동조했던 사람들의 후손이 요직에 오르지 못하게 막았다. 이는 송시열의 뜻에 따른 것이었다. 이로써 김상헌의 가문인 안동 김씨들은 정계의 요직을 차지할 수 있었다.

① 최명길은 중화 중심의 세계관에서 벗어나야 한다는 생각에서 주화론을 주장했다.
② 효종은 송시열의 주장에 따라 청군의 항복 요구를 받아들이지 않기로 결정했다.
③ 김상헌은 명에 대한 군신의 의리를 지켜야 한다고 주장하면서 주화론에 맞섰다.
④ 인조는 청에 항복한 후 척화론을 받아들여 주화론자들을 정계에서 내쫓았다.

02 다음 글의 논지로 가장 적절한 것은?

사람들은 보통 질병이라고 하면 병균이나 바이러스를 떠올리고, 병에 걸리는 것을 개인적 요인 때문이라고 생각하곤 한다. 어떤 사람이 바이러스에 노출되었다면 그 사람이 평소에 위생 관리를 철저히 하지 않았기 때문이라고 여기는 것이다. 이는 발병 책임을 전적으로 질병에 걸린 사람에게 묻는 생각이다. 꾸준히 건강을 관리하지 않은 사람이나 비만, 허약 체질인 사람이 더 쉽게 병균에 노출된다고 생각하는 경향도 강하다. 그러나 발병한 사람들 전체를 고려하면, 성별, 계층, 직업 등의 사회적 요인에 따라 건강 상태나 질병 종류 및 그 심각성 등이 다르게 나타난다. 따라서 어떤 질병의 성격을 파악할 때 질병의 발생이 개인적 요인뿐만 아니라 계층이나 직업 등의 요인과도 관련될 수 있음을 고려해야 한다.

질병에 대처할 때도 사회적 요인을 고려해야 한다. 물론 어떤 사람들에게는 질병으로 인한 고통과 치료에 대한 부담이 가장 심각한 문제일 수 있다. 그러나 또 다른 사람들에게는 질병에 대한 사회적 편견과 낙인이 오히려 더 심각한 문제일 수 있다. 그들에게는 그러한 편견과 낙인이 더 큰 고통을 안겨 주기 때문이다. 질병이 나타나는 몸은 개인적 영역이면서 동시에 가족이나 직장과도 연결된 사회적인 것이다. 질병의 치료 역시 개인의 문제만으로 그치지 않고 가족과 사회의 문제로 확대되곤 한다. 나의 질병은 내 삶의 위기이자 가족의 근심거리가 되며 나아가 회사와 지역사회에도 긴장을 조성하기 때문이다. 요컨대 질병의 치료가 개인적 영역을 넘어서서 사회적 영역과 관련될 수밖에 없다는 것은 질병의 대처 과정에서 사회적 요인을 반드시 고려해야 한다는 점을 잘 보여준다.

① 병균이나 바이러스로 인한 신체적 이상 증상은 가정이나 지역사회에 위기를 야기할 수 있기에 중요한 사회적 문제이다.

② 한 사람의 몸은 개인적 영역인 동시에 사회적 영역이기에 발병의 책임을 질병에 걸린 사람에게만 묻는 것은 적절하지 않다.

③ 질병으로 인한 신체적 고통보다 질병에 대한 사회적 편견으로 인한 고통이 더 크므로 이에 대한 사회적 대책이 필요하다.

④ 질병의 성격을 파악하고 질병에 대처하기 위해서는 사회적인 측면을 고려해야 한다.

03

세종이 즉위한 이듬해 5월에 대마도의 왜구가 충청도 해안에 와서 노략질하는 일이 벌어졌다. 이 왜구는 황해도 해주 앞바다에도 나타나 조선군과 교전을 벌인 후 명의 땅인 요동반도 방향으로 북상했다. 세종에게 왕위를 물려주고 상왕으로 있던 태종은 이종무에게 "북상한 왜구가 본거지로 되돌아가기 전에 대마도를 정벌하라!"라고 명했다. 이에 따라 이종무는 군사를 모아 대마도 정벌에 나섰다. 남북으로 긴 대마도에는 섬을 남과 북의 두 부분으로 나누는 중간에 아소만이라는 곳이 있는데, 이 만의 초입에 두지포라는 요충지가 있었다. 이종무는 이곳을 공격한 후 귀순을 요구하면 대마도주가 응할 것이라 보았다. 그는 6월 20일 두지포에 상륙해 왜인 마을을 불사른 후 계획대로 대마도주에게 서신을 보내 귀순을 요구했다. 하지만 대마도주는 이에 반응을 보이지 않았다. 분노한 이종무는 대마도주를 사로잡아 항복을 받아내기로 하고, 니로라는 곳에 병력을 상륙시켰다. 하지만 그곳에서 조선군은 매복한 적의 공격으로 크게 패했다. 이에 이종무는 군사를 거두어 거제도 견내량으로 돌아왔다.

이종무가 견내량으로 돌아온 다음 날, 태종은 요동반도로 북상했던 대마도의 왜구가 그곳으로부터 남하하던 도중 충청도에서 조운선을 공격했다는 보고를 받았다. 이 사건이 일어난 지 며칠 지나지 않았음을 알게 된 태종은 왜구가 대마도에 당도하기 전에 바다에서 격파해야 한다고 생각하고, 이종무에게 그들을 공격하라고 명했다. 그런데 이 명이 내려진 후에 새로운 보고가 들어왔다. 대마도의 왜구가 요동반도에 상륙했다가 크게 패배하는 바람에 살아남은 자가 겨우 300여 명에 불과하다는 것이었다. 이 보고를 접한 태종은 대마도주가 거느린 병사가 많이 죽어 그 세력이 꺾였으니 그에게 다시금 귀순을 요구하면 응할 것으로 판단했다. 이에 그는 이종무에게 내린 출진 명령을 취소하고, 측근 중 적임자를 골라 대마도주에게 귀순을 요구하는 사신으로 보냈다. 이 사신을 만난 대마도주는 고심 끝에 조선에 귀순하기로 했다.

① 해주 앞바다에 나타나 조선군과 싸운 대마도의 왜구가 요동반도를 향해 북상한 뒤 이종무의 군대가 대마도로 건너갔다.
② 조선이 왜구의 본거지인 대마도를 공격하기로 하자 명의 군대도 대마도까지 가서 정벌에 참여하였다.
③ 이종무는 세종이 대마도에 보내는 사절단에 포함되어 대마도를 여러 차례 방문하였다.
④ 태종은 대마도 정벌을 준비하였지만, 세종의 반대로 뜻을 이루지 못하였다.

04

유토피아는 우리가 살고 있는 세계와는 다른 '또 다른 세계'이며, 나아가 전적으로 인간의 지혜로 설계된 세계이다. 유토피아를 설계하는 사람은 완전히 뜯어고쳐야 할 만큼 이 세상이 잘못되어 있다고 생각한다. 또한 그는 새 세계를 만들고 관리할 능력이 인간에게 있다고 믿는다. 어떤 사람이 유토피아를 꿈꾸고 설계하는지 설계하지 않는지는 그 사람이 세상을 대하는 태도와 밀접하게 연관되어 있다.

인간이 세상을 대하는 태도는 다음 세 가지로 나눌 수 있다. 첫째, 산지기의 태도이다. 산지기의 주요 임무는 인위적인 간섭을 최소화하면서 맡겨진 땅을 지키는 것이다. 이른바 땅의 자연적 균형을 유지하는 것이 그의 목적이다. 신의 설계에 담긴 지혜와 조화, 질서를 인간이 다 이해할 수는 없으나, 삼라만상이 적재적소에 놓여 있는 신성한 존재의 사슬이라는 것이 산지기의 신념이다.

둘째, 정원사의 태도이다. 정원사는 자기가 끊임없이 보살피고 노력하지 않으면 이 세상이 무질서해질 것이라고 여긴다. 그는 우선 바람직한 배치도를 머리에 떠올린 후 정원을 그 이미지에 맞추어 개조한다. 그는 적합한 종류의 식물을 키우고 잡초들은 뽑아 버림으로써 자신이 생각해 놓은 대로 대지를 디자인한다.

셋째, 사냥꾼의 태도이다. 사냥꾼은 사물의 전체적인 균형에 대해서는 무관심하다. 사냥꾼이 하는 유일한 일은 사냥감으로 자기 자루를 최대한 채우는 것이다. 사냥이 끝난 후에 숲에 동물들이 남아 있도록 할 의무가 자기에게 있다고 생각하지 않는다.

① 유토피아는 인간이 지향하고 신이 완성한다.
② 정원사는 세상에 대한 인간의 적극적 개입을 지양한다.
③ 산지기는 인간과 자연이 조화되는 유토피아를 설계한다.
④ 사냥꾼은 세상을 바꾸는 일보다 이용하는 데 관심이 있다.

05 다음 〈보기〉 중 갑 ~ 정의 주장에 대한 분석으로 적절한 것을 모두 고르면?

북미 지역의 많은 불임 여성들이 체외수정을 시도하고 있다. 그런데 젊은 여성들의 난자를 사용한 체외수정의 성공률이 높기 때문에 젊은 여성의 난자에 대한 선호도가 높다. 처음에는 젊은 여성들이 자발적으로 난자를 기증하였지만, 이러한 자발적인 기증만으로는 수요를 감당할 수가 없게 되었다. 이 시점에 난자 제공에 대한 금전적 대가 지불에 대해 논란이 제기되었다.

갑 : 난자 기증은 상업적이 아닌 이타주의적인 이유에서만 이루어져야 한다. 난자만이 아니라 정자를 매매하거나 거래하는 것도 불법화해야 한다는 데 동의한다. 물론 상업적인 대리모도 금지해야 한다.

을 : 인간은 각자 본연의 가치가 있으므로 시장에서 값을 매길 수 없다. 또한 인간관계를 상업화하거나 난자 등과 같은 신체의 일부를 금전적인 대가 지불의 대상으로 만들어선 안 된다.

병 : 불임 부부가 아기를 가질 기회를 박탈해선 안 된다. 그런데 젊은 여성들이 자발적으로 난자를 기증하는 것을 기대하기가 어렵다. 난자 기증은 여러 가지 부담을 감수해야 하기에 보상 없이 이루어지기에는 한계가 있다. 결과적으로 난자 제공에 대한 금전적 대가 지불을 허용하지 않을 경우에 난자를 얻을 수 없을 것이고, 불임 여성들은 원하는 아기를 가질 수 없게 될 것이다.

정 : 난자 기증은 정자 기증과 근본적으로 다르다. 난자를 채취하는 것은 정자를 얻는 것보다 훨씬 복잡하고 어려운 일이며 위험을 감수해야 할 경우도 있다. 예컨대, 과배란을 유도하기 위해 여성들은 한 달 이상 매일 약을 먹어야 한다. 그 다음에는 가늘고 긴 바늘을 난소에 찔러 난자를 뽑아 내는 과정을 거쳐야 한다. 한 여성 경험자는 난소에서 난자를 뽑아 낼 때마다 '누가 그 부위를 발로 차는 것 같은' 느낌을 받았다고 보고하였다. 이처럼 난자 제공은 고통과 위험을 감수해야 하는 일이다.

> **보기**
> ㄱ. 을은 갑의 주장을 지지한다.
> ㄴ. 정의 주장은 병의 주장을 지지하는 근거로 사용될 수 있다.
> ㄷ. 난자 제공에 대한 금전적 대가 지불에 대해서 을의 입장과 병의 입장은 양립불가능하다.

① ㄱ
② ㄱ, ㄴ
③ ㄴ, ㄷ
④ ㄱ, ㄴ, ㄷ

06 다음 문단을 논리적 순서대로 바르게 나열한 것은?

(가) '단어 연상법'은 프랜시스 갤턴이 개발한 것으로서, 지능의 종류를 구분하기 위한 것이었다. 이 것은 피실험자에게 일련의 단어들을 또박또박 읽어주면서 각각의 단어를 듣는 순간 제일 먼저 떠오르는 단어를 말하게 하고, 실험자는 계시기를 들고 응답 시간, 즉 피실험자가 응답하는 데 걸리는 시간을 측정하여 차트에 기록하는 방법으로 진행된다. 실험은 대개 1백 개가량의 단어 들로 이루어졌다. 갤턴은 응답 시간을 정확히 재기 위해 온갖 수단을 동원했지만, 그렇게 해서 얻은 정보의 양은 거의 없거나 지능의 수준을 평가하는 데 별로 중요하지 않은 경우가 많았다.

(나) 융이 그린 그래프들은 특정한 단어에 따르는 응답자의 심리 상태를 보여주었다. 이 결과를 통 해 다음과 같은 두 가지 결론을 얻어낼 수 있었다. 첫째, 대답 과정에서 감정이 생겨난다. 둘째, 응답의 지연은 모종의 인식하지 못한 과정에 의해 자연 발생적으로 생겨난다. 하지만 이 기록 을 토대로 결론을 내리거나 중요성을 따지기에는 너무 일렀다. 피실험자의 의식적 의도와는 별개로 작동하는 뭔가 알지 못하는 지연 행위가 있음이 분명했다.

(다) 당시에 성행했던 심리학 연구나 심리학을 정신의학에 응용하는 연구는 주로 의식에 초점이 맞 춰져 있었다. 따라서 단어 연상법의 심리학에 대한 실험 연구도 의식을 바탕으로 해서 진행되 었다. 하지만 융은 의식 또는 의지의 작용을 넘어서는 무엇인가가 있을 것이라고 생각했다. 여 기서 그는 콤플렉스라는 개념을 끌어들인다. 융의 정의에 따르면 그것은 특수한 종류의 감정으 로 이루어진 무의식 속의 관념 덩어리인데, 이것이 응답 시간을 지연시켰다는 것이다. 이후 여 러 차례 실험을 거듭한 결과 그 결론은 사실임이 밝혀졌으며, 콤플렉스와 개인적 속성은 융의 사상 체계에서 핵심적인 요소가 되었다.

(라) 융의 연구 결과 단어 연상의 응답 시간은 피실험자의 정서에 큰 영향을 받으며, 그 실험법은 감춰진 정서를 찾아내는 데 더 유용하다는 점이 입증되었다. 정신적 연상의 연구를 통해 지능 의 종류를 판단하고자 했던 단어 연상 실험이 오히려 그와는 다른 방향, 즉 무의식적인 감정이 빚어내는 효과를 드러내는 데 더 유용하다는 사실이 증명된 것이다. 그동안 갤턴을 비롯하여 그 실험법을 수천 명의 사람들에게 실시했던 연구자들은 지연된 응답의 배후에 있는 피실험자 의 정서에 주목하지 않았으며, 단지 응답의 지연을 피실험자가 반응하지 못한 것으로만 기록했 던 것이었다.

(마) 그런데 융은 이 실험에서 응답 시간이 늦어질 경우 피실험자에게 왜 응답을 망설이는지 물어보 는 과정을 추가하였다. 그러자 놀랍게도 피실험자는 자신의 응답 시간이 늦어지는 것도 알지 못했을 뿐만 아니라, 그에 대해 아무런 설명도 하지 못했다. 융은 거기에 틀림없이 어떤 이유가 있으리라고 생각하고 구체적으로 파고들어갔다. 한번은 말(馬)이라는 단어가 나왔는데 어떤 피 실험자의 응답 시간이 무려 1분이 넘었다. 자세히 조사해 보니 그 피실험자는 과거에 사고로 말을 잃었던 아픈 기억을 지니고 있었다. 실험이 있기 전까지는 잊고 있었던 그 기억이 실험 과정에서 되살아난 것이다.

① (가) – (마) – (라) – (다) – (나)
② (가) – (마) – (라) – (나) – (다)
③ (나) – (마) – (라) – (가) – (다)
④ (다) – (가) – (마) – (라) – (나)

07 다음 글의 제목으로 가장 적절한 것은?

> 사회보장제도는 사회구성원에게 생활의 위험이 발생했을 때 사회적으로 보호하는 대응체계를 가리키는 포괄적 용어로 크게 사회보험, 공공부조, 사회서비스가 있다. 예를 들면 실직자들이 구직활동을 포기하고 다시 노숙자가 되지 않도록 지원하는 것 등이 있다.
>
> 사회보험은 보험의 기전을 이용하여 일반주민들을 질병, 상해, 폐질, 실업, 분만 등으로 인한 생활의 위협으로부터 보호하기 위하여 국가가 법에 의하여 보험가입을 의무화하는 제도로 개인적 필요에 따라 가입하는 민간보험과 차이가 있다.
>
> 공공부조는 극빈자, 불구자, 실업자 또는 저소득계층과 같이 스스로 생계를 영위할 수 없는 계층의 생활을 그들이 자립할 수 있을 때까지 국가가 재정기금으로 보호하여 주는 일종의 구빈제도이다.
>
> 사회서비스는 복지사회를 건설할 목적으로 법률이 정하는 바에 의하여 특정인에게 사회보장 급여를 국가 재정부담으로 실시하는 제도로 군경, 전상자, 배우자 사후, 고아, 지적 장애아 등과 같은 특별한 사유가 있는 자나 노령자 등이 해당된다.

① 사회보험제도와 민간보험제도의 차이
② 사회보장제도의 의의
③ 우리나라의 사회보장제도
④ 사회보장제도의 대상자

08 다음 글에 나타난 글쓴이의 주장으로 가장 적절한 것은?

> 동물들의 행동을 잘 살펴보면 동물들도 우리가 사용하는 말 못지않은 의사소통 수단을 가지고 있는 듯이 보인다. 즉, 동물들도 여러 가지 소리를 내거나 몸짓을 함으로써 자신들의 감정과 기분을 나타낼 뿐 아니라 경우에 따라서는 인간과 다를 바 없이 의사를 교환하고 있는 듯하다. 그러나 그것은 단지 겉모습의 유사성에 지나지 않을 뿐이고 사람의 말과 동물의 소리에는 아주 근본적인 차이가 존재한다는 점을 잊어서는 안 된다. 동물들이 사용하는 소리는 단지 배고픔이나 고통 같은 생물학적인 조건에 대한 반응이거나, 두려움이나 분노 같은 본능적인 감정들을 표현하기 위한 것에 지나지 않는다.

① 모든 동물이 다 말을 하는 것은 아니지만, 원숭이와 같이 지능이 높은 동물은 말을 할 수 있다.
② 동물들은 인간이 알아듣지 못하는 방식으로 대화할 뿐 서로 대화를 나누고 정보를 교환하며 인간과 같이 의사소통을 한다.
③ 사육사의 지속적인 훈련을 받는다면 동물들은 인간의 소리를 똑같은 목소리로 정확하게 따라 할 수 있다.
④ 동물들이 내는 소리가 때때로 의사소통의 수단으로 이용된다고 해서 그것을 대화나 토론이나 회의와 같은 언어활동이라고 할 수는 없다.

09 다음 글에서 알 수 있는 내용으로 가장 적절한 것은?

> 1883년에 조선과 일본이 맺은 조일통상장정 제41관에는 "일본인이 조선의 전라도, 경상도, 강원도, 함경도 연해에서 어업 활동을 할 수 있도록 허용한다."라는 내용이 있다. 당시 양측은 이 조항에 적시되지 않은 지방 연해에서 일본인이 어업 활동을 하는 것은 금하기로 했다. 이 장정 체결 직후에 일본은 자국의 각 부·현에 조선해통어조합을 만들어 조선 어장에 대한 정보를 제공하기 시작했다. 이러한 지원으로 조선 연해에서 조업하는 일본인이 늘었는데, 특히 제주도에는 일본인들이 많이 들어와 전복을 마구 잡는 바람에 주민들의 전복 채취량이 급감했다. 이에 제주목사는 1886년 6월에 일본인의 제주도 연해 조업을 금했다. 일본은 이 조치가 조일통상장정 제41관을 위반한 것이라며 항의했고, 조선도 이를 받아들여 조업 금지 조치를 철회하게 했다. 이후 조선은 일본인이 아무런 제약 없이 어업 활동을 하게 해서는 안 된다고 여기게 되었으며, 일본과 여러 차례 협상을 벌여 1889년에 조일통어장정을 맺었다.
>
> 조일통어장정에는 일본인이 조일통상장정 제41관에 적시된 지방의 해안선으로부터 3해리 이내 해역에서 어업 활동을 하고자 할 때는 조업하려는 지방의 관리로부터 어업준단을 발급받아야 한다는 내용이 있다. 어업준단의 유효기간은 발급일로부터 1년이었으며, 이를 받고자 하는 자는 소정의 어업세를 먼저 내야 했다. 이 장정 체결 직후에 일본은 조선해통어조합연합회를 만들어 자국민의 어업준단 발급 신청을 지원하게 했다. 이후 일본은 1908년에 '어업에 관한 협정'을 강요해 맺었다. 여기에는 앞으로 한반도 연해에서 어업 활동을 하려는 일본인은 대한제국 어업 법령의 적용을 받도록 한다는 조항이 있다. 대한제국은 이듬해에 한반도 해역에서 어업을 영위하고자 하는 자는 먼저 어업면허를 취득해야 한다는 내용의 어업법을 공포했고, 일본은 자국민도 이 법의 적용을 받게 해야 한다는 입장을 관철했다. 일본은 1902년에 조선해통어조합연합회를 없애고 조선해수산조합을 만들었는데, 이 조합은 어업법 공포 후 일본인의 어업 면허 신청을 대행하는 등의 일을 했다.

① 조선해통어조합은 '어업에 관한 협정'에 따라 일본인의 어업 면허 신청을 대행하는 업무를 보았다.

② 조일통어장정에는 제주도 해안선으로부터 3해리 밖에서 조선인이 어업 활동을 하는 것을 모두 금한다는 조항이 있다.

③ 조선해통어조합연합회가 만들어져 활동하던 당시에 어업준단을 발급받고자 하는 일본인은 어업세를 내도록 되어 있었다.

④ 조일통상장정에는 조선해통어조합연합회를 조직해 일본인이 한반도 연해에서 조업할 수 있도록 지원한다는 내용이 있다.

10 다음 글의 내용으로 가장 적절한 것은?

비정규직 근로자들이 늘어나면서 '프레카리아트'라고 불리는 새로운 계급이 형성되고 있다. 프레카리아트란 '불안한(precarious)'이라는 단어와 '무산계급(proletariat)'이라는 단어를 합친 용어로 불안정한 고용 상태에 놓여 있는 사람들을 의미한다. 프레카리아트에 속한 사람들은 직장 생활을 하다가 쫓겨나 실업자가 되었다가 다시 직장에 복귀하기를 반복한다. 이들은 고용 보장, 직무 보장, 근로안전 보장 등 노동 보장을 받지 못하며, 직장 소속감도 없을 뿐만 아니라, 자신의 직업에 대한 전망이나 직업 정체성도 결여되어있다. 프레카리아트는 분노, 무력감, 걱정, 소외를 경험할 수밖에 없는 '위험한 계급'으로 전락한다. 이는 의미 있는 삶의 길이 막혀 있다는 좌절감과 상대적 박탈감, 계속된 실패의 반복 때문이다. 이러한 사람들이 늘어나면 자연히 갈등, 폭력, 범죄와 같은 사회적 병폐들이 성행하여 우리 사회는 점점 더 불안해지게 된다.

프레카리아트와 비슷하지만 약간 다른 노동자 집단이 있다. 이른바 '긱 노동자'이다. '긱(gig)'이란 기업들이 필요에 따라 단기 계약 등을 통해 임시로 인력을 충원하고 그때그때 대가를 지불하는 것을 의미한다. 예를 들어 방송사에서는 드라마를 제작할 때마다 적합한 사람들을 섭외하여 팀을 꾸리고 작업에 착수한다. 긱 노동자들은 고용주가 누구든 자신이 보유한 고유의 직업 역량을 고용주에게 판매하면서, 자신의 직업을 독립적인 '프리랜서' 또는 '개인 사업자' 형태로 인식한다. 정보통신 기술의 발달은 긱을 더욱더 활성화한다. 정보통신 기술을 이용하면 긱 노동자의 모집이 아주 쉬워진다. 기업은 사업 아이디어만 좋으면 인터넷을 이용하여 필요한 긱 노동자를 모집할 수 있다. 기업이 긱을 잘 활용하면 경쟁력을 높여 정규직 위주의 기존 기업들을 앞서나갈 수 있다.

① 긱 노동자가 자신의 직업 형태에 대해 갖는 인식은 자신을 고용한 기업에 따라 달라지지 않는다.
② 정보통신 기술의 발달은 프레카리아트 계급과 긱 노동자 집단을 확산시킨다.
③ 긱 노동자 집단이 확산하면 프레카리아트 계급은 축소된다.
④ '위험한 계급'이 겪는 부정적인 경험이 적은 프레카리아트일수록 정규직 근로자로 변모할 가능성이 크다.

11 다음 글의 빈칸에 들어갈 내용으로 가장 적절한 것은?

> 갑 : 안녕하십니까. 저는 시청 토목정책과에 근무하는 갑이라고 합니다. 부정 청탁을 받은 때는 신고해야 한다고 들었습니다.
>
> 을 : 예. 부정청탁 및 금품등 수수의 금지에 관한 법률(이하 '청탁금지법')에서는 공직자가 부정 청탁을 받았을 때는 명확히 거절 의사를 표현해야 하고, 그랬는데도 상대방이 이후에 다시 동일한 부정 청탁을 해 온다면 소속 기관의 장에게 신고해야 한다고 규정합니다.
>
> 갑 : '금품 등'에는 접대와 같은 향응도 포함되지요?
>
> 을 : 물론이지요. 청탁금지법에 따르면, 공직자는 동일인으로부터 명목에 상관없이 1회 100만 원 혹은 매 회계연도에 300만 원을 초과하는 금품이나 접대를 받을 수 없습니다. 직무 관련성이 있는 경우에는 100만 원 이하라도 대가성 여부와 관계없이 처벌을 받습니다.
>
> 갑 : '동일인'이라 하셨는데, 여러 사람이 청탁을 하는 경우는 어떻게 되나요?
>
> 을 : 받는 사람을 기준으로 하여 따지게 됩니다. 한 공직자에게 여러 사람이 동일한 부정 청탁을 하며 금품을 제공하려 하였을 때에도 이들의 출처가 같다고 볼 수 있다면 '동일인'으로 해석됩니다. 또한 여러 행위가 계속성 또는 시간적·공간적 근접성이 있다고 판단되면, 합쳐서 1회로 간주될 수 있습니다.
>
> 갑 : 실은, 연초에 있었던 지역 축제 때 저를 포함한 우리 시청 직원 90명은 행사에 참여한다는 차원으로 장터에 들러 1인당 8천 원씩을 지불하고 식사를 했는데, 이후에 그 식사는 X회사 사장인 A의 축제 후원금이 1인당 1만 2천 원씩 들어간 것이라는 사실을 알게 되었습니다. 이에 대하여는 결국 대가성 있는 접대도 아니고 직무 관련성도 없는 것으로 확정되었으며, 추가된 식사비도 축제 주최 측에 돌려주었습니다. 그리고 이달 초에는 Y회사의 임원인 B가 관급 공사 입찰을 도와달라고 청탁하면서 100만 원을 건네려 하길래 거절한 적이 있습니다. 그런데 어제는 고교 동창인 C가 찾아와 X회사 공장 부지의 용도 변경에 힘써 달라며 200만 원을 주려고 해서 단호히 거절하였습니다.
>
> 을 : 그러셨군요. 말씀하신 것을 바탕으로 설명드리겠습니다. ＿＿＿＿＿＿＿＿＿＿

① X회사로부터 받은 접대는 시간적·공간적 근접성으로 보아 청탁금지법을 위반한 향응을 받은 것이 됩니다.

② Y회사로부터 받은 제안의 내용은 청탁금지법상의 금품이라고는 할 수 없지만 향응에는 포함될 수 있습니다.

③ 청탁금지법상 A와 C는 동일인으로서 부정 청탁을 한 것이 됩니다.

④ 현재는 청탁금지법상 C의 청탁을 신고할 의무가 생기지 않지만, C가 같은 청탁을 다시 한다면 신고해야 합니다.

※ 다음 글을 읽고 이어지는 질문에 답하시오. [12~13]

개정 근로기준법이 적용되면서 일명 '52시간 근무제'에 사람들이 큰 관심을 보였다. 하지만 개정 근로기준법에는 1주 최대 근로시간을 52시간으로 규정하는 조문이 명시적으로 추가된 것이 아니다. 다만, 기존 근로기준법에 '1주'란 휴일을 포함한 7일을 말한다'는 문장 하나가 추가되었을 뿐이다. 이 문장이 말하는 바는 상식처럼 보이는데, 이를 추가해서 어떻게 52시간 근무제를 확보할 수 있었을까?

월요일에서 금요일까지 1일 8시간씩 소정근로시간 동안 일하는 근로자를 생각해보자. 여기서 '소정근로시간'이란 근로자가 사용자와 합의하여 정한 근로시간을 말한다. 사실 기존 근로기준법에서도 최대 근로시간은 52시간으로 규정되어 있는 것처럼 보인다. 1일의 최대 소정근로시간이 8시간, 1주의 최대 소정근로시간이 40시간이고, 연장근로는 1주에 12시간까지만 허용되어 있으므로, 이를 단순 합산하면 총 52시간이 되기 때문이다. 그러나 기존 근로기준법에서는 최대 근로시간이 68시간이었다. 이는 휴일근로의 성격을 무엇으로 보느냐에 달려 있다. 기존 근로기준법에서 휴일근로는 소정근로도 아니고 연장근로도 아닌 것으로 간주되었다. 그래서 소정근로 40시간과 연장근로 12시간을 시키고 나서 추가로 휴일근로를 시키더라도 법 위반이 아니었다.

그런데 일요일은 휴일이지만, 토요일은 휴일이 아니라 근로의무가 없는 휴무일이기에 특별한 규정이 없는 한 근로를 시킬 수가 없다. 따라서 기존 근로기준법하에서 더 근로를 시키고 싶던 기업들은 단체협약 등으로 '토요일을 휴일로 한다'는 특별규정을 두는 일종의 꼼수를 쓰는 경우가 많았다. 이렇게 되면 토요일과 일요일, 2일 동안 휴일근로를 추가로 시킬 수 있기에 최대 근로시간이 늘어나게 된다. 이것이 기존 판례의 입장이었다.

개정 근로기준법과 달리 왜 기존 판례는 _____ 이는 연장근로를 소정근로의 연장으로 보았고, 1주의 최대 소정근로시간을 정할 때 기준이 되는 1주를 5일에 입각하여 보았기 때문이다. 즉, 1주 중 소정근로일을 월요일부터 금요일까지의 5일로 보았기에 이 기간에 하는 근로만이 근로기준법상 소정근로시간의 한도에 포함된다고 본 것이다. 다만, 이 입장에 따르더라도, 연장근로가 아닌 한 1일의 근로시간은 8시간을 초과할 수 없다고 기존 근로기준법에 규정되어 있기 때문에, 이미 52시간을 근로한 근로자에게 휴일에 1일 8시간을 넘는 근로를 시킬 수 없다. 그 결과 휴일근로로 가능한 시간은 16시간이 되어, 1주 68시간이 최대 근로시간이 된 것이다.

12 다음 중 윗글의 빈칸에 들어갈 내용으로 가장 적절한 것은?

① 휴일근로가 연장근로가 아니라고 보았을까?

② 토요일에 연장근로를 할 수 있다고 보았을까?

③ 1주의 최대 소정근로시간을 40시간으로 인정하였을까?

④ 1일의 최대 소정근로시간은 8시간을 초과할 수 없다고 보았을까?

13 다음 중 윗글의 내용을 바르게 적용한 사람을 〈보기〉에서 모두 고르면?

> **보기**
>
> 갑 : 개정 근로기준법에 의하면, 1주 중 3일 동안 하루 15시간씩 일한 사람의 경우, 총 근로시간이 45시간으로 52시간보다 적으니 법에 어긋나지 않아.
>
> 을 : 개정 근로기준법에 의하면, 월요일부터 목요일까지 매일 10시간씩 일한 사람의 경우, 금요일에 허용되는 최대 근로시간은 12시간이야.
>
> 병 : 기존 근로기준법에 의하면, 일요일 12시간을 일했으면 12시간 전부가 휴일근로시간이지 연장 근로시간이 아니야.

① 갑
② 을
③ 갑, 병
④ 을, 병

14 다음 글의 내용으로 가장 적절한 것은?

> 녹색성장에서 중요시되고 있는 것은 신재생에너지 분야이다. 유망 산업으로 주목받고 있는 신재생에너지 분야는 국가의 성장동력으로 집중 육성될 필요가 있다. 우리 정부가 2030년까지 전체 에너지 중 신재생에너지의 비율을 11%로 확대하려는 것은 탄소배출량 감축과 성장동력 육성이라는 두 마리 토끼를 잡기 위한 전략이다. 우리나라에서 신재생에너지란 수소, 연료전지, 석탄 가스화 복합발전 등의 신에너지와 태양열, 태양광, 풍력, 바이오, 수력, 지열, 폐기물 등의 재생가능에너지를 통칭해 부르는 용어이다. 2007년을 기준으로 신재생에너지의 구성비를 살펴보면 폐기물이 77%, 수력이 14%, 바이오가 6.6%, 풍력이 1.4%, 기타가 1%였으며, 이들 신재생에너지가 전체 에너지에서 차지하는 비율은 2.4%에 불과했다.
>
> 따라서 정부는 '에너지 및 자원 사업 특별회계'와 '전력 기금'으로 신재생에너지 기술개발 지원사업을 확대할 필요가 있다. 특히 산업파급효과가 큰 태양광, 연료전지, 풍력 분야에 대한 국산화 지원과 더불어 예산 대비 보급효과가 큰 바이오 연료, 폐기물 연료 분야에 대한 지원을 강화하기 위한 정책도 개발되어야 한다. 이러한 지원정책과 함께 정부는 신재생에너지의 공급을 위한 다양한 규제정책도 도입해야 할 것이다.

① 환경보전을 위해 경제성장을 제한하고 삶의 질을 높여야 한다.
② 신에너지가 전체 에너지에서 차지하는 비율은 재생가능에너지보다 크다.
③ 2007년을 기준으로 폐기물을 이용한 에너지가 전체 에너지에서 차지하는 비율은 매우 낮다.
④ 정부는 녹색성장을 위해 규제정책을 포기하고 시장친화정책을 도입해야 한다.

15 다음 글의 빈칸에 들어갈 내용으로 가장 적절한 것은?

서구사회의 기독교적 전통 하에서 이 전통에 속하는 이들은 자신들을 정상적인 존재로, 이러한 전통에 속하지 않는 이들을 비정상적인 존재로 구별하려 했다. 후자에 해당하는 대표적인 것이 적그리스도, 이교도들, 그리고 나병과 흑사병에 걸린 환자들이었는데, 그들에게 부과한 비정상성을 구체적인 형상을 통해 재현함으로써 그들이 전통 바깥의 존재라는 사실을 명확히 했다.

당연하게도 기독교에서 가장 큰 적으로 꼽는 것은 사탄의 대리자인 적그리스도였다. 기독교 초기, 몽티에랑데르나 힐데가르트 등이 쓴 유명한 저서들뿐만 아니라 적그리스도의 얼굴이 묘사된 모든 종류의 텍스트들에서 그의 모습은 충격적일 정도로 외설스러울 뿐만 아니라 받아들이기 힘들 정도로 추악하게 나타난다.

두 번째는 이교도들이었는데, 서유럽과 동유럽의 기독교인들이 이교도들에 대해 사용했던 무기 중 하나가 그들을 추악한 얼굴의 악마로 묘사하는 것이었다. 또한 이교도들이 즐겨 입는 의복이나 진미로 여기는 음식을 끔찍하게 묘사하여 이교도들을 자신들과는 분명히 구분되는 존재로 만들었다.

마지막으로, 나병과 흑사병에 걸린 환자들을 꼽을 수 있다. 당시의 의학 수준으로 그런 병들은 치료가 불가능했으며, 전염성이 있다고 믿어졌다. 때문에 자신을 정상적 존재라고 생각하는 사람들은 해당 병에 걸린 불행한 사람들을 신에게서 버림받은 죄인이자 공동체에서 추방해야 할 공공의 적으로 여겼다. 그들의 외모나 신체 또한 실제 여부와 무관하게 항상 뒤틀어지고 지극히 흉측한 모습으로 형상화되었다.

이를 정리하자면, _____

① 서구의 종교인과 예술가들은 이방인을 추악한 이미지로 각인시키는 데 있어 중심적인 역할을 하였다.

② 서구의 기독교인들은 자신들보다 강한 존재를 추악한 존재로 묘사함으로써 심리적인 우월감을 확보하였다.

③ 정상적 존재와 비정상적 존재의 명확한 구별을 위해 추악한 형상을 활용하는 것은 동서고금을 막론하고 지속되어 왔다.

④ 서구의 기독교적 전통 하에서 추악한 형상은 그 전통에 속하지 않는 이들을 전통에 속한 이들과 구분짓기 위해 활용되었다.

16 다음 글에서 ⊙과 ⓒ에 대한 평가로 적절한 것을 〈보기〉에서 모두 고르면?

연역과 귀납, 이 두 종류의 방법은 지적 작업에서 사용될 수 있는 모든 추론을 포괄한다. 철학과 과학을 비롯한 모든 지적 작업에 연역적 방법이 필수적이라는 것을 부정하는 사람은 아무도 없다. 귀납적 방법의 경우 사정은 크게 다르다. 귀납적 방법이 철학적 작업에 들어설 여지가 없다고 믿는 사람이 있는가 하면, 한 걸음 더 나아가 어떠한 지적 작업에도 귀납적 방법이 불필요하다고 주장하는 사람들도 있다.

⊙ 귀납적 방법이 철학이라는 지적 작업에서 불필요하다는 견해는 독단적인 철학관에 근거한다. 이런 견해에 따르면 철학적 주장의 정당성은 선험적인 것으로, 경험적 지식을 확장하기 위해 사용되는 귀납적 방법에 의존할 수 없다. 그러나 이런 견해는 철학적 주장이 경험적 가설에 의존해서는 안된다는 부당하게 편협한 철학관과 '귀납적 방법'의 모호성을 딛고 서 있다. 실제로 철학사에 나타나는 목적론적 신 존재 증명이나 외부 세계의 존재에 관한 형이상학적 논증 가운데는 귀납적 방법인 유비 논증과 귀추법을 교묘히 적용하고 있는 것도 있다.

ⓒ 모든 지적 작업에서 귀납적 방법의 필요성을 부정하는 견해는 중요한 철학적 성과를 낳기도 하였다. 포퍼의 철학이 그런 사례 가운데 하나이다. 포퍼는 귀납적 방법의 정당화 가능성에 관한 회의적 결론을 받아들이고, 과학의 탐구가 귀납적 방법으로 진행된다는 견해는 근거가 없음을 보인다. 그에 따르면, 과학의 탐구 과정은 연역 논리 법칙에 따라 전개되는 추측과 반박의 작업으로 이루어진다. 이런 포퍼의 이론은 귀납적 방법의 필요성에 대한 전면적인 부정이 낳을 수 있는 흥미로운 결과 가운데 하나라고 할 수 있다.

> **보기**
>
> ㄱ. 과학의 탐구가 귀납적 방법에 의해 진행된다는 주장은 ⊙을 반박한다.
> ㄴ. 철학의 일부 논증에서 귀추법의 사용이 불가피하다는 주장은 ⓒ을 반박한다.
> ㄷ. 연역 논리와 경험적 가설 모두에 의존하는 지적 작업이 있다는 주장은 ⊙과 ⓒ을 모두 반박한다.

① ㄱ

② ㄴ

③ ㄱ, ㄷ

④ ㄴ, ㄷ

17 다음 글의 핵심 논지로 가장 적절한 것은?

폴란은 동물의 가축화를 '노예화 또는 착취'로 바라보는 시각은 잘못이라고 주장한다. 그에 따르면, 가축화는 '종들 사이의 상호주의'의 일환이며 정치적이 아니라 진화론적 현상이다. 그는 "소수의, 특히 운이 좋았던 종들이 다윈식의 시행착오와 적응과정을 거쳐, 인간과의 동맹을 통해 생존과 번성의 길을 발견한 것이 축산의 기원"이라고 말한다. 예컨대 이러한 동맹에 참여한 소, 돼지, 닭은 번성했지만 그 조상뻘 되는 동물들 중에서 계속 야생의 길을 걸었던 것들은 쇠퇴했다는 것이다. 지금 북미 지역에 살아남은 늑대는 1만 마리 남짓인데 개들은 5천만 마리나 된다는 것을 통해 이 점을 다시 확인할 수 있다. 이로부터 폴란은 '그 동물들의 관점에서 인간과의 거래는 엄청난 성공'이었다고 주장한다. 그래서 스티븐 울프는 "인도주의에 근거한 채식주의 옹호론만큼 설득력 없는 논변도 없다. 베이컨을 원하는 인간이 많아지는 것은 돼지에게 좋은 일이다."라고 주장하기도 한다.

그런데 어떤 생명체가 태어나도록 하는 것이 항상 좋은 일인가? 어떤 돼지가 깨끗한 농장에서 태어나 쾌적하게 살다가 이른 죽음을 맞게 된다면, 그 돼지가 태어나도록 하는 것이 좋은 일인가? 좋은 일이라고 한다면 돼지를 잘 기르는 농장에서 나온 돼지고기를 먹는 것은 그 돼지에게 나쁜 일이 아니라는 말이 된다. 아무도 고기를 먹지 않는다면 그 돼지는 태어날 수 없기 때문이다. 하지만 그 돼지를 먹기 위해서는 먼저 그 돼지를 죽여야 한다. 그렇다면 그 살해는 정당해야 한다. 폴란은 자신의 주장이 갖는 이런 함축에 불편함을 느껴야 한다. 이러한 불편함을 폴란은 해결하지 못할 것이다.

① 종 다양성을 보존하기 위한 목적으로 생명체를 죽이는 일은 지양해야 한다.

② 생명체를 죽이기 위해서 그 생명체를 태어나게 하는 일은 정당화되기 어렵다.

③ 어떤 생명체가 태어나서 쾌적하게 산다면 그 생명체를 태어나게 하는 것은 좋은 일이다.

④ 가축화에 대한 폴란의 진화론적 설명이 기초하는 '종들 사이의 상호주의'는 틀린 정보에 근거한다.

18 다음 문단을 논리적 순서대로 바르게 나열한 것은?

(가) 나무를 가꾸기 위해서는 처음부터 여러 가지를 고려해 보아야 한다. 심을 나무의 생육조건, 나무의 형태, 성목이 되었을 때의 크기, 꽃과 단풍의 색, 식재지역의 기후와 토양 등을 종합적으로 생각하고 심어야 한다. 나무의 생육조건은 저마다 다르기 때문에 지역의 환경조건에 적합한 나무를 선별하여 환경에 적응하도록 해야 한다. 동백나무와 석류, 홍가시나무는 남부지방에 키우기 적합한 나무로 알려져 있지만 지구온난화로 남부수종의 생육한계선이 많이 북상하여 중부지방에서도 재배가 가능한 나무도 있다. 부산의 도로 중앙분리대에서 보았던 잎이 붉은 홍가시나무는 여주의 시골집 마당 양지바른 곳에서 3년째 잘 적응하고 있다.

(나) 더불어 나무의 특성을 외면하고 주관적인 해석에 따라 심었다가는 훗날 낭패를 보기 쉽다. 물을 좋아하는 수국 곁에 물을 싫어하는 소나무를 심었다면 둘 중 하나는 살기 어려운 환경이 조성된다. 나무를 심고 가꾸기 위해서는 전체적인 밑그림을 그려보고 생태적 특징을 살펴본 후에 심는 것이 바람직하다.

(다) 나무들이 밀집해 있으면 나무끼리의 경쟁은 물론 바람과 햇빛의 방해로 성장은 고사하고 병충해에 시달리기 쉽다. 또한 나무들은 성장속도가 다르기 때문에 항상 다 자란 나무의 모습을 상상하며 나무들 사이의 공간 확보를 염두에 두어야 한다. 그러나 묘목을 심고 보니 듬성듬성한 공간을 메꾸기 위하여 자꾸 나무를 심게 되는 실수를 저지른다.

(라) 식재계획의 시작은 장기적인 안목으로 적재적소의 원칙을 염두에 두고 나무를 선정해야 한다. 식물은 햇빛, 물, 바람의 조화를 이루면 잘 산다고 하지 않는가. 그래서 나무의 특성 중에서 햇볕을 좋아하는지 그늘을 좋아하는지, 물을 좋아하는지 여부를 살펴보는 것이 중요하다. 어린 묘목을 심을 경우 실수하는 것은 나무가 자랐을 때의 생육공간을 생각하지 않고 촘촘하게 심는 것이다.

① (가) – (라) – (다) – (나)　　　　② (가) – (나) – (다) – (라)

③ (가) – (라) – (나) – (다)　　　　④ (가) – (나) – (라) – (다)

19 다음 글의 A ~ C에 대한 평가로 적절한 것을 〈보기〉에서 모두 고르면?

인간 존엄성은 모든 인간이 단지 인간이기 때문에 갖는 것으로서, 인간의 숭고한 도덕적 지위나 인간에 대한 윤리적 대우의 근거로 여겨진다. 다음은 인간 존엄성 개념에 대한 A ~ C의 비판이다.

A : 인간 존엄성은 그 의미가 무엇인지에 대해 사람마다 생각이 달라서 불명료할 뿐 아니라 무용한 개념이다. 가령 존엄성은 존엄사를 옹호하거나 반대하는 논증 모두에서 각각의 주장을 정당화하는 데 사용된다. 어떤 이는 존엄성이란 말을 '자율성의 존중'이라는 뜻으로, 어떤 이는 '생명의 신성함'이라는 뜻으로 사용한다. 결국 쟁점은 존엄성이 아니라 자율성의 존중이나 생명의 가치에 관한 문제이며, 존엄성이란 개념 자체는 그 논의에서 실질적으로 중요한 기여를 하지 않는다.

B : 인간의 권리에 대한 문서에서 존엄성이 광범위하게 사용되는 것은 기독교 신학과 같이 인간 존엄성을 언급하는 많은 종교적 문헌의 영향으로 보인다. 이러한 종교적 뿌리는 어떤 이에게는 가치 있는 것이지만, 다른 이에겐 그런 존엄성 개념을 의심할 근거가 되기도 한다. 특히 존엄성을 신이 인간에게 부여한 독특한 지위로 생각함으로써 인간이 스스로를 지나치게 높게 보도록 했다는 점은 비판을 받아 마땅하다. 이는 인간으로 하여금 인간이 아닌 종과 환경에 대해 인간 자신들이 원하는 것을 마음대로 해도 된다는 오만을 낳았다.

C : 인간 존엄성은 인간이 이성적 존재임을 들어 동물이나 세계에 대해 인간 중심적인 견해를 옹호해 온 근대 휴머니즘의 유산이다. 존엄성은 인간종이 그 자체로 다른 종이나 심지어 환경 자체보다 더 큰 가치가 있다고 생각하는 종족주의의 한 표현에 불과하다. 인간 존엄성은 우리가 서로를 가치 있게 여기도록 만들기도 하지만, 인간 외의 다른 존재에 대해서는 그 대상이 인간이라면 결코 용납하지 않았을 폭력적 처사를 정당화하는 근거로 활용된다.

보기

ㄱ. 많은 논란에도 불구하고 존엄사를 인정한 연명의료결정법의 시행은 A의 주장을 약화시키는 사례이다.

ㄴ. C의 주장은 화장품의 안전성 검사를 위한 동물실험의 금지를 촉구하는 캠페인의 근거로 활용될 수 있다.

ㄷ. B와 C는 인간에게 특권적 지위를 부여하는 인간 중심적인 생각을 비판한다는 점에서 공통적이다.

① ㄱ   ② ㄷ

③ ㄱ, ㄴ   ④ ㄴ, ㄷ

20 다음 글의 내용으로 가장 적절한 것은?

주권은 타인에게 양도될 수 없고 타인을 통해 대표될 수도 없다. 그러므로 대의원은 민(民)의 대표자가 아니며 대표자가 될 수 없다. 그들은 민이 사용하는 사람에 불과하며 무슨 일이든 최종 결정권이 없다. 민이 직접 승인하지 않는 법률은 모두 무효이며 결코 법률이라 할 수 없다.

고대 공화제 국가뿐만 아니라 군주제 국가에서도 민은 결코 대표자를 갖지 않았고 또 사람들은 '대표자'라는 말조차 알지 못했다. 심지어 호민관을 그토록 신성시했던 로마에서도 호민관이 민의 기능을 빼앗을 수 있다고는 생각조차 할 수 없었다. 이뿐만 아니라 집회 때 수많은 민들 가운데 우뚝 서서 외치던 호민관이라 하더라도 단 한 사람의 투표권조차 자기 마음대로 좌우하겠다고는 생각하지 못했다. 물론 민의 수가 너무 많으면 때로는 어려운 문제가 일어날 수 있다는 점을 인정할 필요가 있다. 가령 그락쿠스 형제 시대에는 민의 수가 너무 많았기 때문에 일부 시민은 건물 지붕 위에서 투표하는 일까지 있었다.

모든 법은 보편적 선의지의 표명이기 때문에 입법권을 행사하는 데 대표자를 내세울 수 없는 것은 명백하다. 한편 민은 집행권을 행사하는 데는 대리자를 내세울 수 있다. 다만, 이 집행권은 법률에 효력을 부여하기 위하여 적용되는 힘에 불과하다. 로마의 호민관들은 원래 심지어 집행권조차 갖고 있지 않았다. 그들은 자기들에게 위임된 권한으로는 법률을 집행할 수 없었으며 다만 원로원의 권리를 찬탈함으로써만 민을 대신해 집행할 수 있었다.

① 고대 사회에서 민은 입법권을 직접 갖지 못했다.
② 민은 입법권뿐만 아니라 집행권까지 가질 수 있다.
③ 헌법의 입법과 개정에서 민은 대표자를 필요로 한다.
④ 민의 수가 너무 많은 경우 민의 대표자가 입법권 행사를 대행해야 한다.

21 다음 글에 의해 반박될 수 있는 주장을 〈보기〉에서 모두 고르면?

신약의 효능이나 독성을 검사할 때 동물 실험을 하는 것이 일반적이다. 이때 반드시 짚고 넘어가야 할 문제가 있다. 그것은 동물 실험 결과를 인간에게 적용할 수 있는가 하는 문제이다. 동물과 인간의 생리적 특성이 달라 동물 실험의 결과를 인간에게 적용할 수 없는 경우가 있기 때문이다. 따라서 임상 시험에 들어가기 전 동물 실험을 통해 효능이나 독성 검사를 하는 것이 과연 얼마나 의미가 있는지에 대한 물음이 제기되고 있다.

이와 관련한 대표적인 사례인 '탈리도마이드 사건'을 살펴보자. 탈리도마이드는 1954년 독일 회사가 합성해 4년 후부터 안정제로 판매되기 시작했다. 동물 실험 결과 이 약은 그 안전성을 인정받았다. 생쥐에게 엄청난 양(몸무게 1kg당 10g 정도까지 실험)을 투여해도 생명에 지장이 없었다. 그래서 입덧으로 고생하는 임신부들까지 이를 복용했고, 그 결과 1959년부터 1961년 사이에 팔다리가 형성되지 않은 기형아가 1만여 명이나 태어났다. 반대의 사례도 있는데, 항생제로 지금까지도 널리 사용되는 페니실린은 일부 설치류에게 치명적인 독성을 나타낸다.

이에 따라 기존에 동물 실험이나 임상 시험에서 독성이 나타나 후보 목록에서 제외되었던 물질이 최근 들어 재조명되는 사례가 늘고 있다. 동물에게 독성이 나타나더라도 사람에게 독성이 없는 것으로 판명되거나, 일부 사람에게는 독성이 나타나더라도 이에 내성이 있는 사람에게는 투여 가능한 경우도 있기 때문이다.

> **보기**
>
> ㄱ. 동물 실험 결과, 안전하다고 판단된 약물은 사람에게도 안전하다.
> ㄴ. 어떤 약물이 사람에게 안전하다면, 동물에게도 안전하다.
> ㄷ. 신약 개발을 위한 임상 시험에서 독성이 나타난 물질은 어느 누구에게도 투여해서는 안 된다.
> ㄹ. 내성이 있는 사람에게 부작용이 나타난 약물은 모든 사람에게 부작용이 나타난다.

① ㄱ, ㄷ

② ㄴ, ㄹ

③ ㄱ, ㄴ, ㄷ

④ ㄴ, ㄷ, ㄹ

22 다음 글의 주제로 가장 적절한 것은?

> 1920년대 세계 대공황의 발생으로 애덤 스미스 중심의 고전학파 경제학자들의 '보이지 않는 손'에 대한 신뢰가 무너지게 되자 경제를 보는 새로운 시각이 요구되었다. 당시 고전학파 경제학자들은 국가의 개입을 철저히 배제하고 '공급이 수요를 창출한다.'는 세이의 법칙을 믿고 있었다. 그러나 이러한 믿음으로는 세계 대공황을 설명할 수 없었다. 이때 새롭게 등장한 것이 케인즈의 '유효수요이론'이다. 유효수요이론이란 공급이 수요를 창출하는 것이 아니라, 유효수요, 즉 물건을 살 수 있는 확실한 구매력이 뒷받침되는 수요가 공급 및 고용을 결정한다는 이론이다. 케인즈는 세계 대공황의 원인이 이 유효수요의 부족에 있다고 보았다. 유효수요가 부족해지면 기업은 생산량을 줄이고, 이것은 노동자의 감원으로 이어지며 구매력을 감소시켜 경제의 악순환을 발생시킨다는 것이다. 케인즈는 불황을 해결하기 위해서는 가계와 기업이 소비 및 투자를 충분히 해야 한다고 주장했다. 그는 소비가 없는 생산은 공급 과다 및 실업을 일으키며 궁극적으로는 경기 침체와 공황을 가져온다고 하였다. 절약은 분명 권장되어야 할 미덕이지만 소비가 위축되어 경기 침체와 공황을 불러올 경우, 절약은 오히려 악덕이 될 수도 있다는 것이다.

① 고전학파 경제학자들이 주장한 '보이지 않는 손'
② 세계 대공황의 원인과 해결책
③ '유효수요이론'의 영향
④ 세이 법칙의 이론적 배경

23 다음 글의 뒤에 이어질 내용으로 가장 적절한 것은?

> 키는 유전적인 요소가 크다. 그러나 이러한 한계를 극복할 수 있는 강력한 수단이 있다. 바로 영양이다. 키 작은 유전자를 갖고 태어나도 잘 먹으면 키가 커질 수 있다는 것이다. 핵심은 단백질과 칼슘이다. 가장 손쉽게 이를 섭취할 수 있는 것은 우유다. 가격도 생수보다 저렴하다. 물론 우유의 효과에 대해 부정적 견해도 존재한다. 아토피 피부염과 빈혈·골다공증 등 각종 질병이 생길 수 있다는 주장이다. 그러나 이는 일부 학계의 의견이 침소봉대(針小棒大)되었다고 본다. 당뇨가 생기니 밥을 먹지 말고, 바다가 오염됐다고 생선을 먹지 않을 순 없지 않은가.

① 키와 건강을 위한 우유 섭취의 권장
② 아이들의 건강을 위한 우유 섭취 금지
③ 아이들의 건강 상태를 위한 각종 우유식품 개발
④ 키의 유전적 요소를 극복하기 위한 방법

24 다음 글을 읽고 이어질 문단을 논리적 순서대로 바르게 나열한 것은?

선택적 함묵증(Selective Mutism)은 정상적인 언어발달 과정을 거쳐서 어떤 상황에서는 말을 하면서도 말을 해야 하는 특정한 사회적 상황에서는 말을 지속적으로 하지 않거나 다른 사람의 말에 언어적으로 반응하지 않는 것을 말하며, 이렇게 말을 하지 않는 증상이 1개월 이상 지속되고 교육적, 사회적 의사소통을 저해하는 요소로 작용할 때 선택적 함묵증으로 진단할 수 있으며, 이를 불안장애로 분류하고 있다.

(가) 이러한 불안을 잠재우기 위해서는 발생 원인에 따라서 적절한 심리치료 방법을 선택해 치료과정을 관찰하면서 복합적인 치료 방법을 혼용하여야 한다.

(나) 아동은 굳이 말을 사용하지 않고서도 자신의 생각을 자연스럽게 표현하는 긍정적인 경험을 갖게 되어 이는 부정적 정서로 인한 긴장과 위축을 이완시킬 수 있다.

(다) 그중 하나인 미술치료는 아동의 저항을 줄이고, 언어의 한계성을 벗어나며, 육체적 활동을 통해 창조성을 생활화하고 미술표현이 사고와 감정을 객관화한다고 볼 수 있다.

(라) 불안장애의 한 유형인 선택적 함묵증은 불안이 표면화되어 행동으로 나타나는 경우라고 볼 수 있으며, 대체로 심한 부끄러움, 사회적 상황에 대한 두려움, 사회적 위축, 강박적 특성, 거절증, 반항 등의 행동으로 표출된다.

① (가) – (다) – (라) – (나)   ② (가) – (라) – (나) – (다)

③ (가) – (라) – (다) – (나)   ④ (라) – (가) – (다) – (나)

25 다음 기사를 읽고 난 후의 감상으로 적절하지 않은 것은?

고등학교 환경 관련 교과서 대부분이 특정 주장을 검증 없이 게재하는 등 많은 오류가 존재한다는 보수 환경·시민단체의 지적이 제기됐다. 사단법인 환경정보평가원과 바른 사회시민행동은 지난 5월부터 6개월간 고등학교 환경 관련 교과서 23종을 분석한 결과 총 1,175개의 오류를 발견했다고 밝혔다. 이들 단체에 따르면 교과서 23종 모두 편향적 내용을 검증 없이 인용하거나 부실한 통계를 일반화하는 등의 문제점을 보였으며 환경과 녹색성장 교과서 5종에서만 오류 897건이 확인됐다. 우선 교과서 13종이 서울, 부산 등 6대 대도시의 온도 상승 평균값만을 보고 한반도의 기온 상승이 세계 평균보다 2배 높다고 과장해 기술한 것으로 나타났다. 도시화의 영향을 받지 않은 추풍령은 100년간 기온이 0.79℃ 상승했지만 이런 사실을 언급한 교과서는 1종에 불과했다. 방조제를 허물고 간척한 농경지를 갯벌로 만든 역간척 사례는 우리나라에서 찾을 수 없지만, 교과서 7종이 일부 환경단체의 주장만을 인용해 역간척을 사실인 것처럼 서술하고 있다고 이들 단체는 주장했다. 우리나라 전력 생산의 상당 부분을 차지하는 원자력 발전의 경우 단점만을 자세히 기술하고, 경제성과 효율성이 낮은 신재생에너지는 장점만 언급한 교과서도 있었다고 덧붙였다.

환경정보평가원의 최○○ 사무처장은 "환경 관련 교과서 대부분이 표면적으로 드러나는 사실을 검증하지 않고 그대로 싣는 문제점을 보였다."라며 "고등학생들이 보는 교과서인 만큼 객관적 사실에 기반을 둬 균형 있는 내용을 실어야 한다."라고 주장했다.

① 갑 : 교과서의 잘못된 내용을 바로잡는 일은 계속 이어져야 합니다.

② 을 : 교과서를 집필할 때 객관성 유지의 원칙을 지키지 못하면, 일부 자료를 확대하여 해석함으로써 사실을 왜곡할 수 있습니다.

③ 병 : 중·고교생들이 쓰는 교과서 전체를 검토해 사실이 아닌 것을 모두 솎아내는 일이 시급합니다.

④ 정 : 일부 환경 관련 교과서에 실린 원전 폐쇄 찬반문제에 대해 대부분의 환경 보호 단체들은 찬성하지만, 원전 폐쇄는 또 다른 사회적 혼란을 일으킬 수 있습니다.

26 다음 빈칸에 들어갈 적절한 내용을 〈보기〉에서 찾아 순서대로 바르게 연결한 것은?

『정의론』을 통해 현대 영미 윤리학계에 정의에 대한 화두를 던진 사회철학자 '롤즈'는 전형적인 절차주의적 정의론자이다. 그는 정의로운 사회 체제에 대한 논의를 주도해온 공리주의가 소수자 및 개인의 권리를 고려하지 못한다는 점에 주목하여 사회계약론적 토대 하에 대안적 정의론을 정립하고자 하였다.

롤즈는 개인이 정의로운 제도하에서 자유롭게 자신들의 욕구를 추구하기 위해서는 ___(가)___ 등이 필요하며, 이는 사회의 기본 구조를 통해서 최대한 공정하게 분배되어야 한다고 생각했다. 그리고 이를 실현할 수 있는 사회 체제에 대한 논의가 자유롭고 평등하며 합리적인 개인들이 모두 동의할 수 있는 원리들을 탐구하는 데서 출발해야 한다고 보고, '원초적 상황'의 개념을 제시하였다.

'원초적 상황'은 정의로운 사회 체제의 기본 원칙들을 선택하는 합의 당사자들로 구성된 가설적 상황으로, 이들은 향후 헌법과 하위 규범들이 따라야 하는 가장 근본적인 원리들을 합의한다. '원초적 상황'에서 합의 당사자들은 ___(나)___ 등에 대한 정보를 모르는 상태에 놓이게 되는데, 이를 '무지의 베일'이라고 한다. 단, 합의 당사자들은 ___(다)___ 와/과 같은 사회에 대한 일반적 지식을 알고 있으며, 공적으로 합의된 규칙을 준수하고, 합리적인 욕구를 추구할 수 있는 존재로 간주된다. 롤즈는 이러한 '무지의 베일' 상태에서 사회 체제의 기본 원칙들에 만장일치로 합의하는 것이 보장된다고 생각하였다. 또한 무지의 베일을 벗은 후에 겪을지 모를 피해를 우려하여 합의 당사자들이 자신의 피해를 최소화할 수 있는 내용을 계약에 포함시킬 것으로 보았다.

위와 같은 원초적 상황을 전제로 합의 당사자들은 정의의 원칙들을 선택하게 된다. 제1원칙은 모든 사람이 다른 개인들의 자유와 양립 가능한 한도 내에서 '기본적 자유'에 대한 평등한 권리를 갖는다는 것인데, 이를 '자유의 원칙'이라고 한다. 여기서 롤즈가 말하는 '기본적 자유'는 양심과 사고 표현의 자유, 정치적 자유 등을 포함한다.

보기

㉠ 자신들의 사회적 계층, 성, 인종, 타고난 재능, 취향
㉡ 자유와 권리, 임금과 재산, 권한과 기회
㉢ 인간의 본성, 제도의 영향력

	(가)	(나)	(다)
①	㉠	㉡	㉢
②	㉡	㉢	㉠
③	㉡	㉠	㉢
④	㉢	㉠	㉡

27 다음 글의 빈칸에 들어갈 내용으로 가장 적절한 것은?

민주주의의 목적은 다수가 폭군이나 소수의 자의적인 권력행사를 통제하는 데 있다. 민주주의의 이상은 모든 자의적인 권력을 억제하는 것으로 이해되었는데, 이것이 오늘날에는 자의적 권력을 정당화하기 위한 장치로 변화되었다. 이렇게 변화된 민주주의는 민주주의 그 자체를 목적으로 만들려는 이념이다. 이것은 법의 원천과 국가권력의 원천이 주권자 다수의 의지에 있기 때문에 국민의 참여와 표결 절차를 통하여 다수가 결정한 법과 정부의 활동이라면 그 자체로 정당성을 갖는다는 것이다. 즉, 유권자 다수가 원하는 것이면 무엇이든 실현할 수 있다는 말이다.

이런 민주주의는 '무제한적 민주주의'이다. 어떤 제약도 없는 민주주의라는 의미이다. 이런 민주주의는 자유주의와 부합할 수가 없다. 그것은 다수의 독재이고 이런 점에서 전체주의와 유사하다. 폭군의 권력이든 다수의 권력이든 군주의 권력이든 위험한 것은 권력 행사의 무제한성이다. 중요한 것은 이러한 권력을 제한하는 일이다.

민주주의 그 자체를 수단이 아니라 목적으로 여기고 다수의 의지를 중시한다면, 그것은 다수의 독재를 초래하고 이는 전체주의만큼이나 위험하다. 민주주의 존재 그 자체가 언제나 개인의 자유에 대한 전망을 밝게 해준다는 보장은 없다. 개인의 자유와 권리를 보장하지 못하는 민주주의는 본래의 민주주의가 아니다. 본래의 민주주의는 _____

① 다수의 의견을 수렴하여 이를 그대로 정책에 반영해야 한다.
② 서로 다른 목적의 충돌로 인한 사회적 불안을 해소할 수 있어야 한다.
③ 다수 의견보다는 소수 의견을 채택하면서 진정한 자유주의의 실현에 기여해야 한다.
④ 민주적 절차 준수에 그치는 것이 아니라 과도한 권력을 실질적으로 견제할 수 있어야 한다.

다음 중 (나)와 (다) 사이에 들어갈 수 있는 문장으로 가장 적절한 것은?

(가) 우리가 누리고 있는 문화는 거의 모두가 서양적인 것이다. 우리가 연구하는 학문 또한 예외가 아니다. 피와 뼈와 살을 조상에게서 물려받았을 뿐, 문화라고 일컬을 수 있는 거의 모든 것이 서양에서 받아들인 것인 듯싶다. 이러한 현실을 앞에 놓고서 민족 문화의 전통을 찾고 이를 계승하자고 한다면, 이것은 편협한 배타주의(排他主義)나 국수주의(國粹主義)로 오인되기에 알맞은 이야기가 될 것 같다.

(나) 전통은 과거로부터 이어 온 것을 말한다. 이 전통은 대체로 그 사회 및 그 사회의 구성원인 개인의 몸에 배어있는 것이다. 그러므로 스스로 깨닫지 못하는 사이에 전통은 우리의 현실에 작용하는 경우가 있다.

(다) 이처럼 우리가 계승해야 할 민족 문화의 전통으로 여겨지는 것이, 과거의 인습(因襲)을 타파(打破)하고 새로운 것을 창조하려는 노력의 결정(結晶)이라는 것은 지극히 중대한 사실이다.

(라) 세종대왕의 훈민정음 창제 과정에서 이 점은 뚜렷이 나타나고 있다. 만일 세종대왕이 고루(固陋)한 보수주의적 유학자들에게 한글 창제의 뜻을 굽혔다면, 우리 민족문화의 최대 걸작(傑作)이 햇빛을 못 보고 말았을 것이 아니겠는가?

(마) 우리가 계승해야 할 민족 문화의 전통은 형상화된 물건에서 받는 것도 있지만, 창조적 정신 그 자체에도 있는 것이다. 이러한 의미에서 민족 문화의 전통을 무시한다는 것은 지나친 자기(自己) 학대(虐待)에서 나오는 편견(偏見)에 지나지 않을 것이다.

(바) 민족 문화의 전통을 창조적으로 계승하자는 정신은 선진 문화 섭취에 인색하지 않을 것이다. 외래문화도 새로운 문화의 창조에 이바지함으로써 뜻이 있는 것이고, 그러함으로써 비로소 민족 문화의 전통을 더욱 빛낼 수 있기 때문이다.

① 그렇다면 전통을 계승하고 창조하는 주체는 우리 자신이다.
② 그러므로 전통이란 조상으로부터 물려받은 고유한 유산만을 의미하지는 않는다.
③ 그러나 계승해야 할 전통은 문화 창조에 이바지하는 것으로 한정되어야 한다.
④ 그리고 자국의 전통과 외래적인 문화는 상보적일 수도 있다.

DNA는 이미 1896년에 스위스의 생물학자 프리드리히 미셔가 발견했지만, 대다수 과학자들은 1952년까지는 DNA에 별로 관심을 보이지 않았다. 미셔는 고름이 밴 붕대에 끈적끈적한 회색 물질이 남을 때까지 알코올과 돼지 위액을 쏟아 부은 끝에 DNA를 발견했다. 그것을 시험한 미셔는 DNA가 생물학에서 아주 중요한 물질로 밝혀질 것이라고 선언했다. 그러나 불행하게도 화학 분석 결과, 그 물질 속에 인이 다량 함유돼 있는 것으로 드러났다. 그 당시 생화학 분야에서는 오로지 단백질에만 관심을 보였는데, 단백질에는 인이 전혀 포함돼 있지 않으므로 DNA는 분자 세계의 충수처럼 일종의 퇴화 물질로 간주되었다.

그러나 1952년에 바이러스를 대상으로 한 극적인 실험이 그러한 편견을 바꾸어 놓았다. 바이러스는 다른 세포에 무임승차하여 피를 빠는 모기와는 반대로 세포 속에 악당 유전 정보를 주입한다. 하지만 그 유전 정보가 바이러스의 DNA에 들어 있는지 단백질에 들어 있는지는 아무도 몰랐다. 유전학자인 알프레더 허쉬와 마사 체이스는 방사성 동위원소 추적자를 사용해 바이러스에서 인이 풍부한 DNA의 인과, 황이 풍부한 단백질의 황을 추적해 보았다. 이 방법으로 바이러스가 침투한 세포들을 조사한 결과, 방사성 인은 세포에 주입되어 전달된 반면 황이 포함된 단백질은 그렇지 않은 것으로 드러났다. 따라서 유전 정보의 전달자는 단백질이 될 수 없으며, 전달자는 DNA인 것으로 밝혀졌다.

그런데 DNA의 정체는 도대체 무엇일까? 과학자들은 그것에 대해 아는 게 거의 없었다. DNA는 기다란 가닥의 형태로 존재했고, 각각의 가닥은 인과 당으로 된 뼈대로 이루어져 있었다. 그리고 마치 가시에 달린 혹처럼 그 뼈대에서 삐죽 돋아 나온 핵산도 있었다. 그렇지만 그러한 가닥의 모양과 그것들이 서로 어떻게 연결돼 있는지는 수수께끼였다. 라이너스 폴링이 헤모글로빈과 알파 나선으로 보여준 것처럼 분자의 모양은 그 분자의 작용 방식과 밀접한 관계가 있다. 따라서 DNA의 모양을 알아내는 것은 분자 생물학 분야에서 아주 중요한 과제가 되었다.

29 다음 중 윗글의 내용으로 적절하지 않은 것은?

① 1952년 이전까지는 대다수 과학자가 DNA에 관심을 두지 않았다.

② 단백질은 유전 정보를 전달하지 않는다.

③ 유전 정보는 DNA의 인을 통해 전달된다.

④ 미셔의 발견을 당시 과학자들이 무시했던 이유는 DNA가 단백질이 아닌 것으로 판명되었기 때문이다.

30 다음 중 허쉬 – 체이스 실험에서 바이러스가 세포에 침투했을 때 일어나는 현상으로 가장 적절한 것은?

① 세포 내에 방사성 황은 존재하지 않지만 비방사성 황은 존재한다.

② 세포 내에서 바이러스가 번식하여 바이러스의 개체수가 늘어난다.

③ 바이러스의 단백질 성분만이 세포에 침투한다.

④ 방사성 인이 세포에 주입되어 전달되었다.

PART 2

31 수도권에 사는 1,000명의 20대 남녀를 대상으로 한 달 동안 외식을 하는 횟수를 조사했더니, 한 달 동안 외식을 하는 평균 횟수는 12번이고, 표준편차는 4였다. 정규분포를 따르며 임의로 64명을 표본추출할 경우, 표본표준편차는 얼마인가?

① 0.2
② 0.5
③ 0.8
④ 1.2

32 다음은 어느 국가의 알코올 관련 질환 사망자 수에 대한 자료이다. 이에 대한 설명으로 옳은 것은?

〈알코올 관련 질환 사망자 수〉

(단위 : 명)

구분	남성		여성		전체	
	사망자 수	인구 10만 명당 사망자 수	사망자 수	인구 10만 명당 사망자 수	사망자 수	인구 10만 명당 사망자 수
2010년	2,542	10.7	156	0.7	2,698	5.9
2011년	2,870	11.9	199	0.8	3,069	6.3
2012년	3,807	15.8	299	1.2	4,106	8.4
2013년	4,400	18.2	340	1.4	4,740	9.8
2014년	4,674	19.2	374	1.5	5,048	10.2
2015년	4,289	17.6	387	1.6	4,676	9.6
2016년	4,107	16.8	383	1.6	4,490	9.3
2017년	4,305	17.5	396	1.6	4,701	9.5
2018년	4,243	17.1	400	1.6	4,643	9.3
2019년	4,010	16.1	420	1.7	4,430	8.9
2020년	4,111	16.5	424	1.7	( )	9.1
2021년	3,996	15.9	497	2.0	4,493	9.0
2022년	4,075	16.2	474	1.9	( )	9.1
2023년	3,955	15.6	521	2.1	4,476	8.9

※ 인구 10만 명당 사망자 수는 소수점 둘째 자리에서 반올림한 값이다.

① 2020년과 2022년의 전체 사망자 수는 같다.
② 여성 사망자 수는 매년 증가한다.
③ 매년 남성 인구 10만 명당 사망자 수는 여성 인구 10만 명당 사망자 수의 8배 이상이다.
④ 남성 인구 10만 명당 사망자 수가 가장 많은 해의 남성 사망자 수 전년 대비 증가율은 5%p 이상이다.

※ 다음은 국가별 교통서비스 수입 현황을 나타낸 자료이다. 이어지는 질문에 답하시오. [33~34]

〈국가별 교통서비스 수입 현황〉

(단위 : 백만 달러)

구분	합계	해상	항공	기타
한국	31,571	25,160	5,635	776
인도	77,256	63,835	13,163	258
터키	10,157	5,632	4,003	522
멕시코	14,686	8,550	6,136	–
미국	94,344	36,246	53,830	4,268
브라질	14,904	9,633	4,966	305
이탈리아	26,574	7,598	10,295	8,681

33 다음 중 해상 교통서비스 수입액이 많은 국가부터 차례대로 나열한 것은?

① 인도 – 미국 – 한국 – 브라질 – 멕시코 – 이탈리아 – 터키
② 인도 – 미국 – 한국 – 멕시코 – 브라질 – 터키 – 이탈리아
③ 인도 – 한국 – 미국 – 브라질 – 멕시코 – 이탈리아 – 터키
④ 인도 – 미국 – 한국 – 브라질 – 이탈리아 – 터키 – 멕시코

34 다음 중 자료에 대한 설명으로 옳지 않은 것은?

① 터키의 교통서비스 수입에서 항공 수입이 차지하는 비중은 45% 미만이다.
② 전체 교통서비스 수입 금액이 첫 번째와 두 번째로 높은 국가의 차이는 17,088백만 달러이다.
③ 해상 교통서비스 수입보다 항공 교통서비스 수입이 더 높은 국가는 미국과 터키이다.
④ 멕시코는 해상과 항공 교통서비스만 수입하였다.

35 다음은 OECD 주요 국가별 삶의 만족도 및 관련 지표를 나타낸 자료이다. 이에 대한 설명으로 옳지 않은 것은?

〈OECD 주요 국가별 삶의 만족도 및 관련 지표〉

(단위 : 점, %, 시간)

구분	삶의 만족도	장시간 근로자 비율	여가·개인 돌봄시간
덴마크	7.6	2.1	16.1
아이슬란드	7.5	13.7	14.6
호주	7.4	14.2	14.4
멕시코	7.4	28.8	13.9
미국	7.0	11.4	14.3
영국	6.9	12.3	14.8
프랑스	6.7	8.7	15.3
이탈리아	6.0	5.4	15.0
일본	6.0	22.6	14.9
한국	6.0	28.1	14.9
에스토니아	5.4	3.6	15.1
포르투갈	5.2	9.3	15.0
헝가리	4.9	2.7	15.0

※ 장시간 근로자 비율은 전체 근로자 중 주 50시간 이상 근무한 근로자의 비율이다.

① 삶의 만족도가 가장 높은 국가는 장시간 근로자 비율이 가장 낮다.
② 한국의 장시간 근로자 비율은 삶의 만족도가 가장 낮은 국가의 장시간 근로자 비율의 10배 이상이다.
③ 삶의 만족도가 한국보다 낮은 국가들의 장시간 근로자 비율 산술평균은 이탈리아의 장시간 근로자 비율보다 높다.
④ 여가·개인 돌봄시간이 가장 긴 국가와 가장 짧은 국가의 삶의 만족도 차이는 0.3점 이하이다.

36 다음은 미국이 환율조작국을 지정하기 위해 만든 요건별 판단기준과 A ~ K국에 대한 자료이다. 이에 대한 〈보기〉 중 옳은 것을 모두 고르면?

〈요건별 판단기준〉

요건	X 현저한 대미무역수지 흑자	Y 상당한 경상수지 흑자	Z 지속적 환율시장 개입
판단기준	대미무역수지 200억 달러 초과	GDP 대비 경상수지 비중 3% 초과	GDP 대비 외화자산순매수액 비중 2% 초과

※ 요건 중 세 가지를 모두 충족하면 환율조작국으로 지정된다.
※ 요건 중 두 가지만을 충족하면 관찰대상국으로 지정된다.

〈환율조작국 지정 관련 자료〉

(단위 : 10억 달러, %)

구분	대미무역수지	GDP 대비 경상수지 비중	GDP 대비 외화자산순매수액 비중
A	365.7	3.1	−3.9
B	74.2	8.5	0.0
C	68.6	3.3	2.1
D	58.4	−2.8	−1.8
E	28.3	7.7	0.2
F	27.8	2.2	1.1
G	23.2	−1.1	1.8
H	17.6	−0.2	0.2
I	14.9	−3.3	0.0
J	14.9	14.6	2.4
K	−4.3	−3.3	0.1

보기

㉠ 환율조작국으로 지정되는 국가는 없다.
㉡ B국은 X요건과 Y요건을 충족한다.
㉢ 관찰대상국으로 지정되는 국가는 모두 4개이다.
㉣ X요건의 판단기준을 '대미무역수지 200억 달러 초과'에서 '대미무역수지 150억 달러 초과'로 변경하여도 관찰대상국 및 환율조작국으로 지정되는 국가들은 동일하다.

① ㉠, ㉡
② ㉡, ㉣
③ ㉠, ㉡, ㉣
④ ㉡, ㉢, ㉣

다음 표는 G회사 구내식당의 월별 이용자 수 및 매출액에 대한 자료이고, 보고서는 G회사 구내식당 가격인상에 대한 내부검토 자료이다. '2024년 1월의 이용자 수 예측'에 대한 그래프로 옳은 것은?

〈2023년 G회사 구내식당의 월별 이용자 수 및 매출액〉

(단위 : 명, 천 원)

구분	특선식		일반식		총매출액
	이용자 수	매출액	이용자 수	매출액	
7월	901	5,406	1,292	5,168	10,574
8월	885	5,310	1,324	5,296	10,606
9월	914	5,484	1,284	5,136	10,620
10월	979	5,874	1,244	4,976	10,850
11월	974	5,844	1,196	4,784	10,628
12월	952	5,712	1,210	4,840	10,552

※ 총매출액은 특선식 매출액과 일반식 매출액의 합이다.

〈보고서〉

2023년 12월 G회사 구내식당은 특선식(6,000원)과 일반식(4,000원)의 두 가지 메뉴를 판매하고 있다. 2023년 11월부터 구내식당 총매출액이 감소하고 있어 지난 2년 동안 동결되었던 특선식과 일반식 중 한 가지 메뉴의 가격을 2024년 1월부터 1,000원 인상할지를 검토하였다.

메뉴 가격에 변동이 없을 경우, 일반식 이용자와 특선식 이용자의 수가 모두 2023년 12월에 비해 감소하여 2024년 1월의 총매출액은 2023년 12월보다 감소할 것으로 예측된다.

특선식 가격만을 1,000원 인상하여 7,000원으로 할 경우, 특선식 이용자 수는 2023년 7월 이후 최저치 이하로 감소하지만, 가격 인상의 영향 등으로 총매출액은 2023년 10월 이상으로 증가할 것으로 예측된다.

일반식 가격만을 1,000원 인상하여 5,000원으로 할 경우, 일반식 이용자 수는 2023년 12월 대비 10%p 이상 감소하며, 특선식 이용자 수는 2023년 10월보다 증가하지는 않으리라 예측된다.

①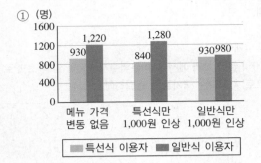

②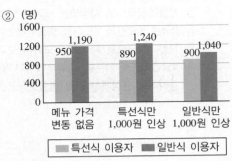

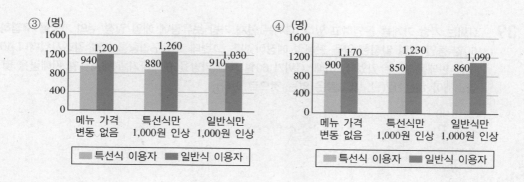

③ (명)

特선식 이용자 / 일반식 이용자

메뉴 가격 변동 없음	940 / 1,200
특선식만 1,000원 인상	880 / 1,260
일반식만 1,000원 인상	910 / 1,030

④ (명)

特선식 이용자 / 일반식 이용자

메뉴 가격 변동 없음	900 / 1,170
특선식만 1,000원 인상	850 / 1,230
일반식만 1,000원 인상	860 / 1,090

38 다음은 우리나라 일부 품목의 소비자 물가지수에 대한 그래프이다. 이에 대한 설명으로 옳지 않은 것은?

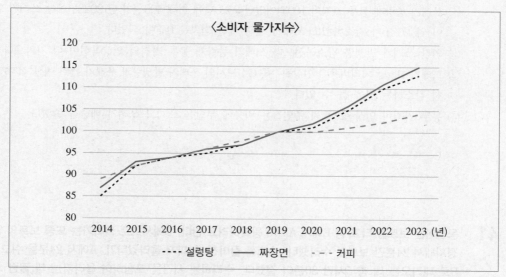

〈소비자 물가지수〉

······ 설렁탕　── 짜장면　-- 커피

① 모든 품목의 소비자 물가지수는 2019년 물가를 100으로 하여 등락률을 산정했다.

② 2023년을 기준으로 짜장면은 2019년 대비 물가지수가 가장 많이 오른 음식이다.

③ 설렁탕은 2014년부터 2019년까지 물가지수가 가장 많이 오른 음식이다.

④ 2023년에 가장 비싼 품목은 짜장면이다.

39 G씨는 가방 가게를 운영하고 있다. G씨는 현재 가방 보유량에 매일 일정 수의 가방을 구입하여 60일 동안 매일 일정한 양을 판매할 예정이었다. 그런데 1일 구입량을 20% 감소시켰더니 40일 동안 판매를 할 수 있었다. 이때, G씨가 60일 동안 가방을 판매하기 위해서 1일 판매량을 몇 % 감소해야 하는가?(단, 재고량은 없는 것으로 한다)

① $\dfrac{100}{3}$ 　　　　　　　　② 25

③ $\dfrac{1}{7}$ 　　　　　　　　　④ $\dfrac{2}{7}$

40 다음은 G신도시 쓰레기 처리 관련 통계 자료이다. 이에 대한 설명으로 옳지 않은 것은?

〈G신도시 쓰레기 처리 관련 통계〉

구분	2020년	2021년	2022년	2023년
1kg 쓰레기 종량제 봉투 가격	100원	200원	300원	400원
쓰레기 1kg당 처리비용	400원	400원	400원	400원
G신도시 쓰레기 발생량	5,013톤	4,521톤	4,209톤	4,007톤
G신도시 쓰레기 관련 예산 적자	15억 원	9억 원	4억 원	0원

① 쓰레기 종량제 봉투 가격이 100원이었던 2020년에 비해 400원이 된 2023년에는 쓰레기 발생량이 약 20%p나 감소하였고 쓰레기 관련 예산 적자는 0원이 되었다.
② 연간 쓰레기 발생량 감소곡선보다 쓰레기 종량제 봉투 가격의 인상곡선이 더 가파르다.
③ 쓰레기 1kg당 처리비용이 인상될수록 G신도시의 쓰레기 발생량과 쓰레기 관련 예산 적자가 급격히 감소하는 것을 볼 수 있다.
④ 봉투 가격이 인상됨으로써 주민들은 비용에 부담을 느끼고 쓰레기 배출을 줄였다.

41 동원이는 보트를 타고 강 B에서 A까지 왕복하려고 한다. B에서 A로 올라가는 도중 보트의 엔진이 정지해서 24분간 보트를 수리했다. 수리를 끝마친 후 마저 올라갔다가, A에서 24분을 쉬고, 다시 B로 내려오는 데 총 5시간 30분이 걸렸다. 수리하는 시간을 포함하여 올라가는 데 걸린 시간은 내려오는 데 걸린 시간의 2.4배였다면, 흐르지 않는 물에서 보트의 속력은?(단, 물은 A에서 B로 흐르며 속력은 5km/h이다)

① 10km/h 　　　　　　　　② 15km/h
③ 20km/h 　　　　　　　　④ 25km/h

42 다음은 중학생의 주당 운동시간 현황을 조사한 자료이다. 이에 대한 〈보기〉 중 옳은 것을 모두 고르면?

〈중학생의 주당 운동시간 현황〉

(단위 : %, 명)

구분		남학생			여학생		
		1학년	2학년	3학년	1학년	2학년	3학년
1시간 미만	비율	10.0	5.7	7.6	18.8	19.2	25.1
	인원수	118	66	87	221	217	281
1시간 이상 2시간 미만	비율	22.2	20.4	19.7	26.6	31.3	29.3
	인원수	261	235	224	312	353	328
2시간 이상 3시간 미만	비율	21.8	20.9	24.1	20.7	18.0	21.6
	인원수	256	241	274	243	203	242
3시간 이상 4시간 미만	비율	34.8	34.0	23.4	30.0	27.3	14.0
	인원수	409	392	266	353	308	157
4시간 이상	비율	11.2	19.0	25.2	3.9	4.2	10.0
	인원수	132	219	287	46	47	112
합계	비율	100.0	100.0	100.0	100.0	100.0	100.0
	인원수	1,176	1,153	1,138	1,175	1,128	1,120

보기

㉠ 1시간 미만 운동하는 3학년 남학생 수는 4시간 이상 운동하는 1학년 여학생 수보다 많다.
㉡ 동일 학년의 남학생과 여학생을 비교하면, 남학생 중 1시간 미만 운동하는 남학생의 비율이 여학생 중 1시간 미만 운동하는 여학생의 비율보다 각 학년에서 모두 낮다.
㉢ 남학생과 여학생 각각 학년이 높아질수록 3시간 이상 운동하는 학생의 비율이 낮아진다.
㉣ 모든 학년별 남학생과 여학생 각각에서 3시간 이상 4시간 미만 운동하는 학생의 비율이 4시간 이상 운동하는 학생의 비율보다 높다.

① ㉠, ㉡   ② ㉠, ㉣
③ ㉡, ㉢   ④ ㉢, ㉣

43 다음은 G국의 자동차 매출에 대한 자료이다. 이에 대한 설명으로 옳은 것은?

〈2023년 10월 월매출액 상위 10개 자동차의 매출 현황〉

(단위 : 억 원, %)

자동차	순위	월매출액	시장점유율	전월 대비 증가율
A	1	1,139	34.3	60
B	2	1,097	33.0	40
C	3	285	8.6	50
D	4	196	5.9	50
E	5	154	4.6	40
F	6	149	4.5	20
G	7	138	4.2	50
H	8	40	1.2	30
I	9	30	0.9	150
J	10	27	0.8	40

※ (시장점유율)$=\dfrac{(\text{해당 자동차 월매출액})}{(\text{전체 자동차 월매출 총액})}\times100$

〈2023년 I자동차 누적매출액〉

(단위 : 억 원)

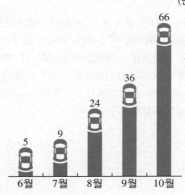

※ 월매출액은 해당 월 말에 집계된다.

① 2023년 9월 C자동차의 월매출액은 200억 원 이상이다.
② 2023년 10월 월매출액 상위 5개 자동차의 순위는 전월과 동일하다.
③ 2023년 6월부터 9월 중 I자동차의 월매출액이 가장 큰 달은 9월이다.
④ 2023년 10월 G국의 전체 자동차 매출액 총액은 4,000억 원 미만이다.

44 다음은 연령별 3 ~ 4월 코로나 신규 확진자 수 현황을 지역별로 조사한 자료이다. 이에 대한 설명으로 옳은 것은?(단, 비율은 소수점 둘째 자리에서 반올림한다)

〈연령별 코로나 신규 확진자 수 현황〉

(단위 : 명)

구분		10대 미만	10대	20대	30대	40대	50대	60대	70대 이상	전체
지역	기간									
A	3월	7	29	34	41	33	19	28	35	226
	4월	5	18	16	23	21	2	22	14	121
B	3월	6	20	22	33	22	35	12	27	177
	4월	1	5	10	12	18	14	5	13	78
C	3월	2	26	28	25	17	55	46	29	228
	4월	2	14	22	19	2	15	26	22	122
D	3월	3	11	22	20	9	21	54	19	159
	4월	1	2	21	11	5	2	41	12	95
E	3월	4	58	30	37	27	41	22	57	276
	4월	2	14	15	21	13	22	11	44	142
F	3월	9	39	38	59	44	45	54	32	320
	4월	2	29	33	31	22	31	36	12	196
G	3월	0	8	10	29	48	22	29	39	185
	4월	0	3	2	22	11	8	2	13	61
H	3월	4	15	11	52	21	31	34	48	216
	4월	3	9	4	14	9	20	12	22	93
I	3월	2	11	18	35	4	33	21	19	143
	4월	0	4	4	12	4	21	7	2	54

① 각 지역의 10대 미만 4월 신규 확진자 수는 전월 대비 감소하였다.

② 20대 신규 확진자 수가 10대 신규 확진자 수보다 적은 지역 수는 3월과 4월이 동일하다.

③ 3월 신규 확진자 수가 세 번째로 많은 지역의 4월 신규 확진자 수가 가장 많은 연령대는 20대이다.

④ H지역의 4월 신규 확진자 수가 4월 전체 지역의 신규 확진자 수에서 차지하는 비율은 10% 이상이다.

45 다음은 지역별 마약류 단속에 대한 자료이다. 이에 대한 설명으로 옳은 것은?

<지역별 마약류 단속 건수>

(단위 : 건, %)

구분	대마	코카인	향정신성의약품	합계	비중
서울	49	18	323	390	22.1
인천·경기	55	24	552	631	35.8
부산	6	6	166	178	10.1
울산·경남	13	4	129	146	8.3
대구·경북	8	1	138	147	8.3
대전·충남	20	4	101	125	7.1
강원	13	0	35	48	2.7
전북	1	4	25	30	1.7
광주·전남	2	4	38	44	2.5
충북	0	0	21	21	1.2
제주	0	0	4	4	0.2
전체	167	65	1,532	1,764	100.0

※ 수도권은 서울과 인천·경기를 합한 지역이다.
※ 마약류는 대마, 코카인, 향정신성의약품으로만 구성된다.

① 대마 단속 전체 건수는 코카인 단속 전체 건수의 3배 이상이다.
② 수도권의 마약류 단속 건수는 마약류 단속 전체 건수의 50% 이상이다.
③ 코카인 단속 건수가 없는 지역은 5곳이다.
④ 향정신성의약품 단속 건수는 대구·경북 지역이 광주·전남 지역의 4배 이상이다.

46 다음은 G국의 농·임업 생산액과 부가가치 현황에 대한 자료이다. 이에 대한 〈보기〉 중 옳은 것을 모두 고르면?

〈농·임업 생산액 현황〉

(단위 : 10억 원, %)

구분		2018년	2019년	2020년	2021년	2022년	2023년
농·임업 생산액		39,663	42,995	43,523	43,214	46,357	46,648
분야별 비중	곡물	23.6	20.2	15.6	18.5	17.5	18.3
	화훼	28.0	27.7	29.4	30.1	31.7	32.1
	과수	34.3	38.3	40.2	34.7	34.6	34.8

※ 분야별 비중은 해당 분야의 농·임업 생산액 대비 생산액 비중이다.
※ 곡물, 화훼, 과수는 농·임업 일부 분야이다.

〈농·임업 부가가치 현황〉

(단위 : 10억 원, %)

구분		2018년	2019년	2020년	2021년	2022년	2023년
농·임업 부가가치		22,587	23,540	24,872	26,721	27,359	27,376
GDP 대비 비중	농업	2.1	2.1	2.0	2.1	2.0	2.0
	임업	0.1	0.1	0.2	0.1	0.2	0.2

※ GDP 대비 비중은 해당 분야의 GDP 대비 부가가치 비중이다.
※ 농·임업은 농업과 임업으로만 구성된다.

보기

㉠ 농·임업 생산액이 전년보다 적은 해에는 농·임업 부가가치도 전년보다 적다.
㉡ 화훼 생산액은 매년 증가한다.
㉢ 매년 곡물 생산액은 과수 생산액의 50% 이상이다.
㉣ 매년 농업 부가가치는 농·임업 부가가치의 85% 이상이다.

① ㉠, ㉡　　　　　　　　　　② ㉠, ㉢
③ ㉡, ㉣　　　　　　　　　　④ ㉢, ㉣

47 다음은 공공기관 신규채용 합격자 현황에 대한 자료이다. 이를 이용하여 작성한 그래프로 옳지 않은 것은?

〈공공기관 신규채용 합격자 현황〉

(단위 : 명)

합격자 \ 연도		2019년	2020년	2021년	2022년	2023년
전체		17,601	19,322	20,982	22,547	33,832
	여성	7,502	7,664	8,720	9,918	15,530

〈공공기관 유형별 신규채용 합격자 현황〉

(단위 : 명)

유형 \ 합격자 \ 연도		2019년	2020년	2021년	2022년	2023년
공기업	전체	4,937	5,823	5,991	6,805	9,070
	여성	1,068	1,180	1,190	1,646	2,087
준정부기관	전체	5,055	4,892	6,084	6,781	9,847
	여성	2,507	2,206	2,868	3,434	4,947
기타 공공기관	전체	7,609	8,607	8,907	8,961	14,915
	여성	3,927	4,278	4,662	4,838	8,496

※ 공공기관은 공기업, 준정부기관, 기타공공기관으로만 구성된다.

① 공공기관 유형별 신규채용 합격자 현황

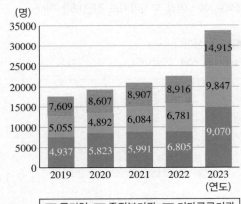

② 2021년 공공기관 유형별 신규채용 남성 합격자 현황

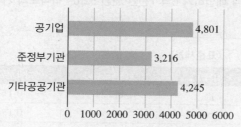

③ 공공기관 유형별 신규채용 합격자 중 여성 비중

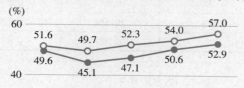

④ 공공기관 신규채용 합격자의 전년 대비 증가율

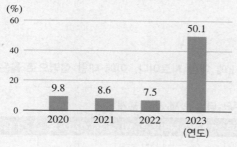

48 부동산 취득세 세율이 다음과 같을 때, 실 매입비가 6억 7천만 원인 $92m^2$ 아파트의 거래금액은? (단, 만 원 단위 미만은 절사한다)

〈표준세율〉

구분		취득세	농어촌특별세	지방교육세
6억 원 이하 주택	$85m^2$ 이하	1%	비과세	0.1%
	$85m^2$ 초과	1%	0.2%	0.1%
6억 원 초과 9억 원 이하 주택	$85m^2$ 이하	2%	비과세	0.2%
	$85m^2$ 초과	2%	0.2%	0.2%
9억 원 초과 주택	$85m^2$ 이하	3%	비과세	0.3%
	$85m^2$ 초과	3%	0.2%	0.3%

① 65,429만 원

② 65,800만 원

③ 67,213만 원

④ 67,480만 원

49 다음은 세계 주요 터널 화재 사고 A~F에 대한 자료이다. 이에 대한 설명으로 옳은 것은?

〈세계 주요 터널 화재 사고 통계〉

사고	터널길이(km)	화재규모(MW)	복구비용(억 원)	복구기간(개월)	사망자(명)
A	50.5	350	4,200	6	1
B	11.6	40	3,276	36	39
C	6.4	120	72	3	12
D	16.9	150	312	2	11
E	0.2	100	570	10	192
F	1.0	20	18	8	0

※ (사고비용)=(복구비용)+[(사망자 수)×5억 원]

① 터널길이가 길수록 사망자가 많다.

② 화재규모가 클수록 복구기간이 길다.

③ 사고 A를 제외하면 복구기간이 길수록 복구비용이 많다.

④ 사망자가 30명 이상인 사고를 제외하면 화재규모가 클수록 복구비용이 많다.

※ 다음은 연도별 해양사고 발생 현황에 대한 그래프이다. 이어지는 질문에 답하시오. [50~51]

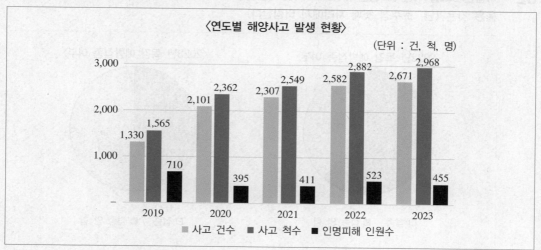

〈연도별 해양사고 발생 현황〉

(단위 : 건, 척, 명)

연도	사고 건수	사고 척수	인명피해 인원수
2019	1,330	1,565	710
2020	2,101	2,362	395
2021	2,307	2,549	411
2022	2,582	2,882	523
2023	2,671	2,968	455

50 다음 중 2019년 대비 2020년 사고 척수의 증가율과 사고 건수의 증가율이 순서대로 나열된 것은? (단, 증가율은 소수점 둘째 자리에서 반올림한다)

① 48.7%p, 58.0%p
② 48.7%p, 61.1%p
③ 50.9%p, 58.0%p
④ 50.9%p, 61.1%p

51 다음 중 사고 건수당 인명피해의 인원수가 가장 많은 연도는?

① 2019년
② 2020년
③ 2021년
④ 2022년

52 다음은 G그룹 직원 250명을 대상으로 독감 예방접종 여부를 조사한 자료이다. 이에 대한 설명으로 옳은 것은?(단, 소수점 첫째 자리에서 버림한다)

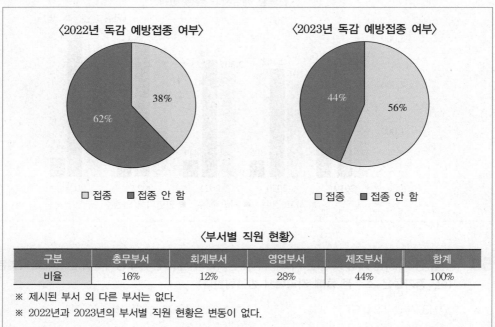

〈부서별 직원 현황〉

구분	총무부서	회계부서	영업부서	제조부서	합계
비율	16%	12%	28%	44%	100%

※ 제시된 부서 외 다른 부서는 없다.
※ 2022년과 2023년의 부서별 직원 현황은 변동이 없다.

① 모든 2022년의 독감 예방접종자가 2023년에도 예방접종했다면, 2022년에는 예방접종을 하지 않았지만 2023년에 예방접종을 한 직원은 총 54명이다.

② 2022년 대비 2023년에 예방접종을 한 직원의 수는 49%p 이상 증가했다.

③ 2023년의 자료가 2022년에 예방접종을 하지 않은 직원들을 대상으로 조사한 자료라고 하면, 2022년과 2023년 모두 예방접종을 하지 않은 직원은 총 65명이다.

④ 2022년과 2023년의 독감 예방접종 여부가 총무부서에 대한 자료이고 인원변동이 없다고 할 때, 총무부서 직원 중 예방접종을 한 직원은 2022년 대비 2023년에 7명 증가했다.

53 다음은 청소년의 경제의식에 대한 설문조사 결과이다. 이에 대한 설명으로 옳은 것은?

〈경제의식에 대한 설문조사 결과〉

(단위 : %)

설문 내용	구분	전체	성별		학교별	
			남	여	중학교	고등학교
용돈을 받는지 여부	예	84.2	82.9	85.4	87.6	80.8
	아니오	15.8	17.1	14.6	12.4	19.2
월간 용돈 금액	5만 원 미만	75.2	73.9	76.5	89.4	60
	5만 원 이상	24.8	26.1	23.5	10.6	40
금전출납부 기록 여부	기록한다.	30	22.8	35.8	31	27.5
	기록 안 한다.	70	77.2	64.2	69.0	72.5

① 용돈을 받는 남학생의 비율이 용돈을 받는 여학생의 비율보다 높다.
② 월간 용돈을 5만 원 미만으로 받는 비율은 중학생이 고등학생보다 높다.
③ 고등학생 전체 인원을 100명이라 한다면, 월간 용돈을 5만 원 이상 받는 학생은 40명이다.
④ 금전출납부는 기록하는 비율이 기록 안 하는 비율보다 높다.

54 G영화관의 영화 티켓 가격은 성인 12,000원이고, 청소년 티켓은 성인 티켓의 0.7배이다. 9명이 G영화관에서 단체 관람을 하는데 90,000원을 지불하였다면, 청소년은 모두 몇 명인가?

① 3명
② 4명
③ 5명
④ 6명

55 다음은 A ~ E의 직업기초능력평가 점수에 대한 자료이다. 이를 토대로 표준편차가 큰 순서대로 바르게 나열한 것은?

(단위 : 점)

구분	의사소통능력	수리능력	문제해결능력	정보능력	직업윤리
A	60	70	75	65	80
B	50	90	80	60	70
C	70	70	70	70	70
D	70	50	90	100	40
E	85	60	70	75	60

① D > B > E > C > A
② D > B > E > A > C
③ B > D > A > E > C
④ B > D > C > E > A

56 다음은 G국에서 채용된 공무원 인원에 대한 자료이다. 이에 대한 〈보기〉 중 옳은 것을 모두 고르면?

〈G국의 2023년 공무원 채용 인원〉

(단위 : 명)

구분	공개경쟁채용	경력경쟁채용	합계
고위공무원	–	73	73
3급	–	17	17
4급	–	99	99
5급	296	205	501
6급	–	193	193
7급	639	509	1,148
8급	–	481	481
9급	3,000	1,466	4,466
연구직	17	357	374
지도직	–	3	3
우정직	–	599	599
전문경력관	–	104	104
전문임기제	–	241	241
한시임기제	–	743	743
합계	3,952	5,090	9,042

※ 채용방식은 공개경쟁채용과 경력경쟁채용으로만 이루어진다.

※ 공무원 구분은 자료에 제시된 것으로 한정된다.

보기

㉠ 2023년에 공개경쟁채용을 통해 채용이 이루어진 공무원 구분은 총 4개이다.

㉡ 2023년 우정직 채용 인원은 7급 채용 인원의 절반보다 많다.

㉢ 2023년에 공개경쟁채용을 통해 채용이 이루어진 직책은 공개경쟁채용 인원이 경력경쟁채용 인원보다 많다.

㉣ 2024년부터 공무원 채용 인원 중 9급 공개경쟁채용 인원만을 해마다 전년 대비 10%씩 늘리고 그 외 나머지 채용 인원을 2023년과 동일하게 유지하여 채용한다면, 2025년 전체 공무원 채용 인원 중 9급 공개경쟁채용 인원의 비중은 40% 이하이다.

① ㉠, ㉡

② ㉠, ㉢

③ ㉠, ㉡, ㉣

④ ㉡, ㉢, ㉣

57 다음은 지하수 관측현황과 연도별 지하수 주요 관측지표에 대한 자료이다. 이에 대한 〈보기〉 중 옳은 것을 모두 고르면?

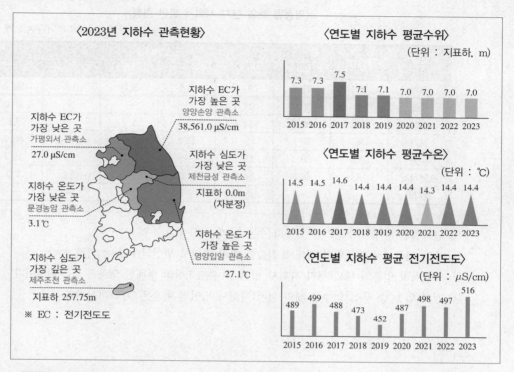

〈2023년 지하수 관측현황〉

지하수 EC가 가장 낮은 곳
가평외서 관측소
27.0 μS/cm

지하수 온도가 가장 낮은 곳
문경농암 관측소
3.1℃

지하수 심도가 가장 깊은 곳
제주조천 관측소
지표하 257.75m

※ EC : 전기전도도

지하수 EC가 가장 높은 곳
양양손양 관측소
38,561.0 μS/cm

지하수 심도가 가장 낮은 곳
제천금성 관측소
지표하 0.0m
(자분정)

지하수 온도가 가장 높은 곳
영양입암 관측소
27.1℃

〈연도별 지하수 평균수위〉
(단위 : 지표하, m)

2015	2016	2017	2018	2019	2020	2021	2022	2023
7.3	7.3	7.5	7.1	7.1	7.0	7.0	7.0	7.0

〈연도별 지하수 평균수온〉
(단위 : ℃)

2015	2016	2017	2018	2019	2020	2021	2022	2023
14.5	14.5	14.6	14.4	14.4	14.4	14.3	14.4	14.4

〈연도별 지하수 평균 전기전도도〉
(단위 : μS/cm)

2015	2016	2017	2018	2019	2020	2021	2022	2023
489	499	488	473	452	487	498	497	516

보기

㉠ 지하수 평균수위는 2020년부터 2023년까지 변동이 없었다.

㉡ 2023년 지하수 온도가 가장 높은 곳의 지하수 온도와 평균수온의 차이는 12.7℃이다.

㉢ 2023년 지하수 전기전도도가 가장 높은 곳의 지하수 전기전도도는 평균 전기전도도의 76배 이상이다.

① ㉠
② ㉠, ㉡
③ ㉠, ㉢
④ ㉡, ㉢

58 다음은 업종별 해외 현지 자회사 법인에 대한 자료이다. 이에 대한 설명으로 옳지 않은 것은?

〈업종별 해외 현지 자회사 법인 현황〉

(단위 : 개, %)

구분	사례 수	진출형태별					
		단독법인	사무소	합작법인	지분투자	유한회사	무응답
전체	387	47.6	20.4	7.8	1.0	0.8	22.4
주조	4	36.0	36.0	–	–	–	28.0
금형	92	35.4	44.4	14.9	1.7	–	3.5
소성가공	30	38.1	–	15.2	–	–	46.7
용접	128	39.5	13.1	–	1.7	–	45.7
표면처리	133	66.4	14.8	9.0	–	2.4	7.3
열처리	–	–	–	–	–	–	–

① 단독법인 형태의 소성가공 업종의 수는 10개 이상이다.
② 모든 업종에서 단독법인 형태로 진출한 현지 자회사 법인의 비율이 가장 높다.
③ 표면처리 업종의 해외 현지 자회사 법인 중 유한회사의 형태인 업종은 2곳 이상이다.
④ 전체 업종 중 용접 업종의 해외 현지 자회사 법인의 비율은 30% 이상이다.

59 다음은 G국의 치료감호소 수용자 현황에 대한 자료이다. 빈칸 (가) ~ (라)에 해당하는 수를 모두 더한 값은?

〈치료감호소 수용자 현황〉

(단위 : 명)

구분	약물	성폭력	심신장애자	합계
2018년	89	77	520	686
2019년	(가)	76	551	723
2020년	145	(나)	579	824
2021년	137	131	(다)	887
2022년	114	146	688	(라)
2023년	88	174	688	950

① 1,524
② 1,639
③ 1,751
④ 1,763

60 다음은 지역별·용도지역별 지가변동률에 대한 자료이다. 이에 대한 설명으로 옳은 것은?

〈2023년 12월 전년 대비 지역·용도지역별 지가변동률〉

(단위 : %)

구분	평균	주거지역	상업지역	공업지역	보전관리지역	농림지역
전국	3.14	3.53	3.01	1.88	2.06	2.39
서울특별시	3.88	3.95	3.34	5.30	0	0
부산광역시	3.79	4.38	5.28	−0.18	0	0
대구광역시	3.87	5.00	3.65	−0.97	0	1.40
인천광역시	3.39	3.64	3.37	3.35	2.78	2.82
광주광역시	4.29	4.59	3.00	1.60	1.92	6.45
대전광역시	2.38	2.84	1.68	1.09	1.28	0
울산광역시	1.01	1.46	1.16	−0.22	2.42	1.08
세종특별자치시	4.55	3.83	3.39	4.44	6.26	2.44
경기도	3.23	3.47	2.38	2.36	2.10	3.04
강원도	2.54	2.97	2.13	1.84	1.23	2.49
충청북도	2.08	1.64	1.64	2.06	1.53	1.80
충청남도	1.34	1.88	1.06	0.64	0.87	1.38
전라북도	2.23	2.21	1.83	−0.42	2.88	2.75
전라남도	3.61	4.02	3.14	3.12	3.52	3.57
경상북도	2.06	2.15	1.73	0.21	2.05	2.24
경상남도	0.80	0.22	0.67	−1.61	1.77	1.45
제주특별자치도	2.21	1.67	1.67	0.09	1.61	0

① 전년 대비 공업지역 지가가 감소한 지역의 농림지역 지가는 전년 대비 증가하였다.
② 전라북도 상업지역의 지가변동률은 충청북도의 주거지역의 지가변동률보다 30% 이상 높다.
③ 대구광역시 공업지역의 지가변동률과 경상남도 보전관리지역의 지가변동률 차이는 1.59%p이다.
④ 보전관리지역 지가변동률 대비 농림지역 지가변동률의 비율은 경기도보다 강원도가 높다.

61 경영학과에 재학 중인 A ~ E는 계절학기 시간표에 따라 요일별로 하나의 강의만 수강한다. 전공 수업을 신청한 C는 D보다 앞선 요일에 수강하고, E는 교양 수업을 신청한 A보다 나중에 수강한다고 할 때, 다음 중 항상 참이 되는 것은?

월	화	수	목	금
전공1	전공2	교양1	교양2	교양3

① A가 수요일에 강의를 듣는다면 E는 교양2 강의를 듣는다.
② B가 전공 수업을 듣는다면 C는 화요일에 강의를 듣는다.
③ C가 화요일에 강의를 듣는다면 E는 교양3 강의를 듣는다.
④ E는 반드시 교양 수업을 듣는다.

62 G공단은 직원들의 복리 증진을 위해 다음과 같은 복지제도를 검토하여 도입하고자 한다. 제시된 〈보기〉의 명제가 모두 참일 때, 반드시 참인 것은?

G공단은 다음 중 최대 2개의 복지제도를 도입하고자 한다.
• 동호회행사비 지원
• 출퇴근교통비 지원
• 연차 추가제공
• 주택마련자금 지원

보기
• 연차를 추가제공하지 않거나 출퇴근교통비를 지원한다면, 주택마련자금 지원을 도입한다.
• 동호회행사비 지원을 도입할 때에만, 연차 추가제공을 도입한다.
• 출퇴근교통비 지원을 도입하지 않는다면, 동호회행사비 지원을 도입한다.
• 출퇴근교통비 지원을 도입하거나 연차 추가제공을 도입하지 않으면, 동호회행사비 지원을 도입하지 않는다.
• 주택마련자금 지원을 도입한다면 다른 복지제도는 도입할 수 없다.

① 동호회행사비 지원은 도입되지 않는다.
② G공단은 1개의 복지제도만 새로 도입한다.
③ 연차 추가제공은 도입되지 않는다.
④ 출퇴근교통비 지원과 연차 추가제공 중 한 개만 도입된다.

63 G학원에서 10명의 학생(가 ~ 차)을 차례로 한 줄로 세우려고 한다. 다음 〈조건〉을 참고하여 7번째에 오는 학생이 사일 때, 3번째에 올 학생은 누구인가?

> **조건**
> - 자 학생과 차 학생은 결석하여 줄을 서지 못했다.
> - 가보다 다가 먼저 서 있다.
> - 마는 다와 아보다 먼저 서 있다.
> - 아는 가와 바 사이에 서 있다.
> - 바는 나보다는 먼저 서 있지만, 가보다는 뒤에 있다.
> - 라는 사와 나의 뒤에 서 있다.

① 가   ② 나
③ 마   ④ 바

64 다음 〈조건〉을 바탕으로 추론한 〈보기〉에 대한 판단으로 옳은 것은?

> **조건**
> - 1교시부터 4교시까지 국어, 수학, 영어, 사회 4과목의 수업이 한 시간씩 있다.
> - 국어는 1교시가 아니다.
> - 영어는 2교시가 아니다.
> - 영어는 국어와 수학 시간 사이에 있다.

> **보기**
> A : 2교시가 수학일 때 1교시는 사회이다.
> B : 3교시는 영어이다.

① A만 옳다.
② B만 옳다.
③ A, B 모두 옳다.
④ A, B 모두 틀리다.

〈4월 달력〉

월요일	화요일	수요일	목요일	금요일	토요일	일요일
		1	2	3	4	5
6	7	8	9	10	11	12
13	14	15 선거일	16	17	18	19
20	21	22	23	24	25	26
27	28	29	30			

65 G회사가 〈조건〉에 따라 4월 내로 가능한 빠르게 신입사원 채용시험을 진행한다고 할 때, 다음 중 채용시험일이 바르게 연결된 것은?

조건

• 최근 발생한 전염병으로 인해 G회사는 4월 10일까지 휴무하기로 결정하였으나, 직원 중 한 명이 확진자로 판정받아 기존 휴무 기간에서 일주일 더 연장하기로 결정하였다.
• G회사의 신입사원 채용시험은 필기시험과 면접시험으로 이루어지며, 각각 하루씩 소요된다. 필기시험 후 2일 동안 필기시험 결과를 바탕으로 면접시험 진행자를 선별하고, 필기시험일로부터 3일이 되는 날 면접시험 해당자에게 면접대상자임을 고지한 후 고지한 날로부터 2일이 되는 날 면접시험을 진행한다(단, 필기시험과 면접시험의 시험일이 월요일, 토요일, 일요일 및 법정공휴일인 경우 그 다음날로 한다).

	필기시험	면접시험
①	21일	28일
②	21일	29일
③	22일	28일
④	22일	29일

66 G회사는 채용시험에 최종 합격한 신입사원을 〈조건〉에 따라 각 부서에 배치하려 한다. 다음 중 신입사원이 소속 부서로 출근하는 날은 언제인가?(단, 면접시험일은 **65**번 문제를 통해 결정된 날짜이며, 토·일요일에는 회사 근무를 하지 않는다)

> **조건**
> • 면접시험일 이틀 뒤에 최종 합격자를 발표한다.
> • 최종 합격자는 합격자 발표일 그 다음 주 월요일에 첫 출근을 한다.
> • 최종 합격자는 첫 출근일을 포함하여 2주간 신입사원 교육을 받는다.
> • 신입사원 교육이 끝난 뒤 이틀 동안의 회의를 통해 신입사원의 배치를 결정한다.
> • 부서 배치가 결정되면 신입사원은 그 다음 주 월요일부터 소속 부서로 출근한다.

① 5월 4일
② 5월 11일
③ 5월 20일
④ 5월 25일

67 G공단에서는 옥상 정원을 조성하기 위해, 나무를 4줄로 심으려고 한다. 각 줄에 두 종류의 나무를 심을 때, 다음 〈조건〉에 근거하여 바르게 추론한 것은?

> **조건**
> • 은행나무는 가장 앞줄에 있다.
> • 소나무와 감나무는 같은 줄에 있고, 느티나무의 바로 앞줄이다.
> • 밤나무는 가장 뒷줄에 있다.
> • 플라타너스는 감나무와 벚나무의 사이에 있다.
> • 단풍나무는 소나무보다는 앞줄에 있지만, 벚나무보다는 뒤에 있다.

① 은행나무는 느티나무와 같은 줄에 있다.
② 벚나무는 첫 번째 줄에 있다.
③ 단풍나무는 플라타너스 옆에 있으며 세 번째 줄이다.
④ 플라타너스보다 뒤에 심은 나무는 없다.

※ 다음은 강원도 G부동산의 매물번호에 대한 자료이다. 이어지는 질문에 답하시오. [68~70]

〈매물번호 부여 기준〉

AA	B	CC	D	EE	F
매물구분	매매구분	매물지역	거래구분	매매 / 보증금	월세

보험상품		해지환급금 지급유무		가입자 성별	
GD : 토지 HO : 전원주택 FE : 펜션 SR : 상가 AP : 아파트 VI : 빌라 FC : 공장		O : 매매 P : 전세 Q : 월세		01 : 강화읍 02 : 선원면 03 : 길상면 04 : 불은면 05 : 송해면 06 : 하점면 07 : 양도면	
납입기간		납입주기		보험기간(년, 세)	
1 : 독점매물 2 : 공유매물		00 : 1,000만 원 미만 01 : 1,000만 원대 02 : 2,000만 원대 03 : 3,000만 원대 … 10 : 10,000만 원대 … 49 : 49,000만 원대 50 : 50,000만 원대		T : 해당 없음 N : 30만 원 미만 D : 30만 원 이상 50만 원 미만 X : 50만 원 이상 70만 원 미만 S : 70만 원 이상 100만 원 미만 V : 100만 원 이상	

68 매물번호가 다음과 같을 때, 매물번호에 대한 설명으로 적절하지 않은 것은?

HOO01135T

① 매물은 주거를 위한 것이다.
② 매물 구매 시 소유권이 변경된다.
③ 매물은 읍 단위에 위치하고 있다.
④ 매물의 월세는 협의가 가능하다.

69 다음은 G부동산을 방문한 A의 대화 내용이다. A에게 G부동산 중개인이 보여줄 매물로 가장 적절한 것은?

> A : 안녕하세요. 이번에 강화도로 공장을 이전하게 되어 적당한 매물이 있는지 여쭤보러 왔어요. 공장허가를 받을 수 있는 토지도 좋고요. 기존 공장건물이 있는 곳도 좋아요. 저희는 매매나 전세로 생각 중인데, 매매가에 경우에는 최대 3억 3천만 원까지 가능하고요. 전세가에 경우에는 최대 4억 원까지만 가능할 것 같아요. 위치는 크게 상관없으나, 아무래도 공장이라 소음이나 냄새 등으로 주민들과 마찰이 적었음 해서 시내인 강화읍은 피하고 싶어요.

① GDO01131T   ② GDP02241T
③ FCO03138T   ④ FCP04231T

70 다음 〈보기〉의 매물번호 중 유효하지 않은 것을 모두 고르면?

> **보기**
> ㉠ FEP03121T   ㉡ SRO07218N
> ㉢ APO05225T   ㉣ VIQ08108X
> ㉤ FCP02135T

① ㉠, ㉡   ② ㉡, ㉢
③ ㉡, ㉣   ④ ㉢, ㉣, ㉤

71 다음 대화와 G여행사 해외여행 상품을 근거로 판단할 때, 세훈이 선택할 여행지는?

> 인희 : 다음 달 셋째 주에 연휴던데, 그때 여행갈 계획 있어?
>
> 세훈 : 응, 이번에는 꼭 가야지. 월요일, 수요일, 금요일이 공휴일이잖아. 그래서 우리 회사에서는 화요일과 목요일에만 연차를 쓰면 앞뒤 주말 포함해서 최대 9일 연휴가 되더라고. 그런데 난 연차가 하루밖에 남지 않아서 그렇게 길게는 안 돼. 그래도 이번엔 꼭 해외여행을 갈 거야.
>
> 인희 : 어디로 갈 생각이야?
>
> 세훈 : 나는 어디로 가든 상관없는데 여행지에 도착할 때까지 비행기를 오래 타면 너무 힘들더라고. 그래서 총 비행시간이 편도로 8시간 이내면서 직항 노선이 있는 곳으로 가려고.
>
> 인희 : 여행기간은 어느 정도로 할 거야?
>
> 세훈 : 남은 연차를 잘 활용해서 주어진 기간 내에서 최대한 길게 다녀오려고 해. G여행사 해외여행 상품 중에 하나를 정해서 다녀올 거야.

〈G여행사 해외여행 상품〉

여행지	여행기간(한국시각 기준)	총 비행시간(편도)	비행기 환승 여부
두바이	4박 5일	8시간	직항
모스크바	6박 8일	8시간	직항
방콕	4박 5일	7시간	1회 환승
홍콩	3박 4일	5시간	직항

① 두바이   ② 모스크바

③ 방콕   ④ 홍콩

72 이번 주까지 G가 해야 하는 일들은 총 아홉 가지(a ~ i)가 있고, 일주일 동안 월요일부터 매일 하나의 일을 한다. 다음 〈조건〉을 참고하여 G가 토요일에 하는 일이 b일 때, 화요일에 하는 일은?

- 9개의 할 일 중에서 e와 g는 하지 않는다.
- d를 c보다 먼저 수행한다.
- c는 f보다 먼저 수행한다.
- i는 a와 f보다 나중에 수행한다.
- h는 가장 나중에 수행한다.
- a는 c보다 나중에 진행한다.

① a   ② c

③ d   ④ f

73 G씨가 컴퓨터 정보와 〈조건〉을 참고하여 컴퓨터를 구입하려고 할 때, 다음 중 구입할 컴퓨터는 무엇인가?

〈컴퓨터 정보〉			
컴퓨터 ＼ 항목	램 메모리 용량 (Giga Bytes)	하드 디스크 용량 (Tera Bytes)	가격 (천 원)
A	4	2	500
B	16	1	1,500
C	4	3	2,500
D	16	2	2,500

조건
- 컴퓨터를 구입할 때, 램 메모리 용량, 하드 디스크 용량, 가격을 모두 고려한다.
- 램 메모리와 하드 디스크 용량이 크면 클수록, 가격은 저렴하면 저렴할수록 선호한다.
- 항목별로 가장 선호하는 경우 100점, 가장 선호하지 않는 경우 0점, 그 외의 경우 50점을 각각 부여한다. 단, 가격은 다른 항목보다 중요하다고 생각하여 2배의 점수를 부여한다.
- 항목별 점수의 합이 가장 큰 컴퓨터를 구입한다.

① A   ② B

③ C   ④ D

74 다음 규칙을 근거로 판단할 때, 〈보기〉에서 옳은 것을 모두 고르면?

〈규칙〉

- 직원이 50명인 G회사는 야유회에서 경품 추첨 행사를 한다.
- 직원들은 1명당 3장의 응모용지를 받고, 1 ~ 100 중 원하는 수 하나씩을 적어서 제출한다. 한 사람당 최대 3장까지 원하는 만큼 응모할 수 있고, 모든 응모용지에 동일한 수를 적을 수 있다.
- 1 ~ 100 중 가장 좋아하는 수 하나를 고르면 해당 수를 응모한 사람이 당첨자로 결정된다. 해당 수를 응모한 사람이 없으면 사장은 당첨자가 나올 때까지 다른 수를 고른다.
- 당첨 선물은 사과 총 100개이고, 당첨된 응모용지가 n장이면 당첨된 응모용지 1장당 사과를 $\dfrac{100}{n}$개씩 나누어 준다.
- 만약 한 사람이 2장의 응모용지에 똑같은 수를 써서 당첨된다면 2장 몫의 사과를 받고, 3장일 경우는 3장 몫의 사과를 받는다.

보기

ㄱ. 직원 갑과 을이 함께 당첨된다면 갑은 최대 50개의 사과를 받는다.
ㄴ. 직원 중에 갑과 을 두 명만이 사과를 받는다면, 갑은 최소 25개의 사과를 받는다.
ㄷ. 당첨된 수를 응모한 직원이 갑밖에 없다면, 갑이 그 수를 1장 써서 응모하거나 3장 써서 응모하거나 같은 개수의 사과를 받는다.

① ㄱ
② ㄷ
③ ㄱ, ㄴ
④ ㄴ, ㄷ

75 다음 그림과 같이 각 층에 1인 1실의 방이 4개 있는 3층 호텔에 A ~ I 9명이 투숙해 있다. 〈조건〉을 참고할 때, 항상 참인 것은?

	301호	302호	303호	304호	
좌	201호	202호	203호	204호	우
	101호	102호	103호	104호	

조건

- 각 층에는 3명씩 투숙해 있다.
- A의 바로 위의 방에는 C가 투숙해 있으며, A의 바로 오른쪽 방에는 아무도 투숙해 있지 않다.
- B의 바로 위의 방에는 아무도 투숙해 있지 않다.
- C의 바로 왼쪽에 있는 방에는 아무도 투숙해 있지 않으며, C는 D와 같은 층의 바로 옆에 인접해 있다.
- D는 E의 바로 아랫방에 투숙해 있다.
- E, F, G는 같은 층에 투숙해 있다.
- G의 옆방에는 아무도 투숙해 있지 않다.
- I는 H보다 위층에 투숙해 있다.

① B는 101호에 투숙해 있다.

② D는 204호에 투숙해 있다.

③ F는 304호에 투숙해 있다.

④ G는 301호에 투숙해 있다.

76 다음 〈조건〉을 근거로 판단할 때, 백설공주의 친구 7명 중 왕자의 부하는 누구인가?

조건

- A~G 중 2명은 왕자의 부하이다.
- B~F는 모두 20대이다.
- A~G 중 가장 나이가 많은 사람은 왕자의 부하가 아니다.
- A~G 중 여자보다 남자가 많다.
- 왕자의 두 부하는 성별이 서로 다르고, 국적은 동일하다.

친구	나이	성별	국적
A	37세	?	한국
B	28세	?	한국
C	22세	여자	중국
D	?	여자	일본
E	?	?	중국
F	?	?	한국
G	38세	여자	중국

① A, B

② B, F

③ C, E

④ D, F

77 G대리는 다음 분기에 참여할 연수프로그램을 결정하고자 한다. 〈조건〉에 따라 프로그램을 결정할 때, 반드시 참인 것은?

> **조건**
> • 다음 분기 연수프로그램으로는 혁신역량강화, 조직문화, 전략적 결정, 일과 가정, 공사융합전략, 미래가치교육 6개가 있다.
> • G대리는 혁신역량강화에 참여하면, 조직문화에 참여하지 않는다.
> • G대리는 일과 가정에 참여하지 않으면, 미래가치교육에 참여한다.
> • G대리는 혁신역량강화와 미래가치교육 중 한 가지만 참여한다.
> • G대리는 조직문화, 전략적 결정, 공사융합전략 중 두 가지에 참여한다.
> • G대리는 조직문화에 참여한다.

① G대리가 참여할 프로그램 수는 최대 4개이다.
② G대리가 전략적 결정에 참여할 경우, 일과 가정에는 참여하지 않는다.
③ G대리는 혁신역량강화에 참여하고, 일과 가정에 참여하지 않는다.
④ G대리는 전략적 결정과 공사융합전략에 모두 참여한다.

78 G공사는 국제협력사업 10주년을 맞아 행사에 참여할 부서들을 선정 중이다. 다음 〈조건〉에 따라 참여부서를 선정하고자 할 때, 옳지 않은 것은?

> **조건**
> • 기획지원부를 선정하면 통계개발부는 선정되지 않는다.
> • 해외기술부, 전략기획실, 인재개발부 중에 최소한 두 곳은 반드시 선정된다.
> • 비서실이 선정되면 전략기획실은 선정되지 않는다.
> • 인재개발부가 선정되면 통계개발부도 선정된다.
> • 대외협력부과 비서실 중 한 곳만 선정된다.
> • 비서실은 반드시 참여한다.

① 인재개발부는 선정된다.
② 해외기술부과 통계개발부는 행사에 참여한다.
③ 기획지원부는 선정되지 않는다.
④ 해외기술부와 전략기획실 모두 선정된다.

※ 다음은 G공사 홈페이지의 비밀번호 암호화 코드에 대한 자료이다. 이어지는 질문에 답하시오. [79~81]

본사는 고객의 개인정보 보호를 위해 다음과 같은 방법을 통해 고객이 입력한 비밀번호를 암호화하여 새로운 코드로 저장한다. 새로운 코드 생성방법은 가입한 연도에 따라 차이가 있다.

• 방법 1 : 가입연도 끝자리가 홀수 및 '0'인 경우
 1. 숫자 1~9는 순서대로 한글 모음인 ㅏ, ㅑ, ㅓ, ㅕ, ㅗ, ㅛ, ㅜ, ㅠ, ㅡ로 각각 치환하여 입력하고 숫자 0은 그대로 입력한다.
 2. 자음 중 된소리가 있는 것(ㄱ, ㄷ, ㅂ, ㅅ, ㅈ)에서 된소리가 아닌 것은 된소리로 치환하고(ㄱ → ㄲ), 된소리인 것은 된소리가 아닌 것으로 치환한다(ㄲ → ㄱ). 단, 된소리가 없는 자음은 그대로 입력한다.
 3. 특수문자는 모두 @로 치환하여 입력한다. 단, @는 #으로 치환한다.
 4. 알파벳 소문자(a~n)를 한글 자음(ㄱ~ㅎ) 순서대로 치환하여 입력한다. 그 외 알파벳 소문자는 그대로 유지한다.

• 방법 2 : 가입연도 끝자리가 짝수인 경우
 1. 숫자 중 홀수인 1, 3, 5, 7, 9만을 순서대로 알파벳 모음인 A, E, I, O, U로 치환하여 입력하고, 나머지 숫자는 그대로 입력한다.
 2. 특수문자는 모두 알파벳 대문자 X로 치환하여 입력한다.
 3. 알파벳 대문자는 소문자로, 소문자는 대문자로 바꾸어 입력한다.
  - 1과 2에서 치환한 대문자는 그대로 둔다.
 ※ 비밀번호에 특수문자는 !, @, #만 가능하다.

79 2021년도 G공사 홈페이지에 가입한 A의 암호화 코드가 '#53스튜도'였다고 할 때, A가 입력한 비밀번호는 무엇인가?(단, A가 입력한 비밀번호에 된소리는 없었다)

① #53g_ㅣ8c5
② #53g9ㅣ8c5
③ @53g_ㅣ8c5
④ @53g9ㅣ8c5

80 2022년 가입자와 2020년 가입자의 비밀번호가 @Lu290ㄱㅌㅛ!!로 동일하다고 할 때, 두 사람의 암호화한 코드를 바르게 나열한 것은?

① XlU2U0ㄱㅌㅛ!!, #Luㅑㅓ0ㄲㅌㅛ@@
② XlU2U0ㄲㅌㅛXX, #Luㅑㅓ0ㄲㅌㅛ@@
③ XlU2U0ㄲㅌㅛ!!, #Luㅑㅓ0ㄲㅌㅛ@@
④ XlU2U0ㄱㅌㅛXX, #Luㅑㅓ0ㄲㅌㅛ@@

81 다음은 2020년에 가입한 사람의 비밀번호이다. 이 암호화 코드 중 알파벳 소문자는 모두 몇 개인가?

> ㅎㅏㄹㅁㅓ05HaPPy114105Hhanㅏㅐㄲ

① 없다　　　　　　　　　　② 1개
③ 2개　　　　　　　　　　④ 4개

82 G기업은 사내 화재예방 강화를 위하여 2023년 7월 1일에 대대적인 화재안전점검을 실시하였다. 점검한 결과 일부 노후화되거나 불량인 소화기가 발견되어 신형 축압식 소화기로 교체하려고 한다. 다음 중 처분 및 교체비용으로 옳은 것은?

〈소화기 처분조건〉

적용순서	조건	미충족 시 적용 방안
1	내구연한 8년 미만	폐기처분으로 충족
2	지시압력계가 초록색으로 유지	신형 소화기로 교체하여 충족
3	화재안전기준에 의해 최소 60개 이상 보유	신형 소화기를 구매하여 충족

※ 소화기 폐기처분 비용은 1만 원, 신형 소화기 교체(구매) 비용은 5만 원이다.

〈소화기 전수조사 결과〉

지시압력계 \ 제조연도	2014년	2015년	2016년	2017년	2018년
노란색(부족)	8	5	3	1	1
초록색(정상)	10	13	18	15	10
빨간색(과다)	3	–	2	1	–
총계	21	18	23	17	11

※ 2023년도 7월 1일 기준으로 전수조사를 통해 작성하였다.
※ 내구연한은 제조연도로만 계산한다.

① 100만 원　　　　　　　　② 112만 원
③ 124만 원　　　　　　　　④ 135만 원

83 G기업은 가전전시회에서 자사의 제품을 출품하기로 하였다. 제품을 보다 효과적으로 홍보하기 위하여 다음과 같이 행사장의 A~G 중 세 곳에서 홍보판촉물을 배부하기로 하였다. 가장 많은 사람들에게 홍보판촉물을 나눠줄 수 있는 위치는 어디인가?

- 전시관은 제1전시관 → 제2전시관 → 제3전시관 → 제4전시관 순서로 배정되어 있다.
- 행사장 출입구는 한 곳이며, 다른 곳으로는 출입이 불가능하다.
- 방문객은 행사장 출입구로 들어와서 시계 반대 방향으로 돌며, 4개의 전시관 중 2개의 전시관만을 골라 관람한다.
- 방문객은 자신이 원하는 2개의 전시관을 모두 관람하면 행사장 출입구를 통해 나가기 때문에 한 바퀴를 초과해서 도는 방문객은 없다.
- 방문객은 전시관 입구로 들어가면 출구로 나오기 때문에 전시관의 입구와 출구 사이에 있는 외부 통로를 동시에 지나치지 않는다.
- 행사장에는 시간당 평균 400명이 방문하며, 각 전시관의 시간당 평균 방문객 수는 다음과 같다.

제1전시관	제2전시관	제3전시관	제4전시관
100명	250명	150명	300명

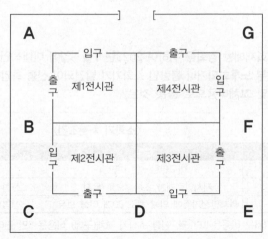

① A, B, C
② A, D, G
③ B, C, E
④ B, D, F

※ 다음은 호텔별 연회장 대여 현황에 대한 자료이다. 이어지는 질문에 답하시오. [84~85]

〈호텔별 연회장 대여 현황〉

건물	연회장	대여료	수용 가능 인원	회사로부터 거리	비고
A호텔	연꽃실	140만 원	200명	6km	2시간 이상 대여 시 추가비용 40만 원
B호텔	백합실	150만 원	300명	2.5km	1시간 초과 대여 불가능
C호텔	매화실	150만 원	200명	4km	이동수단 제공
	튤립실	180만 원	300명	4km	이동수단 제공
D호텔	장미실	150만 원	250명	4km	–

84 총무팀에 근무하고 있는 이대리는 김부장에게 다음과 같은 지시를 받았다. 이대리가 연회장 예약을 위해 지불해야 하는 예약금은 얼마인가?

> 다음 주에 있을 회사창립 20주년 기념행사를 위해 준비해야 할 것들을 알려 줄게요. 먼저 다음 주 금요일 오후 6시부터 8시까지 사용 가능한 연회장 리스트를 뽑아서 행사에 적합한 연회장을 예약해 주세요. 연회장 대여를 위한 예산은 160만 원이고, 회사에서의 거리가 가까워야 임직원들이 이동하기에 좋을 것 같아요. 행사 참석 인원은 240명이고, 이동수단을 제공해 준다면 우선적으로 고려하도록 하세요. 예약금은 대여료의 10%라고 하니 예약 완료하고 지불하도록 하세요.

① 14만 원   ② 15만 원
③ 16만 원   ④ 17만 원

85 회사창립 20주년 기념행사의 연회장 대여 예산이 200만 원으로 증액된다면, 이대리는 어떤 연회장을 예약하겠는가?

① A호텔 연꽃실   ② B호텔 백합실
③ C호텔 매화실   ④ C호텔 튤립실

※ G아파트의 자전거 보관소에서는 입주민들의 자전거를 편리하게 관리하기 위해 다음과 같은 방법으로 자전거에 일련번호를 부여한다. 이를 참고하여 이어지는 질문에 답하시오. **[86~87]**

- 일련번호 순서

A	L	1	1	1	0	1	–	1
종류	무게	동	호수				–	등록순서

- 자전거 종류 구분

일반 자전거			전기 자전거
성인용	아동용	산악용	
A	K	T	B

- 자전거 무게 구분

10kg 이하	10kg 초과 20kg 미만	20kg 이상
S	M	L

- 동 구분 : 101동부터 110동까지의 끝자리를 1자리 숫자로 기재(예) 101동 – 1)
- 호수 : 4자리 숫자로 기재(예) 1101호 – 1101)
- 등록순서 : 동일 세대주당 자전거 등록순서를 1자리로 기재

86 다음 중 자전거의 일련번호가 바르게 표기된 것은?

① MT1109-2
② AM2012-2
③ AB10121-1
④ KS90101-2

87 다음 중 일련번호가 'TM41205-2'인 자전거에 대한 설명으로 옳은 것은?

① 전기 모터를 이용해 주행할 수 있다.
② 자전거의 무게는 10kg 이하이다.
③ 204동 1205호에 거주하는 입주민의 자전거이다.
④ 자전거를 2대 이상 등록한 입주민의 자전거이다.

※ G사는 자사 홈페이지 리뉴얼 중 실수로 임직원 전체 비밀번호가 초기화되는 사고가 발생하였고, 이에 개인정보 보호를 위해 다음 방식으로 임시 비밀번호를 부여하였다. 자료를 참고하여 이어지는 질문에 답하시오. [88~90]

〈임시 비밀번호 발급방식〉

임직원 개개인의 알파벳으로 구성된 아이디와 개인정보를 기준으로 다음의 방식을 적용한다.
1. 아이디의 알파벳 자음 대문자는 소문자로, 알파벳 자음 소문자는 대문자로 치환한다.
2. 아이디의 알파벳 중 모음 A, E, I, O, U, a, e, i, o, u를 각각 1, 2, 3, 4, 5, 6, 7, 8, 9, 0으로 치환한다.
3. 1과 2의 내용 뒤에 덧붙여 본인 성명 중 앞 두 자리를 입력한다. → 김손예진=김손
4. 3의 내용 뒤에 본인 생일 중 일자를 덧붙여 입력한다. → 8월 1일생=01

---

88 A씨의 임시 비밀번호가 'HW688강동20'이라면, A씨의 아이디로 옳은 것은?

① HWAII   ② hwaii

③ HWAoo   ④ hwaoo

89 직원의 아이디가 다음과 같을 때, 각 아이디의 임시 비밀번호로 옳지 않은 것은?(단, 이름은 김리안 생일은 10월 1일로 통일한다)

아이디	임시 비밀번호
① JunkYY	j0NKyy김리01
② HYTOre	hyt4R7김리01
③ rePLAY	R7pl1y김리01
④ JAsmIN	j6SM8n김리01

90 A씨가 다음의 문장에 임시 비밀번호 발급방식 규칙 1과 2를 적용하려고 한다. 이때 숫자 중 홀수는 모두 몇 개인가?

LIFE is too SHORT to be LITTLE

---

① 4개   ② 5개

③ 6개   ④ 7개

제2회
최종점검 모의고사

※ 금융감독원 최종점검 모의고사는 채용공고와 시험 후기를 기준으로 구성한 것으로, 실제 시험과 다를 수 있습니다.

■ 취약영역 분석

번호	O/×	영역		번호	O/×	영역		번호	O/×	영역
01				31				61		
02				32				62		
03				33				63		
04				34				64		
05				35				65		
06				36				66		
07				37				67		
08				38				68		
09				39				69		
10				40				70		
11				41				71		
12				42				72		
13				43				73		
14				44				74		
15		의사소통능력		45		수리능력		75		문제해결능력
16				46				76		
17				47				77		
18				48				78		
19				49				79		
20				50				80		
21				51				81		
22				52				82		
23				53				83		
24				54				84		
25				55				85		
26				56				86		
27				57				87		
28				58				88		
29				59				89		
30				60				90		

평가문항	90문항	평가시간	90분
시작시간	:	종료시간	:
취약영역			

01 다음 글에서 알 수 있는 내용으로 가장 적절한 것은?

> 3·1운동 직후 상하이에 모여든 독립운동가들은 임시정부를 만들기 위한 첫걸음으로 조소앙이 기초한 대한민국임시헌장을 채택했다. 대한민국임시헌장을 기초할 때 조소앙은 국호를 '대한민국'으로 하고 정부 명칭도 '대한민국 임시정부'로 하자고 했다. 그 제안이 받아들여졌기 때문에 대한민국 임시헌장 제1조에 "대한민국은 민주공화제로 함."이라는 문구가 담기게 된 것이다.
>
> '대한민국'이란 한국인들이 만든 '민국'이라는 뜻이다. 여기서 '민국'이란 국민이 주인인 나라라는 의미가 담긴 용어이다. 조소앙은 3·1운동이 일어나기 전 대한제국 황제가 국민의 동의 없이 마음대로 국권을 일제에 넘겼다고 말하면서 국민은 국권을 포기한 적이 없다고 밝힌 대동단결선언을 발표한 적이 있다. 이 선언에는 "구한국 마지막 날은 신한국 최초의 날"이라는 문구가 담겨 있다. '신한국'이란 말 그대로 '새로운 한국'을 의미한다. 조소앙은 대한제국을 대신할 '새로운 한국'이란 다름 아닌 한국 국민이 주인인 나라라고 말했다.
>
> 조소앙의 주장은 대한민국 임시정부에 참여한 독립운동가들로부터 열렬한 지지를 받았다. 독립운동가들은 황제나 일본 제국주의자들이 지배하는 나라가 아니라 국민이 주권을 가진 나라를 만들어야 한다는 데 뜻을 모았다. 1941년에 대한민국 임시정부는 이러한 의지를 보다 선명하게 드러낸 건국강령을 발표하기도 했다. 1948년에 소집된 제헌국회도 대한민국임시헌장에 담긴 정신을 계승했다. 잘 알려진 것처럼 제헌국회는 제헌헌법을 만들었는데, 이 헌법에 우리나라의 명칭을 '대한민국'이라고 한 내용이 있다.

① 대한민국 임시정부는 건국강령을 통해 대한민국임시헌장을 공포했다.
② 조소앙은 대한민국 임시정부의 요청을 받아들여 대동단결선언을 만들었다.
③ 대한민국임시헌장이 공포되기 전에는 '한국'이라는 명칭을 사용한 독립운동가가 없었다.
④ 대한민국 임시정부를 만드는 데 참여한 독립운동가들은 민주공화제를 받아들이는 데 합의했다.

02 다음 글의 내용으로 적절하지 않은 것은?

> 생성예술은 사이버네틱스와 시스템이론을 이용한 현대예술 형식이다. 생성예술은 본질적으로 '작품'이란 완성된 최종적 결과물이어야 한다는 전통적 예술 관념에 저항한다. 생성예술에서 작가는 생물 발생과 진화의 생성 시스템에 내재된 창발(創發), 진화, 자기 조직화의 개념을 창작에 직·간접적으로 반영한다. 생성예술은 인공적이거나 자연적인 시스템을 사용한다. 때문에 생성예술의 작가는 직접 작품을 완성하는 것보다 과정으로서의 작품을 창작하기 위한 시스템의 설계에 더 큰 관심을 둔다. 일단 작가가 생성 시스템을 설계하면, 그 시스템의 작동에 따라 작품은 스스로 만들어진다. 생성예술에서는 작품이 자동적으로 만들어져 가는 과정 자체가 창작활동의 핵심적 요소이다. 생성예술의 작가는 작품이 창작되는 전 과정을 모두 예상하기는 힘들며, 생성예술 작품은 작가의 성향이나 의도가 아닌 창작과정에 주어지는 조건으로부터 많은 영향을 받는다.
>
> 생성예술에서 작품이 만들어지는 과정은 작가가 설계한 생성 시스템에서 시작되지만, 그것이 작동하면 스스로 작품요소가 선택되고, 선택된 작품요소들이 혼성·개선되면서 창발적으로 새로운 작품요소를 만들어낸다. 이런 과정은 흡사 생명체가 발생하고 진화하는 과정과 유사하다. 생성예술은 예상치 못하게 끊임없이 변하는 과정을 통해 예술작품을 만들어간다. 이러한 과정 자체는 무작위적인 우연의 연속이다. 이처럼 창작과정에서 무작위적 우연이 배제될 수 없기 때문에 생성예술에서 작가 개인의 미학적 의도를 해석해낼 수 없다.

① 생성예술에서는 무작위적 우연이 개입되어 작품을 만들어간다.
② 생성예술에서는 완성된 최종 결과물이 곧 작가의 창작의도이다.
③ 생성예술에서는 작품의 완성보다 작품이 만들어지는 과정이 창작활동의 핵심으로 이해된다.
④ 생성예술에서 작품요소가 선택되고 혼성·개선되는 과정 중간에 작가는 직접 개입하지 않는다.

03 다음 글의 결론으로 가장 적절한 것은?

> 정보와 커뮤니케이션 기술 덕분에 우리는 삶의 기본적 도전들을 극복하는 방법에 관해 더 많은 것을 이해할 수 있었다. 생산, 분배, 처리 등 커뮤니케이션의 단계는 서로 어느 정도 동시간적으로 존재해 왔으며, 이러한 균형은 다양한 커뮤니케이션 미디어를 경험하면서 지속되어 왔다. 그러나 20세기 중반, 정보의 생산 및 분배 메커니즘은 인간의 정보처리 능력을 앞질러 우리들을 영원한 정보처리 결손 상태로 남겨두었다. 우리 사회는 근본적으로 다른 문화, 즉 양식화(樣式化)되어 오직 양적으로 확대된 커뮤니케이션 속에서 거래하고 생존해 가는 문명으로 갑작스럽게 전환되었다. 정보는 엄청난 속도로 생산 및 분배되고, 분배된 정보는 처리되지 못한 채 과부하되었다.
>
> 우리는 주위의 많은 정보들이 얼마나 유용하며 얼마나 유해한지 파악할 수 없다. 이처럼 예기치 못했고 환영받지 못하는 정보환경 문제를 데이터 스모그(Data Smog)라고 부른다.
>
> 1960년대 말 1970년대 초, 사람들은 주변에 우후죽순 생겨나는 공장의 스모그와 폐기물이 단지 보기 흉한 것만이 아니라 유독하다는 사실을 깨닫기 시작했다. 이제 그 유사한 도전이 정보화 시대에 대두되고 있다. 정보의 파편화, 정보의 복잡화, 정보의 단속화, 정보의 과부하 등은 데이터 스모그가 야기하는 병폐의 일부다. 우리 자신의 개인적 복지와 민주사회의 복지를 위하여 우리는 이에 대처하는 강력한 처방들을 고안할 필요가 있다.

① 정보의 질적 측면에 초점을 두어 데이터 스모그 현상을 해소하는 작업이 중요하다.

② 미래 테크놀로지를 위한 현실적 쟁점은 정보의 생산이나 전달이 아니라 정보의 양적 팽창에 있음을 인지해야 한다.

③ 정보 과부하는 사물과 관념의 부분만을 표피적으로 불완전하게 드러내기 때문에 인지적 혼란을 야기함에 주의해야 한다.

④ 괄목할 만한 기술 발전으로 인해 모든 기술은 유용성과 폐해를 동시에 가지고 있다는 사실에 유의해야 한다.

04　다음 글에 대한 내용으로 적절하지 않은 것은?

유행은 그것이 모방이라는 점에서 개인을 누구나 다 같은 길로 안내한다. 또한 유행은 개인의 차별화 욕구를 만족시킨다. 다시 말해 구별하고, 변화하며, 부각되려는 개인들의 경향을 만족시킨다. 이는 유행의 내용이 변화되면서 오늘의 유행은 어제나 내일의 유행과 다른 개별적 특징을 갖게 된다는 사실뿐만 아니라, 유행이 언제나 계층적으로 분화한다는 사실에도 입각해 있다. 상류층의 유행은 그보다 신분이 낮은 계층의 유행과 구별되고 낮은 신분의 계층에 의해 동화되는 순간 상류층에서 소멸된다는 사실이 이를 입증해준다. 유행이란 동일 계층 내 균등화 경향과 개인적 차별화 경향 사이에 개인들이 타협을 이루려고 시도하는 생활양식인 것이다.

사회학적 관점에서 보면, 유행은 앞에서 말한 것처럼 계층의 정체성을 나타낸다. 이러한 정체성이 그가 속한 사회적 집단과 신분의 명예를 대변하고 유지함으로써 성립되는 것처럼, 유행 역시 한편에서는 동등한 위치에 있는 사람들과의 결합을 의미하고 다른 한편에서는 그보다 낮은 신분의 사람들을 분리시키는 집단적 폐쇄성을 의미한다.

사교의 형식, 복장, 미적 판단 그리고 사람이 자신을 표현하는 일체의 양식은 유행을 통해 끊임없이 변화를 겪는데, 이러한 유행은 언제나 상류 계층에서만 생성된다. 이로써 이 계층은 하류 계층과 자신을 구분시키고, 그 구성원 사이의 균질성과 더불어 하류 계층 구성원과의 차별성을 부각시킨다. 이 경우 하류 계층의 구성원은 언제나 상층 지향적이다. 이들이 유행을 자신의 것으로 동화시키자마자 상류 계층은 그 유행을 버리고 다시 대중과 자신을 구별하게 될 새로운 유행을 추구한다.

① 유행에는 개별적 특징이 있다.
② 유행은 구별하고자 하는 개인의 욕구를 만족시킨다.
③ 모든 유행은 모든 계층에 의해 창출되는 사회 현상이다.
④ 유행은 동일성과 차별성을 향한 개인의 이중 욕구를 보여준다.

05 다음 제시된 문단에 이어질 내용을 논리적 순서대로 바르게 나열한 것은?

> 연금 제도의 금융 논리와 관련하여 결정적으로 중요한 원리는 중세에서 비롯된 신탁 원리이다. 12세기 영국에서는 미성년 유족(遺族)에게 토지에 대한 권리를 합법적으로 이전할 수 없었다. 그럼에도 불구하고 영국인들은 유언을 통해 자식에게 토지 재산을 물려주고 싶어 했다.

> (가) 이런 상황에서 귀족들이 자신의 재산을 미성년 유족이 아닌, 친구나 지인 등 제3자에게 맡기기 시작하면서 신탁 제도가 형성되기 시작했다. 여기서 재산을 맡긴 성인 귀족과 재산을 물려받은 미성년 유족, 그리고 미성년 유족을 대신해 그 재산을 관리·운용하는 제3자로 구성되는 관계, 즉 위탁자, 수익자 그리고 수탁자로 구성되는 관계가 등장했다.
>
> (나) 연금 제도가 이 신탁 원리에 기초해 있는 이상 연금 가입자는 연기금 재산의 운용에 대해 영향력을 행사하기 어렵게 된다. 신탁의 본질상 공·사 연금을 막론하고 신탁 원리에 기반을 둔 연금 제도에서는 수익자인 연금 가입자의 적극적인 권리 행사가 허용되지 않기 때문이다.
>
> (다) 이 관계에서 주목해야 할 것은 미성년 유족은 성인이 될 때까지 재산권을 온전히 인정받지는 못했다는 점이다. 즉, 신탁 원리에서 수익자는 재산에 대한 운용 권리를 모두 수탁자인 제3자에게 맡기도록 되어 있었기 때문에 수익자의 지위는 불안정했다.
>
> (라) 결국 신탁 원리는 수익자의 연금 운용 권리를 현저히 약화시키는 것을 기본으로 한다. 그 대신 연금 운용을 수탁자에게 맡기면서 '수탁자 책임'이라는, 논란이 분분하고 불분명한 책임이 부과된다. 수탁자 책임 이행의 적절성을 어떻게 판단할 수 있는가에 대해 많은 논의가 있었지만, 수탁자 책임의 내용에 대해서 실질적인 합의가 이루어지지는 못했다.

① (가) - (다) - (나) - (라) 　　　② (가) - (나) - (라) - (다)

③ (다) - (가) - (나) - (라) 　　　④ (나) - (라) - (가) - (다)

06 다음 글을 읽고 답을 찾을 수 없는 질문은?

생물학에서 반사란 '특정 자극에 대해 기계적으로 일어난 국소적인 반응'을 의미한다. 파블로프는 '벨과 먹이' 실험을 통해 동물의 행동에는 두 종류의 반사 행동, 즉 무조건 반사와 조건 반사가 존재한다는 결론을 내렸다. 뜨거운 것에 닿으면 손을 빼내는 것이나, 고깃덩이를 씹는 순간 침이 흘러나오는 것은 자극에 의한 무조건 반사이다. 하지만 모든 자극이 반사 행동을 일으키는 것은 아니다. 생명체의 반사 행동을 유발하지 않는 자극을 중립 자극이라고 한다.

중립 자극도 무조건 자극과 짝지어지게 되면 생명체에게 반사 행동을 일으키는 조건 자극이 될 수 있다. 그것이 바로 조건 반사인 것이다. 예를 들어 벨 소리는 개에게 중립 자극이기 때문에 처음에 개는 벨 소리에 반응하지 않는다. 개는 오직 벨 소리 뒤에 주어지는 먹이를 보며 침을 흘릴 뿐이다. 하지만 벨 소리 뒤에 먹이를 주는 행동을 반복하다 보면 벨 소리는 먹이가 나온다는 신호로 인식되며, 이에 대한 반응을 일으키는 조건 자극이 되는 것이다. 이처럼 중립 자극을 무조건 자극과 연결시켜 조건 반사를 일으키는 과정을 '고전적 조건 형성'이라 한다. 그렇다면 이러한 조건 형성 반응은 왜 생겨나는 것일까? 이는 대뇌 피질이 '학습'을 할 수 있기 때문이다.

어떠한 의미 없는 자극이라 할지라도 그것이 의미 있는 자극과 결합되어 제시되면 대뇌 피질은 둘 사이에 연관성이 있다는 것을 파악하고 이를 기억하여 반응을 일으킨다. 하지만 대뇌 피질은 한번 연결되었다고 항상 유지되지는 않는다. 예를 들어 '벨 소리 – 먹이' 조건 반사가 수립된 개에게 벨 소리만 들려주고 먹이를 주지 않는 실험을 계속하다 보면 개는 벨 소리에 더 이상 반응하지 않게 되는 조건 반사의 '소거' 현상이 일어난다.

소거는 조건 자극이 무조건 자극 없이 충분히 자주 제시될 경우 조건 반사가 사라지는 현상을 말한다. 때문에 소거는 바람직하지 않은 조건 반사를 수정하는 방법으로 사용된다. 하지만 조건 반사는 통제할 수 있는 것이 아니기 때문에, 제거 역시 자연스럽게 이루어지지 않는다. 또한, 소거가 일어나는 속도가 예측 불가능하고, 소거되었을 때조차도 자발적 회복을 통해 조건 반사가 다시 나타날 수 있다는 점에서 소거는 조건 반사를 제거하기 위한 수단으로 한계가 있다.

이때 바람직하지 않은 조건 반사를 수정하는 또 다른 방법으로 사용되는 것이 '역조건 형성'이다. 이는 기존의 조건 반사와 양립할 수 없는 새로운 반응을 유발하여 이전 조건 형성의 원치 않는 효과를 제거하는 것으로, 자발적 회복이 잘 일어나지 않는다. 예를 들어 토끼를 무서워하는 아이가 사탕을 먹을 때 처음에는 토끼가 아이로부터 멀리 위치하게 한다. 아이는 사탕을 먹는 즐거움 때문에 토끼에 대한 공포를 덜 느끼게 된다. 다음날에도 마찬가지로 아이에게 사탕을 먹게 한 후 토끼는 전날보다 좀 더 가까이 오게 한다. 이러한 절차를 여러 번 반복하면 토끼가 아주 가까이에 있어도 아이는 더 이상 토끼를 무서워하지 않게 된다.

① 소거에는 어떤 것들이 있는가?
② 고전적 조건 형성이란 무엇인가?
③ 조건 형성 반응이 일어나는 이유는 무엇인가?
④ 바람직하지 않은 조건 반사를 수정할 수 있는 방법은 무엇인가?

나는 이 책의 제목을 『과학기술의 허세(The Technological Bluff)』라고 정했다. 이 제목에 대해 대부분의 사람들은 가차 없이 부정적인 평가를 내릴 것이다. 과학기술은 허세가 허용되지 않는 영역이라는 생각이 일반적이기 때문이다. 과학기술에서는 모든 것이 분명하다. 할 수 있거나 할 수 없거나 둘 중 하나인 것이다. 또 지금까지 과학기술은 약속을 지켜왔다. 사람들이 달 위를 걸을 수 있을 것이란 말이 나온 후 얼마 안 되어 그대로 되었다. 인공심장을 달 수 있게 될 것이라 하더니, 결국 인공심장이 이식되어 작동하고 있다. 도대체 뭐가 허세란 말인가?

이러한 혼란은 'technology'라는 말이 '기술'이란 뜻으로 쓰이기도 하지만 '기술에 대한 담론'이라는 뜻으로 쓰일 수도 있기 때문에 생기는 것이다. 내가 말하려는 것은 정확히 말해 과학기술의 허세가 아니라 과학기술담론의 허세이다. 나는 과학기술이 약속한 것을 이룩하지 못한다거나 과학기술자들이 허풍쟁이라는 것을 보이려는 것이 아니다. 이 책에서 다루는 것은 과학기술담론의 허세, 즉 우리를 둘러싸고 있는 과학기술에 대한 담론들의 엄청난 허세, 과학기술에 대해서라면 무엇이든 믿게 만들고 나아가 우리의 과학기술에 대한 태도를 완전히 바꾸어 놓는 그런 허세이다. 정치인들의 허세, 미디어의 허세, 과학기술 활동은 하지 않고 그것에 대해서 말만 하는 과학기술자들의 허세, 광고의 허세, 경제 모델들의 허세가 이에 해당한다.

이 허세의 핵심은 모든 것을 과학기술 발전의 차원으로 이해하고 재구성하는 것이다. 과학기술 발전은 너무나 다양한 가능성을 제시하기 때문에 다른 것을 생각할 겨를이 없다. 과학기술에 대한 담론에서의 허세는 과학기술에 대한 정당화가 아니라 그것의 엄청난 힘을 맹신하여 보편적 적용 가능성과 무오류성을 과시하는 것이다.

내가 허세라고 부르는 이유는 세 가지로 정리된다. 첫째, 비용이나 위험에 대한 고려 없이 너무나 많은 성공과 업적을 과학기술의 덕으로 돌리기 때문이다. 둘째, 집단적인 문제가 되었건 개인적인 문제가 되었건 과학기술을 모든 문제에 대한 유일한 해결책으로 여기기 때문이다. 셋째, 모든 사회에서 과학기술을 진보와 발전의 유일한 토대로 인식하기 때문이다.

① 과학기술 분야에서는 할 수 있는 것과 할 수 없는 것의 구별이 분명하지 않다.
② 대부분의 사람들은 과학기술에 허세가 개입될 여지가 많이 있다고 생각한다.
③ 'technology'라는 말이 '기술'이란 뜻으로 쓰일 때에 과학기술의 허세가 나타난다.
④ 과학기술을 개인이나 집단의 문제에 대한 해결책의 하나로 보는 것은 허세가 아니다.

08 다음 글에서 알 수 없는 내용으로 가장 적절한 것은?

1859년에 프랑스의 수학자인 르베리에는 태양과 수성 사이에 미지의 행성이 존재한다는 가설을 세웠고, 그 미지의 행성을 '불칸'이라고 이름 붙였다. 당시의 천문학자들은 르베리에를 따라 불칸의 존재를 확신하고 그 첫 번째 관찰자가 되기 위해서 노력했다. 이렇게 확신한 이유는 르베리에가 불칸을 예측하는 데 사용한 방식이 해왕성을 성공적으로 예측하는 데 사용한 방식과 동일했기 때문이다. 해왕성 예측의 성공으로 인해 르베리에에 대한, 그리고 불칸의 예측 방법에 대한 신뢰가 높았던 것이다.

르베리에 또한 죽을 때까지 불칸의 존재를 확신했는데, 그가 그렇게 확신할 수 있었던 것 역시 해왕성 예측의 성공 덕분이었다. 1781년에 천왕성이 처음 발견된 뒤, 천문학자들은 천왕성보다 더 먼 위치에 다른 행성이 존재할 경우에만 천왕성의 궤도에 대한 관찰 결과가 뉴턴의 중력 법칙에 따라 설명될 수 있다고 생각했다. 이에 르베리에는 관찰을 통해 얻은 천왕성의 궤도와 뉴턴의 중력 법칙에 따라 산출한 궤도 사이의 차이를 수학적으로 계산하여 해왕성의 위치를 예측했다. 천문학자인 갈레는 베를린 천문대에서 르베리에의 편지를 받은 그날 밤, 르베리에가 예측한 바로 그 위치에 해왕성이 존재한다는 사실을 확인하였다.

르베리에는 수성의 운동에 대해서도 일찍부터 관심을 가지고 있었다. 르베리에는 수성의 궤도에 대한 관찰 결과 역시 뉴턴의 중력 법칙으로 예측한 궤도와 차이가 있음을 제일 먼저 밝힌 뒤, 1859년에 그 이유를 천왕성 – 해왕성의 경우와 마찬가지로 수성의 궤도에 미지의 행성이 영향을 끼치기 때문이라는 가설을 세운다. 르베리에는 이 미지의 행성에 '불칸'이라는 이름까지 미리 붙였던 것이며, 마침 르베리에의 가설에 따라 이 행성을 발견했다고 주장하는 천문학자까지 나타났던 것이다. 하지만 불칸의 존재에 대해 의심하는 천문학자들 또한 있었고, 이후 아인슈타인의 상대성이론을 이용해 수성의 궤도를 정확하게 설명하는 데 성공함으로써 가상의 행성인 불칸을 상정해야 할 이유는 사라졌다.

① 르베리에에 의하면 수성의 궤도를 정확하게 설명하기 위해서는 뉴턴의 중력 법칙을 대신할 다른 법칙이 필요하지 않았다.
② 르베리에에 의하면 천왕성의 궤도를 정확하게 설명하기 위해서는 뉴턴의 중력 법칙을 대신할 다른 법칙이 필요하다.
③ 수성의 궤도에 대한 르베리에의 가설에 기반하여 연구를 한 천문학자들이 있었다.
④ 르베리에는 해왕성의 위치를 수학적으로 계산하여 추정하였다.

09 다음 논증에 대한 평가로 적절한 것을 〈보기〉에서 모두 고르면?

> 눈이나 귀에는 각각 고유의 기능이 있다. 그 기능을 잘 수행하는 상태가 훌륭한 상태이고, 그 기능을 잘 수행하지 못하는 상태가 나쁜 상태이다. 혼이나 정신은 다스리는 기능을 한다. 혼이나 정신도 눈이나 귀와 마찬가지로 훌륭한 상태에서 고유의 기능을 가장 잘 수행한다. 따라서 훌륭한 상태의 혼은 잘 다스리지만 나쁜 상태에 있는 혼은 잘못 다스린다.
>
> 올바름 혹은 도덕적임은 혼이나 정신의 훌륭한 상태이지만, 올바르지 못함은 혼이나 정신의 나쁜 상태이다. 올바른 혼과 정신을 가진 사람은 훌륭하게 살지만, 그렇지 못한 사람은 잘못 산다. 또한 훌륭하게 사는 사람, 즉 도덕적인 사람은 행복할 것이며, 행복한 것은 그에게 이익을 준다. 따라서 도덕적인 것은 이익이 되는 것이다.

보기

> ㄱ. 도덕적으로 살고 있음에도 불행한 사람이 존재한다는 것은 이 논증을 약화한다.
> ㄴ. 도덕적으로 살지 않는 것은 이익이 되지 않는다는 주장이 이 논증으로부터 추론된다.
> ㄷ. 눈이나 귀가 고유의 기능을 잘 수행하더라도 눈이나 귀를 도덕적이라고 하지 않는 것은 이 논증을 강화한다.

① ㄱ
② ㄷ
③ ㄱ, ㄴ
④ ㄴ, ㄷ

10 다음 글의 빈칸에 들어갈 내용으로 가장 적절한 것은?

> 민간 문화 교류 증진을 목적으로 열리는 국제 예술 공연의 개최가 확정되었다. 이번 공연이 민간 문화 교류 증진을 목적으로 열리므로, 공연 예술단의 수석대표는 정부 관료가 맡아서는 안 된다. 또한 공연 예술단의 수석대표는 고전음악 지휘나 대중음악 제작자가 맡아야 한다. 그러나 현재 정부 관료 가운데 고전음악 지휘자나 대중음악 제작자는 없다. 예술단에 수석대표는 반드시 있어야 하며 두 사람 이상이 공동으로 맡을 수도 있다. 수석대표는 전체 세대를 아우를 수 있는 사람이 맡아야 한다. 전체 세대를 아우를 수 있는 사람이 극히 드물기에, 위에 나열된 조건을 다 갖춘 사람은 모두 수석대표를 맡을 수 있다.
>
> 누가 공연 예술단의 수석대표를 맡을 것인가와 더불어, 참가하는 예술인이 누구인가도 많은 관심의 대상이다. 그런데 아이돌 그룹 A가 공연 예술단에 참가하는 것은 분명하다. 왜냐하면 만일 갑이나 을이 수석대표를 맡는다면 A가 공연 예술단에 참가해도 _____ 때문이다.

① 갑은 고전음악 지휘자이며 전체 세대를 아우를 수 있기
② 갑이나 을은 대중음악 제작자 또는 고전음악 지휘자이기
③ 갑과 을은 둘 다 정부 관료가 아니며 전체 세대를 아우를 수 있기
④ 을이 대중음악 제작자가 아니라면 전체 세대를 아우를 수 없을 것이기

11 다음 글에 대한 내용으로 적절하지 않은 것은?

> 재화나 용역 중에는 비경합적이고 비배제적인 방식으로 소비되는 것들이 있다. 먼저 재화나 용역이 비경합적으로 소비된다는 말은, 그것에 대한 누군가의 소비가 다른 사람의 소비 가능성을 줄어들게 하지 않는다는 것을 뜻한다. 예컨대 10개의 사탕이 있는데 내가 8개를 먹어 버리면 다른 사람이 그 사탕을 소비할 가능성은 그만큼 줄어들게 된다. 반면에 라디오 방송 서비스 같은 경우는 내가 그것을 이용한다고 해서 다른 사람의 소비 가능성이 줄어들게 되지 않는다는 점에서 비경합적이다. 재화나 용역이 비배제적으로 소비된다는 말은, 그것이 공급되었을 때 누군가 그 대가를 지불하지 않았다고 해서 그 사람이 그 재화나 용역을 소비하지 못하도록 배제할 수 없다는 것을 뜻한다. 이러한 의미에서 국방 서비스는 비배제적으로 소비된다. 정부가 국방 서비스를 제공받는 모든 국민에게 그 비용을 지불하도록 하는 정책을 채택했다고 하자. 이때 어떤 국민이 이런 정책에 불만을 표하며 비용 지불을 거부한다고 해도 정부는 그를 국방 서비스의 수혜에서 배제하기 어렵다. 설령 그를 구속하여 감옥에 가두더라도 그는 국방 서비스의 수혜자 범위에서 제외되지 않는다.
>
> 비경합적이고 비배제적인 방식으로 소비되는 재화와 용역의 생산과 배분이 시장에서 제대로 이루어질 수 있을까? 국방의 예를 이어나가 보자. 대부분의 국민은 자신의 생명과 재산을 보호받고자 하는 욕구가 있고 국방 서비스에 대한 수요도 있기 마련이다. 그러나 만약 국방 서비스를 시장에서 생산하여 판매한다면, 경제적으로 합리적인 국민은 국방 서비스를 구매하지 않을 것이다. 다른 이가 구매하는 국방 서비스에 자신도 무임승차할 수 있기 때문이다. 결과적으로 국방 서비스는 과소 생산되는 문제가 발생하고, 그 피해는 모든 국민에게 돌아가게 될 것이다. 따라서 이와 같은 유형의 재화나 용역을 사회적으로 필요한 만큼 생산하기 위해서는 국가가 개입해야 하기에 이런 재화나 용역에는 공공재라는 이름을 붙이는 것이다.

① 유료 공연에서 일정한 돈을 지불하지 않은 사람의 공연장 입장을 차단한다면, 그 공연은 배제적으로 소비될 수 있다.

② 국방 서비스를 소비하는 모든 국민에게 그 비용을 지불하도록 한다면, 그 서비스는 비경합적으로 소비될 수 없다.

③ 이용할 수 있는 수가 한정된 여객기 좌석은 경합적으로 소비될 수 있다.

④ 무임승차를 쉽게 방지할 수 없는 재화나 용역은 과소 생산될 수 있다.

12 다음 글의 중심 내용으로 가장 적절한 것은?

우리는 일상적으로 몸에 익히게 된 행위의 대부분이 뇌의 구조나 생리학적인 상태에 의해 이미 정해진 방향으로 연결되어 있다는 사실을 알고 있다. 우리는 걷고, 헤엄치고, 구두끈을 매고, 단어를 쓰고, 익숙해진 도로로 차를 모는 일 등을 수행하는 동안에 거의 대부분 그런 과정을 똑똑히 의식하지 않는다.

언어 사용 행위에 대해서도 비슷한 이야기를 할 수 있다. 마이클 가자니가는 언어 활동의 핵심이 되는 왼쪽 뇌의 언어 중추에 심한 손상을 입은 의사의 예를 들고 있다. 사고 후 그 의사는 세 단어로 된 문장도 만들 수 없게 되었다. 그런데 그 의사는 실제로 아무 효과가 없는데도 매우 비싼 값이 매겨진 특허 약에 대한 이야기를 듣자, 문제의 약에 대해 무려 5분 동안이나 욕을 퍼부어 댔다. 그의 욕설은 매우 조리 있고 문법적으로 완벽했다. 이로부터 그가 퍼부은 욕설은 손상을 입지 않은 오른쪽 뇌에 저장되어 있었다는 사실을 알게 되었다. 여러 차례 반복된 욕설은 더 이상 의식적인 언어 조작을 필요로 하지 않게 되었고, 따라서 오른쪽 뇌는 마치 녹음기처럼 그 욕설을 틀어 놓은 것이다. 사람의 사유 행위도 마찬가지이다. 우리는 일상적으로 어떻게 새로운 아이디어를 얻게 되는가? 우리는 엉뚱한 생각에 골몰하거나 다른 일을 하고 있는 동안 무의식중에 멋진 아이디어가 떠오르곤 하는 경우를 종종 경험한다. '영감'의 능력으로 간주할 만한 이런 일들은 시간을 보내기 위해 언어로 하는 일종의 그림 맞추기 놀이와 비슷한 것이다. 그런 놀이를 즐길 때면 우리는 의식하지 못하는 사이에 가장 적합한 조합을 찾기도 한다. 이처럼 영감이라는 것도 의식적으로 발생하는 것이 아니라 자동화된 프로그램에 의해 나타나는 것이다.

① 인간의 사고 능력은 일종의 언어 능력이다.
② 인간은 좌뇌가 손상되어도 조리있게 말할 수 있다.
③ 인간의 우뇌에 저장된 정보와 좌뇌에 저장된 정보는 독립적이다.
④ 일상적인 인간 행위는 대부분 의식하지 않고도 자동적으로 이루어진다.

13 다음 글의 주장에 대한 비판으로 가장 적절한 것은?

사회 현상을 볼 때는 돋보기로 세밀하게, 때로는 멀리 떨어져서 전체 속에 어떻게 위치하고 있는가를 동시에 봐야 한다. 숲과 나무는 서로 다르지만 따로 떼어 생각할 수 없기 때문이다. 이는 현대 사회 현상의 최대 쟁점인 과학기술에 대해 평가할 때도 마찬가지이다. 로봇 탄생의 숲을 보면, 그 로봇 개발에 투자한 사람과 로봇을 개발한 사람들의 의도가 드러난다. 그리고 나무인 로봇을 세밀히 보면, 그 로봇이 생산에 이용되는 것인지 아니면 감옥의 죄수들을 감시하기 위한 것인지 그 용도를 알 수가 있다. 이 광범한 기술의 성격을 객관적이고 물질적이어서 가치관이 없다고 쉽게 생각하면 로봇에 당하기 십상이다.

자동화는 자본주의의 실업을 늘려 실업자에게 생계의 위협을 가하는 역할뿐 아니라 기존 근로자에 대한 감시를 더욱 효율적으로 해내는 역할도 수행한다. 자동화를 적용하는 기업 측에서는 자동화가 인간의 삶을 증대시키는 이미지로 일반 사람들에게 인식되기를 바란다. 그래야 자동화 도입에 대한 노동자의 반발을 무마하고 기업가의 구상을 관철시킬 수 있기 때문이다. 그러나 자동화나 기계화 도입으로 인해 실업을 두려워하고, 업무 내용이 바뀌는 것을 탐탁해 하지 않았던 유럽의 노동자들은 자동화 도입에 대해 극렬히 반대했던 경험들을 갖고 있다.

지금도 자동화·기계화는 좋은 것이라는 고정관념을 가진 사람들이 많고, 현실에서 이러한 고정관념이 가져오는 파급 효과는 의외로 크다. 예를 들어 은행에 현금을 자동으로 세는 기계가 등장하면 은행원들이 현금을 세는 작업량은 줄어든다. 손님들도 기계가 현금을 재빨리 세는 것을 보고 감탄하면서 행원이 세는 것보다 더 많은 신뢰를 보낸다. 그러나 현금 세는 기계의 도입에는 이익 추구라는 의도가 숨어 있다. 현금 세는 기계는 행원의 수고를 덜어 준다. 그러나 현금 세는 기계를 들여옴으로써 실업자가 생기고 만다. 사람이 잘만 이용하면 잘 써먹을 수 있을 것만 같은 기계가 엄청나게 혹독한 성품을 지닌 프랑켄슈타인으로 돌변하는 것이다.

자동화와 정보화를 추진하는 핵심 조직이 기업이란 것에서도 알 수 있듯이 기업은 이윤 추구에 도움이 되지 않는 행위는 무가치하다고 판단한다. 그러므로 자동화는 그 계획 단계에서부터 기업의 의도가 스며들어 탄생하게 된다. 또한, 그 의도대로 자동화나 정보화가 진행되면 다른 한편으로는 의도하지 않은 결과를 초래한다. 자동화와 같은 과학기술이 풍요를 생산하는 수단이라고 생각하는 것은 하나의 고정관념에 불과하다.

채플린이 제작한 영화 〈모던 타임즈〉에 나타난 것처럼 초기 산업화 시대에는 기계에 종속된 인간의 모습이 가시적으로 드러날 수밖에 없었다. 그래서 이러한 종속에 저항하고자 하는 인간의 노력도 적극적인 모습을 보였다. 그러나 현대의 자동화기기는 그 첨병이 정보 통신기기로 바뀌면서 문제는 질적으로 달라진다. 무인 생산까지 진전된 자동화나 정보 통신화는 인간에게 단순 노동을 반복시키는 모습을 보이지 않는다. 그래서인지는 몰라도 정보 통신은 별 무리 없이 어느 나라에서나 급격하게 개발·보급되고 보편화되어 있다. 그런데 문제는 이 자동화기기가 생산에만 이용되는 것이 아니라 노동자를 감시하거나 관리하는 데도 이용될 수 있다는 것이다. 오히려 정보 통신의 발달로 이전보다 사람들은 더 많은 감시와 통제를 받게 되었다.

① 기업의 이윤 추구가 사회 복지 증진과 직결될 수 있음을 간과하고 있다.
② 기계화·정보화가 인간의 삶의 질 개선에 기여하고 있음을 경시하고 있다.
③ 기계화를 비판하는 주장만 되풀이할 뿐 구체적인 근거를 제시하지 않고 있다.
④ 화제의 부분적 측면에 관계된 이론을 소개하여 편향적 시각을 갖게 하고 있다.

PART 2

14 다음 글을 읽은 독자의 반응으로 적절하지 않은 것은?

> 우주로 발사한 인공위성들은 지구 주위를 돌며 저마다의 임무를 충실히 수행한다. 그렇다면 이들의 수명은 얼마나 될까? 인공위성은 태양 전지판으로 햇빛을 받아 전기를 발생시키는 태양전지와 재충전용 배터리를 장착하여 지구와의 통신은 물론 인공위성의 온도를 유지하고 자세와 궤도를 조정하는데, 이러한 태양전지와 재충전용 배터리의 수명은 평균 15년 정도이다.
> 방송 통신 위성은 원활한 통신을 위해 안테나가 늘 지구의 특정 위치를 향해 있어야 하는데, 안테나 자세 조정을 위해 추력기라는 작은 로켓에서 추진제를 소모한다. 자세 제어용 추진제가 모두 소진되면 인공위성은 자세를 유지할 수 없기 때문에 더 이상의 임무 수행이 불가능해지고 자연스럽게 수명을 다하게 된다.
> 첩보 위성의 경우는 임무의 특성상 아주 낮은 궤도로 비행한다. 하지만 낮은 궤도로 비행하게 될 경우 인공위성은 공기 저항 때문에 마모가 훨씬 빨라지므로 수명이 몇 개월에서 몇 주일까지 짧아진다. 게다가 운석과의 충돌 등 예기치 못한 사고로 인하여 부품이 훼손되어 수명이 다하는 경우도 발생한다.

① 수명이 다 된 인공위성들은 어떻게 되는 걸까?

② 첩보 위성을 높은 궤도로 비행시키면 더욱 오래 임무를 수행할 수 있을 거야.

③ 안테나가 특정 위치를 향하지 않더라도 통신이 가능하도록 만든다면 방송 통신 위성의 수명을 늘릴 수 있을지도 모르겠군.

④ 별도의 충전 없이 오래가는 배터리를 사용한다면 인공위성의 수명을 더 늘릴 수 있지 않을까?

15 다음 글의 논지를 이끌 수 있는 첫 문장으로 가장 적절한 것은?

> 사람과 사람이 직접 얼굴을 맞대고 하는 접촉이 라디오나 텔레비전 등의 매체를 통한 접촉보다 결정적인 영향력을 미친다는 것이 일반적인 견해로 알려져 있다. 매체는 어떤 마음의 자세를 준비하게 하는 구실을 하여 나중에 직접 어떤 사람에게서 새 어형을 접했을 때 그것이 텔레비전에서 자주 듣던 것이면 더 쉽게 그쪽으로 마음의 문을 열게 하는 면에서 영향력을 행사하기는 하지만, 새 어형이 전파되는 것은 매체를 통해서보다 상면하는 사람과의 직접적인 접촉에 의해서라는 것이 더 일반화된 견해이다. 사람들은 한두 사람의 말만 듣고 언어 변화에 가담하지는 않고, 주위의 여러 사람들이 다 같은 새 어형을 쓸 때 비로소 그것을 받아들이게 된다고 한다. 매체를 통해서보다 자주 접촉하는 사람들을 통해 언어 변화가 진전된다는 사실은 언어 변화의 여러 면을 바로 이해하는 하나의 핵심적인 내용이라 해도 좋을 것이다.

① 일반적으로 젊은 층이 언어 변화를 주도한다.

② 언어 변화는 결국 접촉에 의해 진행되는 현상이다.

③ 접촉의 형식도 언어 변화에 영향을 미치는 요소로 지적되고 있다.

④ 매체의 발달이 언어 변화에 중요한 영향을 미치는 것으로 알려져 있다.

박지원의 소설 '허생전'을 보면 재미난 이야기가 나온다. 허생이 대추, 밤, 감 등의 과일을 몽땅 사들인 결과 온 나라가 잔치나 제사를 못 치를 형편에 이르렀고, 이에 허생이 본래 가격의 열 배로 상인들에게 과일을 되팔았다는 것이다. 경쟁자가 없어진 시장에서 허생이 조선의 과일 값을 좌우하게 되었다는 이야기는 독점 시장의 특징을 잘 보여준다.

오늘날 시장의 모습은 매우 다양하다. 이 다양한 형태의 시장들은 공급자들의 시장 진입과 경쟁이 얼마나 자유로운가에 따라 크게 경쟁적 시장과 비경쟁적 시장으로 나눌 수 있다.

경쟁적 시장은 진입의 장벽이 존재하지 않거나 아주 낮은 시장으로, 공급자들의 시장 진입과 퇴출이 쉬운 시장을 말한다. 동네의 수많은 치킨 가게를 떠올려 보자. 치킨 가게를 운영하기 위해 필요한 기술은 비교적 간단하고, 드는 자본의 규모 역시 적은 편이다. 따라서 창업과 사업 정리가 용이한 편이어서 공급자의 수가 매우 많다. 그러다 보니 공급자는 자신이 원하는 가격을 설정할 수 있는 힘인 '독점력'을 갖기가 어렵다. 따라서 치킨 산업과 같은 경쟁적 시장에서는 주로 가격 이외의 분야인 맛, 품질, 서비스 등에서 경쟁을 하게 된다.

반면, 비경쟁적 시장은 진입 장벽이 높아 공급자들의 시장 진입과 퇴출이 어려운 시장을 의미한다. 비경쟁적 시장은 하나의 공급자가 공급을 독점하는 독점 시장과 소수의 공급자가 시장을 분할하고 있는 과점 시장으로 다시 나눌 수 있다.

이 중 독점 시장은 다른 시장들에 비해 경쟁의 여지가 적고, 과점 시장은 체감 경쟁이 가장 치열하다. 소수의 공급자들이 시장을 분할하다 보니 가격 경쟁은 물론 광고, 경품 제공 등 비가격 경쟁들도 치열하기 때문이다. 독과점 시장은 보다 높은 기술이나 대규모의 자본이 필요한 경우가 많고, 공급자의 독점력이 큰 편이다. 이러한 독과점 시장의 예로는 자동차, 휴대전화, 정유 산업을 들 수 있다.

16 다음 중 윗글의 내용으로 적절하지 않은 것은?

① 치킨 산업에서는 비가격 경쟁이 중요하다.
② 정유 산업은 공급자의 독점력이 큰 편에 속한다.
③ 체감 경쟁이 가장 치열한 시장은 경쟁 시장이다.
④ 독과점 시장은 자신이 원하는 가격을 설정할 수 있는 공급자의 힘이 큰 편이다.

17 다음 중 윗글을 추론한 내용으로 적절하지 않은 것은?

① 과점 시장은 경쟁이 별로 없는 안정적인 시장이라 할 수 있겠군.
② 주유소에서 주유 시 무료세차권을 주는 것은 비가격 경쟁의 예라고 할 수 있겠군.
③ 허생이 조선의 과일 값을 좌우하게 된 것은 그가 유일한 과일 공급자였기 때문이겠군.
④ 막대한 초기 비용이 드는 이동 통신 산업은 공급자의 진입 장벽이 높은 산업의 예가 되겠군.

18 다음 빈칸에 들어갈 적절한 내용을 〈보기〉에서 찾아 순서대로 바르게 연결한 것은?

전통적으로 화이사상(華夷思想)에 바탕을 둔 중화우월주의 사상을 가지고 있던 중국인들에게 아편 전쟁에서의 패배와 그 이후 서구 열강의 침탈은 너무나 큰 충격이었다. 이런 충격에 휩싸인 당시 개혁주의자들은 서구 문화에 어떻게 대응할지를 심각하게 고민하였다. 이들이 서구 문화를 어떻게 수용했는지를 시기별로 나누어 보면 다음과 같다.

1919년 5 · 4 운동 이전의 개혁주의자들은 중국의 정신을 서구의 물질과 구별되는 특수한 것으로 내세운 _____(가)_____ 을/를 개발하였다. 이러한 논리는 자문화를 중심으로 하되, 도구로서 서양 물질 · 문명을 선택적으로 수용하여 자기 문화를 보호 · 유지하려는 의도를 포함하고 있다. 문화 접변의 진행에 한도를 설정하여 서구와 구별을 시도한 것이다.

이후 중국의 개혁주의자들은 거듭되는 근대화의 실패를 경험했고 5 · 4 운동 즈음해서는 '전통에 대해서 계승을 생각하기 이전에 철저한 부정과 파괴를 선행해야 한다는 논리'를 통해서 전통과의 결별을 꿈꾸게 된다. 구제도의 모순을 타파하지 않은 채 서구 물질만을 섭취할 수 없다는 한계를 인식한 결과이다. 동시에 5 · 4 운동의 정신에 역행해서 서구의 문화를 받아들이는 데는 기본적으로 동의하면서도 무분별하게 모방하는 것에 대해 반대하는 _____(나)_____ 역시 강력하게 등장하기 시작하였다. 즉, 자신이 필요로 하는 것은 택하되, 거만하지도 비굴하지도 않은 선택을 해야 한다며, 덮어놓고 모방하는 것에 대해 반대했다.

1978년 이후 개방의 기치 하에 중국은 정치 부분에서는 사회주의를 유지한 가운데 경제 부분에서 시장경제를 선별적으로 수용한 _____(다)_____ 을/를 추진하였다. 그 결과 문화 영역에서 서구 자본주의 문화의 침투에 대한 경계심을 유지하면서 이데올로기적으로 덜 위협적이라고 인식되는 문화요소를 여과 과정을 거쳐 수입하려는 노력을 계속하고 있다.

보기

ⓐ '외래 문화를 그대로 받아들이지 않고 선별적으로 수용하자는 논리'
ⓑ '사회주의를 주체로 하되 자본주의를 적극적으로 이용하자는 논리'
ⓒ '중국 유학의 '도(道)'를 주체로 하고 서양의 '기(器)'를 이용하자는 논리'

	(가)	(나)	(다)
①	ⓒ	ⓐ	ⓑ
②	ⓐ	ⓒ	ⓑ
③	ⓑ	ⓐ	ⓒ
④	ⓒ	ⓐ	ⓑ

19 G씨는 치유농업 지도사로 근무 중이다. 최근 치유농업에 대한 관심이 높아지면서 많은 문의가 들어오고 있다. 고객의 문의에 대한 G씨의 대답으로 적절하지 않은 것은?

치유농업이란 농업·농촌의 자원을 활용해 사람들의 신체적·정서적 건강을 도모하는 활동을 말한다. 쉽게 말해 주기적으로 작물을 기르는 등의 과정을 통해 마음을 치유하는 농업서비스이다. 국내에서는 다소 생소한 개념이지만 유럽에서는 이미 학습장애 청소년, 정신질환자, 마약중독자, 치매노인 등을 대상으로 널리 활용되고 있다. 유럽 전역에 치유농업 형태의 사회적 농장 수가 2010년 기준으로 노르웨이 600개소, 네덜란드 1천 개소, 이탈리아와 독일이 각각 400개소 등 3천 개소 이상 운영되고 있다.

인류가 치유의 목적으로 농업을 이용하기 시작한 역사는 중세로 거슬러 올라갈 만큼 오래됐다. 하지만 전문화된 것은 1950년대부터이다. 이후 2000년대에 이르러 유럽에서 사회적 이슈로 급부상했다. 치유농업은 약물치료만으로는 해결하기 어려운 정신적인 부분까지 치료가 가능하다는 사실이 알려지면서 세계적으로 주목받고 있다.

농촌에서 자주 볼 수 있는 녹색이 사람의 눈에 가장 편안한 색상으로, 안정감과 신뢰감을 증가시키는 효과가 있다는 것은 이미 잘 알려진 사실이다. 뿐만 아니라 농업활동이 단순 동작을 반복한다는 점에서 재활치료의 과정과 유사해 근육을 강화하고 관절의 움직임을 부드럽게 하는 데 도움을 준다. 생명을 다루고 관찰하면서 생명에 대한 소중함, 내가 가꾼 것이라는 소유의식, 돌보는 주체가 된다는 자존감 등 심리적 효과를 얻을 수 있다.

하지만 농업을 통한 치유는 효과가 금방 나타나지 않고 오랜 시간에 걸쳐 이뤄진다는 점에 유의해야 한다. 또한 수동적으로 자연을 경험하는 것이 아니라 적극적으로 자연 안에서의 활동에 참여해야 더욱 원활한 치유가 가능하다.

반면, 국내 치유농업은 아직 초보적인 단계에 머물러 있는 실정이다. 최근 도시농업과 재활승마 등으로 분야가 확대되는 추세이긴 하나, 대부분이 원예치료와 산림치유에 국한돼 있다. 특히 농·산촌 지역 자치단체는 자연치유에 많은 관심을 갖고 휴양 및 치유시설을 갖춘 서비스를 제공하지만, 농업과 직접적인 관련이 적고 자연을 활용하는 수준이다. '치유'라는 기능에 초점을 맞춰 이용대상에 따라 세밀하고 조직적으로 계획을 세우고, 관련 전문가와 적극 협력해 일반적인 체험, 관광의 수준을 넘어설 필요가 있다.

Q : 우연히 치유농업에 대한 글을 읽고 관심이 생겼는데요. 농업이 어떻게 치유의 역할을 할 수 있는지 궁금합니다.

---

① 네, 치유농업이란 쉽게 말씀드리면 작물을 기르는 과정을 통해 마음을 치유하는 농업서비스라고 할 수 있습니다.

② 농촌에서 자주 볼 수 있는 녹색은 안정감과 신뢰감을 심어줄 수 있고, 생명을 돌보는 과정에서 생명에 대한 소중함, 소유의식, 자존감을 얻을 수 있습니다.

③ 또한, 농업은 단순 동작을 반복한다는 점에서 재활치료와 유사한 효과를 기대할 수 있습니다.

④ 우리나라의 경우에도 체험과 관광 수준을 넘어 직접적으로 농업을 활용하고 있으므로 많은 이용 부탁드립니다.

다음 밑줄 친 '정원'에 대한 설명으로 적절하지 않은 것은?

> 야생의 자연이라는 이상을 고집하는 자연 애호가들은 인류가 자연과 내밀하면서도 창조적인 관계를 맺었던 반(反)야생의 자연, 즉 '정원'을 간과한다. 정원은 울타리를 통해 농경지보다 야생의 자연과 분명한 경계를 긋는다. 집약적인 토지 이용이라는 전통은 정원에서 시작되었다. 정원은 대규모의 농경지 경작이 행해지지 않은 원시적인 문화에서도 발견된다. 만여 종의 경작용 식물들은 모두 대량 생산에 들어가기 전에 정원에서 자라는 단계를 거쳐 온 것으로 보인다.
>
> 농업경제의 역사에서 정원이 갖는 의미는 시대와 지역에 따라 매우 달랐다. 좁은 공간에서 집약적인 농사를 짓는 지역에서는 농부가 곧 정원사였다. 반면, 예전의 독일 농부들은 정원이 곡물 경작에 사용될 퇴비를 앗아가므로 정원을 악으로 여기기도 했다. 하지만 여성들의 입장은 지역적인 편차가 없었다. 아메리카의 푸에블로 인디언부터 근대 독일의 농부 집안까지 정원은 농업 혁신에 주도적인 역할을 해온 여성들에게는 자신들의 제국이자 자존심이었다. 그곳에는 여성들이 경험을 통해 쌓은 지식 전통이 살아 있었다. 환경사에서 여성이 갖는 특별한 역할의 물질적 근간은 대부분 정원에서 발견된다. 지난 세기들의 경우 이는 특히 여성 제후들과 관련되어 있으며 자료가 풍부하다. 작센의 여성 제후인 안나는 식물에 대한 지식을 늘 공유했던 긴밀하고도 광범위한 사회적 네트워크를 가지고 있었는데, 그중에는 식물 경제학에 관심이 깊은 고귀한 신분의 여성들도 많았으며 수도원 소속의 여성들도 있었다.
>
> 여성들이 정원에서 쌓은 경험의 특징은 무엇일까? 정원에서는 땅을 면밀히 살피고 손으로 흙을 부스러뜨리는 습관이 생겨났을 것이다. 정원에서 즐겨 이용되는 삽도 다양한 토질의 층을 자세히 연구하도록 부추겼을 것이 분명하다. 넓은 경작지보다는 정원에서 땅을 다룰 때 더 아끼고 보호했을 것이다. 정원이라는 매우 제한된 공간에는 옛날에도 충분한 퇴비를 줄 수 있었다. 경작지보다도 다양한 종류의 퇴비로 실험할 수 있었고 새로운 작물을 키우며 경험을 수집할 수 있었다. 정원에서는 좁은 공간에서 다양한 식물이 자라기 때문에 모든 종류의 식물들이 서로 잘 지내지는 않는다는 사실에도 주의를 기울였다. 이는 식물 생태학의 근간을 이루는 통찰이었다.
>
> 결론적으로 정원은 여성들이 주도가 되어 토양과 식물을 이해하고, 농경지 경작에 유용한 지식과 경험을 배양할 수 있는 좋은 장소였다.

① 울타리를 통해 야생의 자연과 분명한 경계를 긋는다.

② 집약적 토지 이용의 전통이 시작된 곳으로 원시적인 문화에서도 발견된다.

③ 시대와 지역에 따라 정원에 대한 여성들의 입장이 달랐다.

④ 정원에서는 모든 종류의 식물들이 서로 잘 지내지는 않는다.

21 다음 글에서 〈보기〉가 들어갈 위치로 가장 적절한 것은?

___(가)___ 턱관절(악관절)이란 양쪽 손가락을 바깥귀길(외이도) 앞쪽에 대고 입을 벌릴 때 움직이는 것을 알 수 있는 얼굴 부위의 유일한 관절이다. 사람의 머리뼈는 여러 개의 뼈가 맞물려 뇌를 보호하도록 되어 있는 구조인데, 그중 머리 옆을 덮고 있는 좌우 관자뼈의 아래쪽에는 턱관절오목(하악와, 하악골과 접하기 때문에 붙여진 이름)이라 불리는 오목한 곳이 있다. ___(나)___ G공단이 2010년부터 2015년까지 건강보험 지급 자료를 분석한 내용에 따르면, 주 진단명으로 '턱관절 장애'를 진료받은 환자는 2010년 25만 명에서 2015년 35만 명으로 40.5%p 증가하였으며, 여성이 남성보다 1.5배 정도 더 많은 것으로 나타났다. ___(다)___ 2015년 성별·연령대별 진료 현황을 살펴보면, 20대(9만 4천 명, 26.9%)가 가장 많았고, 10대(6만 명, 17.1%), 30대(5만 6천 명, 16.1%) 순이었으며, 젊은 연령층의 여성 진료 인원이 많은 것으로 나타났다. 20대 여성이 5만 5천 명으로 같은 연령대 남성 3만 8천 명보다 1.4배 많았으며, 30대와 40대는 1.7배 등 9세 이하를 제외한 전 연령대에서 여성 진료 인원이 많았다. ___(라)___ 2015년 연령대별 인구 10만 명당 진료 인원에서도 20대 여성이 1,736명으로 가장 많았고, 다음으로 10대 1,283명, 30대 927명 순으로 나타났다. 남성은 20대가 1,071명으로 가장 많았고, 9세 이하가 45명으로 가장 적었다. 진료 형태별로 '턱관절 장애' 진료 인원을 비교해 본 결과, 외래 진료 인원은 2010년 24만 8천 명에서 2015년 34만 8천 명으로 40.4%p 증가하였고, 입원 진료자 수도 2010년 322명에서 2015년 445명으로 38.2%p 증가하였다.

> **보기**
>
> G공단 치과 김교수는 20대 여성 환자가 많은 이유에 대해 "턱관절 장애는 턱관절과 주위 저작근 등의 이상으로 나타나는 기질적 요인도 있으나, 정서적(또는 정신적) 기여 요인 또한 영향을 미치는 것으로 알려져 있다. 턱관절 장애는 스트레스, 불안감 또는 우울증 등이 요인으로 작용할 수 있다. 일반적으로 여성이 턱관절 이상 증상에 대해서 더 민감하게 받아들이는 것으로 알려져 있다. 한 가지 고려 사항으로는 아직 명확하게 밝혀진 것은 아니나, 최근 여성호르몬이 턱관절 장애의 병인에 영향을 줄 수 있는 것으로 보고된 바 있다."라고 설명하였다.

① (가)
② (나)
③ (다)
④ (라)

22 다음 글의 빈칸에 들어갈 내용으로 가장 적절한 것은?

서울의 청계광장에는 〈스프링(Spring)〉이라는 다슬기 형상의 대형 조형물이 설치되어 있다. 이것을 기획한 올덴버그는 공공장소에 작품을 설치하여 대중과 미술의 소통을 이끌어내려 했다. 이와 같이 대중과 미술의 소통을 위해 공공장소에 설치된 미술 작품 또는 공공영역에서 이루어지는 예술 행위 및 활동을 공공미술이라 한다.

1960년대 후반부터 1980년까지의 공공미술은 대중과 미술의 소통을 위해 작품이 설치되는 장소를 점차 확장하는 쪽으로 전개되었기 때문에 장소 중심의 공공미술이라 할 수 있다. 초기의 공공미술은 이전까지는 미술관에만 전시되던 작품을 사람들이 자주 드나드는 공공건물에 설치하기 시작했다. 하지만 이렇게 공공건물에 설치된 작품들은 건물의 장식으로 인식되어 대중과의 소통에 한계가 있었기 때문에 작품이 설치되는 공간은 공원이나 광장 같은 공공장소로 확장되었다. 그러나 공공장소에 놓이게 된 작품들이 주변 공간과 어울리지 않거나 미술가의 미학적 입장이 대중에게 수용되지 못하는 일들이 벌어졌다. 이는 소통에 대한 미술가의 반성으로 이어졌고, 시간이 지남에 따라 공공미술은 점차 주변의 삶과 조화를 이루는 방향으로 발전하였다.

1990년대 이후의 공공미술은 참된 소통이 무엇인가에 대해 진지하게 성찰하며, 대중을 작품 창작 과정에 참여시키는 쪽으로 전개되었기 때문에 참여 중심의 공공미술이라 할 수 있다. 이때의 공공미술은 대중들이 작품 제작에 직접 참여하게 하거나 작품을 보고 만지며 체험하는 활동 속에서 작품의 의미를 완성할 수 있도록 하여 미술가와 대중, 작품과 대중 사이의 소통을 강화하였다. 장소 중심의 공공미술이 이미 완성된 작품을 어디에 놓느냐에 주목하던 '결과 중심'의 수동적 미술이라면, '과정 중심'의 능동적 미술이라고 볼 수 있다.

그런데 공공미술에서는 대중과의 소통을 위해 누구나 쉽게 다가가 감상할 수 있는 작품을 만들어야 하므로, 미술가는 자신의 미학적 입장을 어느 정도 포기해야 한다고 우려할 수도 있다. 그러나 이러한 우려는 대중의 미적 감상 능력을 무시하는 편협한 시각이다. 추상적이고 난해한 작품이라도 대중과의 소통의 가능성은 늘 존재하기 때문이다. 따라서 _____ 공공미술가는 예술의 자율성과 소통의 가능성을 높이기 위해 대중의 예술적 감성이 어떠한지, 대중이 어떠한 작품을 기대하는지 면밀히 분석하여 작품을 창작해야 한다.

① 공공미술은 대중과의 소통에 한계가 있으므로 대립되기 마련이다.

② 공공영역에서 이루어지는 예술은 대중과의 소통을 위한 작품이기 때문에 수동적 미술이어야 한다.

③ 공공미술에서 예술의 자율성은 소통의 가능성과 대립하지 않는다.

④ 공공미술은 예술의 자율성이 보장되어야 하므로 대중의 뜻이 미술작품에 반드시 반영되어야 한다.

23 G공사는 부대시설 건축을 위해 A건축회사와 계약을 맺었다. 다음 계약서를 보고 건축시설처의 L대리가 파악할 수 있는 내용으로 가장 적절한 것은?

〈공사도급계약서〉

상세시공도면 작성(제10조)

① '을'은 건축법 제19조 제4항에 따라 공사감리자로부터 상세시공도면의 작성을 요청받은 경우에는 상세시공도면을 작성하여 공사감리자의 확인을 받아야 하며, 이에 따라 공사를 하여야 한다.

② '갑'은 상세시공도면의 작성범위에 대한 사항을 설계자 및 공사감리자의 의견과 공사의 특성을 감안하여 계약서상의 시방에 명시하고, 상세시공도면의 작성비용을 공사비에 반영한다.

안전관리 및 재해보상(제11조)

① '을'은 산업재해를 예방하기 위하여 안전시설의 설치 및 보험의 가입 등 적정한 조치를 하여야 한다. 이때 '갑'은 계약금액의 안전관리비 및 보험료 상당액을 계상하여야 한다.

② 공사현장에서 발생한 산업재해에 대한 책임은 '을'에게 있다. 다만, 설계상의 하자 또는 '갑'의 요구에 의한 작업으로 인한 재해에 대하여는 그렇지 아니하다.

응급조치(제12조)

① '을'은 재해방지를 위하여 특히 필요하다고 인정될 때는 미리 긴급조치를 취하고 즉시 이를 '갑'에게 통지하여야 한다.

② '갑'은 재해방지 및 기타 공사의 시공상 긴급·부득이하다고 인정할 때는 '을'에게 긴급조치를 요구할 수 있다.

③ 제1항 및 제2항의 응급조치에 소요된 경비에 대하여는 제16조 제2항의 규정을 준용한다.

---

① 응급조치에 소요된 비용은 '갑'이 부담한다.

② '을'은 산업재해를 예방하기 위한 조치를 해야 하고, '갑'은 계약금액에 이와 관련한 금액을 책정해야 한다.

③ '을'은 재해방지를 위하여 미리 긴급조치를 취할 수 있고, 이를 '갑'에게 알릴 의무는 없다.

④ 공사현장에서 발생한 모든 산업재해에 대한 책임은 '을'에게 있다.

24 다음은 데이터센터에 대한 기사 내용이다. 이를 이해한 내용으로 적절하지 않은 것은?

데이터센터(Data Center)란 컴퓨터 시스템과 통신장비, 저장장치인 스토리지(Storage) 등이 설치된 시설을 말한다. 데이터센터는 인터넷 검색과 이메일, 온라인 쇼핑 등의 작업을 처리하는 공간이다. 잠시라도 전원 공급이 중단되면 이러한 기능이 마비되기 때문에 예비 전력 공급 장치와 예비 데이터 통신장비를 갖추고 있다. 또한 컴퓨터 장비에서는 열기가 배출되기 때문에 냉방 시설이 중요하며 소방 시설과 보안 장치 등을 갖추고 있다.

컴퓨터가 처음 도입되었을 때도 컴퓨터 장비를 설치하기 위해서는 데이터센터와 같은 넓은 공간이 필요했다. 초창기 컴퓨터는 장비 자체도 매우 컸고 이를 운영하기 위한 특별한 환경이 필요했기 때문이다. 장비를 연결하는 복잡한 케이블과 장비를 설치하기 위한 설비, 큰 용량의 전력 설비와 고가의 장비 보호를 위한 보안 설비가 필수였다.

이러한 데이터센터가 주목받기 시작한 것은 인터넷이 활성화되기 시작하면서부터이다. 기업이 빠르고 편리하게 인터넷을 이용하려면 전용 시설이 필요했기 때문이다. 대기업의 경우 인터넷 데이터센터(IDC; Internet Data Center)라는 명칭의 대규모 시설을 보유하기 시작했으며, 규모가 작은 기업은 비용 절감을 위해 자사의 장비 보관과 관리를 전문 시설을 갖춘 업체에 위탁하게 되었다. 현재 인터넷 데이터센터는 기업의 인터넷 장비(서버)를 맡아 대신 관리하기 때문에 서버 호텔 혹은 임대 서버 아파트라고도 불린다.

데이터센터 건물은 통상 축구 경기장 넓이(1만m^2) 규모로 건설된다. 데이터센터는 서버가 설치된 장소와 네트워크를 24시간 관리하는 운영센터(NOC; Network Operating Center), 냉각시설과 전력공급시설로 구성된다. 서버 장비는 온도와 습도에 민감하므로 일정 기준으로 유지할 수 있는 설비가 기본이다. 적정 온도는 16 ~ 24℃이며 습도는 40 ~ 55%를 유지해야 한다. 또 지진과 홍수와 같은 재해에 대비한 안전장치와 보안시설이 필요하다.

또한, 데이터센터는 대규모 전력을 필요로 한다. 특히 서버와 스토리지, 네트워크 장비에서 발생하는 뜨거운 열기를 식히는 데 많은 전력을 사용하고 있다. 데이터센터가 사용하는 전력의 효율성을 측정하는 지표로 PUE(Power Usage Effectiveness)가 있다. PUE는 데이터센터의 전체 전력사용량과 IT 장비에 사용되는 전력량의 비로 계산하며, PUE가 1에 가까운 값인 경우 거의 모든 에너지가 컴퓨팅을 위해 사용된다는 의미이다.

오늘날 데이터센터의 대규모 전력 사용 문제 해결을 위해 다양한 시도가 진행되고 있다. 구글의 핀란드 데이터센터는 발틱해의 찬 바닷물을 시스템 냉각에 사용한다. 페이스북의 스웨덴 데이터센터와 HP의 영국 북해 연안의 데이터센터도 차가운 바다 공기를 이용한다. 구글의 오클라호마 데이터센터는 풍력으로 생산되는 전력을 사용한다. 구글은 그동안 풍력과 같은 청정에너지 분야에 수억 달러를 투자했다.

현재 데이터센터 중 가장 큰 규모로는 구글을 볼 수 있다. 구글은 자신의 데이터센터를 인터넷이 사는 곳이라고 부른다. 구글코리아 자료에 따르면 181개국에서 146개 언어를 사용해서 발생하는 하루 평균 검색량이 10억 건에 달한다. 매일 입력되는 검색어 중에서 16%는 새로 생기는 검색어이다. 2003년 이후 새로 입력된 검색어는 4,500억 개에 달하는데, 검색 결과를 보여주는 데 걸리는 시간은 평균 0.25초에 불과하다. 많은 정보를 빠르게 처리하려면 대규모 데이터센터가 필수적인 것이다.

지금까지 구글은 데이터센터에 대해서 철저한 보안을 유지하다가 2012년 10월 처음으로 자사의 홈페이지를 통해 데이터센터 내부를 공개했다. '구글 스트리트뷰'를 이용하면 미국 노스캐롤라이나주 르노어시에 위치한 구글 데이터센터 내부를 방문할 수 있다.

① 데이터센터는 서버가 설치된 장소와 운영센터, 냉각시설과 전력공급시설로 이루어져 있다.
② 청정에너지를 통해 데이터센터의 전력 문제를 해결하려는 시도가 진행되고 있다.
③ 소규모기업은 데이터 센터를 보유하는 대신 전문 시설을 갖춘 업체에 위탁하여 비용을 절감한다.
④ 구글이 데이터센터 내부를 공개하지 않는 이유는 데이터센터의 보안을 위해서이다.

25 다음 글의 내용이 참일 때, 반드시 참인 것은?

전 세계적 금융위기로 인해 그 위기의 근원지였던 미국의 경제가 상당한 피해를 입었다. 미국에서는 경제 회복을 위해 통화량을 확대하는 양적완화 정책을 실시할 것인지를 두고 논란이 있었다. 미국의 양적완화는 미국 경제회복에 효과가 있겠지만, 국제 경제에 적지 않은 영향을 줄 수 있기 때문이다. 미국이 양적완화를 실시하면 달러화의 가치가 하락하고 우리나라의 달러 환율도 하락한다. 우리나라의 달러 환율이 하락하면 우리나라의 수출이 감소한다. 우리나라 경제는 대외 의존도가 높기 때문에 경제의 주요지표들이 개선되기 위해서는 수출이 감소하면 안 된다. 또 미국이 양적완화를 중단하면 미국 금리가 상승한다. 미국 금리가 상승하면 우리나라 금리가 상승하고, 우리나라 금리가 상승하면 우리나라에 대한 외국인 투자가 증가한다. 또한 우리나라 금리가 상승하면 우리나라의 가계부채 문제가 심화된다. 가계부채 문제가 심화되는 나라의 국내소비는 감소한다. 국내소비가 감소하면 경제의 전망이 어두워진다.

① 우리나라의 수출이 증가했다면 달러화 가치가 하락했을 것이다.
② 우리나라의 가계부채 문제가 심화되었다면 미국이 양적완화를 중단했을 것이다.
③ 우리나라에 대한 외국인 투자가 감소하면 우리나라 경제의 전망이 어두워질 것이다.
④ 우리나라 경제의 주요지표들이 개선되었다면 우리나라의 달러 환율이 하락하지 않았을 것이다.

근자에 인터넷이나 이런저런 관련 통신으로 많은 문제가 발생한다. 자녀의 전화 사용으로 부모가 배달된 전화 요금 청구서를 보고 너무나 큰 액수에 놀란다는 이야기는 ㉠ 보통의 현상이 되고 있다. 그 배경으로 청소년의 대인 관계에 대한 기피 현상 등이 지적되고 있다.

문제점으로 인식될 정도로 청소년 자녀들이 전화를 사용하는 시간은 늘어나고, 직접적인 대면 시간은 줄어드는지 그 이유를 알기 위해서는 먼저 전화라는 매체가 심리적으로 어떠한 작용을 하는지에 대하여 간파할 필요가 있을 것이다. 전화가 직접적인 대면과는 어떠한 차이가 있는가?

먼저 전화로는 심리적으로 자기의 공간을 유지하면서 이야기를 할 수 있기 때문에 남에게 방해를 받지 않는 비밀성이 있다. 또 상대와 직접 대면하는 것과는 달리 상대방이 보이지 않기 때문에 상대방의 비언어적 표현 등을 읽을 수 없고, 동시에 상대방이 보이지 않으므로 오히려 상대방의 반응을 걱정할 필요 없이 자기가 하고 싶은 말을 할 수 있는 특징을 들 수 있다. 또한 전화는 현실성에서 떨어져 자유로울 수 있고 때로는 자기를 위장 표현할 수 있는 가면성(假面性)이라는 특징도 있다. 따라서 평소에 별로 감정을 드러내지 않는 사람이 전화에서는 솔직한 감정을 표현할 수 있고, 얌전한 사람이 과감하게 공격적인 발언을 할 수도 있다는 장점이 있다. 어떠한 내용을 어떠한 사람에게 전하느냐에 따라서도 달라지지만 전화 다이얼은 비대면적 환경하에서 전화라는 매체가 심리적으로 주는 특징이 노현(露顯)으로 구현화된 사회 현상이며 현대 사회를 가장 단적으로 표현한 수단이 되고 있다.

26 다음 중 윗글의 설명 방식으로 적절하지 않은 것은?

① 스스로 묻고 그것에 대해 답변하는 방식으로 논의를 전개하고 있다.

② 일상에서 일어나고 있는 일을 예로 들고 있다.

③ 논의 대상 간의 차이점에 착안하여 논의를 전개하고 있다.

④ 제시된 기준에 따라 논제를 나누거나 묶어서 전개하고 있다.

27 다음 중 ㉠과 같은 상황을 표현한 사자성어로 가장 적절한 것은?

① 비일비재(非一非再)

② 우공이산(愚公移山)

③ 새옹지마(塞翁之馬)

④ 권토중래(捲土重來)

28 다음 빈칸에 들어갈 적절한 내용을 〈보기〉에서 찾아 순서대로 바르게 연결한 것은?

_____(가)_____ 완전국가가 퇴화해 가는 최초의 형태, 곧 야심 있는 귀족들이 지배하는 명예정치체제는 거의 모든 점에서 완전국가 자체와 비슷하다고 한다. 주목할 만한 점은, 플라톤이 현존하는 국가 중에서 가장 우수하고 가장 오래된 이 국가를 명백히 스파르타와 크레타의 도리아식 정체와 동일시했으며, 이들 부족적인 귀족정치체제는 그리스 안에 남아 있는 가장 오랜 정치형태를 대표했다는 것이다.

_____(나)_____ 한때는 통일되어 있던 가부장적 지배계급이 이제 분열되며, 이 분열이 바로 다음 단계인 과두체제로의 퇴화를 초래한다. 분열을 가져온 것은 야심이다. 플라톤은 젊은 명예정치가에 대해 이야기하면서 "처음, 그는 자기 아버지가 지배자에 들지 않았음을 한탄하는 어머니의 말을 듣는다."라고 말하고 있다. 이리하여 그는 야심을 가지게 되고 저명해지기를 갈망한다.

_____(다)_____ 플라톤의 기술은 탁월한 정치적 선전이다. 뛰어난 학자이며, 『국가』의 편찬자인 애덤과 같은 이도 플라톤의 아테네에 대한 힐난의 변론술에 맞설 수 없다는 점을 감안하면, 그것이 끼쳤을 해독이 어떠했으리라는 것을 짐작할 수 있다. 애덤은 "민주적 인간의 출현에 대한 플라톤의 기술은 고금의 문헌을 통틀어서 가장 고귀하고 위대한 걸작이다."라고 쓰고 있다.

보기

㉠ 민주체제에 대한 플라톤의 기술은 아테네 사람들의 정치생활과 페리클레스가 표현했던 민주주의 신조에 대한 풍자로, 생생하긴 하나 지극히 적대적이고 공정치 못한 풍자이다.
㉡ 플라톤의 완전국가를 자세히 논하기에 앞서, 타락해 가는 네 가지 국가형태의 이행과정에서 경제적인 동기가 차지하는 역할과 계급투쟁에 대한 플라톤의 분석을 간략히 설명하기로 한다.
㉢ 최선의 국가 또는 이상적인 국가와 명예정치체제의 주요한 차이는 후자가 불완전성이라는 요소를 안고 있다는 점이다.

	(가)	(나)	(다)
①	㉠	㉡	㉢
②	㉠	㉢	㉡
③	㉡	㉠	㉢
④	㉡	㉢	㉠

29 다음 글의 내용으로 가장 적절한 것은?

〈공사도급계약서〉

지급 재료와 대여품(제9조)

① 계약에 의하여 '갑'이 지급하는 재료와 대여품은 공사 예정표에 의한 공사 일정에 지장이 없도록 적기에 인도되어야 하며, 그 인도 장소는 시방서 등에 따라 정한 바가 없으면 공사현장으로 한다.

② '을'은 지급 재료 및 대여품의 품질 또는 규격이 시공에 적당하지 아니하다고 인정할 때에는 즉시 '갑'에게 이를 통지하고 그 대체를 요구할 수 있다.

③ 재료 지급의 지연으로 공사가 지연될 우려가 있을 때에는 '을'이 '갑'의 서면 승낙을 얻어 자기가 보유한 재료를 대체 사용할 수 있다. 이 경우 '갑'은 현품 또는 재료의 사용 당시 가격을 지체 없이 '을'에게 지급하여야 한다.

④ '을'은 '갑'이 지급한 재료와 기계·기구 등 대여품을 선량한 관리자의 주의로 관리하여야 하며, 계약의 목적을 수행하는 데만 사용하여야 한다.

⑤ '을'은 공사 내용의 변경으로 인하여 필요 없게 된 지급 재료 또는 사용 완료된 대여품을 지체 없이 '갑'에게 반환하여야 한다.

① '을'은 공사 내용의 변경으로 필요 없게 된 지급 재료를 소유할 수 있다.

② '갑'이 지급하는 재료와 대여품은 따로 정한 바가 없으면 공사현장에서 인도된다.

③ '을'은 '갑'이 지급한 재료를 계약의 목적을 수행하는 것 이외에도 필요에 따라 사용할 수 있다.

④ 재료 지급의 지연으로 공사가 지연될 우려가 있을 때, '을'은 알아서 자기가 보유한 재료를 대체 사용할 수 있다.

30 다음 글을 판단한 내용으로 적절한 것을 〈보기〉에서 고르면 모두 몇 개인가?

반려동물 동거인 1천만 시대. 다섯 명 가운데 한 명이 키울 정도로 반려동물은 이미 우리 생활의 일부가 됐다. 그런데 가정 안에서 빈번하게 문제가 되는 것이 바로 임신했을 때 반려동물을 격리할 것인가 말 것인가에 대한 분분한 의견들이다. 떠도는 속설, 기우 때문에 주인의 임신과 함께 버려지는 반려동물이 많은 것도 사실이다. 반려동물은 과연 태아에게 치명적인 영향을 미치는 존재일까? 그 속설들에 대해 하나하나 따져보기로 하자.

최근 아이들을 낳지 않고 반려동물만 키우는 딩크족들이 늘고 있다. 이 때문일까? 항간에는 반려동물과의 동거가 불임의 원인이 된다는 속설이 돌고 있다. 그러나 결론적으로 말하면 이것은 과학적 근거가 없는 허구이다. 반려동물을 키우면 모성 호르몬이 여성 호르몬을 억제해 임신이 잘 되지 않는다고 하는데, 애초에 모성 호르몬이라는 것은 존재하지 않는 것일뿐더러 반려동물을 키운다고 해서 여성 호르몬이 영향을 받는다는 것도 증명된 적이 없다.

임신을 안 순간 반려동물은 갑자기 고민거리가 되기도 한다. 임신부의 건강에 문제가 생길 수도 있다고 여겨지기 때문이다. 특히 반려동물의 털은 태아에게 나쁜 영향을 미친다고도 알려져 있어 임신부들을 불안하게 한다. 그러나 태아는 자궁경부와 양막의 보호를 받으므로 임신 중 반려동물의 털이 태아에게 들어갈 수 없다. 물론 털에 의한 알레르기 반응이나 천식, 두드러기 등에는 쉽게 노출될 수도 있다. 평소 알레르기에 민감하게 반응해온 임신부라면 당분간 떨어져 지내면서 증상을 완화시키도록 하는 것이 좋다.

고양이를 키우기 때문에 기형아를 낳는다는 속설도 있지만, 사실 그렇지 않다. 다만, 고양이와 임신부에게 톡소플라즈마(기생충) 항체가 없을 경우에는 문제가 될 수 있다. 확률이 작기는 하지만 급성으로 감염된 고양이가 알을 배출하는 2주 동안 그 알을 임신부가 섭취하게 되면 기형아 발생의 위험이 있기 때문이다. 따라서 고양이를 키우고 있다면 이를 숙지하여 임신 초기 톡소플라즈마 감염을 예방할 수 있도록 해야 한다.

임신부들은 아무래도 임신 초기 입덧 때문에 냄새에 민감해진다. 때문에 입덧이 심할 때는 반려동물의 몸이나 배설물 냄새가 더 역하게 느껴지기도 한다. 그러나 반려동물 때문에 없던 입덧이 생기거나 입덧이 더 심해지는 것은 아니다. 임신부가 있는 집이라면 가족들이 평소보다 더 청결하게 반려동물을 관리하는 것이 좋다. 특히 반려동물의 목욕과 깨끗한 배설물 처리는 다른 가족들의 건강을 위해서라도 꼭 필요한 일임을 명심해야 한다.

임신 초기는 유산의 위험이 높고 안정이 필요한 시기이다. 특히 유산 병력이 있거나 출혈, 복통이 있다면 안정기까지 최대한 주의를 해야 한다. 평소 알레르기 질환에 노출되어 있는 임신부라면 면역력이 약해서 호흡기증상이나 임신소양증 등을 일으킬 수 있으므로 미리 반려동물에 대한 면역이 있는지도 검사를 받아야 한다. 한편 반려동물은 임신 중 우울감이나 스트레스를 감소시키는 역할도 하므로 키울 것인지 아닌지는 개개인의 특성과 처한 상황에 따라 신중하게 선택하는 것이 좋다.

보기

- 반려동물은 불임의 원인이 된다.
- 반려동물의 털은 태아에게 나쁜 영향을 미친다.
- 반려동물을 키우면 입덧이 심해진다.
- 유산의 위험이 있다면 안정기까지 주의가 필요하다.

① 1개   ② 2개

③ 3개   ④ 4개

31 A ~ E는 모두 한 팀으로 이번 달 A, C의 매출 평균값은 20이고, B, D, E의 매출 평균값은 40이다. 이때 팀 전체의 매출 평균값은 얼마인가?

① 30   ② 31
③ 32   ④ 33

32 표준 업무시간이 80시간인 업무를 각 부서에 할당해 본 결과가 다음과 같을 때, 어느 부서의 업무효율이 가장 높은가?

〈부서별 업무시간 분석결과〉

부서명		A	B	C	D
투입 인원(명)		2	3	4	3
개인별 업무시간(시간)		41	30	22	27
회의	횟수(회)	3	2	1	2
	소요시간(시간/회)	1	2	4	1

- (업무효율)=$\dfrac{(표준\ 업무시간)}{(총\ 투입시간)}$

- (총 투입시간)=(개인별 투입시간)×(투입 인원)

  ※ 개인별 투입시간 : (개인별 업무시간)+(회의 횟수)×(회의 소요시간)

- 부서원은 업무를 분담하여 동시에 수행할 수 있음

- 투입된 인원의 개인별 업무능력과 인원당 소요시간은 동일함

① A   ② B
③ C   ④ D

※ 다음은 G씨가 8월까지 사용한 지출 내역이다. 이어지는 질문에 답하시오. [33~34]

〈8월까지 사용한 지출 내역〉

종류	내역
신용카드	2,500,000원
체크카드	3,500,000원
현금영수증	–

※ 연봉의 25%를 초과한 금액에 한해 신용카드 15% 및 현금영수증·체크카드 30% 공제
※ 공제는 초과한 금액에 대해 공제율이 높은 종류를 우선 적용

33 G씨의 예상 연봉 금액이 35,000,000원일 때, 연말정산에 대비하기 위한 전략 또는 자료에 대한 설명으로 적절하지 않은 것은?

① 신용카드 사용금액이 더 적기 때문에 체크카드보다 신용카드를 많이 사용하는 것이 공제에 유리하다.

② 2,750,000원보다 더 사용해야 소득공제가 가능하다.

③ 만약 체크카드를 5,000,000원 더 사용한다면, 2,250,000원이 소득공제금액에 포함되고 공제액은 675,000원이다.

④ 만약 신용카드를 5,750,000원 더 사용한다면, 3,000,000원이 소득공제금액에 포함되고 공제액은 900,000원이다.

34 G씨는 8월 이후로 신용카드를 4,000,000원 더 사용했고, 현금영수증 금액을 확인해보니 5,000,000원이었다. 또한, 연봉은 40,000,000원으로 상승하였다. 다음의 세율 표를 적용하여 신용카드, 현금영수증 등 소득공제금액에 대한 세금은?

과표	세율
연봉 1,200만 원 이하	6%
연봉 4,600만 원 이하	15%
연봉 8,800만 원 이하	24%
연봉 15,000만 원 이하	35%
연봉 15,000만 원 초과	38%

① 90,000원

② 225,000원

③ 247,500원

④ 450,000원

35 다음은 국민연금 운용수익률 추이에 대한 자료이다. 이에 대한 내용으로 옳은 것은?

〈국민연금 운용수익률 추이〉

(단위 : %)

구분		11년 연평균 (2013 ~ 2023년)	5년 연평균 (2019 ~ 2023년)	3년 연평균 (2021 ~ 2023년)	2023년 (2023년 1년간)
전체		5.24	3.97	3.48	−0.92
금융부문		5.11	3.98	3.49	−0.93
	국내주식	4.72	1.30	3.07	−16.77
	해외주식	5.15	4.75	3.79	−6.19
	국내채권	4.84	3.60	2.45	4.85
	해외채권	4.37	3.58	2.77	4.21
	대체투자	8.75	9.87	8.75	11.80
	단기자금	4.08	1.58	1.59	2.43
공공부문		8.26	–	–	–
복지부문		6.34	−1.65	−1.51	−1.52
기타부문		1.69	0.84	0.73	0.96

① 2023년 운용수익률은 모든 부문에서 적자를 기록했다.

② 금융부문 운용수익률은 연평균기간이 짧을수록 꾸준히 증가하고 있다.

③ 공공부문은 조사기간 내내 운용수익률이 가장 높은 부문이다.

④ 국민연금 전체 운용수익률은 연평균기간이 짧을수록 점차 감소하고 있다.

36 주머니에 1, 2, 3, 4, 5가 적힌 5개의 크기와 모양이 같은 공이 들어 있다. 이 주머니에서 임의로 한 개의 공을 꺼낼 때, 홀수이면 한 개의 주사위를 2번 던지고, 짝수이면 3번 던진다. 공 하나를 꺼낸 다음, 주사위를 던져 나온 숫자의 합이 5일 확률은 $\frac{q}{p}$일 때, $p+q$의 값은?(단, p와 q는 서로소인 자연수이다)

① 97

② 98

③ 99

④ 100

37 다음은 은행별 퇴직연금 계약 건수를 기업의 근로자 수를 기준으로 나타낸 자료이다. 이에 대한 설명으로 옳지 않은 것은?

〈기업 근로자 수별 퇴직연금 계약 건수〉

(단위 : 건)

기준		1,000인 이상	500인 이상	300인 이상	200인 이상	50인 이상	30인 이상	10인 이상	9인 미만
A은행	확정급여형	225	236	256	339	1,257	1,322	4,133	5,904
	확정기여형	143	125	114	182	1,106	1,486	7,352	15,312
B은행	확정급여형	214	178	178	190	411	286	853	783
	확정기여형	146	111	102	119	356	427	1,511	1,858
C은행	확정급여형	188	166	231	252	1,042	1,034	3,259	3,466
	확정기여형	112	92	131	196	1,425	1,964	9,375	13,988

① 1,000인 이상 기업의 경우 확정급여형과 확정기여형을 합친 총 계약 건수가 가장 많은 은행은 A은행이다.

② 확정급여형의 경우, A~C은행 모두 9인 미만 기업과의 계약 건수가 가장 많은 비율을 차지하고 있다.

③ 확정기여형의 경우, A은행과 B은행 모두 300인 이상 기업과의 계약 건수가 가장 적은 비율을 차지하고 있다.

④ 9인 미만 기업과 계약 건수를 볼 때, A은행은 A~C은행의 총 계약 건수 중 50% 이상을 차지하고 있다.

38 다음 자료를 보고 옳은 것을 〈보기〉에서 모두 고르면?

〈기업별 주식 현황〉

(단위 : 천 원)

구분	A기업	B기업	C기업	D기업
자기자본	100,000	500,000	250,000	80,000
액면가	5	5	0.5	1
순이익	10,000	200,000	125,000	60,000
주식가격	10	15	8	12

※ (자기자본 순이익률)$=\dfrac{(순이익)}{(자기자본)}$, (주당 순이익)$=\dfrac{(순이익)}{(발행 주식 수)}$

※ (자기자본)$=$(발행 주식 수)$\times$(액면가)

보기

ㄱ. 주당 순이익은 A기업이 가장 낮다.
ㄴ. 주당 순이익이 높을수록 주식가격이 높다.
ㄷ. D기업의 발행 주식 수는 A기업의 발행 주식 수의 4배이다.
ㄹ. 자기자본 순이익률은 C기업이 가장 높고, A기업이 가장 낮다.

① ㄱ, ㄹ   ② ㄴ, ㄷ

③ ㄴ, ㄹ   ④ ㄷ, ㄹ

39 G씨는 2023년 말 미국기업, 일본기업, 중국기업에서 스카우트 제의를 받았다. 각 기업에서 제시한 연봉은 각각 3만 달러, 290만 엔, 20만 위안으로, 2024년부터 3년간 고정적으로 지급한다고 한다. 다음 자료를 참고하여 G씨가 이해한 내용으로 옳은 것은?

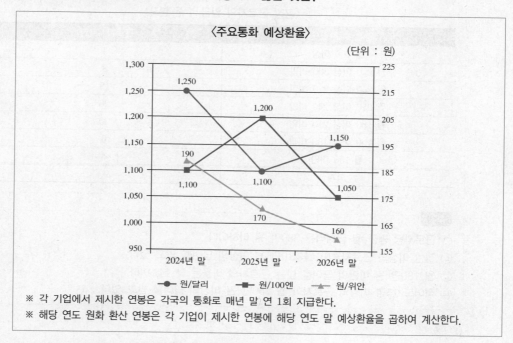

※ 각 기업에서 제시한 연봉은 각국의 통화로 매년 말 연 1회 지급한다.
※ 해당 연도 원화 환산 연봉은 각 기업이 제시한 연봉에 해당 연도 말 예상환율을 곱하여 계산한다.

① 2024년 원화 환산 연봉은 미국기업이 가장 많다.
② 2025년 원화 환산 연봉은 중국기업이 가장 많다.
③ 2026년 원화 환산 연봉은 일본기업이 중국기업보다 많다.
④ 2025년 대비 2026년 중국기업의 원화 환산 연봉의 감소율은 2024년 대비 2026년 일본기업의 원화 환산 연봉의 감소율보다 크다.

40 다음은 G공장에서 근무하는 근로자들의 임금 수준 분포를 나타낸 자료이다. 근로자 전체에게 지급된 임금(월 급여)의 총액이 2억 원일 때, 〈보기〉 중 옳은 것을 모두 고르면?

<공장 근로자의 임금 수준 분포>

임금 수준(만 원)	근로자 수(명)
월 300 이상	4
월 270 이상 300 미만	8
월 240 이상 270 미만	12
월 210 이상 240 미만	26
월 180 이상 210 미만	30
월 150 이상 180 미만	6
월 150 미만	4
합계	90

보기

㉠ 근로자당 평균 월 급여액은 230만 원 이하이다.
㉡ 절반 이상의 근로자들이 월 210만 원 이상의 급여를 받고 있다.
㉢ 월 180만 원 미만의 급여를 받는 근로자의 비율은 약 14%이다.
㉣ 적어도 15명 이상의 근로자가 월 250만 원 이상의 급여를 받고 있다.

① ㉠
② ㉠, ㉡
③ ㉠, ㉡, ㉣
④ ㉡, ㉢, ㉣

41 A비커에는 농도가 x%인 설탕물 300g이 들어 있고, B비커에는 농도가 y%인 설탕물 600g이 들어 있다. A비커에 B비커의 설탕물 100g을 부어 골고루 섞은 후, 다시 B비커로 100g을 옮기고 골고루 섞어 농도를 측정해 보니 A비커의 설탕물과 B비커의 설탕물의 농도는 각각 5%, 9.5%였다. 이때 $10x + 10y$의 값은?

① 106

③ 126

② 116

④ 136

42 다음은 18개 지역의 날씨에 대한 자료이다. 이를 참고할 때 날씨의 평균값과 중앙값의 차는?

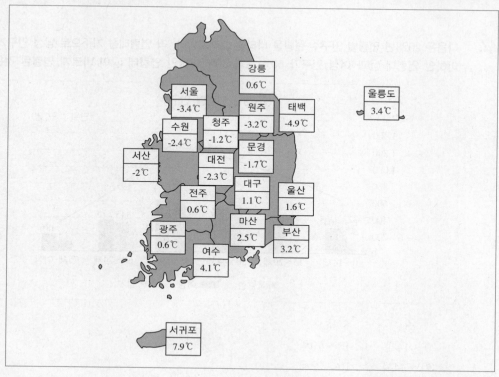

① 0.38

③ 0.26

② 0.35

④ 0.22

43 다음 〈조건〉을 바탕으로 할 때, 乙의 나이로 가능한 것은?

> **조건**
> - 甲과 乙은 부부이다. a는 甲의 동생, b, c는 아들과 딸이다.
> - 甲은 乙과 동갑이거나 乙보다 나이가 많다.
> - a, b, c 나이의 곱은 2,450이다.
> - a, b, c 나이의 합은 46이다.
> - a는 19 ~ 34세이다.
> - 甲과 乙의 나이 합은 아들과 딸의 나이 합의 4배이다.

① 45세
③ 43세

② 44세
④ 42세

44 다음은 2023년 연령별 인구수 현황을 나타낸 그래프이다. 각 연령대를 기준으로 남성 인구가 40% 이하인 연령대 ㉠과 여성 인구가 50% 초과 60% 이하인 연령대 ㉡이 바르게 연결된 것은?

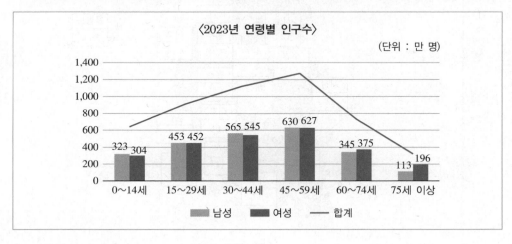

	㉠	㉡
①	0 ~ 14세	15 ~ 29세
②	30 ~ 44세	15 ~ 29세
③	45 ~ 59세	60 ~ 74세
④	75세 이상	60 ~ 74세

※ 다음은 현 직장 만족도에 대해 조사한 자료이다. 이어지는 질문에 답하시오(단, 소수점 둘째 자리에서 반올림한다). [45~46]

〈현 직장 만족도〉

만족분야별	직장유형별	2022년	2023년
전반적 만족도	기업	6.9	6.3
	공공연구기관	6.7	6.5
	대학	7.6	7.2
임금과 수입	기업	4.9	5.1
	공공연구기관	4.5	4.8
	대학	4.9	4.8
근무시간	기업	6.5	6.1
	공공연구기관	7.1	6.2
	대학	7.3	6.2
사내분위기	기업	6.3	6.0
	공공연구기관	5.8	5.8
	대학	6.7	6.2

45 2022년 3개 기관의 전반적 만족도의 합은 2023년 3개 기관의 임금과 수입 만족도의 합의 몇 배인가?

① 1.4배

② 1.6배

③ 1.8배

④ 2.0배

46 다음 중 자료에 대한 설명으로 옳지 않은 것은?

① 현 직장에 대한 전반적 만족도는 대학 유형에서 가장 높다.

② 2023년 근무시간 만족도에서는 공공연구기관과 대학의 만족도가 동일하다.

③ 2023년에 모든 유형의 직장에서 임금과 수입의 만족도는 전년 대비 증가했다.

④ 사내분위기 측면에서 2022년과 2023년 공공연구기관의 만족도는 동일하다.

※ 다음은 G공사 직원 1,200명을 대상으로 조사한 자료이다. 이어지는 질문에 답하시오. [47~48]

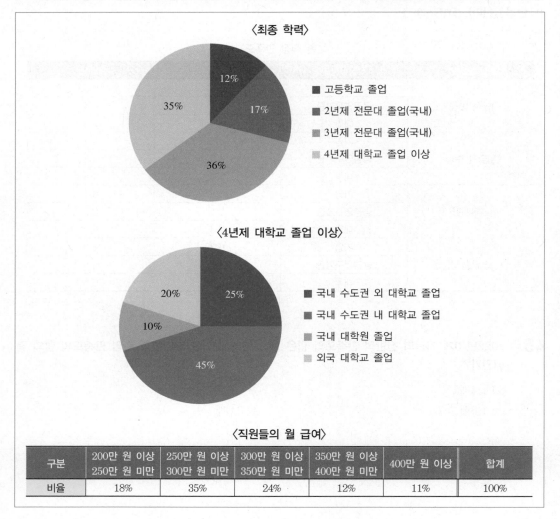

〈최종 학력〉

- ■ 고등학교 졸업
- ■ 2년제 전문대 졸업(국내)
- ■ 3년제 전문대 졸업(국내)
- ■ 4년제 대학교 졸업 이상

〈4년제 대학교 졸업 이상〉

- ■ 국내 수도권 외 대학교 졸업
- ■ 국내 수도권 내 대학교 졸업
- ■ 국내 대학원 졸업
- ■ 외국 대학교 졸업

〈직원들의 월 급여〉

구분	200만 원 이상 250만 원 미만	250만 원 이상 300만 원 미만	300만 원 이상 350만 원 미만	350만 원 이상 400만 원 미만	400만 원 이상	합계
비율	18%	35%	24%	12%	11%	100%

47 다음 중 자료에 대한 설명으로 옳지 않은 것은?

① 직원 중 4년제 국내 수도권 내 대학교 졸업자 수는 전체 직원의 15% 이상을 차지한다.

② 고등학교 졸업의 학력을 가진 직원의 월 급여는 모두 300만 원 미만이라 할 때, 이 인원이 월 급여 300만 원 미만에서 차지하는 비율은 20% 이상이다.

③ 4년제 대학교 졸업 이상의 학력을 가진 직원의 월 급여는 모두 300만 원 이상이라 할 때, 이 인원이 월 급여 300만 원 이상에서 차지하는 비율은 78% 이하이다.

④ 월 급여가 300만 원 미만인 직원은 350만 원 이상인 직원의 2.5배 이상이다.

48 국내 소재 대학 및 대학원 졸업자의 25%의 월 급여가 300만 원 이상일 때, 이들이 월 급여 300만 원 이상인 직원 인원에서 차지하는 비율은?(단, 소수점 첫째 자리에서 버림한다)

① 28%   ② 32%

③ 36%   ④ 43%

49 다음은 유아교육 규모에 대한 자료이다. 〈보기〉 중 옳지 않은 것을 모두 고르면?

〈유아교육 규모〉

구분	2017년	2018년	2019년	2020년	2021년	2022년	2023년
유치원 수(원)	8,494	8,275	8,290	8,294	8,344	8,373	8,388
학급 수(학급)	20,723	22,409	23,010	23,860	24,567	24,908	25,670
원아 수(명)	545,263	541,603	545,812	541,550	537,822	537,361	538,587
교원 수(명)	28,012	31,033	32,095	33,504	34,601	35,415	36,461
취원율(%)	26.2	31.4	35.3	36.0	38.4	39.7	39.9
교원 1인당 원아 수(명)	19.5	17.5	17.0	16.2	15.5	15.2	14.8

보기

㉠ 유치원 원아 수의 변동은 매년 일정한 흐름을 보이지는 않는다.
㉡ 교원 1인당 원아 수가 적어지는 것은 원아 수 대비 학급 수가 늘어나기 때문이다.
㉢ 취원율은 매년 증가하고 있는 추세이다.
㉣ 교원 수가 매년 증가하는 이유는 청년 취업과 관계가 있다.

① ㉠, ㉡   ② ㉠, ㉢

③ ㉡, ㉣   ④ ㉢, ㉣

50 다음은 지역별 의료인력 분포 현황을 나타낸 자료이다. 이에 대한 내용으로 옳지 않은 것은?

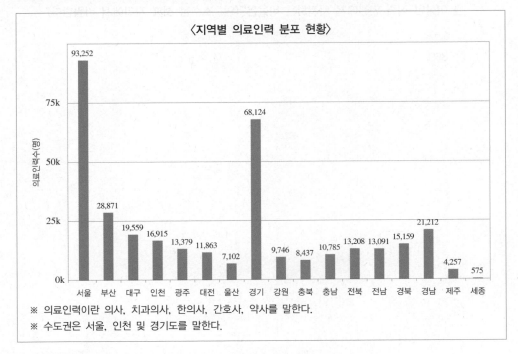

〈지역별 의료인력 분포 현황〉

※ 의료인력이란 의사, 치과의사, 한의사, 간호사, 약사를 말한다.
※ 수도권은 서울, 인천 및 경기도를 말한다.

① 의료인력은 수도권에 편중된 불균형상태를 보이고 있다.
② 수도권에서 경기가 차지하는 비중은 인천이 차지하는 비중의 4배 미만이다.
③ 서울과 경기를 제외한 나머지 지역 중 의료인력수가 가장 많은 지역과 가장 적은 지역의 차는 경남의 의료인력수보다 크다.
④ 의료인력수가 많을수록 의료인력 비중이 고르다고 말할 수 없다.

51 상점 A와 B에서는 같은 종류의 면도기를 팔고 있다. 처음에 판매된 면도기 가격은 상점 A, B 모두 동일하였으나, 상점 A에서 할인 행사를 맞아 정가의 15%를 할인하였고, 상점 B는 20%를 할인하였다. 이 소식을 들은 상점 A는 처음 정가의 15%를 추가로 할인을 하였고, 이에 상점 B는 A의 최종 가격보다 같거나 더 싸게 판매하려고 한다. 상점 B는 처음 할인한 가격에서 최소한 몇 %를 추가로 할인해야 하는가?

① 10%   ② 11%
③ 12.5%   ④ 15%

52 다음은 성별·국적별 크루즈 이용객 수 현황에 대한 자료이다. 이에 대한 설명으로 옳은 것은?

〈성별·국적별 크루즈 이용객 수 현황〉

(단위 : 명)

구분		여성	남성	합계
합계		1,584	2,409	3,993
아시아주	소계	286	1,262	1,548
	일본	2	2	4
	중국	65	18	83
	대만	7	2	9
	홍콩	9	7	16
	태국	22	51	73
	말레이시아	9	8	17
	필리핀	98	682	780
	인도네시아	10	89	99
	싱가포르	14	6	20
	미얀마	0	0	0
	베트남	3	2	5
	인도	18	362	380
	스리랑카	0	4	4
	이스라엘	20	21	41
	터키	1	1	2
	아시아주 기타	8	7	15
미주	소계	1,298	1,147	2,445
	미국	831	757	1,588
	캐나다	177	151	328
	멕시코	182	144	326
	브라질	18	16	34
	미주 기타	90	79	169

① 여성 크루즈 이용객 수가 가장 많은 국가는 전체 크루즈 이용객 중 남성 이용객의 비율이 50%를 초과한다.

② 브라질 국적의 남성 크루즈 이용객의 수는 인도네시아 국적의 남성 이용객 수의 20% 이상이다.

③ 멕시코보다 여성 크루즈 이용객 수와 남성 크루즈 이용객 수가 모두 많은 국가는 2개이다.

④ 아시아주 전체 크루즈 이용객의 수는 미주 전체 크루즈 이용객의 수의 60% 이상이다.

※ 다음은 어느 나라의 중학교 졸업자의 그 해 진로에 대한 조사 결과이다. 이어지는 질문에 답하시오.
[53~54]

(단위 : 명)

구분	성별		중학교 종류		
	남	여	국립	공립	사립
중학교 졸업자	908,388	865,323	11,733	1,695,431	66,547
고등학교 진학자	861,517	838,650	11,538	1,622,438	66,146
진학 후 취업자	6,126	3,408	1	9,532	1
직업학교 진학자	17,594	11,646	106	29,025	109
진학 후 취업자	133	313	0	445	1
취업자(진학자 제외)	21,639	8,913	7	30,511	34
실업자	7,523	6,004	82	13,190	255
사망, 실종	155	110	0	222	3

53 남자와 여자의 고등학교 진학률은 각각 얼마인가?

	남자	여자
①	약 94.8%	약 96.9%
②	약 94.8%	약 94.9%
③	약 95.9%	약 96.9%
④	약 95.9%	약 94.9%

54 공립 중학교를 졸업한 남자 중 취업자는 몇 %인가?

① 50% ② 60%

③ 70% ④ 알 수 없음

※ 다음은 교육부에서 발표한 고등학생의 졸업 후 진로 계획에 대한 자료이다. 이어지는 질문에 답하시오 (단, 소수점 둘째 자리에서 반올림한다). [55~56]

〈고등학생의 졸업 후 진로 계획〉

학교유형 / 진로	일반고		과학고·외고·국제고		예술·체육고		마이스터고		특성화고	
	빈도(명)	비율(%)	빈도(명)	비율(%)	빈도(명)	비율(%)	빈도(명)	비율(%)	빈도(명)	비율(%)
대학 진학	6,773	80.7	164	84.3	80	82.1	3	3.7	512	31.1
취업	457	5.4	11	5.7	3	3.3	64	80.2	752	45.6
창업	118	1.4	5	2.6	5	5.6	1	1.4	37	2.2
기타(군 입대, 해외 유학)	297	3.5	5	2.4	3	2.7	6	8.1	86	5.3
진로 미결정	749	9.0	10	5.0	6	6.3	5	6.6	260	15.8

55 다음 중 고등학생의 졸업 후 진로 계획에 대한 설명으로 옳은 것은?

① 일반고 졸업생 중 졸업 후 대학에 진학하는 졸업생의 수는 특성화고 졸업생 중 대학에 진학하는 졸업생 수의 14배 이상이다.

② 졸업 후 군 입대를 하거나 해외 유학을 가는 졸업생들 중 과학고·외고·국제고와 마이스터고 졸업생들이 차지하는 비율은 5% 이상이다.

③ 진로를 결정하지 못한 졸업생의 수가 가장 많은 학교유형은 예술·체육고이다.

④ 졸업 후 창업하는 졸업생들 중 특성화고 졸업생이 차지하는 비율은 20% 이상이다.

56 다음은 고등학생의 졸업 후 진로 계획에 대한 보고서의 일부이다. 밑줄 친 내용 중 옳은 것을 모두 고르면?

지난 8일, 진학점검부는 일반고, 과학고·외고·국제고, 예술·체육고, 마이스터고, 특성화고 졸업 생들의 졸업 후 진로 계획에 대한 조사결과를 발표하였다. 진학점검부는 졸업생들의 졸업 후 진로를 크게 대학 진학, 취업, 창업, 기타(군 입대, 해외 유학), 진로 미결정으로 구분하여 조사하였다. 이에 따르면, ㉠ 모든 유형의 학교에서 졸업 후 대학에 진학한 졸업생 수가 가장 많았다. 진로를 결정하지 못한 학생들도 모든 유형의 학교를 통틀어 1,000명이 넘는 등 상당히 많았고, ㉡ 졸업 후 취업한 인원은 모든 유형의 학교를 통틀어 총 1,200명이 넘었다. 창업에 뛰어든 졸업생들은 비 교적 적은 숫자였다.
학교유형별로 보면, ㉢ 일반고의 경우 졸업 후 취업한 졸업생 수는 창업한 졸업생 수의 4배가 넘었 다. 반면, 예술·체육고의 경우 창업한 졸업생 수가 취업한 졸업생 수보다 많았다. ㉣ 특성화고의 경 우 진로를 결정하지 못한 졸업생 수가 대학에 진학한 졸업생 수의 40% 이상이었다. 과학고·외고·국 제고 졸업생들의 경우 4/5 이상이 대학으로 진학하였다.

① ㉠, ㉡   ② ㉠, ㉢

③ ㉡, ㉣   ④ ㉢, ㉣

57 다음은 G국 국회의원의 SNS(소셜네트워크서비스) 이용자 수 현황에 대한 자료이다. 이를 이용하여 작성한 그래프로 옳지 않은 것은?(단, 소수점 둘째 자리에서 반올림한다)

〈G국 국회의원의 SNS 이용자 수 현황〉

(단위 : 명)

구분	정당	당선 횟수별				당선 유형별		성별	
		초선	2선	3선	4선 이상	지역구	비례대표	남자	여자
여당	A	82	29	22	12	126	19	123	22
야당	B	29	25	13	6	59	14	59	14
	C	7	3	1	1	7	5	10	2
합계		118	57	36	19	192	38	192	38

① 국회의원의 여야별 SNS 이용자 수

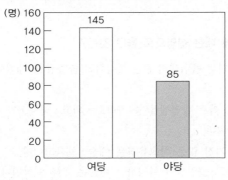

② 남녀 국회의원의 여야별 SNS 이용자 구성비

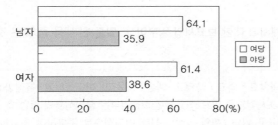

③ 야당 국회의원의 당선 횟수별 SNS 이용자 구성비

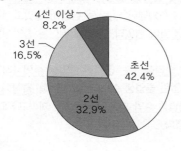

④ 2선 이상 국회의원의 정당별 SNS 이용자 수

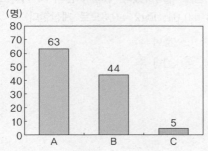

58 직장인 G씨는 자기계발을 위해 집 근처 문화센터에서 하는 프로그램에 수강신청을 하려고 한다. 다음 자료를 보고 이에 대한 설명으로 옳지 않은 것은?(단, 시간이 겹치는 프로그램은 수강할 수 없다)

〈문화센터 프로그램 안내표〉		
프로그램	수강료(3달 기준)	강좌시간
중국어 회화	60,000원	11:00 ~ 12:30
영어 회화	60,000원	10:00 ~ 11:30
지르박	180,000원	13:00 ~ 16:00
차차차	150,000원	12:30 ~ 14:30
자이브	195,000원	14:30 ~ 18:00

① 시간상 G씨가 선택할 수 있는 과목은 최대 2개이다.
② 자이브의 수강시간이 가장 길다.
③ 중국어 회화와 차차차를 수강할 때 한 달 수강료는 7만 원이다.
④ 차차차와 자이브를 둘 다 수강할 수 있다.

59 G씨는 연 3%인 연복리 예금상품에 4,300만 원을 예치하였다. G씨가 만기 시 금액으로 원금의 2배를 받는 것은 몇 년 후인가?(단, $\log 1.03 ≒ 0.01$, $\log 2 ≒ 0.3$으로 계산한다)

① 15년 후　　　　　　　　　　　② 20년 후
③ 25년 후　　　　　　　　　　　④ 30년 후

60 G유통에서 근무하는 W사원은 A, B작업장에서 발생하는 작업 환경의 유해 요인을 조사한 후 다음과 같이 정리하였다. 이에 대한 설명으로 옳은 것을 〈보기〉에서 모두 고르면?

〈A, B작업장의 작업 환경 유해 요인〉

구분	작업 환경의 유해 요인	사례 수(건)		
		A작업장	B작업장	합계
1	소음	3	1	4
2	분진	1	2	3
3	진동	3	0	3
4	바이러스	0	5	5
5	부자연스러운 자세	5	3	8
	합계	12	11	23

※ 물리적 요인 : 소음, 진동, 고열, 조명, 유해광선, 방사선 등
※ 화학적 요인 : 독성, 부식성, 분진, 미스트, 흄, 증기 등
※ 생물학적 요인 : 세균, 곰팡이, 각종 바이러스 등
※ 인간 공학적 요인 : 작업 방법, 작업 자세, 작업 시간, 사용공구 등

보기

ㄱ. A작업장에서 발생하는 작업 환경 유해 사례는 화학적 요인으로 인해서 가장 많이 발생되었다.
ㄴ. B작업장에서 발생하는 작업 환경 유해 사례는 생물학적 요인으로 인해서 가장 많이 발생되었다.
ㄷ. A와 B작업장에서 화학적 요인으로 발생되는 작업 환경의 유해 요인은 집진 장치를 설치하여 예방할 수 있다.

---

① ㄱ　　　　　　　　　　　　　② ㄴ
③ ㄱ, ㄷ　　　　　　　　　　　④ ㄴ, ㄷ

61 A씨와 B씨는 카셰어링 업체인 G카를 이용하여 각각 일정을 소화하였다. G카의 이용요금표와 일정이 다음과 같을 때, A씨와 B씨가 지불해야 하는 요금이 바르게 연결된 것은?

〈G카 이용요금표〉

구분	기준요금 (10분)	누진 할인요금				주행요금
		대여요금(주중)		대여요금(주말)		
		1시간	1일	1시간	1일	
모닝	880원	3,540원	35,420원	4,920원	49,240원	160원/km
레이		3,900원	39,020원	5,100원	50,970원	
아반떼	1,310원	5,520원	55,150원	6,660원	65,950원	170원/km
K3						

※ 주중 / 주말 기준
 – 주중 : 일요일 20:00 ~ 금요일 12:00
 – 주말 : 금요일 12:00 ~ 일요일 20:00(공휴일 및 당사 지정 성수기 포함)
※ 최소 예약은 30분이며 10분 단위로 연장할 수 있습니다(1시간 이하는 10분 단위로 환산하여 과금합니다).
※ 예약시간이 4시간을 초과하는 경우에는 누진 할인요금이 적용됩니다(24시간 한도).
※ 연장요금은 기준요금으로 부과합니다.
※ 이용시간 미연장에 따른 반납지연 패널티 요금은 초과한 시간에 대한 기준요금의 2배가 됩니다.

〈일정〉

• A씨
 – 차종 : 아반떼
 – 예약시간 : 3시간(토요일, 11:00 ~ 14:00)
 – 주행거리 : 92km
 – A씨는 저번 주 토요일, 친구 결혼식에 참석하기 위해 인천에 다녀왔다. 인천으로 가는 길은 순탄하였으나 돌아오는 길에는 고속도로에서 큰 사고가 있었던 모양인지 예상했던 시간보다 1시간 30분이 더 걸렸다. A씨는 이용시간을 연장해야 한다는 사실을 몰라 하지 못했다.
• B씨
 – 차종 : 레이
 – 예약시간 : 목요일, 금요일 00:00 ~ 08:00
 – 주행거리 : 243km
 – B씨는 납품지연에 따른 상황을 파악하기 위해 강원도 원주에 있는 거래처에 들러 이틀에 걸쳐 일을 마무리한 후 예정된 일정에 맞추어 다시 서울로 돌아왔다.

	A씨	B씨
①	61,920원	120,140원
②	62,800원	122,570원
③	62,800원	130,070원
④	63,750원	130,070원

62 다음 글을 참고할 때, 국제행사의 개최도시로 선정될 곳은?

> G사무관은 대한민국에서 열리는 국제행사의 개최도시를 선정하기 위해 다음과 같은 후보도시 평가표를 만들었다. 후보도시 평가표에 따른 점수와 국제해양기구의 의견을 모두 반영하여, 합산점수가 가장 높은 도시를 개최도시로 선정하고자 한다.
>
> <후보도시 평가표>
>
> | 구분 | 서울 | 인천 | 대전 | 부산 | 제주 |
> |---|---|---|---|---|---|
> | 1) 회의 시설
1,500명 이상 수용 가능한 대회의장 보유 등 | A | A | C | B | C |
> | 2) 숙박 시설
도보거리에 특급 호텔 보유 등 | A | B | A | A | C |
> | 3) 교통
공항접근성 등 | B | A | C | B | B |
> | 4) 개최 역량
대규모 국제행사 개최 경험 등 | A | C | C | A | B |
>
> ※ A : 10점, B : 7점, C : 3점
>
> <국제해양기구의 의견>
>
> • 외국인 참석자의 편의를 위해 '교통'에서 A를 받은 도시의 경우 추가로 5점을 부여할 것
> • 바다를 끼고 있는 도시의 경우 추가로 5점을 부여할 것
> • 예상 참석자가 2,000명 이상이므로 '회의 시설'에서 C를 받은 도시는 제외할 것

① 서울
② 인천
③ 대전
④ 부산

63 같은 회사에 근무 중인 L주임, O사원, C사원, J대리가 이번 달 직원 휴게실 청소 당번이 되었다. 서로 역할을 분담한 뒤 결정한 청소 당번 규칙이 다음 <조건>과 같을 때, 항상 참이 되는 것은?

> **조건**
>
> • 역할별 담당자는 1명이며, 도와주는 것은 1명 이상이 될 수도 있다.
> • 분리수거 담당자는 커피 원두를 채우지 않는다.
> • 화분 관리를 담당하는 O사원은 주변 정돈을 담당하는 J대리를 도와준다.
> • 주변 정돈을 하는 담당자는 분리수거를 하지 않는다.
> • C사원은 주변 정돈을 도우면서 커피 원두를 채운다.

① O사원은 커피 원두를 채운다.
② J대리는 O사원의 화분 관리를 도와준다.
③ L주임이 바쁘면 분리수거를 하지 못한다.
④ C사원은 분리수거를 한다.

64 다음은 G공사 체육대회 종목별 대진표 및 중간 경기결과와 종목별 승점 배점표이다. 이를 참고할 때, 남은 경기결과에 따른 최종 대회성적에 대한 설명으로 옳지 않은 것은?

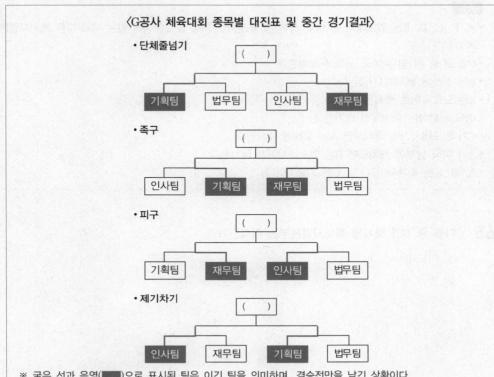

〈G공사 체육대회 종목별 대진표 및 중간 경기결과〉

※ 굵은 선과 음영(▨)으로 표시된 팀은 이긴 팀을 의미하며, 결승전만을 남긴 상황이다.

〈종목별 승점 배점표〉

순위 \ 종목	단체줄넘기	족구	피구	제기차기
1위	120	90	90	60
2위	80	60	60	40
3 · 4위	40	30	30	20

※ 최종 대회성적은 종목별 승점합계가 가장 높은 팀이 종합 우승, 두 번째로 높은 팀이 종합 준우승이다.
※ 승점합계가 동일한 팀이 나올 경우, 단체줄넘기 종목의 순위가 높은 팀이 최종 순위가 높다.
※ 모든 경기에 무승부는 없다.

① 남은 경기결과와 상관없이 법무팀은 종합 우승을 할 수 없다.
② 재무팀이 남은 경기 중 2종목에서 이기더라도, 기획팀이 종합 우승을 할 수 있다.
③ 기획팀이 남은 경기에서 모두 지면, 재무팀이 종합 우승을 한다.
④ 재무팀이 남은 경기에서 모두 지더라도, 재무팀은 종합 준우승을 한다.

※ A∼E 5명은 다음 〈조건〉에 따라 세계 각국에 있는 해외사업본부로 배치될 예정이다. 이어지는 질문에 답하시오. [65~66]

> **조건**
> - A, B, C, D, E는 인도네시아, 미국 서부, 미국 남부, 칠레, 노르웨이에 있는 서로 다른 해외사업본부로 배치된다.
> - C와 D 중 한 명은 미국 서부에 배치된다.
> - B는 칠레에 배치되지 않는다.
> - E는 노르웨이로 배치된다.
> - 미국 서부에는 회계직이 배치된다.
> - C가 인도네시아에 배치되면 A는 칠레에 배치된다.
> - A가 미국 남부에 배치되면 B는 인도네시아에 배치된다.
> - A, D, E는 회계직이고, B, C는 기술직이다.

65 다음 중 D가 배치될 해외사업본부는 어디인가?

① 인도네시아 ② 미국 서부
③ 미국 남부 ④ 칠레

66 위의 〈조건〉을 바탕으로 할 때, 다음 〈보기〉 중 옳은 것을 모두 고르면?

> **보기**
> ㉠ C가 인도네시아에 배치되면 B는 미국 남부에 배치된다.
> ㉡ A가 미국 남부에 배치되면 C는 인도네시아에 배치된다.
> ㉢ A는 반드시 칠레에 배치된다.
> ㉣ 노르웨이에는 회계직이 배치된다.

① ㉠, ㉡ ② ㉠, ㉣
③ ㉡, ㉢ ④ ㉢, ㉣

67 G공단의 지사장 5명(가 ~ 마)은 이번 연도에 각기 다른 5개의 지사(A ~ E)로 배정받는다고 한다. 다음 〈보기〉의 명제를 참고할 때, 반드시 참인 것은?

> **보기**
>
> • 하나의 지사로 한 명의 지사장이 배정받는다.
> • 이전에 배정받았던 지사로는 다시 배정되지 않는다.
> • 가와 나는 C지사와 D지사에 배정된 적이 있다.
> • 다와 라는 A지사와 E지사에 배정된 적이 있다.
> • 마가 배정받은 지사는 B지사이다.
> • 다가 배정받은 지사는 C지사이다.

① 가는 A지사에 배정된 적이 있다.

② 나는 E지사에 배정된 적이 있다.

③ 라가 배정받은 지사는 D지사일 것이다.

④ 가는 확실히 A지사에 배정될 것이다.

68 G공단의 A사원은 하계 연수에 참가하고자 한다. A사원의 연수 프로그램 참여 조건이 다음과 같을 때, 〈보기〉 중 옳은 것을 모두 고르면?

> **〈연수 프로그램 참여 조건〉**
>
> • 전략기획연수는 반드시 참여해야 한다.
> • 노후관리연수에 참여하면 직장문화연수도 참여한다.
> • 자기관리연수가 참여하면 평생직장연수에는 참여하지 않는다.
> • 직장문화연수에 참여하면 전략기획연수는 참여하지 않는다.
> • 자기관리연수와 노후관리연수 중 한 가지 프로그램에는 꼭 참여한다.

> **보기**
>
> ㄱ. A사원은 노후관리연수에 참여한다.
> ㄴ. A사원은 자기관리연수에 참여한다.
> ㄷ. A사원은 직장문화연수에 참여하지 않는다.
> ㄹ. A사원은 평생직장연수에 참여한다.

① ㄱ, ㄴ

② ㄱ, ㄷ

③ ㄴ, ㄷ

④ ㄷ, ㄹ

※ 다음은 G대학 학생코드에 대한 자료이다. 이어지는 질문에 답하시오. **[69~71]**

〈학생코드〉

[입학연도] – [입학전형] – [캠퍼스] – [전공학과] – [성별] – [성] – [이름] – [재학여부]

〈학생코드 세부사항〉

입학연도	입학전형	캠퍼스	전공학과
18 : 2018년도 19 : 2019년도 20 : 2020년도 21 : 2021년도 22 : 2022년도 23 : 2023년도 …	X : 수시전형 Y : 정시전형 Z : 편입전형	GS : 서울캠퍼스 GI : 인천캠퍼스 GK : 부산캠퍼스	NU : 간호과 PH : 물리치료과 RA : 방사선과 MO : 운동재활과 EM : 응급구조과 ME : 의예과 DE : 치위생과 BI : 의용생체과

성별	성	이름	재학여부
M : 남성 W : 여성	대문자로 영문 첫 알파벳 기입 예 김 – K	소문자로 영문 전체 기입 (＋숫자) 예 같은 이름이 없을 경우 '하람' → haram 예 같은 이름이 2명 이상일 경우, 임의로 이름 뒤에 숫자를 기입하여 구분 '하람' → haram1 haram2 haram3 …	−IN : 재학 −AB : 휴학 −GR : 졸업 −DR : 자퇴

- 해당 학생코드의 마지막 두 자리를 제외하고는 모두 고정적인 코드이며 마지막 두 자리는 매년 각 학생의 상황에 따라 변동될 수 있다.

※ 모든 코드가 동일할 경우(재학여부 제외) 임의로 이름 끝에 숫자를 기입하여 구분한다.

예 2023년 수시전형으로 인천 캠퍼스 간호학과에 입학한 남성이 강하람 1명, 김하람 2명으로 이름이 하람인 학생이 총 3명 있을 경우, 임의로 다음과 같이 구분한다.
- 강하람 : 23XGINUMKharam1−IN
- 김하람 : 23XGINUMKharam2−IN
- 김하람 : 23XGINUMKharam3−IN

69 다음은 G대학 학생 A의 2023년 기준 학생코드이다. 이에 대한 설명으로 가장 적절한 것은?

> 22YGSRAMSjeaha2-IN

① 학생 A는 2021년에 첫 수능을 응시하였다.
② 2022년도 정시전형으로 서울캠퍼스 방사선과에 입학한 남성 중 '재하'라는 이름을 가진 학생은 총 2명이다.
③ 학생 A가 재학 중인 캠퍼스는 수도권이다.
④ 학생 A의 성은 '심'이다.

70 다음은 G대학 학생 갑에 대한 정보이다. 갑의 2023년 학생코드로 옳은 것은?

> 갑은 2021년 가을, G대학 수시전형 지원을 하였지만 탈락하였다. 하지만 같은 해 수능을 응시하고 정시전형을 지원한 결과 최종합격을 하게 되어 2022년 G대학 인천캠퍼스 의예과에 입학하였다. 갑의 이름은 '이주영(LEE JU YOUNG)'으로 갑과 같은 연도에 입학한 사람 중 '주영'이라는 이름을 가진 사람은 없었다. 갑은 여성으로 2022년 1학년을 마친 후, 같은 해 12월 휴학하였다.

① 21YGIMEWLjuyoung-IN
② 21YGIMEWLjuyoung-AB
③ 22YGIMEWLjuyoung-IN
④ 22YGIMEWLjuyoung-AB

71 다음 〈보기〉 중 G대학 학생코드로 적합한 것은 모두 몇 개인가?

> **보기**
> • 18XGSDEWKhayeon-IM
> • 19ZGKMMWHyisoo-GR
> • 22ZGIRAWKhanha0-AB
> • 20YGIMOMMria2-IN

① 없음　　　　　　　② 1개
③ 2개　　　　　　　④ 3개

72 G대리는 열차정비시설 설치지역 후보지들을 탐방하려고 한다. 후보지의 수가 많은 데 비해 G대리의 시간은 한정되어 있으므로 다음 〈조건〉에 따라 일부 후보지만 방문하려고 한다. 〈보기〉 중 옳게 말하고 있는 사람을 모두 고르면?

조건

• 양산, 세종, 목포 중 적어도 두 곳은 방문한다.
• 성남을 방문하면 세종은 방문하지 않는다.
• 목포를 방문하면 동래도 방문한다.
• 익산과 성남 중 한 곳만 방문한다.
• 밀양은 설치가능성이 가장 높은 곳이므로 반드시 방문한다.
• 동래를 방문하면 밀양은 방문하지 않는다.

보기

지훈 : G대리는 밀양과 동래만 방문할 거야.
세리 : 그는 이번에 성남은 가지 않고, 양산과 밀양을 방문할 거야.
준하 : 그는 목포를 방문하고 세종은 방문하지 않을 거야.
진경 : G대리는 성남과 동래 모두 방문하지 않을 거야.

① 지훈, 세리   ② 지훈, 준하
③ 세리, 준하   ④ 세리, 진경

73 출근 후 매일 영양제를 챙겨 먹는 슬기는 요일에 따라 서로 다른 영양제를 섭취한다. 다음 〈조건〉에 따라 평일 오전에 비타민B, 비타민C, 비타민D, 비타민E, 밀크시슬 중 하나씩을 섭취한다고 할 때, 항상 옳은 것은?

조건

• 밀크시슬은 월요일과 목요일 중에 섭취한다.
• 비타민D는 비타민C를 먹은 날로부터 이틀 뒤에 섭취한다.
• 비타민B는 비타민C와 비타민E보다 먼저 섭취한다.

① 월요일에는 비타민B를 섭취한다.
② 화요일에는 비타민E를 섭취한다.
③ 수요일에는 비타민C를 섭취한다.
④ 비타민E는 비타민C보다 먼저 섭취한다.

※ 다음 사례를 읽고 이어지는 질문에 답하시오. [74~75]

〈상황〉

설탕과 프림을 넣지 않은 고급 인스턴트 블랙커피를 커피믹스와 같은 스틱 형태로 선보이겠다는 아이디어를 제시하였지만, 인스턴트커피를 제조하고 판매하는 G회사의 경영진의 반응은 차가웠다. G회사의 커피믹스가 너무 잘 판매되고 있었기 때문이었다.

〈회의 내용〉

기획팀 부장 : 신제품 개발과 관련된 회의를 진행하도록 하겠습니다. 이 자리는 누구에게 책임이 있는지를 묻는 회의가 아닙니다. 신제품 개발에 대한 서로의 상황을 인지하고 문제 상황을 해결하자는 데 그 의미가 있습니다. 먼저 신제품 개발과 관련하여 마케팅팀 의견을 제시해 주십시오.

마케팅 부장 : A제품이 생산될 수 있도록 연구소 자체 공장에 파일럿 라인을 만들어 샘플을 생산하였으면 합니다.

연구소 소장 : 성공 여부가 불투명한 신제품을 위한 파일럿 라인을 만들기는 어렵습니다.

기획팀 부장 : 조금이라도 신제품 개발을 위해 생산현장에서 무언가 협력할 방안은 없을까요?

마케팅 부장 : 고급 인스턴트커피의 생산이 가능한지를 먼저 알아본 후 한 단계씩 전진하면 어떨까요?

기획팀 부장 : 좋은 의견인 것 같습니다. 소장님은 어떻게 생각하십니까?

연구소 소장 : 커피 전문점 수준의 고급 인스턴트커피를 만들기 위해서는 최대한 커피 전문점이 만드는 커피와 비슷한 과정을 거쳐야 할 것 같습니다.

마케팅 부장 : 그렇습니다. 하지만 100% 커피전문점 원두커피를 만드는 것이 아닙니다. 전문점 커피를 100으로 봤을 때, 80 ~ 90% 정도 수준이면 됩니다.

연구소 소장 : 퀄리티는 높이고 일회용 스틱 형태의 제품인 믹스의 사용 편리성은 그대로 두자는 이야기죠?

마케팅 부장 : 그렇습니다. 우선 커피를 추출하는 장비가 필요합니다. 또한, 액체인 커피를 봉지에 담지 못하니 동결건조방식을 활용해야 할 것 같습니다.

연구소 소장 : 보통 믹스커피는 하루 1t 분량의 커피를 만들 수 있는데, 이야기한 방법으로는 하루에 100kg도 못 만듭니다.

마케팅 부장 : 예, 잘 알겠습니다. 그 부분에 대해서는 조금 더 논의가 필요할 것 같습니다. 검토를 해보겠습니다.

---

74 다음 중 마케팅 부장이 취하는 문제해결 방법은 무엇인가?

① 소프트 어프로치 ② 하드 어프로치
③ 퍼실리테이션 ④ 비판적 사고

75 다음 중 G회사의 신제품 개발과 관련하여 가장 필요했던 것은 무엇인가?

① 전략적 사고 ② 분석적 사고
③ 발상의 전환 ④ 내·외부자원의 효과적 활용

※ 다음은 G어학원의 수강생 등록번호에 대한 자료이다. 이어지는 질문에 답하시오. [76~78]

- G어학원은 원활한 수업을 위해 어학 종류에 상관없이 '회화반'과 '시험반'에 한해서 수강 전 모의시험을 통해 시험성적의 상위 50%는 LEVEL1반, 하위 50%는 LEVEL2반으로 반을 나누어 수업을 진행한다. 이 외의 반은 LEVEL0 한 반으로만 운영된다.
- 봄 학기는 1월 1일, 여름 학기는 4월 1일, 가을 학기는 7월 1일, 겨울 학기는 10월 1일에 시작하며 3개월 동안 강의가 진행되며 각 학기는 겹치지 않는다.
- 수강생 등록번호 예시 및 세부사항

AA	B	CC	D	EEE	F
어학	반	LEVEL	수강방법	수강학기	수강시간

어학 구분	반 구분	LEVEL 구분
UU : 영어 CH : 중국어 SP : 스페인어 FR : 프랑스어 GE : 독일어 IT : 이탈리아어	0 : 기초반 1 : 회화반 2 : 시험반 3 : 강사양성반	00 : LEVEL0 01 : LEVEL1 02 : LEVEL2
수강방법 구분	**수강학기 구분**	**수강시간 구분**
H : 온라인반 B : 오프라인반	SPR : 봄 학기 SUM : 여름 학기 FAL : 가을 학기 WIN : 겨울 학기	R : 오전반 G : 오후반 * 온라인반은 오후반만 운영한다.

76 수강생 A의 등록번호가 다음과 같을 때, 수강생 A에 대한 설명으로 옳지 않은 것은?

> CH201HSPRG

① A는 아시아국 언어를 수강 중이다.
② A는 수강 전 모의시험을 응시하였을 것이다.
③ A는 모의시험에서 상위권에 속할 것이다.
④ A는 4월에 수강이 종료된다.

77 다음은 G어학원에 재직 중인 S강사에 대한 내용이다. S강사의 수강생으로 볼 수 없는 수강생의 등록번호는?

> S강사는 미국 교포출신으로 한국 유명 K대 스페인어학과를 전공했다. 회화에도 능통할 뿐 아니라 어학능력시험에도 만점을 받은 그는 G어학원 영어 회화반과 스페인어 회화반 및 시험반에서 강의를 진행하고 있다. 그는 상위반 중 오프라인반에서만 수업하며, 두 회화반은 여름 학기에만, 시험반은 겨울 학기에만 진행한다.

① UU101BSUMR ② UU101BSUMG
③ SP101BSUMR ④ SP201BSUMG

78 다음 〈보기〉 중 수강생 등록번호로 사용할 수 있는 것을 모두 고르면?

> 보기
> ㉠ SP00HSUMR ㉡ FR300BSPRG
> ㉢ EN300HSPRR ㉣ IT202HWINR
> ㉤ GE100HFALG

① ㉠ ② ㉡
③ ㉡, ㉢ ④ ㉢, ㉣, ㉤

79 A ~ E는 부산에 가기 위해 서울역에서 저녁 7시에 출발하여 대전역과 울산역을 차례로 정차하는 부산행 KTX 열차를 타기로 했다. 이들 중 2명은 서울역에서 승차하였고, 다른 2명은 대전역에서, 나머지 1명은 울산역에서 각각 승차하였다. 〈보기〉의 대화를 바탕으로 항상 옳은 것은?(단, 같은 역에서 승차한 경우 서로의 탑승 순서는 알 수 없다)

> 보기
> A : 나는 B보다 먼저 탔지만, C보다 먼저 탔는지는 알 수 없어.
> B : 나는 C보다 늦게 탔어.
> C : 나는 가장 마지막에 타지 않았어.
> D : 나는 대전역에서 탔어.
> E : 나는 내가 몇 번째로 탔는지 알 수 있어.

① A는 대전역에서 승차하였다.
② B는 C와 같은 역에서 승차하였다.
③ C와 D는 같은 역에서 승차하였다.
④ E는 울산역에서 승차하였다.

※ G씨는 다음 자료를 참고하여 휴가를 다녀오려고 한다. 이어지는 질문에 답하시오. [80~81]

〈여행경로 선정 조건〉

• 항공편 왕복 예산은 80만 원이다.
• 휴가지 후보는 태국, 싱가포르, 베트남이다.
• 중국을 경유하면 총 비행금액의 20%가 할인된다.
• 제시된 항공편만 이용가능하다.

〈항공편 정보〉

	비행편	출발 시각	도착 시각	금액(원)
갈 때	인천 – 베트남	09:10	14:30	341,000
	인천 – 싱가포르	10:20	15:10	580,000
	인천 – 중국	10:30	14:10	210,000
	중국 – 베트남	13:40	16:40	310,000
	인천 – 태국	10:20	15:20	298,000
	중국 – 싱가포르	14:10	17:50	405,000
올 때	태국 – 인천	18:10	21:20	203,000
	중국 – 인천	18:50	22:10	222,000
	베트남 – 인천	19:00	21:50	195,000
	싱가포르 – 인천	19:30	22:30	304,000
	베트남 – 중국	19:10	21:40	211,000
	싱가포르 – 중국	20:10	23:20	174,000

※ 항공편은 한국 시간 기준이다.

80 다음 〈보기〉 중 자료에 대한 설명으로 옳은 것을 모두 고르면?

보기

ㄱ. 인천에서 중국을 경유해서 베트남으로 갈 경우 싱가포르로 직항해서 가는 것보다 편도 비용이 15만 원 이상 저렴하다.
ㄴ. 직항 항공편만을 선택할 때, 왕복 항공편 비용이 가장 적게 드는 여행지로 여행을 간다면 베트남으로 여행을 갈 것이다.
ㄷ. 베트남으로 여행을 다녀오는 경우 왕복 항공편 최소 비용은 60만 원 미만이다.

① ㄱ
② ㄱ, ㄴ
③ ㄱ, ㄷ
④ ㄴ, ㄷ

81 G씨는 여행지 선정 기준을 바꾸어 태국, 싱가포르, 베트남 중 왕복 소요 시간이 가장 짧은 곳을 여행지로 선정하고자 한다. 다음 중 G씨가 여행지로 선정할 국가와 그 국가에 대한 왕복 소요 시간이 바르게 연결된 것은?

	여행지	왕복 소요 시간
①	태국	8시간 20분
②	싱가포르	7시간 50분
③	싱가포르	8시간 10분
④	베트남	7시간 50분

82 G회사는 직원 A ~ E 중 일부를 지방으로 발령하기로 결정하였다. 다음 〈조건〉에 따라 A의 지방 발령이 결정되었다고 할 때, 지방으로 발령되지 않는 직원은 총 몇 명인가?

> **조건**
> • 회사는 B와 D의 지방 발령에 대하여 같은 결정을 한다.
> • 회사는 C와 E의 지방 발령에 대하여 다른 결정을 한다.
> • D를 지방으로 발령한다면, E는 지방으로 발령하지 않는다.
> • E를 지방으로 발령하지 않는다면, A도 지방으로 발령하지 않는다.

① 1명

② 2명

③ 3명

④ 4명

다음은 A ~ D자동차의 성능을 비교한 자료이다. G씨의 가족 8명은 수원에서 거리가 134km 떨어진 강원도로 차 2대를 렌트하여 여행을 가려고 한다. 어떤 자동차를 이용하는 것이 가장 비용이 적게 드는가?(단, 필요 연료량은 소수점 첫째 자리에서 버림한다)

〈자동차 성능 현황〉

구분	종류	연료	연비
A자동차	전기 자동차	전기	7km/kW
B자동차	전기 자동차	전기	6km/kW
C자동차	가솔린 자동차	고급 휘발유	18km/L
D자동차	가솔린 자동차	일반 휘발유	20km/L

※ 대여비는 같고, 사용한 연료량은 다시 채워서 반납한다.

〈연료별 비용〉

구분	비용
전기	300원/kW
일반 휘발유	1,520원/L
고급 휘발유	1,780원/L

〈연료별 비용〉

구분	인원
A자동차	4인승
B자동차	2인승
C자동차	4인승
D자동차	5인승

① A자동차, B자동차

② A자동차, D자동차

③ B자동차, C자동차

④ C자동차, D자동차

84 G공연기획사는 2024년부터 시작할 지젤 발레 공연 티켓을 Q소셜커머스에서 판매할 예정이다. Q소셜커머스에서 보낸 다음 판매 자료를 토대로 아침 회의 시간에 나눈 대화 내용으로 적절하지 않은 것은?

〈2023년 판매결과 보고〉

공연명	정가	할인율	판매기간	판매량
백조의 호수	80,000원	67%	2023. 02. 05 ~ 2023. 02. 10	1,787장
세레나데＆봄의 제전	60,000원	55%	2023. 03. 10 ~ 2023. 04. 10	1,200장
라 바야데르	55,000원	60%	2023. 06. 27 ~ 2023. 08. 28	1,356장
한여름 밤의 꿈	65,000원	65%	2023. 09. 10 ~ 2023. 09. 20	1,300장
호두까기 인형	87,000원	50%	2023. 12. 02 ~ 2023. 12. 08	1,405장

※ 할인된 티켓 가격의 10%가 티켓 수수료로 추가된다.
※ 2023년 2월 초에는 설 연휴가 있었다.

① A사원 : 기본 50% 이상 할인을 하는 건 할인율이 너무 큰 것 같아요.

② B팀장 : 표가 잘 안 팔려서 싸게 판다는 이미지를 줘 공연의 전체적인 질이 낮다는 부정적 인식을 줄 수도 있지 않을까요?

③ C주임 : 연휴 시기와 티켓 판매 일정을 어떻게 고려하느냐에 따라 판매량을 많이 올릴 수 있겠네요.

④ D사원 : 세레나데＆봄의 제전의 경우 총 수익금이 3,700만 원 이상이겠어요.

※ 다음은 G보험회사의 고객관리코드에 대한 자료이다. 이어지는 질문에 답하시오. [85~87]

〈고객관리코드 부여 기준〉

AA	B	CC	DD	EE	FF
보험상품	해지환급금 지급유무	가입자 성별	납입기간	납입주기	보험기간

보험상품	해지환급금 지급유무	가입자 성별
SY : 종합보험 CC : 암보험 BB : 어린이보험 TO : 치아보험 NC : 간병보험 LF : 생활보장보험	Y : 100% 지급 P : 70% 지급 Q : 50% 지급 R : 30% 지급 N : 미지급	남 : 01 여 : 10

납입기간	납입주기	보험기간(년, 세)
10 : 10년 15 : 15년 20 : 20년 30 : 30년 00 : 일시	월 : 12 년 : 01 일시불 : 00	01 : 10년 02 : 20년 03 : 30년 08 : 80세 09 : 90세 10 : 100세

※ 보험 상품에 관계없이 납입기간은 보험기간보다 같거나 짧다.
※ 단, 생활보장보험과 치아보험 상품의 경우 보험기간은 최대 20년으로 만기 후 재가입은 가능하다. 그외 보험 상품은 최대 100세 만기가입이 가능하다.

85 다음 중 해지환급금 미지급 100세 보장 간병보험 상품을 일시불로 납입한 남성의 고객관리코드는?

① NCN01000010
② NCN01000001
③ NCN01000110
④ NCN01000101

86 다음은 G보험회사 고객 A에 대한 내용이다. 고객 A의 고객관리코드로 가장 적절한 것은?

> 최근 충치치료를 많이 받은 A는 금전적으로 부담을 느껴 앞으로 충치치료는 보험적용을 받기 위해 보험을 가입하기로 하였다. 해지환급금 지급률이 높을수록 보험료가 높다고 들은 A는 해지환급금은 받되 지급률을 최대한 낮게 하여 가입하기로 하였다. A는 보장기간을 최대한 길게 하고 납입기간은 보장기간과 같게 하되, 납입은 연납으로 하기로 하였다.

① SYR01200102
② SYR10200110
③ TOR01200110
④ TOR10200102

87 제시된 내용과 같이 G보험회사에서 추석선물을 지급한다면, 〈보기〉에서 추석선물을 확실히 받을 고객은 모두 몇 명인가?

> G보험회사는 보험기간에 대한 제약이 없는 보험 상품을 가입한 고객 중에서 해지환급금의 일부만을 지급받으며 납입기간이 보장기간보다 짧은 월납 고객에게 추석선물을 지급하기로 하였다.

보기

SYY01100102	NCP01201202	CCQ10151202	LFR10151220
CCR10000008	SYR01151203	BBN10100108	SYY01101209
LFP10101220	TOQ01000001	NCY01101208	BBQ01201209
TOY10200120	CCQ10000010	CCR01301210	SYN10200110

① 1명 ② 2명
③ 3명 ④ 4명

88 다음 〈조건〉을 보고 G은행의 대기자 중 업무를 보는 순서를 바르게 나열한 것은?

조건

- 예금 대기 순번과 공과금 대기 순번은 별개로 카운트된다.
- 1인당 업무 처리 시간은 모두 동일하게 주어진다.
- 예금 창구에서는 2번 대기자가 업무를 보고 있다.
- 공과금 창구에서는 3번 대기자가 업무를 보고 있다.
- A는 예금 업무를 보려고 한다.
- A보다 B, D가 늦게 발권하였다.
- B의 다음 대기자는 C이다.
- D는 예금 업무를 보려고 한다.
- A가 발권한 대기번호는 6번이다.
- B가 발권한 대기번호는 4번이다.
- E가 발권한 대기번호는 5번이다.

① A - B - C - D - E ② B - C - E - A - D
③ B - E - A - C - D ④ E - A - B - C - D

89 다음은 최근 진행된 유지보수·개발구축 사업의 기본 정보이다. 이에 대한 설명으로 적절하지 않은 것은?

사업명	사업내용	사업금액	사업기간
종로구 청계천 유지 사업	유지보수	12.5억 원	2년 이상
양천구 오목교 유지보수 사업	개발구축	17억 원	3년 이상
마포구 마포대교 보수 사업	유지보수	8억 원	2년 미만
강서구 까치산 둘레길 개발 사업	개발구축	5.6억 원	1년 미만
관악구 관악산 등산로 구축 사업	개발구축	9억 원	4년 이상
도봉구 도봉산 도로 개발 사업	개발구축	13억 원	3년 이상
영등포구 여의도 한강공원 보수 사업	개발구축	11억 원	1년 이상
종로구 낙산공원 유지 사업	유지보수	8억 원	2년 이상
서초구 반포 한강공원 유지보수 사업	유지보수	9.5억 원	1년 미만

① 사업기간이 1년 미만인 것은 2개이다.

② 사업금액이 6억 원 미만인 것은 1개이다.

③ '유지보수'로 잘못 적힌 것은 2개이다.

④ 사업금액이 가장 많이 드는 사업과 사업기간이 2년 미만인 사업은 다르다.

90 기현이는 수능이 끝난 기념으로 휴대폰을 바꾸러 대리점을 방문했다. 대리점에서 추천해 준 종류에는 A사, B사, L사, S사의 제품이 있다. 각 제품의 평점은 다음과 같고, 이를 참고하여 휴대폰을 구매하려고 한다. 기현이는 디자인을 가장 중요하게 생각하며, 그 다음으로 카메라 해상도, 가격, A/S 편리성, 방수 순으로 고려한다. 기현이가 구매할 휴대폰은 어느 회사의 제품인가?

구분	A사	B사	L사	S사
가격	★★★☆☆	★★★★☆	★★★☆☆	★★★☆☆
디자인	★★★★☆	★★★☆☆	★★★★☆	★★★★☆
방수	★★★☆☆	★★★☆☆	★★★★★	★★★☆☆
카메라 해상도	★★★★☆	★★☆☆☆	★★★★☆	★★★★☆
케이스 디자인	★★★★★	★★☆☆☆	★★★☆☆	★★★☆☆
A/S 편리성	★★☆☆☆	★★☆☆☆	★★★★☆	★★★★☆

※ 검은색 별의 개수가 많을수록 평점이 높은 것이다.
※ 가격의 경우, 별의 개수가 많을수록 저렴함을 의미한다.

① A사   ② B사
③ L사   ④ S사

늘 명심하라. 성공하겠다는 너 자신의 결심이 다른 어떤 것보다 중요하다는 것을.

– 에이브러햄 링컨 –

PART 3

2차 필기전형 가이드

(1) 논술의 정의

논술은 사리의 옳고 그름에 대한 자신의 생각이나 주장을 체계를 갖춰 이치에 맞게 객관적으로 증명하면서 차례를 좇아 풀어 쓰는 글이다. 이와 같은 정의는 논술이 논증과 서술을 합친 개념이며 논증은 논리와 증명을, 논리는 논(論)과 이(理)를 더한 개념이라는 사실에서 비롯된 것이다.

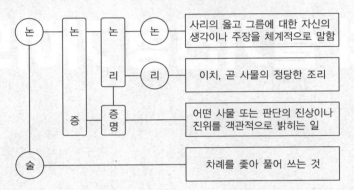

① 자신의 생각이나 주장을 서술 : 현상에 대한 맹목적 수용이 아닌, 비판적 안목에서 논의를 개진한다.
② 체계를 갖춰 이치에 맞게 서술 : 논리적 사고를 바탕으로 논지를 풀어간다.
③ 객관적으로 증명 : 사고의 객관화
④ 차례를 맞춰 기술 : 올바르게 서술

(2) 논술의 특징

논술은 자신의 생각이나 주장을 비판적으로 제시할 수 있는 논제, 논리적인 사고를 토대로 서술할 수 있는 주제, 사고의 객관성을 드러낼 수 있는 제재 등을 대상으로 한다.
① 비판 가능한 논제를 다룬다.

> **논제 : 법과 도덕의 차이점을 논술하시오.**
> ① '법은 도덕의 최소한'이라는 예리니크의 말을 떠올리며 법은 강제력에 의해, 도덕은 비강제력에 의해 각각 실현된다고 주장하기 쉽다. 그러나 이런 주장을 펴기 전에 법이 비강제력, 도덕이 강제력으로 각각 실현되는 상황이 없는지 생각해 보아야 한다.
> ② 현재 통용되는 패러다임이나 선험적인 지식을 재음미해 볼 것을 요구하는 특징이 있다.

② 사고의 논리성을 중시한다.

논리는 형식과 내용의 측면에서 이해될 수 있다. '논(論)'이라는 개념 속에 포함되어 있는 '체계를 갖추다.'라는 것이 형식의 측면이며, '이(理)'라는 개념 속에 포함되어 있는 '정당한 조리'라는 것이 내용의 측면인 것이다. 그러므로 논술에서는 '서론 – 본론 – 결론'의 체계를 중요하게 생각하며, 사실적이고 진실한 말로 논의를 펼치는 것에서 비롯되는 정당한 조리를 중요하게 생각한다.

③ 추론 과정을 중시한다.

추론 과정은 명제와 논거를 연결하는 과정이다. 명제는 주장을 문장으로 나타낸 것이며, 논거는 명제를 뒷받침하기 위한 근거이므로 결국 추론 과정은 근거와 주장을 연결하는 과정이라 할 수 있다. '주민은 용감하다.'라는 주장과 '주민은 집에 침입한 강도를 맨손으로 잡았다.'라는 근거를 연결하는 과정을 가지고 이를 음미해 보자. 추론 과정을 중시한다면 '주민은 집에 침입한 강도를 맨손으로 잡았다. 따라서 주민은 용감하다.'라는 식으로 진술하지 말아야 한다. 왜냐하면 집에 침입한 강도가 여러 날 굶주린 사람이고, 주민의 집을 침입할 때 기진맥진하여 무기력한 상태였다고 한다면, 그런 강도를 맨손으로 잡았다고 해서 용감하다고 할 수는 없기 때문이다. 그러므로 '주민은 집에 침입한 강도를 맨손으로 잡았다.'라는 근거로부터 '주민은 용감하다.'라는 주장을 이끌어 내기 위해서는 강도에 대한 상태를 언급하는 중간 단계의 과정이 있어야 한다. 그런데 이런 중간 단계의 설정은 사고의 객관성을 확보하기 위한 것이다.

따라서 '논술에서는 추론 과정을 중시한다.'라는 말은 '논술에서는 사고의 객관성을 중시한다.'라는 말과 같은 의미라고 할 수 있다.

(3) 논술에서 요구되는 능력

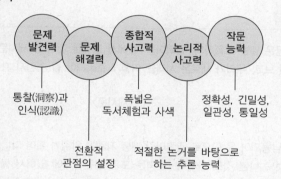

(4) 논술의 출제 유형

논술은 논제나 주제 또는 논의 방향 등과 관련된 자료를 제시한 후, 그 자료를 참고하여 주어진 문제에 답하게 하는 유형이다. 이러한 방식은 글쓴이의 자료 해석 능력을 일차적으로 파악한 후, 궁극적으로 글쓴이의 비판적 사고, 논리적 사고, 서술 능력 등을 알아보고자 할 때 쓰인다.

한편, 자료는 도표, 그림, 관련 글귀 등으로 제시되며 제시되는 자료의 수에 따라 복수 자료 제시형과 단일 자료 제시형으로 나뉜다.

① 복수 자료 제시형

두 개 이상의 자료를 제시한 후, 그중에서 하나를 택해 그것에 대해 지지하거나 반대하는 내용의 논술을 쓰게 하는 유형이다. 이러한 유형은 주로 글쓴이의 비판적 사고를 확인하고자 할 때에 쓰인다.

논제 : 다음 제시문들을 읽고 (가), (나)의 교훈을 해석하여 사형 제도에 대한 견해를 밝히는 글을 논술하시오.

〈제시문〉

(가) 이솝 우화에 나오는 이야기이다. 소들이 모여서 회의를 하였다. 수많은 동족을 죽여 온 소백정을 어떻게 할 것인가를 의논하기 위해서이다. 모두가 이구동성으로 당장에 소백정을 죽이러 가야 한다고 외쳤다. 그래서 모두 날카롭게 뿔을 세우고 막 소백정에게로 몰려가려는 참이었다. 그때 한쪽 구석에서 말없이 듣고 있던 늙은 소가 말렸다. "그는 우리를 아프지 않게 죽이는 기술자다. 그가 죽으면 다른 서툰 놈이 우리를 더 아프게 죽일 것이다. 인간들이 소고기 먹는 습관을 고쳐야지 소백정 하나 죽인다고 될 일이 아니다." 그러자 당장이라도 달려 나갈 것 같았던 소들이 걸음을 멈추었다.

(나) 물고기를 주어라. 한 끼를 먹을 것이다. 물고기 잡는 법을 가르쳐 주어라. 평생을 먹을 것이다. 이것은 유태 경전인 〈탈무드〉에 나오는 이야기이다. 유태인이 자녀들에게 재산을 물려주려 하기보다는 재능을 키워 주려 애쓰는 것은 이러한 경전의 충고에 따르려 하기 때문이다.

(다) 사형 제도에 대해서는 찬반양론이 대립하고 있다. 존치론자들은 그 제도가 첫째, 응보적 정의관에 부합하고 둘째, 범죄의 예방 효과를 갖는다고 주장한다. 그러나 폐지론자들은 사형이 숭고한 법적 정의의 이름을 빙자해서 자행되는 복수극일 뿐이라고 주장한다. 또 사형 제도가 엄격하게 집행되는 사회에서도 범죄가 일시적으로는 감소하다가 오히려 더 증가한다는 통계 자료를 제시하며 그것의 범죄 예방 효과에 대해서도 의문을 제기한다.

② 단일 자료 제시형

논제 : 다음 글은 앨빈 토플러의 '권력이동' 중에서 발췌한 것이다. 제시문을 참고하여 미래 사회의 모습을 예측해 보고, 우리가 새로운 시대를 어떻게 준비해야 할 것인지 자신의 견해를 논술하시오.

〈제시문〉

1. 권력 이동 시대
   지금까지 남용되어 온 탓으로 권력이란 개념 자체에 악취가 붙어 다니기는 하지만 권력 그 자체는 좋은 것도 나쁜 것도 아니다. 권력은 모든 인간관계에 있어서 불가피한 측면이며, 우리의 남녀 관계에서부터 우리가 갖는 직업, 자동차, TV, 우리가 추구하는 희망에 이르기까지 모든 것에 영향을 미치고 있다. 그런데도 우리 생활의 모든 측면 중에서 권력은 여전히 이해가 가장 부족하면서도 가장 중요한 것으로 남아있다. - 특히 우리 세대에게 그렇다. 그것은 지금이 '권력 이동' 시대이기 때문이다. 우리는 지금 세계를 결집시켰던 권력 구조 전체가 붕괴되는 시기에 살고 있다.

2. 완력, 돈, 그리고 정신 - 고품질 권력
   권력은 다양하게 나타나는데, 어떤 권력은 명백히 옥탄가(엔진 성능을 향상시키는 정도와 관련된 휘발유의 등급을 매기는 단위)가 낮다. 폭력은 그 희생자나 생존자들이 기회만 있으면 반격을 노리고 저항할 수 있다는 점에서 융통성이 적다. 폭력은 응징을 위해서만 사용할 수 있으므로 저품질 권력이다. 부(富)는 훨씬 더 우량한 권력 수단이다. 두둑한 돈지갑은 훨씬 더 융통성이 있다. 부는 단지 협박을 하거나 처벌을 내리는 대신 정교하게 등급을 매긴 현물의 보상을 제공해 준다. 따라서 부는 물리력보다 훨씬 더 융통성이 있어 중품질의 권력을 만들어 내는 것이다.

고품질의 권력은 지식의 적용에서 나온다. 고품질의 권력은 단순히 영향력을 미치는 데 그치지 않는다. 지식을 사용하면 벌을 줄 수도 있고, 보상과 설득, 심지어는 변형시킬 수도 있다. 지식은 적을 자기편으로 만들 수 있어 물리력이나 부의 낭비를 피할 수 있다.

3. 지식 : 수많은 기호 – 21세기 화폐

자본은 화폐와 함께 변화하고 있으며, 이 두 가지는 사회가 중요한 변혁을 겪을 때마다 새로운 형태를 취하게 된다. 이 과정에서 자본과 화폐의 지식 내용이 변화한다. 농업 시대의 '제1 물결' 통화는 금속으로 이루어져 지식 내용이 제로에 가까웠다. 오늘날의 '제2 물결' 통화는 인쇄된 종이로서 상징적이긴 하지만 아직도 유형적이다. '제3 물결'(앨빈 토플러의 저서 '제3의 물결'에 나오는 용어로 정보 혁명 시대를 말함) 통화는 날이 갈수록 펄스(전자 공학적인 전파 흐름)로 되어있다. 이 통화는 순간적으로 송금되며, 비디오 스크린에서 모니터된다. 실제로 이 통화는 비디오 현상 그 자체이며, 이는 초기호적인 형태로 옮겨지는 것이다. 현재의 부는 수많은 상징들로 되어 있고, 이에 기초한 권력 또한 놀라울 정도로 상징적이다.

4. 균형 있는 권력 – 새로운 지식의 건축물

권력의 삼각 받침대의 세 번째 다리는 지식이다. 최근 수십 년간에 있었던 요원의 불길 같은 컴퓨터의 보급은 15세기 활자 발명이나 심지어 문자 발명 이래 지식 체계에서 일어난 가장 중요한 변화라고 일컬어지고 있다. 오늘날의 초고속 변화로 인해 주어진 '사실'들은 빠른 속도로 시대에 뒤떨어지게 되고, 이를 토대로 한 지식의 영속성도 줄어들고 있다. 지식의 신진대사가 빨라지고 있는 것이다. 요컨대 지식은 지금 적어도 폭력 및 부에 못지않게 개조되고 있어, 결국 권력의 세 가지 요소는 모두가 동시적 혁명을 겪고 있는 것이다. 그리고 권력의 다른 두 차원 자체도 매일같이 더욱 지식 의존적으로 되어 가고 있다. 국가는 세 가지 형태로 분류될 수 있다. 권력을 '폭력 – 부 – 지식' 삼각대의 어느 한쪽에 주로 의존하는 국가, 두 다리에 의존하는 국가, 세 가지 권력 차원 위에 고루 균형을 이룬 국가가 그것이다. 미국, 일본 또는 유럽이 앞으로 세계의 권력투쟁에서 얼마나 잘해 나갈지를 판단하려면 이 세 가지 권력 모두를 살펴보되, 특히 세 번째인 지식 기반을 중점적으로 살펴볼 필요가 있다. 앞으로 이 세 번째 원천이 더욱더 다른 두 가지의 중요성을 결정짓게 될 것이다.

(5) 논술의 핵심 10가지

① 문제의 파악

문제의 파악이란 곧 문제가 원하는 내용이 무엇인가를 정확하게 포착해서 그 내용을 차근차근 살펴 풀어내야 한다는 것을 의미한다. 문제가 어느 것이 옳은지를 묻고 있다면 옳은 것을 가려내고, 원인을 밝히라고 하면 왜 그렇게 되었는지 인과 관계를 살필 수 있어야 한다.

② 사실의 이해

사실이란 논술을 할 때 논의하고자 하는 대상이 지닌 모든 것을 말한다. 논의하고자 하는 대상은 늘 여러 가지 다른 측면을 지니기 때문에 이러한 다양한 측면을 포괄적으로 살필 수 있어야 제대로 된 논술문을 쓸 수 있다. 사실에 대한 이해는 구체적이고 정확한 이해여야 한다는 점을 잊어서는 안 된다.

③ 해결의 능력

논술이란 어떤 문제를 해결하기 위해 사실과 논리에 맞춰 타당한 해결 방안을 찾아내는 것이다. 보통 문제는 설명이나 선택, 규명, 권고 등의 모습이나 비교나 대조 또는 인과관계의 양상 등으로 해결책을 포함하고 있다. 문제가 어떤 해결을 요구하고 있는지를 파악하고 거기에 맞는 절차를 찾는 것이 관건이다.

④ 논지의 적절성

논술은 어떤 문제에 대한 의견이나 주장을 펴는 글이다. 그리고 그런 의견이나 주장은 남들이 수긍할 만큼 타당한 것이어야 하는데, 그러기 위해서는 사실에 근거해야 하고 적절한 논지를 갖추어야 한다. 논지의 적절성은 과정과 결과 모두에 관계된다. 논술의 가치를 높이기 위해서는 창의성이 필요하고 타당성을 확보하기 위해서는 보편성을 지녀야 한다.

⑤ 논의의 일관성

논술을 하는 데 있어서 논점을 일관되게 유지하는 것은 매우 중요하다. 처음에 화제로 삼은 주제가 샛길로 빠지는 것은 대체로 개요 짜기가 부실한 경우에 발생한다. 일관성은 단순히 주제면에 있어서만이 아니라, 표기법이나 용어의 사용에 있어서도 해당한다.

⑥ 논거 제시의 적합

논거란 자신의 견해를 밝히기 위해 제시하는 근거로 논술의 기본 자료라고 할 수 있다. 논거는 우선 확실한 사실이어야 하며 풍부해야 하고 대표성이 있어야 한다. 논거 없는 주장은 허공을 향해 내지르는 외침이나, 현수막에 걸려 있는 구호와 다름이 없다.

⑦ 논증 방식의 타당성

논술은 반드시 논리적으로 입증하는 단계를 거쳐야 한다. 이러한 논증 방식의 타당성이란 규칙과 절차를 얼마나 잘 지키는가에 달려 있다. 논증은 추론의 과정을 통해서 완성된다. 즉, 연역·귀납·유추·귀류법 등을 잘 이용해야만 타당하고 논리적인 논증이 이루어지는 것이다.

⑧ 어휘의 정확성과 풍부성

논술의 어휘는 문맥에 관계없이 그 자체로 정확해야 한다. 각 개념에 대해 정확히 알아야함은 물론 정확한 표현을 뒷받침하는 정확한 표기 능력도 길러야 한다. 정확한 표현은 풍부한 어휘력에 크게 의존함을 유념하여 항상 국어사전을 가까이하는 습관을 길러야 한다.

⑨ 문장의 정확성과 효율성

논술문에서 의미를 정확하게 전달하려면 올바른 문장을 쓰는 것이 중요하다. 정확한 문장이란 표기가 정확하고 그 뜻이 명료하게 전달되는 문장을 말한다. 또한, 문장은 효율성을 지니고 있어야 하는데, 이런 효율성을 확보하기 위해서는 우선 논리적인 사고 과정이 명쾌하게 드러나도록 문장을 써야 한다. 불필요한 감탄문이나 의문문의 빈번한 사용과 구어체로 적당히 넘어가려는 문장은 논술의 효율성을 저해하는 요소들이다.

⑩ 글의 단위성과 유기성

한 편의 글을 이루는 각 부분은 그 글에 있어서 꼭 필요한 역할을 하고 있어야 한다. 문단은 하나의 소주제를 갖는 단위로서 여러 문장이 소주제를 중심으로 단단히 결집되어 있어야 한다. 또한, 각 문단이 제 나름의 생각으로 결집되어 있기는 하되 각 문단은 유기적으로 긴밀한 관계를 맺고 있어야 한다. 그리고 문단이 하나씩 추가되면서 글을 전개시켜 나갈수록 결론을 향해 접근할 수 있어야 한다.

(6) 개요 작성 및 논술문의 구성

논술은 시나 소설 수필과 같은 글을 잘 쓰지 못하는 사람이라도 크게 두려워하거나 염려할 필요는 없다. 이는 논술문의 성격 자체가 상상력을 맘껏 발휘하거나 감성이나 감정을 대놓고 드러내어도 되는 글이 아닌 까닭이다. 따라서 논술문은 기타의 다른 글쓰기에 비해 문학적 자질에 크게 영향 받지 않는 글쓰기이다.

논술문에는 논제의 요구에 맞게 논의를 이끌어낸다는 점에서 일종의 문제해결의 과정이 담겨 있다. 그런 점에서 논술문은 문학적 상상력에 의존한 글쓰기라기보다는 논리적 사고, 그 광학적 사고에 훨씬 근접한 글이라 하겠다. 따라서 논술문의 구성 절차를 잘 알고 그에 맞는 전략을 구사할 수 있다면, 논술에 한 발 쉽게 다가설 수 있다.

논술의 과정은 다음과 같이 5단계로 나눈다. 그러나 문제 분석과 주제문 작성은 크게 보면 개요 작성을 위한 부속적인 과정이기 때문에 개요 작성, 집필, 퇴고의 3단계로 볼 수 있다.

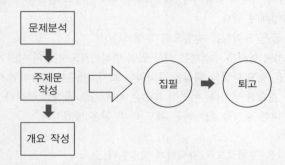

논술문에서 개요는 회화에 비유하면 스케치와 같다. 따라서 미리 대강의 쓸거리를 구상한 개요 없이 논술문을 작성한다는 것은 밑그림을 그리지 않고 색칠하는 것과 같다. 그럼에도 불구하고 많은 수험생은 개요 작성하는 것을 번거롭게 여긴 나머지 개요 없이 논술문을 작성하는 예가 많다. 그러나 논술의 달인이 아니고서야 그 답안이 좋은 평판을 얻기란 힘들 것이다. 개요는 비교적 자세히 작성해야 좋은데 그렇다고 개요 작성하는 데 정해진 시간을 죄다 소비할 수도 없는 일이다.

① 개요 작성의 필요성

　　㉠ 글의 전체적인 흐름, 논리 전개 과정을 정리할 수 있다.

　　㉡ 글이 주제에서 벗어나는 것을 막을 수 있다.

　　㉢ 중요한 항목이나 필요한 내용을 빠뜨리는 일을 막을 수 있다.

　　㉣ 불필요하게 중복된 사항을 막을 수 있다.

　　㉤ 글 전체와 부분, 부분과 부분 상호 간의 균형을 유지할 수 있다.

② 개요 작성 시 유의할 사항

　　㉠ 개요는 문제의 정확한 분석에서 비롯되어야 한다.

　　　개요를 작성하는 과정 속에는 문제를 분석하고 주제문을 작성하는 일이 우선적으로 포함되어 있다. 따라서 주어진 문제를 정확하게 파악하지 못한 상태에서 개요를 짜는 것은 동문서답의 격이 될 수 있다. 제한 시간이 대략 60분가량 주어진 경우라면, 문제 파악에서 개요 작성까지 10분 남짓 할애하도록 한다. 때로 문제 파악이 쉽지 않아 그 이상의 시간을 쓰더라도 문제에 대해 깊이 있게 사고하는 것은 훌륭한 논술의 선결조건이다. 이 경우, 10분가량 ▷ 개요 작성에 할애, 집필 ▷ 45분 정도, 퇴고 ▷ 5분 정도로 설정하여 주어진 시간을 효율적으로 쓰는 시간 안배에도 신경을 써야 한다.

ⓛ 개요는 결론을 도출한 후에 글로 작성해야 한다.

곧 답안에 옮기기 전에 머릿속에 미리 써 놓은 글인 셈이다. 따라서 어떠한 결론에 이를 것인가를 도출한 다음에 개요를 작성한다. 좋은 개요는 훌륭한 논술을 약속한다. 그러므로 개요를 잘 짜놓으면 글은 다 쓴 것이나 다름없다.

ⓒ 개요는 논제의 요구 조건을 수용하는 방법을 택해라.

개요 작성에 크게 어려워 할 필요는 없다. 논제가 요구하는 조건을 토대로 주요 골격을 잡는 것도 개요를 쉽게 작성하는 하나의 방법이다.

ⓔ 개요는 자세히 작성할수록 좋다.

개요에는 글의 처음과 중간, 끝 부분에 놓일 내용은 물론, 주장을 뒷받침하는 근거가 함께 제시되어야 한다. 따라서 그만큼 자세히 작성하도록 한다. 흔히 개요를 짜지 않을 경우에 논제를 벗어난 답안을 작성하는 실수를 범한다. 마찬가지로 엉성한 개요는 문단의 단락 구성에서 어느 문단은 내용이 풍부하고 지나치게 길거나, 혹은 그 반대의 상황도 연출될 수 있다. 그러므로 가능한 개요는 자세히 작성해야 한다.

ⓜ 다른 사람의 글을 요약하는 방법으로 훈련해라.

정히 개요 작성이 어려운 수험생은 하루에 몇 번씩이라도 신문의 사설이나 혹은 다른 사람이 작성한 우수 답안을 놓고 단락의 핵심을 요약하여 보자. 바꾸어 생각하면 이 요약된 내용이야말로 하나의 잘 짜인 개요인 셈이다. 이러한 훈련은 비단 개요 작성뿐 아니라 논술문의 문제파악에서 논의의 전개에 대한 감각을 터득하는 데도 아주 좋은 방법이다.

③ 개요 작성의 순서

㉠ 떠오르는 생각을 구체적으로 자세하게 작성한다.

논술 문제를 파악한 후에, 출제 의도나 요구 사항에 유의하면서 가능한 한 구체적으로 자세하게 개요를 작성한다. 문제지의 여백이나 백지에 논술 문제와 관련해서 떠오르는 생각이나 주장, 논거 등을 되는 대로 서술한다. 그리고 어떤 예를 들지도 생각해서 메모를 한다. 이때 되도록 완결된 문장의 형태로 자세하게 서술하는 것이 좋다. 물론 개요는 남에게 보여주기 위한 것이 아니기 때문에 깨끗하게 정자로 쓸 필요는 없으며, 글을 쓰는 사람 자신만 알아볼 수 있으면 된다.

㉡ 연관된 내용을 묶어서 문단을 구성한다.

그런 다음에 서로 연관된 내용이나 중복된 내용을 묶거나 삭제한다. 그래서 본론을 몇 문단으로 구성할지를 결정한다. 그리고 문단을 배치할 경우에 제일 중요한 논거나 내용을 포함한 문단을 본론의 첫 문단으로 삼는 것이 좋다.

㉢ 서론은 거의 완성된 형태로 작성한다.

서론을 잘못 쓸 경우에 글이 엉뚱한 방향으로 흐를 수도 있다. 따라서 개요를 작성할 때, 서론은 거의 완성된 형태로 작성하는 것이 좋다. 나중에 약간만 수정하면서 원고지에 그대로 옮기면 된다.

㉣ 각 문단의 분량을 답안지에 연필로 표시한다.

개요를 작성한 다음에 원고지에 문단별로 쓸 분량을 연필로 대충 표시한다. 예를 들면 1,000자 분량이라면 서론은 200자 정도, 본론의 첫째 문단은 중요한 내용이기에 400자 정도, 둘째 문단은 300자 정도, 결론은 100자 정도로 배분하기로 하고, 답안지에 연필로 살짝 표시한다. 그래야 정해진 원고지 분량을 채우지 못하거나 초과하는 사태를 막으면서, 문단별로 글의 분량을 균형 있게 배분할 수 있다.

ⓜ 수정을 하면서 답안에 옮기는 작업은 아주 간편하다.

이렇게 개요 작성에서 서론을 거의 완성하고 그리고 본론의 문단 수나 문단 배치를 결정한 이후에 원고지에 옮기면서 쓸데없는 군더더기는 삭제하고, 필요한 내용은 첨가하면서 본문을 완성하면 된다. 이렇게 개요를 자세하게 작성한 후에 글을 옮기는 데는 그리 많은 시간이 걸리지 않는다. 오히려 개요를 작성하지 않고 서둘러서 답안에 쓸 경우 이미 쓴 글을 뺄 것인가 말 것인가, 아니면 어떻게 고칠 것인가를 고민하다가 시간을 낭비하는 경우가 많다.

ⓗ 개요를 작성할 때 각 단락에 들어가야 할 내용

[서론]
- 다루고자 하는 문제에 대한 독자의 관심을 환기시킨다(관심 환기).
- 과제를 분명하게 제시한다(과제 제시).
- 다루고자 하는 문제의 범위나 성격, 문제를 다루는 방법이나 글쓴이의 입장과 관점, 그 밖에 필요한 예비적 사항들도 포함한다.
- 유의할 일 : 서론에서는 본격적인 글의 내용을 다루지 않도록 해야 하고, 분량도 너무 길어지는 일이 없도록 해야 한다.

서론에서는 반드시 주제가 포함되어야 한다. 서론에서는 가장 중요한 요소가 주제이므로, 주제를 맨 위에 쓴다. 그러나 실제로 글을 쓸 때에는 앞뒤의 문맥에 맞게 주제의 위치를 다시 결정할 수 있다. 나머지 세 요소는 서론에 반드시 포함될 필요는 없다. 짧은 글에서는 주제 외에 모든 요소가 생략될 수도 있고, 긴 글에서는 모든 요소가 다 포함될 수 있다.

[본론]
- 다룰 내용을 몇 갈래로 나누어서 부문별로 다룬다(과제 해명).
- 부문별로 문제를 제시하면서 필요한 풀이, 분석, 예시, 인용, 입증 따위의 방법으로 전개해 간다 (해명의 구체화).
- 부분마다 결론을 짓고 내용을 정리하면서 서술한다.

본론의 종속 주제의 수는 많을 수도 있고 적을 수도 있다. 각 종속 주제 밑에 딸리는 예나 증거의 수도 많을 수도 있고 적을 수도 있다.

[결론]
- 본론 부분의 논의를 통해 드러난 것을 간추려서 상기시키고 전체적으로 종합함으로써 결론을 제시한다.
- 주의해야 할 점은 본론에서 언급하지 않은 새로운 문제가 나와서는 안 된다는 점이다.
- 이 밖에 그 글에서 미처 다루지 못한 미진한 점이라든가 또는 앞으로 그 문제가 어떻게 다루어졌으면 좋겠다는 희망 등이 마무리 부분에서 덧붙여지기도 한다.

결론에서 제일 중요한 요소는 주제의 반복이다. 주제를 반복할 때에는 서론의 주제와 꼭 같이 표현할 수도 있으나, 뜻이 달라지지 않게 하면서 표현을 바꾸어 쓸 수도 있다. 제한된 시간에 너무 많은 시간을 허비할 수는 없다. 그러므로 개요를 쓸 때는 '결론'이라는 말만 쓰고 더 쓰지 않아도 된다. 그러나 개요 작성만을 요구하는 문제가 나왔을 때에는 결론도 자세히 써야 한다.

---

④ 개요 작성의 모형
  ㉠ 서론
    • 도입 : 선정한 주제의 의의나 가치, 중요성·당위성, 유래, 배경, 일화
    • 논제 제시 : 본론에 전개될 내용의 포괄적인 핵심어구가 있는 문장으로 제시한다.
  ㉡ 본론
    • 주제를 핵심어구 중심으로 문단을 구분하고, 통일성과 일관성에 유의하여 상술한다.
    • 문단마다 소주제문을 작성하고 부연, 첨가 또는 예시를 통하여 상술한다.
    • 문단마다 논제를 증명할 논거의 타당성에 유의한다.
    • 문단 간의 긴밀성과 균형 유지에 유의한다.
  ㉢ 결론 : 본론의 요약(주제 확인의 요약문), 마무리, 소견, 전망
⑤ 개요 작성의 구체적인 순서
  위의 순서와 같이 결론부터 개요를 작성하면 자신의 생각을 구체적으로 알 수 있게 된다. 수험생들이 많이 오류를 범하는 것은 자신이 쓴 글을 자신이 결론 맺지 못하는 데 있다. 그러므로 먼저 정답을 내려놓도록 하자. 그런 다음 본론의 내용과 서론으로 넘어가서 내가 무엇을 주장하였는지 살펴보고 서론을 써나가는 것이 바람직한 행동이다. 본론에서 하고 싶은 말이 있는데도 불구하고 서론을 먼저 쓴다면 본론에서 정작 중요한 주장을 놓치는 경우가 발생할 수 있다.

(7) 서론 쓰기 방법

글은 맨 처음이 중요하다. 사람도 첫인상이 중요하듯, 글도 처음에 어떤 인상을 심어주는가 하는 문제는 매우 중요하다. 단적으로는 글의 처음만 봐도 전체 글의 수준을 가늠하게 한다. 따라서 논술문의 서두에 각별한 신경을 써서 좋은 문장으로 이끌 수 있어야 한다. 주장하는 글은 대체적으로 서론, 본론, 결론의 3단 구성을 지닌 채 서술되는 것이 일반적이다. 그렇다고 지나치게 틀에 얽매여서는 안 된다. 따라서 글을 어떻게 시작하여, 어떻게 이끌어서, 어떻게 끝맺을 것인가에 대한 생각으로 유화시키려는 생각이 요구된다.

① 논술문의 서론 쓰는 요령
  ㉠ 문제 파악을 확실히 하여야 한다.
    문제 파악을 제대로 하여야 글의 서두를 자연스러우면서도 문제의 요구에 맞게 이끌 수 있다. 따라서 문제가 요구하는 핵심을 정확히 읽어내는 것은 필수적이다.
  ㉡ 논술문의 서두는 분위기와 내용 암시의 성격을 지니도록 한다.
    글에도 분위기가 중요하다. 주어진 답에 곧바로 대답하려고 하지 말고, 그에 상응한 분위기를 유도하여 글을 이끌어갈 수 있어야 한다. 그것은 너무 길어서도 안되므로 전체 글의 분량을 고려하여 적당히 이끌어야 한다. 또한, 분위기로만 서두를 장식해서도 안 된다. 자신이 이제부터 쓸 글의 내용에 대한 암시적 요소를 지닐 수 있어야 한다.
  ㉢ 직설적인 문장의 흐름을 삼간다.
    ㉡과 결부된 사항이다. 주어진 문제에 맞서 곧바로 그에 대한 해답을 내리려 해서는 안 된다. 그러기 때문에 '~에 대하여 알아보자. ~에 대하여 논해보겠다. ~에 대하여 살펴보면 다음과 같다.' 등의 문구는 채점자에게 감점의 좋은 구실을 제공하는 격이다.

ⓔ 첫 문장은 짧고 의미가 분명한 명제형 문장이 좋다.

글의 서두를 시작하는 방법은 다양하다. 유명한 사람의 문구를 빌려 쓴 방법, 사회 현상에 대한 분위기로 유도하는 방법, 사실적인 명제로 시작하는 방법 등 다양하다. 그러나 가장 쉬우면서도 뒷문장과의 연결을 비교적 쉽게 할 수 있는 방법은 명제형 문장으로 시작하는 방법이다. 따라서 되도록 현재형 종결어미를 쓰도록 한다.

ⓜ 상투적인 문장을 삼가고, 지적 문장이 되도록 한다.

누구나 뻔히 알고 있는 상투성에 빠진 문장으로 이끌어서는 안 된다. 따라서 너무 손쉽게 꺼내 쓸 수 있는 속담이나 격언 등으로 서두를 장식하는 것은 오히려 자신의 글의 약점을 노출하는 것이라는 점을 명심해야 한다. 논술문을 읽는 사람은 일반 독자가 아닌 전문가 채점자를 만족시켜야 한다는 점을 염두에 둘 것이다. 항상 이 점을 염두에 두어 지적(知的)인 문장이 될 수 있도록 신경을 써야 한다.

ⓗ 주관적인 감정이 들어있는 서술문이 되지 않도록 주의한다.

논술문은 자신의 주장을 남에게 설득시키려는 데 목적을 둔 글이다. 따라서 괜한 자기 감정에 치우친 문장이거나, 혹은 문장의 어디에도 '나'나, 혹은 '내 생각에는' 등의 표현을 통해 글이 개인적인 차원으로 전락하는 일이 없도록 해야 한다. 간혹 문장의 주어부는 잘 이끌어 간 경우라도 술어부에 이런 실수를 범하는 경우가 종종 있다. '~라는 생각이 든다. ~인 것 같다. ~라고 생각한다.' 등도 논술문에서는 삼가야 할 문장 표현이다.

ⓢ 항상 논리적 구성력을 지닌 문장이 되도록 한다.

논술문이 여타의 글과 다른 것은 글의 구성에 있어서 논리성을 띄어야 한다는 점에 있다. 형식적으로는 전체 분량에 맞는 길이를 지녔어도 논리적 구성력이 없으면 말짱 헛것이다. 따라서 논리적 오류는 물론이고, 문법적인 오류가 있어서도 안 된다.

ⓞ 어법에 맞는 정확한 언어 구사는 필수적이다.

막상 읽어보면 별 무리 없어 보이는 글도 상당 부분 비문(非文)이 자리하는 경우가 많다. 따라서 정확한 언어 구사를 하도록 힘써야 한다. 이것은 가장 기본적인 사항인 만큼 잘 쓰면 눈에 띄지 않지만, 간혹 잘못 쓰면 약점으로 작용하여 감점의 대상이 되기 딱 알맞은 경우에 해당한다.

ⓩ 과도한 인과관계에 의한 서술이나 중복된 의미를 피한다.

논리적 구성을 갖추기 위해 애써 꾸몄다는 인상을 주어서는 안 된다. 따라서 '왜냐하면 ~ 때문이다.'와 같은 인과관계에 의한 서술이 의도적으로 노출되었다는 인상을 주어서는 안 된다. 또한, 의미가 중첩된 문장으로 나열되는 것도 삼가야 한다. 이런 문장은 읽어보면 앞서 첫 문장에서 언급한 내용에 대한 중복 의미로 받아지는 경우가 간혹 있다. 이것은 자기 주장을 전개하는 데 있어 비효율적인 언어표현이 많다는 것이다. 따라서 언어의 경제성을 살려 조리 있고 분명한 의미전달이 되도록 힘써야 한다.

ⓩ 자신 있게 써 나가라.

글은 서두가 막히면 한 줄도 못 쓰고 쩔쩔매는 경우도 발생할 수도 있다. 내가 어려우면 다른 사람도 어렵다는 생각을 가지고 자신 있게 써 나가야 한다. 그러기 위해서 앞서 말한 논제가 요구하는 바의 내용파악이 무엇보다 중요함을 새삼 강조한다. 뿐만 아니라 그냥 써내려 하다가 실수하지 말고 반드시 논술문의 개요(Out Line)를 미리 짜보도록 한다.

② 다양한 서론 쓰기의 예

　㉠ 논의하려는 주제를 직접 언급하면서 시작하기

　〈자유와 평등의 바람직한 관계에 대한 관점 제시〉

　우리가 자유와 평등, 개인과 사회의 바람직한 관계를 살펴보려면 먼저 자유와 평등의 이념이 개인과 사회의 관계와 어떻게 논리적으로 연결되는가를 보아야 한다. 왜냐하면 현실 사회에서 이들은 긴밀한 상호 연관 속에서 존재하기 때문이다. 또 우리는 구체적인 현실 사회로 눈을 돌려 이들의 관계를 검토해야 한다. 양자의 바람직한 관계는 구체적인 현실 속에서 결정되기 때문이다.

　㉡ 최근의 사건이나 상황으로 시작하기

　〈청소년 교육의 문제점〉

　요즘 언론에서는 청소년 문제 보도로 떠들썩하다. 청소년들의 음란비디오 제작, 본드 흡입과 강도, 학원 폭력 등. 이 같은 언론 보도를 접하면 우리나라가 마치 청소년 비행의 소굴인 것 같은 착각에 빠져든다. 그런데 이 시점에서 우리는 왜 이런 문제가 발생했는가를 진지하게 고민해야 한다. 또 이를 위해서는 청소년 교육의 문제점을 생각하지 않을 수 없다.

　㉢ 주요 개념을 규정하며 시작하기

　〈올바른 가치관 수립의 중요성〉

　가치관이란 어떤 사람이 세상을 살아가면서 사고나 판단, 행동을 할 때 기준으로 삼는 잣대라고 할 수 있다. 이런 면에서 세상을 살아가는 사람들은 누구나 자기 나름의 가치관을 갖고 있다. 이 같은 가치관은 그 사람의 인생 목표와 긴밀히 결합되어 있기 때문에 자신의 가치관에 따라 인생 목표가 정해진다고 할 수 있다. 예를 들어 어떤 사람이 '돈의 가치'를 인생에서 제일 중요하게 여긴다면 그 사람은 돈 버는 일에 일생을 걸 것이다.

　㉣ 대상을 분류·구분하며 시작하기

　〈현대 사상에서 동양 사상이 갖는 의의〉

　동양 사상에는 여러 종류가 있다. 예를 들면 춘추 전국 시대에 등장한 제자백가 사상 가운데 중요한 것만 들어도 서너 가지가 된다. 또 불교 사상도 동양 사상 가운데 하나이며, 조선 시대의 실학 사상도 중요한 동양 사상이다. 이 중에서 현대 사회와 관련하여 중요한 의미를 갖는 사상은 노자와 장자의 도가 사상이다.

　㉤ 인용하면서 시작하기

　〈현대 사회에서 지식인의 역할〉

　'도둑질도 배운 놈이 한다.'는 우리 속담이 있다. 이것은 교육의 중요성을 표현한 말이지만, 다른 측면에서는 지식인에 대한 부정적인 시각을 표현한 말이기도 하다. 즉, 지식인이 자기가 가진 지식을 이용하여 개인적 이익을 얻는 데만 사용하고, 그 과정에서 사회에 해가 되는 일도 한다는 것이다. 그래서 지금 우리 사회에는 '배운 놈이 도둑질 한다.'는 인식이 퍼져있다. 이러한 상황에서 우리는 지식인의 바람직한 역할은 무엇인가를 진지하게 고민해야 한다. 위의 항목 중 어느 것이 제일 좋다고 단정할 수는 없다. 주어진 논제와의 적합성을 고려하여 자신이 소화할 수 있는 범위 내에서 서론을 이끄는 것이 중요하다.

③ 서론 쓰기의 논리적 흐름

　㉠ 자료 제시

　　위에서 언급한 것처럼 다섯 가지 형태로 시작하는 것이 좋다. 그렇게 해서 먼저 채점자의 관심을 유도하자. 채점자는 여러 가지 형태의 논술을 보기 때문에 눈에 들어오는 문구가 있으면 그것은 끝까지 읽는다고 봐도 무난할 것이다. 그러나 여기서 주의할 점은 인용을 할 때 식상한 인용을 하면 반감을 살 수도 있다는 점을 명심해야 할 것이다.

　㉡ 문제의 발견

　　관심을 끌었다면 이제 논제의 문제를 발견해야 한다. 여기서 중요한 것은 제시문이나 문제에 분명 문제점을 제시했음에도 불구하고 문제의 접근을 본론에서 하는 수험생들이 많다는 것이다. 서론에서는 문제의 접근 방법이나 접근할 수 있는 요령만 언급해주고 다음 단계로 넘어가는 것이 좋다.

　㉢ 관점의 표명

　　문제를 발견했다면 자신의 견해를 밝히고 본론으로 넘어가야 한다. 여기서 주의할 점은 너무 억지로 넘어가면 안 된다는 것이다. 억지로 넘어갈 것 같다는 느낌이 들 때는 생략해도 무관하다.

(8) 본론 쓰기 방법

알맹이 있는 전개가 되는 것은 본론에 달려있다. 일반적으로 본론은 주장과 주장을 뒷받침하는 근거 제시문의 형태로 구성된다. 그러므로 본론에서는 서론에서 제시한 중심 과제를 구체적으로 해명하고, 자신의 주장이나 의견이 타당하다는 점을 구체적인 근거를 들어 증명하는 단계이다. 따라서 본론 부분은 주장의 타당성을 입증하기 위한 논증 과정에 해당하는 셈이다. 주장과 논거 사이가 논리적 연관성이 중요함을 새삼 강조한다. 또 한편 '본론의 구성이 잘 되었는가'의 여부는 논제의 요구에 맞게 개요 작성이 자세하게 갖춰져 있는가와 직결된다. 최근 논술 문제는 논제가 요구하는 바가 복합적으로 얽혀있는 경우가 대부분이다. 이는 곧 답안 또한 다양한 논제의 요구 조건을 충족시키는 가운데 단락과 단락이 상호 유기적으로 연결되어야 함을 암시한다. 따라서 주장을 첫째 – 둘째 – 셋째와 같이 수평식으로 나열시키는 것은 절대 금물이다. 본론의 구성은 주장과 그에 따르는 근거 제시라는 두 축을 중심으로 하되, 논제가 요구하는 바가 무엇인가에 따라 논의의 전개 과정은 다양하고 탄력적이다. 논제에 따라, 본론의 내용은 다양하게 변주된다. 언뜻 복잡하고 어렵게 보일 수 있다. 그러나 논제가 요구하는 조건을 정확하게 받아들여 충족시켜 간다면 본론의 진행은 결코 어렵게 여겨질 성질의 것만은 아니다. 그렇다면 본론에서 충족되어야 할 사항들과 본론 작성법에 대하여 좀 더 자세히 알아보자.

• 원인을 규명하는 내용　　　　　　　• 해결 방안을 제시하는 내용
• 근거나 이유를 제시하는 내용　　　　• 구체적인 예시를 들어야 하는 내용
• 내용을 부언하여 상세화가 필요한 경우　• 반론을 제기하는 내용
• 내용을 전환하거나 유추하는 문장　　• 예시문을 상호 비교해야 하는 경우

① 본론의 구실과 쓰는 법

본론은 글의 중심을 이루는 부분이다. 서론에서 내세운 문제에 대해서 자세하게 논증하여 상대를 설득시켜야 한다. 본론은 대략 두세 개의 단락으로 구성하는 것이 좋으며, 각 단락 속에는 소주제를 담아야 한다.

중요한 것은 읽는 이로 하여금 자기의 견해에 동조하도록 끌어들여야 한다는 점이다. 그러기 위해서는 자기 나름의 견해를 분명하게 내세우고 그 근거를 조리 있게 밝히면서, 필요하면 반대론의 견해를 반박하여 자기주장의 정당성을 입증해야 한다. 본론은 서론에서 제시한 글의 목적, 주제, 방법, 문제점 등 화제의 범위에 따라 써 나가면 된다. 이때 중심 문장(소주제 문장)과 뒷받침 문장을 적절하게 연결시켜야 함을 잊어서는 안 되며, 정확한 진술 방식과 논리 방식으로 전개해야 한다. 즉, 본론은 서론에서 제시된 문제점들을 짜임새 있게 논술하여 결론을 이끌어 내는 일을 한다. 문제점별로 주어진 자료를 분석하고 종합하여 조리 있는 논술을 함으로써 논문의 내용을 펼쳐 나가는 과정이 본론이다. 따라서 본론이야말로 논문에서 가장 중요한 '가운데 토막'이다. 서론이 다룰 대상을 도마 위에 올려놓는 기능을 지녔다면, 본론은 그것에 차례로 칼질을 하고 요리를 하여 음식을 만들어 내는 과정이다. 그러므로 본론은 다음과 같은 방법으로 써야 한다.

㉠ 본론은 서론에서 제시된 목표, 문제점 그리고 다룰 범위들을 좇아서 전개되어야 한다.

㉡ 본론을 쓰는 데는 체계적인 하위 구분을 해서 줄거리를 미리 만드는 것이 바람직하다.

본론의 분량은 서론에 견주어 논술의 과정이 열 곱쯤 길다. 그러므로 그 내용을 여러 갈래로 쪼개고 또 그것을 다시 나누어서 체계적으로 다루어 나가야 한다. 그러자면 막연한 가운데 붓을 들 것이 아니라 주제를 중심으로 한 줄거리를 짜는 작업이 미리 있어야 한다. 특히 본론의 분량이 많을 때에는 어떤 형태로든 줄거리를 마련하여 다루어야만 체계 있는 논술이 된다.

㉢ 본론 줄거리의 각 항목에 대해서는 충분한 논의와 짜임새 있는 뒷받침이 있어야 한다. 각 항목을 필요에 따라 몇 개의 소주제로 나누고 소주제별로 한 단락씩 펼쳐 나갈 것이다. 그런 각 단락의 펼침에는 논술법이 주가 되며 필요에 따라서 설명법이나 서사법 등이 곁들이게 된다. 그러한 전개 과정에서는 적절한 자료와 논거를 되도록 충분히 활용해야 할 뿐 아니라, 그것을 바탕으로 조리 있는 추론과 설득력 있는 결론이 나오도록 해야만 한다. 또한, 비록 많은 뒷받침 자료가 있다 하더라도 그것을 짜임새 있게 연결하는 논리적 추론이 서툴러서는 좋은 논술이 되지 못한다.

② 본론 쓰기의 요건

㉠ 논리적 설득력(논증)

이 논증 과정이 특히 본론 쓰기의 핵심이라 할 수 있다. 어떠한 주장이 다른 사람에게 설득력을 갖기 위해서는 그 주장을 뒷받침 해 줄 근거가 명확해야 한다. 논술은 자기가 가지고 있는 생각이나 견해를 내세우는 글이므로 근거가 제시되지 않는 논술문은 논술문이 아니다. 예컨대 '농산물 수입 개방은 저지되어야 한다.'라든가 '영어 조기 교육을 바람직하지 않다.'와 같은 견해는 하나의 주장으로 성립될 수 있다. 그러나 이 주장이 설득력을 가지려면 '왜?'라는 물음에 대한 답변이 제시되어야 하는 것이다. 이 답변이 곧 논거이다.

㉡ 타당성

주장을 뒷받침하는 근거가 아무리 훌륭하다 할지라도 그것이 이치에 맞지 않는다면 근거로서 성립될 수 없다. 예컨대 '청소년들의 흡연은 금지되어야 한다.'라는 주장에 대해 '오늘날 청소년 흡연에 대해 긍정적인 생각을 갖는 사람은 별로 많지 않을 것이기 때문이다.'를 근거로 제시한다면 이 주장은 설득력을 가질 수 없다.

ⓒ 일관성과 통일성

본론의 각 단락에서 펼쳐지는 모든 내용은 언제나 일관된 논리를 유지해야 한다. 그리고 각 단락의 소주제에 부합되는 통일된 내용과 논거를 충분히 제시해야 한다. 특히 단락에 소주제문이 분명히 진술되었는지 반드시 확인해야 한다. 소주제문이 논술자의 머릿속에만 들어 있지 단락에는 빠진 경우가 허다하기 때문이다. 또 서로 반대되는 논거가 동시에 존재한다든지 필자의 주장과는 전혀 무관한 논거가 있다면 읽는 이는 필자가 말하고자 하는 바에 대해 갈피를 잡을 수 없게 된다. 예컨대 '여성의 사회 진출은 적극적으로 권장되어야 한다.'라는 주장에 대해 '① 고등 교육을 받은 여성을 가사에만 매달리게 하는 것은 개인적으로나 사회적으로나 큰 손실이기 때문이다. ② 또한 가정은 그 무엇과도 바꿀 수 없는 소중한 존재라는 점은 아무도 부인할 수 없다.'라는 근거를 든다면, 이것은 일관성 있는 논증이라고 할 수 없다. ①과 ②는 상충되는 것이기 때문이다.

③ 본론에서 논지를 전개할 때의 요령

  ㉠ 논지를 전개하는 기본 원리를 따르자.

  • 항상 주제에서 벗어나지 않았나 확인하자.
    – 너무 많은 것을 쓰려는 욕심을 부릴 때
    – 주장할 내용이 정리되지 못했을 때
    – 개요를 잘못 짰거나 지나치게 엉성하게 짰을 때
  • 전체 문단이 자연스럽게 연결되고 있는가 확인하자.
  • 자신의 주장이 완결성을 갖추고 있는가 확인하자.

  ㉡ 본론의 구성 방법을 알고 따르자.

  • 본론에서는 풍부하고 다양한 논거를 제시한다. 본론에서는 논술 문제와 연관된 다양한 논거를 제시해야 글이 풍부해진다. 물론 너무 산만하게 나열식으로 제시해서는 안 되고, 서로 연관된 논거를 묶어서 깔끔하게 정리해서 서술해야 한다. 그리고 중요한 주장이나 논거를 먼저 제시해야 한다.
  • 상대방에 대한 비판을 먼저 한 후에 자신의 입장을 적극적으로 옹호한다. 두 입장 중에서 한 입장을 선택하여 다른 입장을 비판할 경우에는 우선 상대방이나 반대 입장에 대한 비판을 먼저 한 후에, 자신의 입장을 적극적으로 옹호하는 것이 더 낫다.
  • 큰 문제에서 작은 문제로, 일반적 사항에서 특수한 사항으로, 추상적인 것에서 구체적인 것으로 전개해 간다.
  • 논지를 전개할 때 논리적인 비약이나 편견에 의한 사실 왜곡 등이 없어야 한다.
  • 본론을 형성하는 몇 개의 중간 단락은 올바른 순서 속에서 서로 알맞은 균형을 유지해야 한다. 중간 단락의 균형 역시 글의 목적과 관계된다. 만일 글의 목적이 대립되는 두 쟁점에 대해 결론을 내려는 것이라면, 중간 단락은 두 개 정도가 적당하고, 이 두 개의 중간 단락은 동일한 길이로 나타내야 한다. 또한, 중간 단락들의 균형 역시 서론부에서 소개된 명제문을 전제로 이루어져야 한다.
  • 중간 단락들을 발전시킬 때 독자에게 글의 중요한 지점들을 알려 주어야 한다. 특히 글의 흐름이 전환되는 경우에 '한국과 똑같이 일본에서도 이 문제는 ~, 이 명제에 대립되는 의견들은 ~' 등의 어구로 나타내어 글의 방향을 알려주는 것이 좋다. 글의 흐름이 나아가는 방향을 알고 읽을 때 글이 명확하게 파악된다. 따라서 그것을 명확하게 드러내는 것이 좋은 논술이 된다.

④ 본론을 쓸 때 주의할 점

　　㉠ 같은 내용을 중언부언하지 않도록 한다.

　　㉡ 논점에서 벗어나지 않도록 한다.

　　㉢ 논제가 추상적이고 어려운 내용일 때는 구체적인 용어로 풀어주어야 한다. 이때 상술에 해당하는
　　　　내용은 앞에 제시된 내용의 범위를 벗어나지 않아야 한다.

　　㉣ 예시, 인용 등을 적절히 활용하여 논거 없는 의견을 제시하지 않도록 한다. 한 문장을 쓸 때마다
　　　　'왜', '어떻게'라는 질문을 스스로 해본다. 논증 과정을 거치지 않은 의견으로는 독자를 설득할 수
　　　　가 없다.

　　　　→ 특히 예시를 쓸 때는 지나치게 길어지지 않도록 한다(배보다 배꼽이 더 커진다).

　　㉤ 비유나 상징 등 함축적인 표현, 모호한 표현은 가능하면 삼갈 것. 논술은 감상문이 아니다.

　　㉥ 글 내용이 무난히 이어지도록 개요 작성 시부터 논리 전개 과정을 명확히 해 둔다.

　　㉦ 단순 나열식이 되지 않도록 주의한다. 특히 단순 나열의 경우에는 그 밖에 또 다른 것이 없는가를
　　　　확인해야 한다. 예를 들어 4가지를 나열했다면 왜 4가지뿐이냐는 질문에 대답할 수 있어야 하며,
　　　　나열한 것 중 가장 중요한 원인이 무엇인가를 밝힐 수 있어야 한다. 즉, 주요한 측면과 부차적 측
　　　　면을 구분할 수 있어야 나열이 가능하다.

　　　　→ 첫째, 둘째… 식으로 나열하면 성의와 사고의 깊이가 없어 보인다.

(9) 결론 쓰기 방법

서두가 시발점이라면 결미부는 종착점에 해당한다. 아무리 출발이 멋있게 되었다 하더라도 끝맺음이 좋
지 않으면 용두사미(龍頭蛇尾)가 되고 만다. 반면, 끝맺음이 잘 되면 내용이 다소 빈약하더라도 그럴듯
한 인상을 준다. 결미부 역시 서두 못지않게 인상적이어야 한다. 그리고 함축성도 있어야 한다. 명작 소
설이나 영화의 끝 장면을 보면 기나긴 이야기 줄거리가 오직 이 한 장면을 위해 있었던가 싶을 정도로
감명 깊어서 오래도록 우리 가슴에 여운을 남긴다. 논술문 역시 끝마무리를 박력 있게 인상적으로 마무
리해서 글자 그대로 화룡점정(畵龍點睛)이 되도록 해야 한다.

① 결론의 구실과 쓰는 법

　　결론은 서론, 본론에 이어 논문을 마무리 짓는 부분이다. 결론의 중요한 구실은 본론 부분의 논술
　　과정에서 밝혀진 주요 골자를 간추려 보이는 데 있다. 다시 말하면 그 논문의 본론에서 어떠한 점들이
　　논의되어 어떤 내용이 가장 중요하게 드러났는가를 한 눈에 볼 수 있도록 하는 것이 주요 기능이다.
　　즉, 단락의 소주제를 열거해 보이는 것이다. 그 밖에 결론에서는 그 논문에서 못다 다룬 점 등을 지적하
　　고 다른 기회에 해결되기를 바라는 뜻을 덧붙이기도 한다. 그러나 결론 부분에서는 본론에서 다루어지
　　지 않은 문제를 덧붙여 논의해서는 안 된다. 만일 그렇게 되면 본론과 결론의 한계가 흐려지고 만다.

　　㉠ 결론은 '마무리'라고도 하는 것으로서 본론에서 논술하여 밝힌 요지를 간추려 보인다. 곧 본론에
　　　　서 문제점마다 장이나 절마다 밝힌 골자를 간단하고 명료하게 적어 보인다.

　　㉡ 결론에서는 구체적인 논술이나 설명이 필요 없다. 본론에서 다루어지지 않은 문제는 결론에서 추
　　　　가로 논의해서는 안 된다.

　　㉢ 결론은 그 밖에 미진한 사항을 지적하거나 앞으로의 전망을 덧붙이는 구실을 한다.

② 좋은 결론의 요건

결말은 한 편의 글의 종착점이고, 한 편의 글을 총괄하는 곳이다. 또한, 독자에게 그 글에 대한 강한 인상과 기억을 심어주는 곳이다. 따라서 적당한 곳에서 앞의 내용에 맞도록 자연스럽게 글의 결말을 지어야 한다. 결말에서 갖추어야 할 요건은 다음과 같다.

㉠ 적당한 곳에서 이루어져야 한다. 본문의 내용이 채 마무리되기도 전에 결말을 맺는다든지, 말할 것을 다 말해 놓고서도 중언부언하면서 마무리를 늦춘다든지 해서는 안 된다.

㉡ 앞서 말한 내용과 일관성이 있어야 한다. 앞의 내용과 관계가 없거나 상반되는 이야기를 결말에 넣어 주제를 흐리게 해서는 안 된다.

㉢ 되도록 강한 인상을 남겨 기억에 오래 남도록 하는 것이 좋다.

③ 끝마무리 요령

㉠ 되도록 짧게 구체적으로 쓴다.

㉡ '~라 생각한다. ~일지도 모른다. ~는 아닐는지, ~것 같다.'와 같은 말을 사용함으로써 인상이 약화되고 산만해지지 않도록 해야 한다. 필자도 자신이 없어 우물쭈물하고 결단을 내리지 못하는데, 누가 이런 견해나 주장에 동의하겠는가.

㉢ 서론, 본론의 내용과 조화되고 처음에 제시한 논지와 일치되게 쓴다.

㉣ 본론 부분의 설명이나 단순한 되풀이가 되지 않도록 한다.

㉤ 너무 독선적인 주장은 내세우지 않는다(당당하게 끝맺되 겸손해야 한다).

④ 결론의 실수를 줄이는 요령

㉠ 주제의 반복, 본론의 요약, 앞으로의 전망, 인용구 등

㉡ 처음에 제시했던 일반화, 또는 전제로 되돌아간다.

㉢ 새로운 견해나 개념을 말하지 않는다.

㉣ 본론의 논지를 총체적이면서 압축적으로 요약한다.

㉤ 피상적이고 일반적인 논지의 결론은 글의 참신성을 떨어뜨린다.

㉥ 도덕적인 결론으로 무조건 가지 마라.

㉦ 글의 흐름을 지켜라.

㉧ 분량을 균형 있게 하라(서론과 거의 같도록).

⑤ 결론에 들어가야 할 사항

㉠ 앞 내용의 요약 : 지금까지 논의한 내용을 다시 한 번 정리한다는 의미를 갖는다.

㉡ 관심이나 행동의 촉구

㉢ 새로운 과제나 방향 제시

㉣ 대안의 제안이나 제언

㉤ 전망 : 앞 내용의 요약을 중요하게 생각하는 사람들이 많은데 논술에서는 전망이나 대안의 제안이나 방향 제시가 더 중요하다. 결론은 내용을 요약하고 마무리 짓는 끝맺음 부분이다. 아무리 서론에서 문제 제기를 잘하고 본론에서 설득력 있게 논증을 했다 하더라도, 결론이 미흡하면 헛일이다.

금융감독원의 2차 필기전형은 1차 필기전형 합격자를 대상으로, 전공평가와 논술평가로 나누어 이루어진다. 주관식인 전공평가는 전공 지식 전반에 대한 종합평가 방식으로 진행하며, 각 채용 분야의 과목으로 평가한다. 또한, 논술평가는 채용 분야에 관계없이 2문항 중 1문항을 선택하는 방식으로 진행하며, 계산 문제는 배제하여 평가한다.

01 전공평가

2023년 기출문제

| 법 문제 1 |

> **소멸시효와 제척기간의 차이점에 대하여 서술하시오.**
>
> **정답 및 해설**
> 소멸시효(消滅時效)는 일정기간 동안 권리자가 권리를 행사하지 않음으로써 그 권리가 소멸되게 하는 제도로, 일정기간 안에 권리를 행사하지 않아 해당 권리가 소멸된다는 점에서 제척기간(除斥其間)과 비슷하다. 그러나 제척기간은 권리자의 권리 불행사와 관련 없이 권리의 존속기간이 지나버렸기에 권리가 소멸되는 것으로, 이밖에도 여러 면에서 차이가 있다. 우선 권리가 소멸하는 기간을 계산하는 시작점, 즉 기산점이 다른데 소멸시효는 권리 불행사의 사실상태를, 제척기간은 존속기간의 경과를 그 기준으로 삼는다. 또한, 소멸시효는 기산일에 소급해 효력이 생기는(소급효 인정) 반면, 제척기간은 기간이 경과하면 권리는 장래를 향하여 소멸하게 된다(소급효 없음). 그리고 소멸시효는 중단·정지·단축·감경되거나 그 이익을 포기할 수 있지만, 제척기간은 그렇지 않으며, 소멸시효의 이익은 당사자가 원용(援用)해야만 재판에서 고려되는 것(항변사항)이지만, 제척기간은 당연히 효력을 발생하는 것이므로 당사자가 주장하지 않아도 심판기관이 직권으로 조사(직권조사사항)하게 된다.

| 법 문제 2 |

가장납입의 효력에 대하여 서술하시오.

정답 및 해설

가장납입은 주식회사 설립 또는 신주 발행 시에 주금납입자(발기인 등)가 주금납입은행에 납입해야 하는 주금을 납입하지 않았음에도 마치 납입한 것처럼 가장하는 행위를 말하며, 크게 예합(預合)과 견금(見金)의 두 가지 형태로 구분된다. 예합은 발기인이 주금납입은행으로부터 빌린 돈을 예금으로 돌려 주금납입에 충당하는 동시에 차입금을 변제할 때까지는 그 예금을 인출하지 않기로 약속하는 행위(통모에 의한 납입가장)를 뜻하며, 현실적인 납입이 없고 회사 설립 후에도 납입금의 사용이 제한되기 때문에 납입의 효력이 없다. 이는 납입의무를 불이행한 것이므로 법적으로 설립은 무효이며, 주금납입자와 주금납입은행이 공모한 행위이므로 무효라는 데 이견이 없다. 또한, 발기인이 주금납입은행을 제외한 제3자로부터 돈을 빌려 주금을 납입하고 회사 설립을 완료한 다음 납입금 전액을 인출해 제3자에게 돌려주는 행위(위장납입)를 뜻하는 견금 형태의 가장납입에 대해서는 무효설과 유효설이 대립한다. 무효설은 견금은 실질적인 주금납입과 자금의 구성이 없고 자본충실의 원칙을 위배하는 탈법행위이므로 납입의 효력이 없다는 견해로, 다수의 학설은 무효설을 지지한다. 또한, 가장납입이 유효하다면 출자를 전혀 하지 않고도 주주로서의 지위를 누리게 되는 불합리를 허용하게 된다고 주장한다. 그러나 유효설은 일단 금원의 이동에 의해 현실의 주금납입이 있는 것이고, 실제로는 주금납입의 가장수단으로 이용된 것이라고 해도 이는 그 납입을 하는 발기인들의 주관적 의도의 문제에 불과하므로 이러한 내심적 사정에 의해 회사 설립이나 증자 등의 집단적 절차의 일환을 이루는 주금납입의 효력이 좌우될 수 없다며 납입의 효력을 인정하는 견해로, 판례는 유효설을 지지하는 경우가 일반적이다.

PART 3

| 법 문제 3 |

동산과 부동산의 차이점에 대하여 서술하시오.

정답 및 해설

민법에 따르면 부동산은 토지 및 토지에 정착되어 옮길 수 없는 건물, 등기를 갖춘 수목 등을 말하며, 동산은 부동산이 아닌 일체의 물건을 뜻한다.

부동산과 동산의 가장 큰 차이는 물권의 공시 방법이다. 부동산 물권은 등기(공신력 불인정)로, 동산은 의사표시의 합치로 인한 점유(공신력 인정)로 효력이 발생한다.

부동산은 지상권·지역권·전세권 등의 용익물권 전부와 담보물권 중에서는 유치권·저당권이 설정 가능하다. 반면에 동산은 용익물권 설정이 불가능하고, 담보물권 중 유치권·질권 설정이 가능하다.

소유권 취득시효 기간은 부동산이 등기부취득시효(등기 상태) 10년, 일반취득시효(미등기 상태) 20년이고, 동산은 선의무과실취득시효 5년, 일반취득시효 10년으로, 부동산이 동산보다 더 장기간이다.

부동산에 대한 강제집행은 그 소재지 지방법원이 관할하지만, 동산에 대한 강제집행은 집행관이 그 물건을 점유함으로써 압류에 의해 개시한다.

무주물 귀속에 있어 부동산은 국유가 원칙인 반면, 동산은 선점으로 소유권 취득이 가능하며, 환매기간은 부동산이 5년, 동산이 3년을 넘지 못한다.

| 재무관리 문제 1 |

무부채기업인 G기업의 영업이익은 연간 3억 원이며, 자본비용은 15%이다. G기업의 재무 담당자는 10억 원의 부채를 무위험이자율 수준인 10%로 조달할 수 있어 이를 긍정적으로 고려하고 있다. 부채를 차입하는 경우 자본구조만을 변경하기 위하여 차입액을 매입한다고 한다. 이어지는 질문에 답하시오.

01 다음 질문에 답하시오.

① 1958년 MM이론에 의한 현재의 기업가치(NPV)와 자본구조 변경 후의 기업가치(NPV)

② 1964년 MM이론에 의한 현재의 기업가치(NPV)와 자본구조 변경 후의 기업가치(NPV)
  (단, 법인세율은 40%이다)

> **정답 및 해설**
>
> ① [현재의 기업가치(V_U)] $= \dfrac{\text{EBIT}}{\rho} = \dfrac{3}{15\%} = 20$억 원
>
> ② [현재의 기업가치(V_U)] $= \dfrac{\text{EBIT}(1-t)}{\rho} = \dfrac{3(1-0.4)}{15\%} = 12$억 원

02 MM이론 이후 자본구조에 대한 새로운 이론들이 등장하였다. 세금과 관련된 이론을 제외하고 새롭게 등장한 자본구조 관련 이론 세 가지를 열거하고 이를 간단히 설명하시오.

> **정답 및 해설**
>
> ① 파산비용이론 : 기업의 부채사용이 증가할수록 기업가치의 증가요인인 이자비용 절세효과의 현가는 증가하나, 기업가치의 감소요인인 기대파산비용의 현가도 증가하여 기업가치가 극대화되는 최적 자본구조가 존재한다.
> ② 대리비용이론 : 정보비대칭 상황에서 기업의 부채사용이 증가할수록 타인자본 대리비용은 증가하고 자기자본 대리비용은 감소한다. 이들 대리비용을 합한 총대리 비용이 최소화되어 기업가치가 극대화되는 최적 자본구조가 존재한다.
> ③ 신호이론 : 정보비대칭 상황에서 경영자는 기업가치 증가와 관련한 내부정보를 알게 된 경우 부채를 발행하여 이를 시장 외부자에게 기업가치에 긍정적 신호를 전달한다. 기업의 경영자가 지닌 정보와 자본구조 변화에 의한 신호가 일치하는 신호균형이 달성되면 기업가치가 극대화된다. 즉, 부채발행의 긍정적 신호 전달로 인한 기업가치 상승분과 부채발행에 따른 재무적 곤경비용 증가로 인한 기업가치 감소분이 동일한 지점이 최적자본구조가 된다.

| 재무관리 문제 2 |

시장에서 거래되는 모든 위험자산의 수익률 평균은 0.36이며, 위험자산 공분산 평균은 0.12임을 가정하고 다음 질문에 답하시오.

01 10개의 주신(모두 위험증권)에 모두 동일한 금액을 투자한 포트폴리오 분산의 평균값은 얼마인가?

> **정답 및 해설**
>
> $$\overline{\sigma_p^2} = \frac{1}{10} \times (0.36 - 0.12) + 0.12 = 0.144$$

02 위험증권 전부에 동일하게 투자하여 비체계적인 위험을 없앤 경우의 포트폴리오 분산의 평균값은 얼마인가?

> **정답 및 해설**
>
> $$\overline{\sigma_p^2} = 0.12$$

| 재무관리 문제 3 |

전망이론(Prospect Theory)에 대하여 약술하시오.

> **정답 및 해설**
>
> 전망이론은 위험을 수반하는 대안들 간에 의사결정을 어떻게 내리는지를 설명하고자 하는 이론이다. 전망이론이 만들어 내는 이론적 모델은 실생활의 의사결정을 설명하고자 하는 것이지 최적화된 결정을 내고자 하는 것은 아니다.

다음 자료를 보고 이어지는 질문에 답하시오.

G회사는 20×1년 4월 1일에 공장건물을 신축하기 시작하여 20×2년 8월 31일에 완료하였다. 특정목적 차입금은 없었으며, 공장건물 신축관련 공사비 지출액의 내역은 다음과 같다.

일자	금액	일자	금액
20×1. 04. 15	₩1,000,000	20×2. 02. 10	₩2,000,000
20×1. 10. 08	₩3,000,000	20×2. 08. 22	₩4,000,000

공장건물을 신축을 목적으로 직접 차입한 자금은 없었으며, 일반목적 차입금과 관련된 자료는 다음과 같다.

연도	차입금 평균	이자비용
20×1년	₩2,500,000	₩200,000
20×2년	₩4,500,000	₩450,000

01 다음 질문에 답하시오.

① 20×1년에 자본화 이자율을 구하시오.

② 20×1년에 자본화할 차입원가를 구하시오.

정답 및 해설

① 자본화 이자율 : 200,000÷2,500,000=8%

② 자본화차입원가 : 1,500,000×8%=120,000원

02 적격자산의 취득, 건설 또는 생산과 직접 관련되는 차입원가를 자본화하는 논리적 근거를 서술하시오.

정답 및 해설

자산이 개발되고 있는 기간에는 자원 투입을 위한 지출에 자금이 필요하며 자금의 조달은 원가를 발생시킨 다. 자산의 원가에는 자산의 취득원가의 일부로서 지출하기 위한 자금을 조달하는 데 발생하는 원가를 포함 하여, 자산을 의도된 용도로 사용하거나 판매가 가능한 상태에 이르게 하는 데 발생하는 모든 필수적 원가를 포함해야 한다. 따라서 적격자산과 관련된 차입원가를 비용으로 즉시 인식하는 것은 그 자산의 원가를 충실 하게 표현하지 못하는 것이다.

| 회계 문제 2 |

다음 자료를 보고 이어지는 질문에 답하시오.

G회사는 20×1년 12월 31일에 3개의 사업주(A ~ C) 중 사업부 B를 매각하기로 결정하였다. G회사 전체와 사업부 B의 자산과 부채의 장부금액 및 수익과 비용의 발생금액은 다음과 같다. 20×1년 말 현재 사업부 B는 매각예정분류기준을 충족한다.

구분	G회사 전체	사업부 B
자산	₩10,000	₩2,000
부채	₩6,000	₩1,500
자본	₩4,000	–
수익	₩8,000	₩1,000
비용	₩6,000	₩900
당기순이익	₩2,000	–

사업부 B의 자산은 모두 비유동자산이고, 순공정가치는 ₩1,800이며, 사업부 B의 부채와 장부금액과 순공정가치는 동일하다.

01 20×1년 말 재무상태표에 매각예정비유동자산은 얼마로 표시되는가?(단, 그 이유를 간략히 적을 것)

> **정답 및 해설**
>
> ₩1,800
> ※ 매각예정비유동자산은 순공정가치와 장부금액 중 작은 금액으로 표시한다.

02 매각예정비유동자산에 대하여 간략히 서술하시오.

> **정답 및 해설**
>
> 매각예정비유동자산이란 기업이 영업활동을 수행하는 과정에서 사용하던 유형자산 등 비유동자산을 더 이상 사용하지 않고 매각하기로 결정하는 경우의 자산을 의미한다. 이때 개별자산뿐만 아니라 처분자산집단도 포함된다. 매각예정비유동자산은 재무상태표에 별도로 표시하여야 한다.

| 회계 문제 3 |

다음은 무형자산의 자산인식요건을 나열한 것이다. 이를 제외한 나머지 요건을 서술하시오.

① 무형자산을 사용하거나 판매하기 위해 그 자산을 완성할 수 있는 기술적 실현가능성
② 무형자산을 완성하여 사용하거나 판매하려는 기업의 의도
③ 무형자산을 사용하거나 판매할 수 있는 기업의 능력
④ 무형자산이 미래경제적효익을 창출하는 방법. 그중에서도 특히 무형자산의 산출물이나 무형자산 자체를 거래하는 시장이 존재함을 제시할 수 있거나 무형자산을 내부적으로 사용할 것이라면 그 유용성을 제시할 수 있다.

정답 및 해설
⑤ 무형자산의 개발을 완료하고 그것을 판매하거나 사용하는 데 필요한 기술적, 재정적 자원 등의 입수가능성
⑥ 개발과정에서 발생한 무형자산 관련 지출을 신뢰성 있게 측정할 수 있는 기업의 능력

02 논술평가

2023년 기출문제

| 주제 1 |

국내 탄소배출권 가격은 2020년 이후 하락세를 보이는 등 한국은 유럽연합 등 외국에 비해 가격 수준이 낮다. 이러한 하락세는 온실가스 감축 촉진이라는 제도 본연의 취지와 맞지 않으며, 온실가스 감축을 위한 기업의 투자 의욕 또한 떨어뜨린다. 탄소배출권 거래제가 경제에 끼칠 수 있는 영향과 대응 방안에 대해 논하시오.

주요 내용 예시
① 탄소배출권(CERs)은 온실가스의 배출 권리를 명시한 일종의 유가증권으로서 매매가 가능하다. 탄소배출권 판매 국가·기업은 판매로 수익을 창출할 수 있고, 배출권 구입 국가·기업은 배출량 감축 비용보다 낮은 금액으로 배출권을 구입해 온실가스 감축 비용을 절약할 수 있다.
② 한국은 탄소배출권 거래제를 2015년부터 시행하고 있으며, 한국거래소가 배출권시장을 개설·운영하고 있다. 정부는 매년 업체별 할당량과 감축 목표를 제시하고 목표를 이행하지 못한 기업에 과징금을 부과하는 방식으로 거래를 유도한다.

③ 탄소배출권 거래제 등의 탄소중립 정책이 경제에 끼치는 영향을 분석한 여러 연구 결과들은 긍정적 또는 부정적 효과 사이에서 다양한 견해를 제시하고 있다. 고용유발 효과가 큰 저탄소산업이 확대되면서 대체로 긍정적인 영향이 기대되지만, 산업구조 전환 과정에서 생산 규모가 축소되는 업종에서는 일시적으로 실업이 크게 늘어날 가능성도 상존한다. 또한, 화석연료 및 연관 제품의 가격 인상을 자극해 물가가 상승하겠지만, 인플레이션 압력이 크게 높아지지는 않을 것으로 보인다.

④ 탄소배출권 거래제로 인해 공공투자 확대와 저탄소산업 활성화를 통한 긍정적 효과는 물론 고탄소산업 위축 등 부정적 효과가 전망된다. 신재생에너지·청정에너지와 관련한 제조업 생산활동을 촉진하고 지속 가능한 제조업 생태계 조성에 이바지할 수 있으나, 고탄소산업에 속한 기업의 생산비 증가, 제품가격 인상, 제품생산 감소 등을 유발함으로써 생산활동이 위축될 수 있는 것이다. 또한, 국가별로 보면 산업구조, 기후변화 대응 정도 등에 따라 경제성장 효과의 편차는 크게 나타날 것이다.

⑤ 국제유가는 탄소중립 정책의 진전으로 장기적으로는 석유시장의 위축과 하향세가 예상되지만, 단기적으로는 에너지 구성 전환 과정에서 일시적 수급 불균형이 발생하면서 강세를 보일 가능성도 있다. 또한, 대체에너지 전환이 완전하지 않은 단계에서 신규 유전에 대한 투자가 급감한다면 원유 수급 불균형이 단기적 유가 급등을 초래할 수도 있다.

[대응 방안]

① 탄소배출권 거래제가 갖는 기후변화 예방 효익이 분명한 만큼 저탄소 경제구조 전환을 위한 국제사회의 노력이 앞으로도 계속될 것으로 전망된다. 다만, 산업구조와 기술 수준 차이 등으로 국가마다 경제적 영향이 다르므로 기술협력 등을 통해 이를 최소화할 방안을 마련해야 한다.

② 한국은 탄소배출권 거래제 운용을 위한 하드웨어(인프라)는 갖추었으나, 탄소거래의 활성화, 탄소배출권 제도를 보완하는 다양한 탄소저감 정책의 운용 등 소프트웨어는 아직 부족하다. 제도 개선과 거래 활성화를 이루려면 먼저 국내 탄소배출권 가격 변동이 산업 생산활동에 직접적으로 영향을 끼칠 수 있게 해야 하는데, 이를 위해서는 탄소배출권 거래가 활성화되어 가격의 정보 효율성을 높여야 한다.

③ 탄소배출권 거래시장의 정보 효율성을 높이려면 장내거래 중심으로 시장을 운영해야 하므로 장내거래 의무화, 유동성 보강 및 매매 회전율 제고 방안을 강구해야 한다. 또한, 배출권 실수요자(할당 대상 업체)를 중심으로 시장이 운영되고 있어 거래 규모 확대가 제한적인 현실을 감안해 정형화된 탄소 선물상품을 거래소(KRX)에 상장하고 기관 및 개인투자자, 글로벌 헤지펀드 및 투자은행 등 다양한 주체들의 시장 참여 촉진 방안을 마련해야 한다. 아울러 이러한 개선 정책 마련의 주체인 금융당국의 지혜와 장기적·일관적 추진이 중요한 시점이다.

④ 탄소배출권 거래제도 중심의 탄소배출 저감 정책도 보강해야 한다. 2015년 도입 이후 탄소배출권 거래제가 실제 탄소배출량 저감에 크게 이바지하지 못한 현실을 고려해 탄소세 등과 같은 추가적인 제도 도입도 검토해야 하는 것이다. 이를 위해 영국, 캐나다 등 탄소세를 시행하고 있는 주요국들의 선례를 벤치마킹해 시행착오는 최소화하고 실효성은 높은 개선책을 도출해야 한다.

⑤ 한국은 중화학공업 등 고탄소산업 비중이 주요국보다 높은 점을 감안해 저탄소 경제구조로의 전환을 서두르는 한편, 친환경산업을 적극 육성해 새로운 성장동력으로 삼아야 한다. 산업부문의 개별 민간기업 차원에서는 배출량 저감을 위해 에너지 이용 효율의 개선, 기존 연료를 저탄소 연료로 전환하는 CCUS(탄소 포집·활용·저장) 기술 도입, 산업공정의 혁신적 개선 등 다양한 탄소배출 감소 방안을 적용해야 한다. 다만, 산업부문의 탄소 저감 기술은 기술 개발, 실증화, 상용화 전체 과정이 쉽게 이루어지지 않으므로 중장기적인 비전을 가지고 지속적으로 추진해야 한다.

| 주제 2 |

정부와 국회, 학계 등에서 국민연금 개혁 논의가 한창이고, 개혁의 당위성·필요성에는 다수의 국민이 공감함에도 불구하고 실제로 개혁이 효과적으로 추진될 수 있을지 확언하기 어려운 실정이다. 국민연금 개혁을 둘러싼 현상황을 진단하고, 대응 방안에 대해 논하시오.

주요 내용 예시

① 우리나라 공적연금 제도의 심각한 재정 불안정 문제는 출산율 저하, 평균수명 증가 등의 급속한 고령화뿐만 아니라 납부보험료 대비 과도한 수준의 연금을 받도록 설계된(저소득 가입자에 지나치게 유리함) 구조에서 원인을 찾을 수 있다. 기금 고갈 예상 시기는 2055년으로 앞당겨지고 기금이 소진되어 적립금이 남아있지 않은 미래 세대의 보험료 부담은 1.5%p 늘어났다.

② 정부는 국민연금 개혁을 위해 재정의 안정화, 노후소득 보장, 세대 간 형평성 등의 3대 개혁 원칙을 제시했다. 이러한 국민연금 제도 개혁의 목표는 '재정의 안정성 제고, 연금 급여의 적정성 확보, 연금 수급의 사각지대 해소, 국민연금과 특수직역 연금 간의 형평성 제고' 등으로 간추릴 수 있다. 다만, 개혁 목표 간에 이해상충이 발생할 소지가 있기에 목표별로 차별화된 다양한 대안을 고려해야 한다. 아울러 정부는 "제5차 국민연금 종합운영계획(안)"에서 재원 마련을 위해 기금투자수익률을 현재보다 1%p 이상 높이는 방안을 제시했다.

③ 국민연금 개혁과 관련해 재정 안정론과 노후소득 강화론 사이의 논쟁이 심화되고 있다. 재정 안정론은 재정 고갈을 최대한 방어하기 위해 보험료율 인상, 연금 지급 개시 연령의 상향 조정을 통해 안정적인 기금 확보가 중요하다고 주장한다. 반면에 노후소득 강화론은 소득대체율 상향 조정을 통해 부족한 노후소득을 지원(연금수령액 증대)할 수 있는 방안을 우선적으로 고려해야 한다고 주장한다.

④ 국민연금의 구조적 개혁안으로 국민연금의 급부금 산식을 균등 부분과 소득비례 부분으로 분리해 균등부문은 기초연금과 통합하고 국민연금을 완전히 소득비례연금으로 전환해 재정 안정성을 확보하는 방안이 검토 가능하지만, 이러한 방안은 기존 연금 부채의 처리 문제, 수급계층의 반발 등 여러 장해물이 예상된다.

⑤ 제도 틀 자체를 바꾸는 구조적 개혁이 어렵다면, 적립금의 고갈을 필연적으로 초래할 수밖에 없는 기존의 '덜 내고 더 받는' 것에서 '더 내고 덜 받는' 방향으로의 '모수 개혁(Parametric Reform)'이 불가피하다. 여기에서 모수 개혁은 현행 제도의 보험료율, 소득대체율(생애 평균소득 대비 노후에 받게 될 연금액의 비율)을 국민들이 감내할 수 있는 최적의 조합으로 조율하는 것을 말하며, '더 내는'은 보험료율의 인상을, '덜 받는'은 수급 개시 연령을 늦추는 것을 가리킨다. 이러한 모수 개혁은 연금재정 수입의 확충으로 고갈을 막기 위한 보험료율 인상(2023년 9% → 2040년 18%), 평균수명 연장에 따른 연금 수급 개시 연령 상향 조정(2023년 63세 → 2048년 68세), 연금수령액 증대로 노후소득 지원을 위한 소득대체율 상향 조정(2023년 42.5% → 2025년 45~50%) 등의 단계적 변화에 초점을 맞추고 있다.

[대응 방안]

① 공적연금은 세대 간 부양을 전제로 하기에 개혁의 주안점은 세대 간 형평성이다. 그러나 적립금의 고갈과 부과방식으로의 전환(2055년)을 전제로 하는 개혁안이 세대 간 갈등을 완화하기 어려운 것은 절대인구가 감소하고 인구구조가 고령화되고 있기 때문이다. 인구 변화에 매우 취약한 부과방식 연금 제도는 연금 제도를 둘러싼 세대 간 갈등의 원인이 될 수 있다.

② 국민연금의 적립금은 1,000조 원에 달하기 때문에 기금을 모두 소진시키고 부과방식으로 전환하기보다는 일정 수준의 적립금을 영구히 유지하는 재정방식을 재설계하기에 보다 유리한 상황이다. 이에 성공적으로 평가받는 캐나다 국민연금의 정상상태 부분적립방식을 참고한다면 한국도 수용 가능한 수준의 보험료 인상과 합리적 수준의 운용수익률 제고를 통해 정상상태적립을 달성할 수 있을 것이다. 이처럼 외국의 연금 개혁 선례를 정밀 분석해 실효성을 극대화하고 시행착오는 최소화할 수 있는 개혁안을 도출해야 한다.

③ 모수 개혁의 소득대체율 문제는 세대 간 형평성과도 밀접하게 연관되어 있어 신중하게 접근해야 하고, 이 외에 연금수급액을 증대시키는 방안도 마련해야 한다. 또한, 연금 관련 세제 혜택 강화, 수령 방식의 연금화 유도 등을 통해 사적연금의 소득대체율을 높여 총 소득대체율[(공적연금)+(사적연금)]의 개선을 유도해야 한다. 아울러 국민연금의 장기 재정 목표를 구체화하는 한편, 연금 간 형평성 문제, 국민연금과 기초연금 간의 이해상충 가능성 등을 고려해 국민연금·기초연금·특수직역연금을 포괄하는 통합적인 구조적 개혁안을 강구해야 한다. 따라서 국민연금 개혁을 달성하려면 모수 개혁은 물론 기초연금·사적연금 등과 연계한 구조적 개혁을 병행할 필요성이 높다.

2021년 기출문제

| 주제 1 |

저출산 문제와 관련하여 최근 다변화된 여러 가정의 형태에 대해 설명하고, 이에 따라 금융시장은 어떻게 변화해야 하는지 대응 방안에 대해 논하시오.

주요 내용 예시

① 합계출산율(15 ~ 49세의 가임 여성이 평생 낳는 자녀의 수)이 2.1명 이하로 감소해 현상 유지가 가능한 인구대체 수준보다 낮은 상태를 저출산으로 판단한다(OECD). 한국은 합계출산율이 1984년 2.06명, 2001년 1.3명으로 집계되어 초저출산 국가가 되었다.

② 저출산 현상의 심화로 인해 우리 사회는 1 ~ 2인 가구로의 변화가 급속히 진행되고 있다. 이러한 시류를 반영해 '빈둥지 노인, 나홀로족, 기러기 가족, 반려족, 딩크족' 등의 신조어가 쓰이고 있다. 먼저 빈둥지 노인(독거노인)은 성인이 된 자녀를 출가시키고 배우자와 사별해 혼자 지내는 노인으로, 2020년 현재 독거노인 가구 수는 1,589,371가구, 65세 이상 인구 가운데 독거노인의 비율은 19.6%로 증가 추세이다(통계청). 두 번째로 '나홀로족'은 부모로부터 경제적 독립을 했으나 미혼인 20 ~ 30대 가구를 가리킨다. 세 번째로 '기러기 가족'은 학업·직장 등의 이유로 다른 가족 구성원과 떨어져 홀로 지내는 가구를 뜻한다. 네 번째로 '견우와 직녀족(주말부부)'은 직장 등의 이유로 배우자와 떨어져 지내는 가구를 말한다. 다섯 번째로 '반려족'은 다른 가족 구성원 대신 반려동물을 가족처럼 여기며 독자적인 생계를 꾸리는 가구로, 주로 자녀가 모두 출가한 노인층과 1인 가구가 반려족에 속한다. 여섯 번째로 '딩크족(DINK族)'은 Double Income No Kids, 즉 의도적으로 자녀를 두지 않는 맞벌이 부부를 가리키는데, 자녀가 없는 기혼 여성은 88만 1,000명이며, 이 가운데 52.8%(46만 5,000명)는 향후 출산 계획이 없다고 응답했다(2021년 11월, 통계청).

③ 1인 가구의 증가는 기회 요인으로 여겨지기도 한다. 1인 가구 증가 현상을 인구 정체에 따른 구매력 저하를 상쇄하는 기회로 삼으려는 마케팅 전략의 변화가 산업 전반에서 가속화되고 있는 것이다. 1인 가구의 증가는 원룸·셰어형 주택, 부분임대주택 등의 주거 부문, 1인용 밥솥·소파·텐트 등의 가전·가구·여가 부문, 소용량 음식·간편식 포장, 1인용 칸막이 식당 등의 음식·외식 부문 등 산업 전반에서 새로운 상품의 출시를 촉진한다. 또한, 여가·레저 활동 주도 계층 변화, 교육 제도 재편, 건강·식품산업, 의약품·의료서비스·금융서비스·레저·노인주택산업 등의 성장과 산업구조 변화가 촉진될 수 있다. 이처럼 1인 가구를 대상으로 이루어지는 경제활동을 '솔로 이코노미' 또는 '1코노미'라고 부르기도 한다.

[대응 방안]
① 금융회사는 ESG 경영 실천 차원에서 장학 사업을 실시하고 정부·지자체와 협력해 어린이집을 건립하는 등 다자녀 가정의 보육·교육에 대한 지원을 강화함으로써 여성의 사회 진출과 경제활동을 도와 저출산 극복에 이바지한다.
② 아동수당의 지급 대상이 되는 아동의 연령 범위를 확대하고 지급액 또한 인상하는 등 아동수당 수급 규모를 확대한다. 이때 금융당국 등 정부기관은 규제 완화는 물론 지원 정책을 적극적으로 시행할 필요가 높다.
③ 금융회사는 저출산, 1인 가구 증가, 초고령사회 등으로의 변화에 발맞춰 예금·적금·연금·보험 등의 특화 상품·서비스의 출시 비율을 높임으로써 경쟁력과 수익성을 높여야 한다. 이 또한 금융당국의 규제 완화와 지원이 필수적이다.
④ 건강·의료에 특화된 헬스케어·웰빙 사업은 '저출산으로의 변화'에 대응할 수 있는 성장 동력으로 꼽힌다. 예컨대, 금융회사들은 정보통신(IT) 기업과 제휴해 건강을 관리하는 것은 물론 운동으로 적립한 포인트를 현금처럼 활용할 수 있는 애플리케이션을 선보이고 있다.
⑤ 일과 가정의 양립을 일상화하고, 결혼·출산·양육에 대한 부담을 덜어줄 수 있는 정책을 실행하는 데 있어 프랑스·독일·스웨덴·영국 등의 유럽과 미국·일본 등 외국의 저출산 대응 정책 사례를 참고해 시행착오를 줄이는 한편 실효성을 극대화해야 한다.

| 주제 2 |

ESG 경영이 글로벌 화두로 부상한 상황에서 ESG 경영에 대한 정의를 내리고, 금융회사의 ESG 경영이 필요한 이유를 논하시오. 또한, 금융회사가 ESG 경영을 실현하기 위한 방안과 이를 지원하기 위한 금융당국의 역할에 대해 논하시오.

주요 내용 예시

① ESG는 'Environment, Social, Governance', 즉 환경·사회·지배구조 등 기업의 비재무적인 요소를 뜻하며, ESG 경영은 보다 장기적인 측면에서 친환경적이고 사회적인 책임경영과 투명경영을 통해 지속 가능한 발전을 추구하는 경영 활동을 뜻한다.

② 기후 변화와 환경에 대한 위기 의식이 전 세계적으로 널리 확산되면서 재무적 성과 지표로만 기업을 평가하는 기존의 전통적인 관점에서 벗어나 비재무적 혹은 무형의 가치의 중요성을 인식하는 경향이 일반화됨에 따라 ESG 경영의 필요성에 대한 공감대가 확립되었다. 이에 따라 기업은 장기적으로 사회 전반에 이익이 되는 경영을 하라는 요구를 받고 있다.

③ ESG 경영에 대한 사회적 요구에 따라 제품·서비스가 환경에 끼치는 영향과 기업의 사회적 책임을 고려해 구매하는 소비자들이 증가하고 있다. 또한, 기관투자자·연기금·금융기관 등은 ESG 경영에 문제가 있는 기업에 대한 투자·대출 등을 제한하고 있으며, 신용평가기관들은 ESG 관련 위험을 기업 신용평가에 반영하고 있고, 각국 정부 또한 ESG 경영 공시를 의무화하는 한편 환경보호와 관련한 세금을 징수하는 등 ESG 경영을 회피할 수 없는 시대가 되었다.

④ ESG는 기업에게 친환경 사업 등 새로운 사업 기회를 제공하며, 이러한 사업에 대한 정부의 금융 지원 또한 많아지고 있다. 또한, 기업은 ESG 경영을 잘하는 기업을 투자 대상으로 하는 자금을 유치하고, ESG 경영을 통한 비용 절감과 브랜드 가치 강화를 이룰 수 있다. 아울러 ESG를 추구하는 인재들을 유치하고 임직원들의 동기 유발을 촉진할 수 있다. 이처럼 ESG는 기업에게 새로운 성장 동력이 될 수 있다.

[대응 방안]

① 금융회사는 자사의 성과를 평가할 때 기업 가치와 지속 가능성에 영향을 끼치는 친환경(E), 사회적 책임경영(S), 투명한 지배구조로의 개선(G) 등의 비재무적 요소를 계량화하고 평가에 반영해 기업 가치의 제고와 지속 가능한 발전을 이룰 수 있다.

② 금융회사는 친환경(E) 측면에서 탄소중립·RE100 등 환경보전 캠페인 동참, ESG 관련 금융상품 출시 비율 확대, 환경보전에 이바지하는 산업군에 대한 투자·대출 확대, 외부기관과의 친환경 경영 업무협약 등을 시행할 수 있다.

③ 금융회사는 사회적 책임경영(S) 측면에서 ESG 경영을 실천하는 기업에 대한 인센티브와 ESG 진단·컨설팅 제공, 서민·소상공인·중소기업 등 상대적으로 열등한 위치에 있는 금융 취약 계층을 위한 금융 지원, 소외 계층을 위한 기부·봉사활동 등의 사회공헌, 메세나 사업과 장학 사업, 사내 안전보건 관리체계 구축·강화 및 복리후생 개선과 인재 육성으로 ESG 역량 강화 등을 추진할 수 있다.

④ 금융회사는 투명한 지배구조로의 개선(G) 측면에서 지속 가능 경영을 관리하는 조직 체계의 전문성·투명성·실효성의 강화 정책, ESG 관련 대출과 투자 실적 및 직원 교육 현황 등의 모든 ESG 데이터를 수집·관리하고 투명하게 공개하는 플랫폼 구축, 자금세탁 방지와 정보 보안성, 리스크 관리의 강화, 윤리경영과 다양성 보장 및 차별 금지 강화 등과 이를 위한 임직원 교육 등을 실시할 수 있다.

⑤ 금융당국은 책임운영 기관으로서 금융회사가 국내외의 금융 환경에 적절히 대응하는 것은 물론 변화를 주도할 수 있도록 ESG 경영 활동 공시 기준을 현실에 맞게 끊임없이 개선하는 한편 ESG 채권 인증·평가 가이드라인 등 관련 법과 제도를 지속적으로 정비해야 한다. 이때 적용 대상 기업, 공시 항목·기준 등을 현실에 맞게 보다 구체화하는 것은 물론 시장에 끼치는 충격이 최소화되도록 정책의 예측 가능성을 제고함으로써 안정적인 변화를 유도해야 한다. 또한, 이와 관련한 금융회사의 의견을 수렴해 정책에 반영할 수 있도록 소통 창구를 정례화하는 한편 ESG와 관련한 국내외의 논의에 효과적으로 대응하기 위해 관련 업무를 전담하는 조직과 자문기구를 마련함으로써 금융회사의 ESG 경영 활동을 지원해야 한다. 아울러 유럽연합(EC), 호주, 일본 등 해외 ESG 관련 기구의 운용 동향을 면밀히 분석해 시행착오의 발생 가능성을 차단해야 한다.

2020년 기출문제

| 주제 1 |

불법사금융 문제의 원인과 대응 방안에 대해 논하시오.

주요 내용 예시

법정 최고금리가 인하됨에 따라 최고금리가 낮아지면 대부업체들은 신용도 낮은 사람부터 대출 대상에서 제외되는데, 대부업에 등록된 업체의 경우 조달금리가 높고 저신용자에게 떼이는 돈을 고려한 대손 비용과 관리비·대출 중개 수수료 등 지출이 많기 때문에 대부업계 구조적으로 수지타산을 맞추려면 최소 대출금리가 20%를 넘어야 한다는 입장이다. 이에 따라 신용이 건전한 고객에게만 대출해 줄 수밖에 없으며, 여기에서 밀려난 저신용 취약계층은 돈 빌릴 곳이 없게 되어 불법 사채시장으로 내몰릴 수밖에 없다. 이러한 불법 사채시장 금리는 대개 100% 이상으로 매우 높다. 그러다 보니 저신용자가 싼 금리로 돈을 빌릴 수 있는 길은 좁아지고, 턱없는 고금리로 서민들의 고통을 키우는 사금융이 더욱 기승을 부릴 것은 불 보듯 뻔하다. 서민금융연구원은 최고금리가 기존 24%에서 20%로 낮아지면 대부업체 이용자의 이자 감소액이 연간 최대 1,560억 원인 반면, 사금융으로 밀려난 저신용자 부담액은 최소 5,205억 원에서 최대 2조 원까지 늘어난다고 주장했다. 취약계층의 피해가 더 커지는 결과이다. 지난 2018년 2월에도 법정 최고금리를 27.9%에서 24%로 낮췄다. 고금리 채무자 다수가 이자 경감 혜택을 받지만, 20%가량은 금융 이용에 제한을 받고 상당수가 불법사금융 시장으로 밀렸다는 게 금융당국의 조사 결과이다.

[대응 방안]
① 불법사금융 관리·감독 강화 및 불법사금융의 초과이익 환수 시행
② 취약계층에 대한 법률절차 지원 및 법률지원전담팀 설치
③ 햇살론과 같은 고금리 대안 금융상품 개발 진행

| 주제 2 |

코로나19로 인한 사생활 침해와 개인정보 문제에 대한 상반되는 의견을 각각 펼치고, 둘을 해결할 수 있는 해결 방안을 제시하시오.

주요 내용 예시

[찬성]
특수한 질병 재난 상황 하에 감염자의 동선 및 확진 여부 공개는 시민의 안전과 편의 및 알 권리 충족을 이유로 공개해야 한다.

[반대]
지자체별로 개인정보 공개 범위가 다르고, 확진 환자 사생활이 공개되는 경우가 생기면서 개인정보가 과도하게 침해된다.
전염병에 대한 방역 자체보다 특정 집단에 대한 정치적 계산, 혹은 경제적 파장의 고려 등으로 사용되는 지점이 있다.
정부가 제공하는 단편적 정보지만, 금세 조각조각이 맞춰질 수 있어 온라인상에는 당사자의 신원을 지칭할 여지가 있다.

[해결 방안]
① 전자출입명부 이용 확대를 추진한다. QR코드 기반 전자출입명부는 개인정보 유출에 상대적으로 안전하며, QR코드 출입명부는 시설 방문 정보(방문일시·시설이름 등)와 이용자 정보(방문일시·이용자 이름·휴대전화 번호 등)가 한국사회보장정보원과 QR코드 발급기관에 분산 보관되고, 보관된 정보는 확진자 발생 시 역학 조사에 활용되나, 생성 4주 후에 자동 파기되기 때문에 안전하게 관리할 수 있다.
② QR코드 사용이 익숙하지 않은 노령자층을 위해 전화만 걸면 자동으로 방문 정보가 기록되는 '발신자 전화번호 출입관리' 방식을 확대 적용한다.
③ 출입자 명부 관리에 대한 법령과 명확한 가이드라인을 제정하고, 안내 문자 전담팀을 구성하여 감염 방역에 정밀성을 높여 개인정보 유출에 보완을 더한다.

| 주제 1 |

한계기업 및 자영업자의 어려움에 대한 해결 방안에 대해 논하시오.

주요 내용 예시

한계기업은 벌어들인 돈으로 이자 비용도 감당하지 못하는 상태가 일정 기간 지속되는 기업을 말하며, 코로나19 이후 많은 한계기업이 속출하고 있다.

① 정부는 소상공인이 대출 신청 전에 신용등급을 확인하고 자신에게 적합한 대출 기관을 방문하도록 유도하여 소상공인시장진흥공단에 집중되지 않고 기업은행과 시중은행으로 업무가 분산되도록 해야 한다. 정부는 이러한 계획이 차질 없이 진행되도록 사후 조치를 바로 시행하여 적기에 자금이 공급될 수 있도록 해야 한다.

② 기업은행과 시중은행의 대출이 정부의 기대대로 이루어지는지 점검해야 하며, 대출 만기 연장, 이자 상환 유예 등도 예정대로 진행되는지 확인하고 독려해야 한다. 정책자금의 부실화에 대한 우려보다는 신속한 자금 공급에 중점을 두어 정책자금을 운용해야 하며, 적극적인 협력을 통해 민간 금융기관의 역량을 활용해야 한다.

③ 추가적인 자금 수요에 대한 대비책도 마련해야 한다. 국내외 코로나19 확산 추세가 단기간에 진정될 가능성이 크지 않고, 진정 국면에 접어든 이후에도 소상공인의 어려움이 해소되기는 어려울 것이기 때문에 정책자금에 대한 수요는 계속 확대될 수 있다. 금리 인하를 통한 이자율 부담을 낮추고 법인세 및 소득세 납부 기간을 유예해야 한다.

④ 세제 지원, 사회보험료 지원을 확대해야 하며 코로나19로 인해 피해를 본 소상공인에 대한 재정지원이 필요하다. 코로나19 사태가 단기간에 진정될 가능성이 높지 않고, 진정된 이후에도 경기회복이 쉽지 않을 전망이기 때문에 소상공인에 대한 재정지원의 필요성은 상당 기간 커질 수 있다. 재정 여건을 고려하여 직접 지원의 대상과 규모를 결정해야 하겠지만, 최소한 정부의 지원 없이 버티기 어려운 소상공인에 대한 재정지원은 신속하게 이루어져야 한다. 지원 대상 선정에 따른 행정 비용을 고려하여 지원 대상을 정하여야 하며, 소득이나 세금을 성실하게 신고하고 납부한 소상공인이 먼저 지원받을 수 있도록 할 필요가 있다.

⑤ 정부와 지방자치단체가 마련한 대책에도 불구하고, 코로나19로 인한 위기를 극복하지 못하고 폐업하는 소상공인에 대한 대책도 필요하다. 지금은 위기 극복을 위한 지원에 집중해야 하지만, 위기 국면이 지난 후 급격하게 증가할 수 있는 폐업 소상공인의 취업과 재기, 생계유지 등을 지원해야 한다.

| 주제 2 |

불완전 판매의 이유에 대해 논하시오.

주요 내용 예시

불완전판매란 고객에게 금융상품을 팔 때 상품에 대한 기본 내용과 투자 위험성 등에 대한 충분한 안내 없이 판매하는 것을 의미한다.

불완전 판매의 원인은 회사 평판 관리에 치중한 민원처리와 보험설계사의 수수료 체계에 있다고 본다. 회사의 평판은 보험상품 판매에 큰 영향을 미친다. 따라서 민원이 발생하면 보험회사 스스로 이를 합의 취하하려고 노력하게 되고, 취하가 되지 않으면 SNS, 언론, 금감원 등으로 민원이 확대되는 것을 방지하기 위해 '좋은 게 좋은 거'라고 가급적 고객의 요청을 수용하려 한다. 이러한 회사의 대응은 온라인을 통해 전파돼 고객들이 동일 유형의 민원을 지속해서 제기하는 실마리가 되며 문제행동 소비자를 양산하는 역할을 하게 된다. 이러한 문제행동 소비자의 양산은 금융당국의 민원처리 방향이나 언론의 보도 행태에도 많은 영향을 받는다.

보험설계사의 수수료가 특정 상품과 유지 기간에 집중되는 현상, 비선형적으로 확대되는 수수료 체계, 과도한 평가 경쟁, 시책 등도 불완전판매의 유인책 역할을 한다.

즉, 잘못된 회사 평판 정책과 보험설계사 수수료 정책은 종신보험을 연금보험이나 확정 이율의 저축상품으로 혹은 공시이율이나 투자수익률에 따라 변동되는 이율을 일정 기간 보장하는 상품으로 판매하게 하는 요인이 된다.

따라서 보험회사는 법과 원칙대로 정확하게 민원을 처리하려는 의식을 갖고 민원처리 프로세스나 매뉴얼 등을 확립하고, 자신의 이익만을 관철하려는 문제행동 소비자에 대해 원칙에서 벗어난 민원 처리를 하지 말아야 한다. 또한, 불완전 판매의 유인이 되는 인센티브 정책이 있는지를 면밀히 검토해 민원 유발 요소를 사전에 차단하는 노력을 기울여야 한다.

성공을 위해서는 가장 먼저 자신을 믿어야 한다.

- 아리스토텔레스 -

PART 4

채용 가이드

블라인드 채용 소개

1. 블라인드 채용이란?

채용 과정에서 편견이 개입되어 불합리한 차별을 야기할 수 있는 출신지, 가족관계, 학력, 외모 등의 편견요인은 제외하고, 직무능력만을 평가하여 인재를 채용하는 방식입니다.

2. 블라인드 채용의 필요성

- 채용의 공정성에 대한 사회적 요구
  - 누구에게나 직무능력만으로 경쟁할 수 있는 균등한 고용기회를 제공해야 하나, 아직도 채용의 공정성에 대한 불신이 존재
  - 채용상 차별금지에 대한 법적 요건이 권고적 성격에서 처벌을 동반한 의무적 성격으로 강화되는 추세
  - 시민의식과 지원자의 권리의식 성숙으로 차별에 대한 법적 대응 가능성 증가
- 우수인재 채용을 통한 기업의 경쟁력 강화 필요
  - 직무능력과 무관한 학벌, 외모 위주의 선발로 우수인재 선발기회 상실 및 기업경쟁력 약화
  - 채용 과정에서 차별 없이 직무능력중심으로 선발한 우수인재 확보 필요
- 공정한 채용을 통한 사회적 비용 감소 필요
  - 편견에 의한 차별적 채용은 우수인재 선발을 저해하고 외모·학벌 지상주의 등의 심화로 불필요한 사회적 비용 증가
  - 채용에서의 공정성을 높여 사회의 신뢰수준 제고

3. 블라인드 채용의 특징

편견요인을 요구하지 않는 대신 직무능력을 평가합니다.

※ 직무능력중심 채용이란?
기업의 역량기반 채용, NCS기반 능력중심 채용과 같이 직무수행에 필요한 능력과 역량을 평가하여 선발하는 채용방식을 통칭합니다.

4. 블라인드 채용의 평가요소

직무수행에 필요한 지식, 기술, 태도 등을 과학적인 선발기법을 통해 평가합니다.

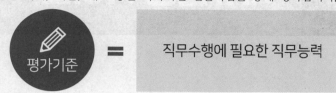

평가기준 = 직무수행에 필요한 직무능력

※ 과학적 선발기법이란?
직무분석을 통해 도출된 평가요소를 서류, 필기, 면접 등을 통해 체계적으로 평가하는 방법으로 입사지원서, 자기소개서, 직무수행능력평가, 구조화 면접 등이 해당됩니다.

5. 블라인드 채용 주요 도입 내용

- 입사지원서에 인적사항 요구 금지
  - 인적사항에는 출신지역, 가족관계, 결혼여부, 재산, 취미 및 특기, 종교, 생년월일(연령), 성별, 신장 및 체중, 사진, 전공, 학교명, 학점, 외국어 점수, 추천인 등이 해당
  - 채용 직무를 수행하는 데 있어 반드시 필요하다고 인정될 경우는 제외
    예 특수경비직 채용 시 : 시력, 건강한 신체 요구
    　 연구직 채용 시 : 논문, 학위 요구 등
- 블라인드 면접 실시
  - 면접관에게 응시자의 출신지역, 가족관계, 학교명 등 인적사항 정보 제공 금지
  - 면접관은 응시자의 인적사항에 대한 질문 금지

6. 블라인드 채용 도입의 효과성

- 구성원의 다양성과 창의성이 높아져 기업 경쟁력 강화
  - 편견을 없애고 직무능력 중심으로 선발하므로 다양한 직원 구성 가능
  - 다양한 생각과 의견을 통하여 기업의 창의성이 높아져 기업경쟁력 강화
- 직무에 적합한 인재선발을 통한 이직률 감소 및 만족도 제고
  - 사전에 지원자들에게 구체적이고 상세한 직무요건을 제시함으로써 허수 지원이 낮아지고, 직무에 적합한 지원자 모집 가능
  - 직무에 적합한 인재가 선발되어 직무이해도가 높아져 업무효율 증대 및 만족도 제고
- 채용의 공정성과 기업이미지 제고
  - 블라인드 채용은 사회적 편견을 줄인 선발 방법으로 기업에 대한 사회적 인식 제고
  - 채용과정에서 불합리한 차별을 받지 않고 실력에 의해 공정하게 평가를 받을 것이라는 믿음을 제공하고, 지원자들은 평등한 기회와 공정한 선발과정 경험

01   채용공고문

1. 채용공고문의 변화

기존 채용공고문	변화된 채용공고문
• 취업준비생에게 불충분하고 불친절한 측면 존재 • 모집분야에 대한 명확한 직무관련 정보 및 평가기준 부재 • 해당분야에 지원하기 위한 취업준비생의 무분별한 스펙 쌓기 현상 발생	• NCS 직무분석에 기반한 채용공고를 토대로 채용전형 진행 • 지원자가 입사 후 수행하게 될 업무에 대한 자세한 정보 공지 • 직무수행내용, 직무수행 시 필요한 능력, 관련된 자격, 직업기초능력 제시 • 지원자가 해당 직무에 필요한 스펙만을 준비할 수 있도록 안내
• 모집부문 및 응시자격 • 지원서 접수 • 전형절차 • 채용조건 및 처우 • 기타사항	• 채용절차 • 채용유형별 선발분야 및 예정인원 • 전형방법 • 선발분야별 직무기술서 • 우대사항

2. 지원 유의사항 및 지원요건 확인

채용 직무에 따른 세부사항을 공고문에 명시하여 지원자에게 적격한 지원 기회를 부여함과 동시에 채용과정에서의 공정성과 신뢰성을 확보합니다.

구성	내용	확인사항
모집분야 및 규모	고용형태(인턴 계약직 등), 모집분야, 인원, 근무지역 등	채용직무가 여러 개일 경우 본인이 해당되는 직무의 채용규모 확인
응시자격	기본 자격사항, 지원조건	지원을 위한 최소자격요건을 확인하여 불필요한 지원을 예방
우대조건	법정·특별·자격증 가점	본인의 가점 여부를 검토하여 가점 획득을 위한 사항을 사실대로 기재
근무조건 및 보수	고용형태 및 고용기간, 보수, 근무지	본인이 생각하는 기대수준에 부합하는지 확인하여 불필요한 지원을 예방
시험방법	서류·필기·면접전형 등의 활용방안	전형방법 및 세부 평가기법 등을 확인하여 지원전략 준비
전형일정	접수기간, 각 전형 단계별 심사 및 합격자 발표일 등	본인의 지원 스케줄을 검토하여 차질이 없도록 준비
제출서류	입사지원서(경력·경험기술서 등), 각종 증명서 및 자격증 사본 등	지원요건 부합 여부 및 자격 증빙서류 사전에 준비
유의사항	임용취소 등의 규정	임용취소 관련 법적 또는 기관 내부 규정을 검토하여 해당여부 확인

02 직무기술서

직무기술서란 직무수행의 내용과 필요한 능력, 관련 자격, 직업기초능력 등을 상세히 기재한 것으로 입사 후 수행하게 될 업무에 대한 정보가 수록되어 있는 자료입니다.

1. 채용분야

설명

NCS 직무분류 체계에 따라 직무에 대한「대분류 – 중분류 – 소분류 – 세분류」체계를 확인할 수 있습니다. 채용 직무에 대한 모든 직무기술서를 첨부하게 되며 실제 수행 업무를 기준으로 세부적인 분류정보를 제공합니다.

채용분야	분류체계			
사무행정	대분류	중분류	소분류	세분류
분류코드	02. 경영 · 회계 · 사무	03. 재무 · 회계	01. 재무	01. 예산
				02. 자금
			02. 회계	01. 회계감사
				02. 세무

2. 능력단위

설명

직무분류 체계의 세분류 하위능력단위 중 실질적으로 수행할 업무의 능력만 구체적으로 파악할 수 있습니다.

능력단위	(예산)	03. 연간종합예산수립 05. 확정예산 운영	04. 추정재무제표 작성 06. 예산실적 관리
	(자금)	04. 자금운용	
	(회계감사)	02. 자금관리 05. 회계정보시스템 운용 07. 회계감사	04. 결산관리 06. 재무분석
	(세무)	02. 결산관리 07. 법인세 신고	05. 부가가치세 신고

3. 직무수행내용

설명

세분류 영역의 기본정의를 통해 직무수행내용을 확인할 수 있습니다. 입사 후 수행할 직무내용을 구체적으로 확인할 수 있으며, 이를 통해 입사서류 작성부터 면접까지 직무에 대한 명확한 이해를 바탕으로 자신의 희망직무 인지 아닌지, 해당 직무가 자신이 알고 있던 직무가 맞는지 확인할 수 있습니다.

직무수행내용	(예산) 일정기간 예상되는 수익과 비용을 편성, 집행하며 통제하는 일
	(자금) 자금의 계획 수립, 조달, 운용을 하고 발생 가능한 위험 관리 및 성과평가
	(회계감사) 기업 및 조직 내·외부에 있는 의사결정자들이 효율적인 의사결정을 할 수 있도록 유용한 정보를 제공, 제공된 회계정보의 적정성을 파악하는 일
	(세무) 세무는 기업의 활동을 위하여 주어진 세법범위 내에서 조세부담을 최소화시키는 조세전략을 포함하고 정확한 과세소득과 과세표준 및 세액을 산출하여 과세당국에 신고·납부하는 일

4. 직무기술서 예시

태도	(예산) 정확성, 분석적 태도, 논리적 태도, 타 부서와의 협조적 태도, 설득력
	(자금) 분석적 사고력
	(회계 감사) 합리적 태도, 전략적 사고, 정확성, 적극적 협업 태도, 법률준수 태도, 분석적 태도, 신속성, 책임감, 정확한 판단력
	(세무) 규정 준수 의지, 수리적 정확성, 주의 깊은 태도
우대 자격증	공인회계사, 세무사, 컴퓨터활용능력, 변호사, 워드프로세서, 전산회계운용사, 사회조사분석사, 재경관리사, 회계관리 등
직업기초능력	의사소통능력, 문제해결능력, 자원관리능력, 대인관계능력, 정보능력, 조직이해능력

5. 직무기술서 내용별 확인사항

항목	확인사항
모집부문	해당 채용에서 선발하는 부문(분야)명 확인 예 사무행정, 전산, 전기
분류체계	지원하려는 분야의 세부직무군 확인
주요기능 및 역할	지원하려는 기업의 전사적인 기능과 역할, 산업군 확인
능력단위	지원분야의 직무수행에 관련되는 세부업무사항 확인
직무수행내용	지원분야의 직무군에 대한 상세사항 확인
전형방법	지원하려는 기업의 신입사원 선발전형 절차 확인
일반요건	교육사항을 제외한 지원 요건 확인(자격요건, 특수한 경우 연령)
교육요건	교육사항에 대한 지원요건 확인(대졸 / 초대졸 / 고졸 / 전공 요건)
필요지식	지원분야의 업무수행을 위해 요구되는 지식 관련 세부항목 확인
필요기술	지원분야의 업무수행을 위해 요구되는 기술 관련 세부항목 확인
직무수행태도	지원분야의 업무수행을 위해 요구되는 태도 관련 세부항목 확인
직업기초능력	지원분야 또는 지원기업의 조직원으로서 근무하기 위해 필요한 일반적인 능력사항 확인

1. 입사지원서의 변화

기존지원서
직무와 관련 없는 학점, 개인신상, 어학점수, 자격, 수상경력 등을 나열하도록 구성

VS

능력중심 채용 입사지원서
해당 직무수행에 꼭 필요한 정보들을 제시할 수 있도록 구성

직무기술서

직무수행내용

요구지식 / 기술

관련 자격증

사전직무경험

➡

인적사항	성명, 연락처, 지원분야 등 작성 (평가 미반영)
교육사항	직무지식과 관련된 학교교육 및 직업교육 작성
자격사항	직무관련 국가공인 또는 민간자격 작성
경력 및 경험사항	조직에 소속되어 일정한 임금을 받거나(경력) 임금 없이(경험) 직무와 관련된 활동 내용 작성

2. 교육사항

- 지원분야 직무와 관련된 학교 교육이나 직업교육 혹은 기타교육 등 직무에 대한 지원자의 학습 여부를 평가하기 위한 항목입니다.
- 지원하고자 하는 직무의 학교 전공교육 이외에 직업교육, 기타교육 등을 기입할 수 있기 때문에 전공 제한 없이 직업교육과 기타교육을 이수하여 지원이 가능하도록 기회를 제공합니다.

(기타교육 : 학교 이외의 기관에서 개인이 이수한 교육과정 중 지원직무와 관련이 있다고 생각되는 교육내용)

구분	교육과정(과목)명	교육내용	과업(능력단위)

PART 4

3. 자격사항

- 채용공고 및 직무기술서에 제시되어 있는 자격 현황을 토대로 지원자가 해당 직무를 수행하는 데 필요한 능력을 가지고 있는지를 평가하기 위한 항목입니다.
- 채용공고 및 직무기술서에 기재된 직무관련 필수 또는 우대자격 항목을 확인하여 본인이 보유하고 있는 자격사항을 기재합니다.

자격유형	자격증명	발급기관	취득일자	자격증번호

4. 경력 및 경험사항

- 직무와 관련된 경력이나 경험 여부를 표현하도록 하여 직무와 관련한 능력을 갖추었는지를 평가하기 위한 항목입니다.
- 해당 기업에서 직무를 수행함에 있어 필요한 사항만을 기록하게 되어 있기 때문에 직무와 무관한 스펙을 갖추지 않아도 됩니다.
- 경력 : 금전적 보수를 받고 일정기간 동안 일했던 경우
- 경험 : 금전적 보수를 받지 않고 수행한 활동

※ 기업에 따라 경력 / 경험 관련 증빙자료 요구 가능

구분	조직명	직위 / 역할	활동기간(년 / 월)	주요과업 / 활동내용

> **Tip**
>
> 입사지원서 작성 방법
> ○ 경력 및 경험사항 작성
> - 직무기술서에 제시된 지식, 기술, 태도와 지원자의 교육사항, 경력(경험)사항, 자격사항과 연계하여 개인의 직무역량에 대해 스스로 판단 가능
> ○ 인적사항 최소화
> - 개인의 인적사항, 학교명, 가족관계 등을 노출하지 않도록 유의
>
> ---
>
> 부적절한 입사지원서 작성 사례
> - 학교 이메일을 기입하여 학교명 노출
> - 거주지 주소에 학교 기숙사 주소를 기입하여 학교명 노출
> - 자기소개서에 부모님이 재직 중인 기업명, 직위, 직업을 기입하여 가족관계 노출
> - 자기소개서에 석·박사 과정에 대한 이야기를 언급하여 학력 노출
> - 동아리 활동에 대한 내용을 학교명과 더불어 언급하여 학교명 노출

1. 자기소개서의 변화

- 기존의 자기소개서는 지원자의 일대기나 관심 분야, 성격의 장·단점 등 개괄적인 사항을 묻는 질문으로 구성되어 지원자가 자신의 직무능력을 제대로 표출하지 못합니다.
- 능력중심 채용의 자기소개서는 직무기술서에 제시된 직업기초능력(또는 직무수행능력)에 대한 지원자의 과거 경험을 기술하게 함으로써 평가 타당도의 확보가 가능합니다.

> 1. 우리 회사와 해당 지원 직무분야에 지원한 동기에 대해 기술해 주세요.

> 2. 자신이 경험한 다양한 사회활동에 대해 기술해 주세요.

> 3. 지원 직무에 대한 전문성을 키우기 위해 받은 교육과 경험 및 경력사항에 대해 기술해 주세요.

> 4. 인사업무 또는 팀 과제 수행 중 발생한 갈등을 원만하게 해결해 본 경험이 있습니까? 당시 상황에 대한 설명과 갈등의 대상이 되었던 상대방을 설득한 과정 및 방법을 기술해 주세요.

> 5. 과거에 있었던 일 중 가장 어려웠었던(힘들었었던) 상황을 고르고, 어떤 방법으로 그 상황을 해결했는지를 기술해 주세요.

자기소개서 작성 방법

① 자기소개서 문항이 묻고 있는 평가 역량 추측하기

예시

- 팀 활동을 하면서 갈등 상황 시 상대방의 니즈나 의도를 명확히 파악하고 해결하여 목표 달성에 기여했던 경험에 대해서 작성해 주시기 바랍니다.
- 다른 사람이 생각해내지 못했던 문제점을 찾고 이를 해결한 경험에 대해 작성해 주시기 바랍니다.

② 해당 역량을 보여줄 수 있는 소재 찾기(시간×역량 매트릭스)

예시

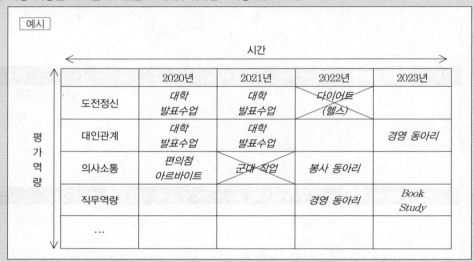

		2020년	2021년	2022년	2023년
평가역량	도전정신	대학 발표수업	대학 발표수업	~~다이어트 (헬스)~~	
	대인관계	대학 발표수업	대학 발표수업		경영 동아리
	의사소통	편의점 아르바이트	~~군대 작업~~	봉사 동아리	
	직무역량			경영 동아리	Book Study
	…				

③ 자기소개서 작성 Skill 익히기
- 두괄식으로 작성하기
- 구체적 사례를 사용하기
- '나'를 중심으로 작성하기
- 직무역량 강조하기
- 경험 사례의 차별성 강조하기

CHAPTER 03 인성검사 소개 및 모의테스트

01 인성검사 유형

인성검사는 지원자의 성격특성을 객관적으로 파악하고 그것이 각 기업에서 필요로 하는 인재상과 가치에 부합하는가를 평가하기 위한 검사입니다. 인성검사는 KPDI(한국인재개발진흥원), K-SAD(한국사회적성개발원), KIRBS(한국행동과학연구소), SHR(에스에이치알) 등의 전문기관을 통해 각 기업의 특성에 맞는 검사를 선택하여 실시합니다. 대표적인 인성검사의 유형에는 크게 다음과 같은 세 가지가 있으며, 채용 대행업체에 따라 달라집니다.

1. KPDI 검사

조직적응성과 직무적합성을 알아보기 위한 검사로 인성검사, 인성역량검사, 인적성검사, 직종별 인적성검사 등의 다양한 검사 도구를 구현합니다. KPDI는 성격을 파악하고 정신건강 상태 등을 측정하고, 직무검사는 해당 직무를 수행하기 위해 기본적으로 갖추어야 할 인지적 능력을 측정합니다. 역량검사는 특정 직무 역할을 효과적으로 수행하는 데 직접적으로 관련 있는 개인의 행동, 지식, 스킬, 가치관 등을 측정합니다.

2. KAD(Korea Aptitude Development) 검사

K-SAD(한국사회적성개발원)에서 실시하는 적성검사 프로그램입니다. 개인의 성향, 지적 능력, 기호, 관심, 흥미도를 종합적으로 분석하여 적성에 맞는 업무가 무엇인가 파악하고, 직무수행에 있어서 요구되는 기초능력과 실무능력을 분석합니다.

3. SHR 직무적성검사

직무수행에 필요한 종합적인 사고 능력을 다양한 적성검사(Paper and Pencil Test)로 평가합니다. SHR의 모든 직무능력검사는 표준화 검사입니다. 표준화 검사는 표본집단의 점수를 기초로 규준이 만들어진 검사이므로 개인의 점수를 규준에 맞추어 해석·비교하는 것이 가능합니다. S(Standardized Tests), H(Hundreds of Version), R(Reliable Norm Data)을 특징으로 하며, 직군·직급별 특성과 선발 수준에 맞추어 검사를 적용할 수 있습니다.

인성검사는 특히 면접질문과 관련성이 높습니다. 면접관은 지원자의 인성검사 결과를 토대로 질문을 하기 때문입니다. 일관적이고 이상적인 답변을 하는 것이 가장 좋지만, 실제 시험은 매우 복잡하여 전문가라 해도 일정 성격을 유지하면서 답변을 하는 것이 힘듭니다. 또한, 인성검사에는 라이 스케일(Lie Scale) 설문이 전체 설문 속에 교묘하게 섞여 들어가 있으므로 겉치레적인 답을 하게 되면 회답태도의 허위성이 그대로 드러나게 됩니다. 예를 들어 '거짓말을 한 적이 한 번도 없다.'에 '예'로 답하고, '때로는 거짓말을 하기도 한다.'에 '예'라고 답하여 라이 스케일의 득점이 올라가게 되면 모든 회답의 신빙성이 사라지고 '자신을 돋보이게 하려는 사람'이라는 평가를 받을 수 있으므로 주의해야 합니다. 따라서 모의테스트를 통해 인성검사의 유형과 실제 시험 시 어떻게 문제를 풀어야 하는지 연습해 보고 체크한 부분 중 자신의 단점과 연결되는 부분은 면접에서 질문이 들어왔을 때 어떻게 대처해야 하는지 생각해 보는 것이 좋습니다.

1. 기업의 인재상을 파악하라!

인성검사를 통해 개인의 성격 특성을 파악하고 그것이 기업의 인재상과 가치에 부합하는지를 평가하는 시험이기 때문에 해당 기업의 인재상을 먼저 파악하고 시험에 임하는 것이 좋습니다. 모의테스트에서 인재상에 맞는 가상의 인물을 설정하고 문제에 답해 보는 것도 많은 도움이 됩니다.

2. 일관성 있는 대답을 하라!

짧은 시간 안에 다양한 질문에 답을 해야 하는데, 그 안에는 중복되는 질문이 여러 번 나옵니다. 이때 앞서 자신이 체크했던 대답을 잘 기억해뒀다가 일관성 있는 답을 하는 것이 중요합니다.

3. 모든 문항에 대답하라!

많은 문제를 짧은 시간 안에 풀려다 보니 다 못 푸는 경우도 종종 생깁니다. 하지만 대답을 누락하거나 끝까지 다 못했을 경우 좋지 않은 결과를 가져올 수도 있으니 최대한 주어진 시간 안에 모든 문항에 답할 수 있도록 해야 합니다.

※ 모의테스트는 질문 및 답변 유형 연습을 위한 것으로 실제 시험과 다를 수 있습니다.
※ 인성검사는 정답이 따로 없는 유형의 검사이므로 결과지를 제공하지 않습니다.

번호	내용	예	아니요
001	나는 솔직한 편이다.	☐	☐
002	나는 리드하는 것을 좋아한다.	☐	☐
003	법을 어겨서 말썽이 된 적이 한 번도 없다.	☐	☐
004	거짓말을 한 번도 한 적이 없다.	☐	☐
005	나는 눈치가 빠르다.	☐	☐
006	나는 일을 주도하기보다는 뒤에서 지원하는 것을 선호한다.	☐	☐
007	앞일은 알 수 없기 때문에 계획은 필요하지 않다.	☐	☐
008	거짓말도 때로는 방편이라고 생각한다.	☐	☐
009	사람이 많은 술자리를 좋아한다.	☐	☐
010	걱정이 지나치게 많다.	☐	☐
011	일을 시작하기 전 재고하는 경향이 있다.	☐	☐
012	불의를 참지 못한다.	☐	☐
013	처음 만나는 사람과도 이야기를 잘 한다.	☐	☐
014	때로는 변화가 두렵다.	☐	☐
015	나는 모든 사람에게 친절하다.	☐	☐
016	힘든 일이 있을 때 술은 위로가 되지 않는다.	☐	☐
017	결정을 빨리 내리지 못해 손해를 본 경험이 있다.	☐	☐
018	기회를 잡을 준비가 되어 있다.	☐	☐
019	때로는 내가 정말 쓸모없는 사람이라고 느낀다.	☐	☐
020	누군가 나를 챙겨주는 것이 좋다.	☐	☐
021	자주 가슴이 답답하다.	☐	☐
022	나는 내가 자랑스럽다.	☐	☐
023	경험이 중요하다고 생각한다.	☐	☐
024	전자기기를 분해하고 다시 조립하는 것을 좋아한다.	☐	☐

025	감시받고 있다는 느낌이 든다.	☐	☐
026	난처한 상황에 놓이면 그 순간을 피하고 싶다.	☐	☐
027	세상엔 믿을 사람이 없다.	☐	☐
028	잘못을 빨리 인정하는 편이다.	☐	☐
029	지도를 보고 길을 잘 찾아간다.	☐	☐
030	귓속말을 하는 사람을 보면 날 비난하고 있는 것 같다.	☐	☐
031	막무가내라는 말을 들을 때가 있다.	☐	☐
032	장래의 일을 생각하면 불안하다.	☐	☐
033	결과보다 과정이 중요하다고 생각한다.	☐	☐
034	운동은 그다지 할 필요가 없다고 생각한다.	☐	☐
035	새로운 일을 시작할 때 좀처럼 한 발을 떼지 못한다.	☐	☐
036	기분 상하는 일이 있더라도 참는 편이다.	☐	☐
037	업무능력은 성과로 평가받아야 한다고 생각한다.	☐	☐
038	머리가 맑지 못하고 무거운 느낌이 든다.	☐	☐
039	가끔 이상한 소리가 들린다.	☐	☐
040	타인이 내게 자주 고민상담을 하는 편이다.	☐	☐

※ 모의테스트는 질문 및 답변 유형 연습을 위한 것으로 실제 시험과 다를 수 있습니다.
※ 인성검사는 정답이 따로 없는 유형의 검사이므로 결과지를 제공하지 않습니다.

※ 이 성격검사의 각 문항에는 서로 다른 행동을 나타내는 네 개의 문장이 제시되어 있습니다. 이 문장들을 비교하여, 자신의 평소 행동과 가장 가까운 문장을 'ㄱ'열에 표기하고, 가장 먼 문장을 'ㅁ'열에 표기하십시오.

01   나는 _____

	ㄱ	ㅁ
A. 실용적인 해결책을 찾는다.	☐	☐
B. 다른 사람을 돕는 것을 좋아한다.	☐	☐
C. 세부 사항을 잘 챙긴다.	☐	☐
D. 상대의 주장에서 허점을 잘 찾는다.	☐	☐

02   나는 _____

	ㄱ	ㅁ
A. 매사에 적극적으로 임한다.	☐	☐
B. 즉흥적인 편이다.	☐	☐
C. 관찰력이 있다.	☐	☐
D. 임기응변에 강하다.	☐	☐

03   나는 _____

	ㄱ	ㅁ
A. 무서운 영화를 잘 본다.	☐	☐
B. 조용한 곳이 좋다.	☐	☐
C. 가끔 울고 싶다.	☐	☐
D. 집중력이 좋다.	☐	☐

04   나는 _____

	ㄱ	ㅁ
A. 기계를 조립하는 것을 좋아한다.	☐	☐
B. 집단에서 리드하는 역할을 맡는다.	☐	☐
C. 호기심이 많다.	☐	☐
D. 음악을 듣는 것을 좋아한다.	☐	☐

05 나는 _____

	ㄱ	ㅁ
A. 타인을 늘 배려한다.	☐	☐
B. 감수성이 예민하다.	☐	☐
C. 즐겨하는 운동이 있다.	☐	☐
D. 일을 시작하기 전에 계획을 세운다.	☐	☐

06 나는 _____

	ㄱ	ㅁ
A. 타인에게 설명하는 것을 좋아한다.	☐	☐
B. 여행을 좋아한다.	☐	☐
C. 정적인 것이 좋다.	☐	☐
D. 남을 돕는 것에 보람을 느낀다.	☐	☐

07 나는 _____

	ㄱ	ㅁ
A. 기계를 능숙하게 다룬다.	☐	☐
B. 밤에 잠이 잘 오지 않는다.	☐	☐
C. 한 번 간 길을 잘 기억한다.	☐	☐
D. 불의를 보면 참을 수 없다.	☐	☐

08 나는 _____

	ㄱ	ㅁ
A. 종일 말을 하지 않을 때가 있다.	☐	☐
B. 사람이 많은 곳을 좋아한다.	☐	☐
C. 술을 좋아한다.	☐	☐
D. 휴양지에서 편하게 쉬고 싶다.	☐	☐

09 나는 _____

	ㄱ	ㅁ
A. 뉴스보다는 드라마를 좋아한다.	☐	☐
B. 길을 잘 찾는다.	☐	☐
C. 주말엔 집에서 쉬는 것이 좋다.	☐	☐
D. 아침에 일어나는 것이 힘들다.	☐	☐

10 나는 _____

	ㄱ	ㅁ
A. 이성적이다.	☐	☐
B. 할 일을 종종 미룬다.	☐	☐
C. 어른을 대하는 게 힘들다.	☐	☐
D. 불을 보면 매혹을 느낀다.	☐	☐

11 나는 _____

	ㄱ	ㅁ
A. 상상력이 풍부하다.	☐	☐
B. 예의 바르다는 소리를 자주 듣는다.	☐	☐
C. 사람들 앞에 서면 긴장한다.	☐	☐
D. 친구를 자주 만난다.	☐	☐

12 나는 _____

	ㄱ	ㅁ
A. 나만의 스트레스 해소 방법이 있다.	☐	☐
B. 친구가 많다.	☐	☐
C. 책을 자주 읽는다.	☐	☐
D. 활동적이다.	☐	☐

01 　면접유형 파악

1. 면접전형의 변화

기존 면접전형에서는 일상적이고 단편적인 대화나 지원자의 첫인상 및 면접관의 주관적인 판단 등에 의해서 입사 결정 여부를 판단하는 경우가 많았습니다. 이러한 면접전형은 면접 내용의 일관성이 결여되거나 직무 관련 타당성이 부족하였고, 면접에 대한 신뢰도에 영향을 주었습니다.

기존 면접(전통적 면접)		능력중심 채용 면접(구조화 면접)
• 일상적이고 단편적인 대화 • 인상, 외모 등 외부 요소의 영향 • 주관적인 판단에 의존한 총점 부여 ⇩ • 면접 내용의 일관성 결여 • 직무관련 타당성 부족 • 주관적인 채점으로 신뢰도 저하	VS	• 일관성 　– 직무관련 역량에 초점을 둔 구체적 질문 목록 　– 지원자별 동일 질문 적용 • 구조화 　– 면접 진행 및 평가 절차를 일정한 체계에 의해 구성 • 표준화 　– 평가 타당도 제고를 위한 평가 Matrix 구성 　– 척도에 따라 항목별 채점, 개인 간 비교 • 신뢰성 　– 면접진행 매뉴얼에 따라 면접위원 교육 및 실습

2. 능력중심 채용의 면접 유형

① 경험 면접
  • 목적 : 선발하고자 하는 직무 능력이 필요한 과거 경험을 질문합니다.
  • 평가요소 : 직업기초능력과 인성 및 태도적 요소를 평가합니다.
② 상황 면접
  • 목적 : 특정 상황을 제시하고 지원자의 행동을 관찰함으로써 실제 상황의 행동을 예상합니다.
  • 평가요소 : 직업기초능력과 인성 및 태도적 요소를 평가합니다.
③ 발표 면접
  • 목적 : 특정 주제와 관련된 지원자의 발표와 질의응답을 통해 지원자 역량을 평가합니다.
  • 평가요소 : 직무수행능력과 인지적 역량(문제해결능력)을 평가합니다.
④ 토론 면접
  • 목적 : 토의과제에 대한 의견수렴 과정에서 지원자의 역량과 상호작용능력을 평가합니다.
  • 평가요소 : 직무수행능력과 팀워크를 평가합니다.

1. 경험 면접

① 경험 면접의 특징
- 주로 직업기초능력에 관련된 지원자의 과거 경험을 심층 질문하여 검증하는 면접입니다.
- 직무능력과 관련된 과거 경험을 평가하기 위해 심층 질문을 하며, 이 질문은 지원자의 답변에 대하여 '꼬리에 꼬리를 무는 형식'으로 진행됩니다.

> - 능력요소, 정의, 심사 기준
>   - 평가하고자 하는 능력요소, 정의, 심사기준을 확인하여 면접위원이 해당 능력요소 관련 질문을 제시합니다.
> - Opening Question
>   - 능력요소에 관련된 과거 경험을 유도하기 위한 시작 질문을 합니다.
> - Follow-up Question
>   - 지원자의 경험 수준을 구체적으로 검증하기 위한 질문입니다.
>   - 경험 수준 검증을 위한 상황(Situation), 임무(Task), 역할 및 노력(Action), 결과(Result) 등으로 질문을 구분합니다.

경험 면접의 형태

[면접관 1]　　[면접관 2]　　[면접관 3]

[면접관 1]　　[면접관 2]　　[면접관 3]

[지원자]

〈일대다 면접〉

[지원자 1]　　[지원자 2]　　[지원자 3]

〈다대다 면접〉

② 경험 면접의 구조

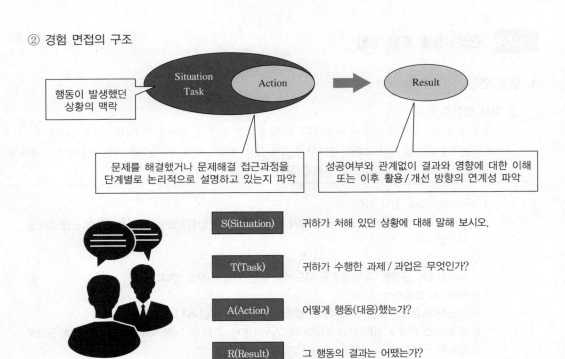

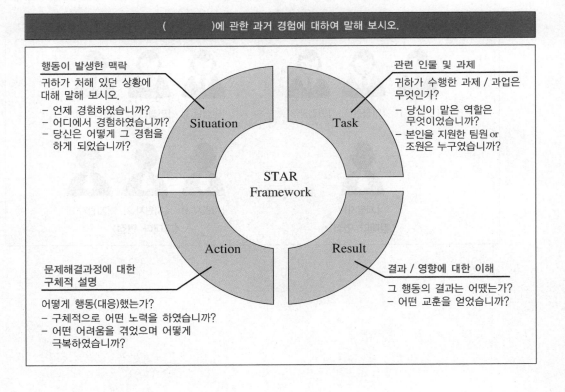

③ 경험 면접 질문 예시(직업윤리)

시작 질문	
1	남들이 신경 쓰지 않는 부분까지 고려하여 절차대로 업무(연구)를 수행하여 성과를 낸 경험을 구체적으로 말해 보시오.
2	조직의 원칙과 절차를 철저히 준수하며 업무(연구)를 수행한 것 중 성과를 향상시킨 경험에 대해 구체적으로 말해 보시오.
3	세부적인 절차와 규칙에 주의를 기울여 실수 없이 업무(연구)를 마무리한 경험을 구체적으로 말해 보시오.
4	조직의 규칙이나 원칙을 고려하여 성실하게 일했던 경험을 구체적으로 말해 보시오.
5	타인의 실수를 바로잡고 원칙과 절차대로 수행하여 성공적으로 업무를 마무리하였던 경험에 대해 말해 보시오.

후속 질문		
상황 (Situation)	상황	구체적으로 언제, 어디에서 경험한 일인가?
		어떤 상황이었는가?
	조직	어떤 조직에 속해 있었는가?
		그 조직의 특성은 무엇이었는가?
		몇 명으로 구성된 조직이었는가?
	기간	해당 조직에서 얼마나 일했는가?
		해당 업무는 몇 개월 동안 지속되었는가?
	조직규칙	조직의 원칙이나 규칙은 무엇이었는가?
임무 (Task)	과제	과제의 목표는 무엇이었는가?
		과제에 적용되는 조직의 원칙은 무엇이었는가?
		그 규칙을 지켜야 하는 이유는 무엇이었는가?
	역할	당신이 조직에서 맡은 역할은 무엇이었는가?
		과제에서 맡은 역할은 무엇이었는가?
	문제의식	규칙을 지키지 않을 경우 생기는 문제점 / 불편함은 무엇인가?
		해당 규칙이 왜 중요하다고 생각하였는가?
역할 및 노력 (Action)	행동	업무 과정의 어떤 장면에서 규칙을 철저히 준수하였는가?
		어떻게 규정을 적용시켜 업무를 수행하였는가?
		규정은 준수하는 데 어려움은 없었는가?
	노력	그 규칙을 지키기 위해 스스로 어떤 노력을 기울였는가?
		본인의 생각이나 태도에 어떤 변화가 있었는가?
		다른 사람들은 어떤 노력을 기울였는가?
	동료관계	동료들은 규칙을 철저히 준수하고 있었는가?
		팀원들은 해당 규칙에 대해 어떻게 반응하였는가?
		규칙에 대한 태도를 개선하기 위해 어떤 노력을 하였는가?
		팀원들의 태도는 당신에게 어떤 자극을 주었는가?
	업무추진	주어진 업무를 추진하는 데 규칙이 방해되진 않았는가?
		업무수행 과정에서 규정을 어떻게 적용하였는가?
		업무 시 규정을 준수해야 한다고 생각한 이유는 무엇인가?

결과 (Result)	평가	규칙을 어느 정도나 준수하였는가?
		그렇게 준수할 수 있었던 이유는 무엇이었는가?
		업무의 성과는 어느 정도였는가?
		성과에 만족하였는가?
		비슷한 상황이 온다면 어떻게 할 것인가?
	피드백	주변 사람들로부터 어떤 평가를 받았는가?
		그러한 평가에 만족하는가?
		다른 사람에게 본인의 행동이 영향을 주었다고 생각하는가?
	교훈	업무수행 과정에서 중요한 점은 무엇이라고 생각하는가?
		이 경험을 통해 느낀 바는 무엇인가?

2. 상황 면접

① 상황 면접의 특징

직무 관련 상황을 가정하여 제시하고 이에 대한 대응능력을 직무관련성 측면에서 평가하는 면접입니다.

- 상황 면접 과제의 구성은 크게 2가지로 구분
  - 상황 제시(Description) / 문제 제시(Question or Problem)
- 현장의 실제 업무 상황을 반영하여 과제를 제시하므로 직무분석이나 직무전문가 워크숍 등을 거쳐 현장성을 높임
- 문제는 상황에 대한 기본적인 이해능력(이론적 지식)과 함께 실질적 대응이나 변수 고려능력(실천적 능력) 등을 고르게 질문해야 함

상황 면접의 형태

[면접관 1] [면접관 2]

[연기자 1] [연기자 2]

[면접관 1] [면접관 2]

[지원자]

〈시뮬레이션〉

[지원자 1] [지원자 2] [지원자 3]

〈문답형〉

② 상황 면접 예시

상황 제시	인천공항 여객터미널 내에는 다양한 용도의 시설(사무실, 통신실, 식당, 전산실, 창고 면세점 등)이 설치되어 있습니다.	실제 업무 상황에 기반함
	금년에 소방배관의 누수가 잦아 메인 배관을 교체하는 공사를 추진하고 있으며, 당신 은 이번 공사의 담당자입니다.	배경 정보
	주간에는 공항 운영이 이루어져 주로 야간에만 배관 교체 공사를 수행하던 중, 시공하 는 기능공의 실수로 배관 연결 부위를 잘못 건드려 고압배관의 소화수가 누출되는 사고가 발생하였으며, 이로 인해 인근 시설물에 누수에 의한 피해가 발생하였습니다.	구체적인 문제 상황
문제 제시	일반적인 소방배관의 배관연결(이음)방식과 배관의 이탈(누수)이 발생하는 원인 에 대해 설명해 보시오.	문제 상황 해결을 위한 기본 지식 문항
	담당자로서 본 사고를 현장에서 긴급히 처리하는 프로세스를 제시하고, 보수완료 후 사후적 조치가 필요한 부분 및 재발방지 방안에 대해 설명해 보시오.	문제 상황 해결을 위한 추가 대응 문항

3. 발표 면접

① 발표 면접의 특징
- 직무관련 주제에 대한 지원자의 생각을 정리하여 의견을 제시하고, 발표 및 질의응답을 통해 지원자의 직무능력을 평가하는 면접입니다.
- 발표 주제는 직무와 관련된 자료로 제공되며, 일정 시간 후 지원자가 보유한 지식 및 방안에 대한 발표 및 후속 질문을 통해 직무적합성을 평가합니다.

- 주요 평가요소
  - 설득적 말하기 / 발표능력 / 문제해결능력 / 직무관련 전문성
- 이미 언론을 통해 공론화된 시사 이슈보다는 해당 직무분야에 관련된 주제가 발표면접의 과제로 선정되는 경우가 최근 들어 늘어나고 있음
- 짧은 시간 동안 주어진 과제를 빠른 속도로 분석하여 발표문을 작성하고 제한된 시간 안에 면접관에게 효과적인 발표를 진행하는 것이 핵심

발표 면접의 형태

[면접관 1] [면접관 2]

[면접관 1] [면접관 2]

[지원자]
〈개별 과제 발표〉

[지원자 1] [지원자 2] [지원자 3]
〈팀 과제 발표〉

※ 면접관에게 시각적 효과를 사용하여 메시지를 전달하는 쌍방향 커뮤니케이션 방식
※ 심층면접을 보완하기 위한 방안으로 최근 많은 기업에서 적극 도입하는 추세
---

② 발표 면접 예시

1. 지시문

당신은 현재 A사에서 직원들의 성과평가를 담당하고 있는 팀원이다. 인사팀은 지난주부터 사내 조직문화관련 인터뷰를 하던 도중 성과평가제도에 관련된 개선 니즈가 제일 많다는 것을 알게 되었다. 이에 팀장님은 인터뷰 결과를 종합하려 성과평가제도 개선 아이디어를 A4용지에 정리하여 신속 보고할 것을 지시하셨다. 당신에게 남은 시간은 1시간이다. 자료를 준비하는 대로 당신은 팀원들이 모인 회의실에서 5분 간 발표할 것이며, 이후 질의응답을 진행할 것이다.

2. 배경자료

〈성과평가제도 개선에 대한 인터뷰〉

최근 A사는 회사 사세의 급성장으로 인해 작년보다 매출이 두 배 성장하였고, 직원 수 또한 두 배로 증가하였다. 회사의 성장은 임금, 복지에 대한 상승 등 긍정적인 영향을 주었으나 업무의 불균형 및 성과보상의 불평등 문제가 발생하였다. 또한 수시로 입사하는 신입직원과 경력직원, 퇴사하는 직원들까지 인원들의 잦은 변동으로 인해 평가해야 할 대상이 변경되어 현재의 성과평가제도로는 공정한 평가가 어려운 상황이다.

[생산부서 김상호]
우리 팀은 지난 1년 동안 생산량이 급증했기 때문에 수십 명의 신규인력이 급하게 채용되었습니다. 이 때문에 저희 팀장님은 신규 입사자들의 이름조차 기억 못할 때가 많이 있습니다. 성과평가를 제대로 하고 있는지 의문이 듭니다.

[마케팅 부서 김흥민]
개인의 성과평가의 취지는 충분히 이해합니다. 그러나 현재 평가는 실적기반이나 정성적인 평가가 많이 포함되어 있어 객관성과 공정성에는 의문이 드는 것이 사실입니다. 이러한 상황에서 평가제도를 재수립하지 않고, 인센티브에 계속 반영한다면, 평가제도에 대한 반감이 커질 것이 분명합니다.

[교육부서 홍경민]
현재 교육부서는 인사팀과 밀접하게 일하고 있습니다. 그럼에도 인사팀에서 실시하는 성과평가제도에 대한 이해가 부족한 것 같습니다.

[기획부서 김경호 차장]
저는 저의 평가자 중 하나가 연구부서의 팀장님인데, 일 년에 몇 번 같이 일하지 않는데 어떻게 저를 평가할 수 있을까요? 특히 연구팀은 저희가 예산을 배정하는데, 저에게는 좋지만….

4. 토론 면접

① 토론 면접의 특징
- 다수의 지원자가 조를 편성해 과제에 대한 토론(토의)을 통해 결론을 도출해가는 면접입니다.
- 의사소통능력, 팀워크, 종합인성 등의 평가에 용이합니다.

> - 주요 평가요소
>   - 설득적 말하기, 경청능력, 팀워크, 종합인성
> - 의견 대립이 명확한 주제 또는 채용분야의 직무 관련 주요 현안을 주제로 과제 구성
> - 제한된 시간 내 토론을 진행해야 하므로 적극적으로 자신 있게 토론에 임하고 본인의 의견을 개진할 수 있어야 함

토론 면접의 형태

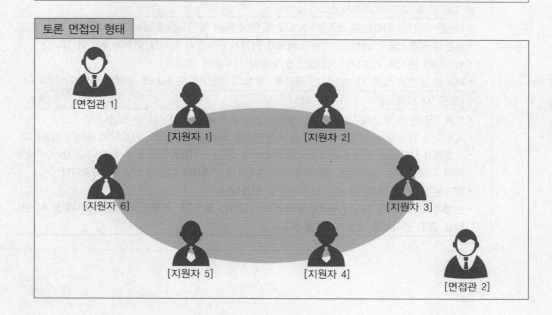

② 토론 면접 예시

고객 불만 고충처리

1. 들어가며

최근 우리 상품에 대한 고객 불만의 증가로 고객고충처리 TF가 만들어졌고 당신은 여기에 지원해 배치받았다. 당신의 업무는 불만을 가진 고객을 만나서 애로사항을 듣고 처리해 주는 일이다. 주된 업무로는 고객의 니즈를 파악해 방향성을 제시해 주고 그 해결책을 마련하는 일이다. 하지만 경우에 따라서 고객의 주관적인 의견으로 인해 제대로 된 방향으로 의사결정을 하지 못할 때가 있다. 이럴 경우 설득이나 논쟁을 해서라도 의견을 관철시키는 것이 좋을지 아니면 고객의 의견대로 진행하는 것이 좋을지 결정해야 할 때가 있다. 만약 당신이라면 이러한 상황에서 어떤 결정을 내릴 것인지 여부를 자유롭게 토론해 보시오.

2. 1분 자유 발언 시 준비사항

- 당신은 의견을 자유롭게 개진할 수 있으며 이에 따른 불이익은 없습니다.
- 토론의 방향성을 이해하고, 내용의 장점과 단점이 무엇인지 문제를 명확히 말해야 합니다.
- 합리적인 근거에 기초하여 개선방안을 명확히 제시해야 합니다.
- 제시한 방안을 실행 시 예상되는 긍정적·부정적 영향요인도 동시에 고려할 필요가 있습니다.

3. 토론 시 유의사항

- 토론 주제문과 제공해드린 메모지, 볼펜만 가지고 토론장에 입장할 수 있습니다.
- 사회자의 지정 또는 발표자가 손을 들어 발언권을 획득할 수 있으며, 사회자의 통제에 따릅니다.
- 토론회가 시작되면, 팀의 의견과 논거를 정리하여 1분간의 자유발언을 할 수 있습니다. 순서는 사회자가 지정합니다. 이후에는 자유롭게 상대방에게 질문하거나 답변을 하실 수 있습니다.
- 핸드폰, 서적 등 외부 매체는 사용하실 수 없습니다.
- 논제에 벗어나는 발언이나 지나치게 공격적인 발언을 할 경우, 위에서 제시한 유의사항을 지키지 않을 경우 불이익을 받을 수 있습니다.

1. 면접 Role Play 편성

- 교육생끼리 조를 편성하여 면접관과 지원자 역할을 교대로 진행합니다.
- 지원자 입장과 면접관 입장을 모두 경험해 보면서 면접에 대한 적응력을 높일 수 있습니다.

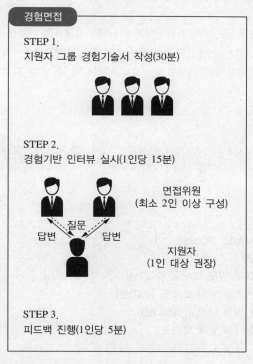

경험면접

STEP 1.
지원자 그룹 경험기술서 작성(30분)

STEP 2.
경험기반 인터뷰 실시(1인당 15분)

면접위원
(최소 2인 이상 구성)

질문
답변   답변

지원자
(1인 대상 권장)

STEP 3.
피드백 진행(1인당 5분)

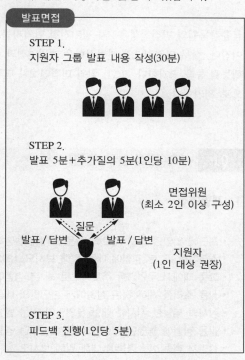

발표면접

STEP 1.
지원자 그룹 발표 내용 작성(30분)

STEP 2.
발표 5분+추가질의 5분(1인당 10분)

면접위원
(최소 2인 이상 구성)

질문
발표 / 답변   발표 / 답변

지원자
(1인 대상 권장)

STEP 3.
피드백 진행(1인당 5분)

PART 4

Tip

면접 준비하기
1. 면접 유형 확인 필수
   - 기업마다 면접 유형이 상이하기 때문에 해당 기업의 면접 유형을 확인하는 것이 좋음
   - 일반적으로 실무진 면접, 임원면접 2차례에 거쳐 면접을 실시하는 기업이 많고 실무진 면접과 임원 면접에서 평가요소가 다르기 때문에 유형에 맞는 준비방법이 필요
2. 후속 질문에 대한 사전 점검
   - 블라인드 채용 면접에서는 주요 질문과 함께 후속 질문을 통해 지원자의 직무능력을 판단
     → STAR 기법을 통한 후속 질문에 미리 대비하는 것이 필요

금융감독원의 면접전형은 2차 필기전형 합격자를 대상으로, 1차 면접전형과 2차 면접전형으로 나누어 이루어진다. 실무 면접인 1차 면접전형은 개별면접과 집단토론의 방식으로 진행하며, 인성·조직적응력·직무수행능력 등을 평가한다. 또한, 임원 면접인 2차 면접전형은 개별면접의 방식으로 진행하며, 인성 등을 종합적으로 평가한다.

01 1차 면접(실무 면접)

1. 개별면접

- 최근에 읽었던 보도 자료의 내용에 대해 설명해 보시오. [2023년]
- 스터디를 해 본 경험에 대해 말해 보시오. [2023년]
- 그룹 내에서 무언가를 주도적으로 해 본 경험에 대해 말해 보시오. [2023년]
- 싫은 소리를 해야 하는 상황에서 본인만의 대응 방법을 말해 보시오. [2023년]
- 상사의 부당한 지시에 대한 본인만의 대응 방법을 말해 보시오. [2023년]
- 갈등 상황에 놓였던 경험과 이를 해결했던 경험에 대해 말해 보시오.
- 살면서 힘들었던 경험에 대해 말해 보시오.
- 인간관계에서 본인의 장점에 대해 말해 보시오.
- 금융감독원의 주요 사업에 대해 설명해 보시오.
- 본인의 업무 외에 다른 업무가 주어진다면 어떻게 할 것인가?
- 본인만의 스트레스 관리 방법을 말해 보시오.
- 1분 안에 자기소개를 간단히 해 보시오.
- 본인이 생각하는 금융이란 무엇인지 말해 보시오.
- 약속을 잘 지킨다고 하였는데, 못 지키는 경우는 없었는가?
- 금융감독원 직원으로서의 소명은 무엇이라고 생각하는지 말해 보시오.
- 상사와 의견이 다를 경우 어떻게 할 것인가? 또한 그 의견이 틀렸다는 것을 알았을 때는 어떻게 할 것인가?
- 금융감독원이 어떤 일을 하는 곳인지 알고 있는가?
- 회사 업무와 회사 교육이 겹쳐 둘 중 하나를 선택해야 한다면 어떻게 할 것인가?
- 금융감독원의 비전이나 미션에 대해 설명해 보시오.
- 금융감독원에 입사하게 된다면 어떤 일을 하고 싶은지 말해 보시오.
- 서민금융상품을 접해 본 경험이 있는가? 경험이 있다면 어떤 생각이 들었는가?
- 금융감독원에 지원하게 된 동기를 말해 보시오.
- 사회공헌활동 중 가장 기억에 남는 것과 그 이유를 말해 보시오.
- "악법도 법이다."라는 명제에 대한 본인의 의견을 말해 보시오.

- 고생을 해 본 적이 없는 것 같은데, 직장생활에 잘 적응할 수 있겠는가?
- 가장 기억에 남는 여행지와 그 이유를 말해 보시오.
- 금융권에 지망했는데, 왜 자격증을 따지 않았는가?

2. 집단토론

- 부동산 PF 관련 TF의 일원이 되었다고 가정하여 현 상황에 대해 분석하고, 최악의 상황을 예상하여 이에 대해 토론하시오. [2023년]
- 회사 내 소통 활성화 방안에 대해 토론하시오.
- 공공성 강화를 위한 방안에 대해 토론하시오.
- 직장생활을 오래하다 보면 번아웃 증후군과 같은 현상을 경험하게 된다. 이 상황에서 어떻게 대처할 것인지 토론하시오.
- 핀테크 시대에 금융감독원이 나아갈 올바른 길에 대해 토론하시오.
- 1박 2일 동안 금융 관련 캠프를 기획하여 타임테이블을 짜고, 이에 대해 토론하시오.
- 페미니즘에 대해 토론하시오.
- 보호무역주의와 자유무역주의에 대해 토론하시오.
- 동물실험에 대한 찬반 여부를 토론하시오.
- 사내소통방안에 대해 토론하시오.
- 마감 기한이 정해져 있는 일을 처리하는 자세에 대해 토론하시오.

02   2차 면접(임원 면접)

- 금융감독원의 홈페이지에서 개선해야 할 점이 무엇인지 말해 보시오.
- 4차 산업혁명에 맞춰 금융감독원이 나아가야 할 방향에 대해 말해 보시오.
- Z세대를 유입하기 위해 필요한 금융감독원의 운영 방법에 대해 말해 보시오.
- 본인은 안정을 더 선호하는지, 변화를 더 선호하는지 말해 보시오.
- 금융감독원에 지원하게 된 이유가 무엇인지 말해 보시오.
- 금융감독원에서 본인이 기여할 수 있는 점이 무엇인지 말해 보시오.
- 단기적 혹은 장기적인 목표에 대해 말해 보시오.
- 금융감독원에서 비윤리적 요소가 있는 프로젝트를 진행하게 된다면 어떻게 할 것인가?
- 원하지 않는 직무로 배치된다면 어떻게 할 것인가?
- 금융감독원에서 가장 가고 싶은 쪽과 그 이유를 말해 보시오.
- 팀 프로젝트를 진행할 때 가장 신경 써야 하는 부분과 그 이유를 말해 보시오.
- 금융감독원이 무슨 일을 하는지 알고 있다면 이에 대해 자세하게 설명해 보시오.
- PC에서 DMZ서버 구간 그리고 DMZ서버에서 내부 서버까지의 보안에 대해 어떻게 이루어지는지 설명해 보시오.
- 영어 감수자가 없어도 될 만큼 스스로의 영어 실력에 자신하고 있는가?

"오늘 당신의 노력은 아름다운 꽃의 물이 될 것입니다."

그러나, 이 꽃을 볼 때 사람들은 이 꽃의 아름다움과 향기만을 사랑하고 칭찬하였지, 이 꽃을 그렇게 아름답게 어여쁘게 만들어 주는 병 속의 물은 조금도 생각지 않는 것이 보통입니다.

만일 이 꽃병 속에 들어 있는 물을 죄다 쏟아 버리고 빈 병에다 이 꽃을 꽂아 보십시오.

아무리 아름답고 어여쁜 꽃이기로서니 단 한 송이의 꽃을 피울 수 있으며, 단 한 번이라도 꽃 향기를 날릴 수 있겠는가?

우리는 여기서 아무리 본바탕이 좋고 아름다운 꽃이라도 보이지 않는 물의 숨은 힘이 없으면 도저히 그 빛과 향기를 자랑할 수 없는 것을 알았습니다.

－방정환의 「우리 뒤에 숨은 힘」 중－

현재 나의 실력을 객관적으로 파악해 보자!

모바일 OMR
답안채점 / 성적분석 서비스

도서에 수록된 모의고사에 대한 객관적인 결과(정답률, 순위)를 종합적으로 분석하여 제공합니다.

OMR 입력

성적분석

채점결과

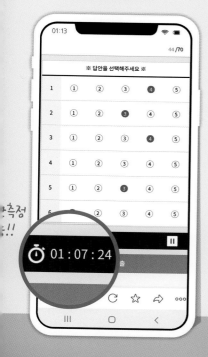

※OMR 답안채점 / 성적분석 서비스는 등록 후 30일간 사용 가능합니다.

**참여
방법**

 도서 내 모의고사
우측 상단에 위치한
QR코드 찍기
→
 로그인
하기
→
 '시작하기'
클릭
→
'응시하기'
클릭
→
나의 답안을
모바일 OMR
카드에 입력
→
 '성적분석 & 채점결과'
클릭
→
 현재 내 실력
확인하기

SD에듀

공기업 취업을 위한 NCS
직업기초능력평가 시리즈

NCS부터 전공까지 완벽 학습 "통합서" 시리즈

공기업 취업의 기초부터 차근차근! 취업의 문을 여는 Master Key!

NCS 영역 및 유형별 체계적 학습 "집중학습" 시리즈

영역별 이론부터 유형별 모의고사까지! 단계별 학습을 통한 Only Way!

SD에듀

2024 최신판 All-New 100% 전면개정

판매량 1위
금융감독원
YES24
2021~2023년

금융감독원

정답 및 해설

금융감독원
1차·2차 필기
완벽 대비

합격의 별을 따자

2023년 공기업 기출복원문제

NCS 출제유형 + 논술

모의고사 5회

 안심도서 평균99.9%

SDC

SDC는 SD에듀 데이터 센터의 약자로
약 30만 개의 NCS·적성 문제 데이터를
바탕으로 최신출제경향을 반영하여
문제를 출제합니다.

SD에듀
(주)시대고시기획

Add+

2023년 주요 공기업
NCS 기출복원문제

01	02	03	04	05	06	07	08	09	10	11	12	13	14	15	16	17	18	19	20
⑤	⑤	④	④	②	⑤	④	①	②	④	①	④	③	③	③	②	②	①	④
21	22	23	24	25	26	27	28	29	30	31	32	33	34	35	36	37	38	39	40
①	③	②	③	④	①	④	⑤	②	④	①	⑤	④	④	②	④	⑤	③	①	③
41	42	43	44	45	46	47	48	49	50										
③	③	②	③	②	④	②	⑤	④	④										

01

정답 ⑤

제시문의 세 번째 문단에 따르면 스마트 글라스 내부 센서를 통해 충격과 기울기를 감지할 수 있어, 작업자에게 위험한 상황이 발생할 경우 통보 시스템을 통해 바로 파악할 수 있게 되었음을 알 수 있다.

오답분석

① 첫 번째 문단에 따르면 스마트 글라스를 통한 작업자의 음성인식만으로 철도시설물 점검이 가능해졌음을 알 수 있지만, 다섯 번째 문단에 따르면 아직 철도시설물 보수 작업은 가능하지 않음을 알 수 있다.
② 첫 번째 문단에 따르면 스마트 글라스의 도입 이후에도 사람의 작업이 필요함을 알 수 있다.
③ 세 번째 문단에 따르면 스마트 글라스의 도입으로 추락 사고나 그 밖의 위험한 상황을 미리 예측할 수 있어 이를 방지할 수 있게 되었음을 알 수 있지만, 실제로 안전사고 발생 횟수가 감소하였는지는 알 수 없다.
④ 두 번째 문단에 따르면 여러 단계를 거치던 기존 작업 방식에서 스마트 글라스의 도입으로 작업을 한 번에 처리할 수 있게 된 것을 통해 작업 시간이 단축되었음을 알 수 있지만, 필요한 작업 인력의 감소 여부는 알 수 없다.

02

정답 ⑤

네 번째 문단에 따르면 인공지능 등의 스마트 기술 도입으로 까치집 검출 정확도는 95%까지 상승하였으므로 까치집 제거율 또한 상승할 것임을 예측할 수 있으나, 근본적인 문제인 까치집 생성의 감소를 기대할 수는 없다.

오답분석

① 세 번째 문단과 네 번째 문단에 따르면 정확도가 65%에 불과했던 인공지능의 까치집 식별 능력이 딥러닝 방식의 도입으로 95%까지 상승했음을 알 수 있다.
② 세 번째 문단에서 시속 150km로 빠르게 달리는 열차에서의 까치집 식별 정확도는 65%에 불과하다는 내용으로 보아, 빠른 속도에서는 인공지능의 사물 식별 정확도가 낮음을 알 수 있다.
③ 네 번째 문단에 따르면 작업자의 접근이 어려운 곳에는 드론을 띄워 까치집을 발견 및 제거하는 기술도 시범 운영하고 있다고 하였다.
④ 세 번째 문단에 따르면 실시간 까치집 자동 검출 시스템 개발로 실시간으로 위험 요인의 위치와 이미지를 작업자에게 전달할 수 있게 되었다.

03

제시문의 두 번째 문단에 따르면 CCTV는 열차 종류에 따라 운전실에서 실시간으로 상황을 파악할 수 있는 네트워크 방식과 각 객실에서의 영상을 저장하는 개별 독립 방식으로 설치된다고 하였다. 따라서 개별 독립 방식으로 설치된 일부 열차에서는 각 객실의 상황을 실시간으로 파악하지 못할 수 있다.

오답분석

① 첫 번째 문단에 따르면 2023년까지 현재 운행하고 있는 열차의 모든 객실에 CCTV를 설치하겠다는 내용으로 보아, 현재 모든 열차의 모든 객실에 CCTV가 설치되지 않았음을 유추할 수 있다.
② 첫 번째 문단에 따르면 2023년까지 모든 열차 승무원에게 바디 캠을 지급하겠다고 하였다. 이에 따라 승객이 승무원을 폭행하는 등의 범죄 발생 시 해당 상황을 녹화한 바디 캠 영상이 있어 수사의 증거자료로 사용할 수 있게 되었다.
③ 두 번째 문단에 따르면 CCTV는 사각지대 없이 설치되며 일부는 휴대 물품 보관대 주변에도 설치된다고 하였다. 따라서 인적 피해와 물적 피해 모두 예방할 수 있게 되었다.
⑤ 세 번째 문단에 따르면 CCTV 품평회와 시험을 통해 제품의 형태와 색상, 재질, 진동과 충격 등에 대한 적합성을 고려한다고 하였다.

04

작년 K대학교의 재학생 수는 6,800명이고 남학생 수와 여학생 수의 비가 8:9이므로, 남학생 수는 $6,800 \times \dfrac{8}{8+9} = 3,200$명이고, 여학생 수는 $6,800 \times \dfrac{9}{8+9} = 3,600$명이다. 올해 줄어든 남학생 수와 여학생 수의 비가 12:13이므로 올해 K대학교에 재학 중인 남학생 수와 여학생 수의 비는 $(3,200-12k):(3,600-13k) = 7:8$이다.
$7 \times (3,600-13k) = 8 \times (3,200-12k)$
$25,200-91k = 25,600-96k$
$5k = 400 \rightarrow k = 80$
따라서 올해 K대학교에 재학 중인 남학생 수는 $3,200-12 \times 80 = 2,240$명이고, 여학생 수는 $3,600-13 \times 80 = 2,560$명이므로 올해 K대학교의 전체 재학생 수는 $2,240+2,560 = 4,800$명이다.

05

마일리지 적립 규정에 회원 등급과 관련된 내용은 없으며, 마일리지 적립은 지불한 운임의 액수, 더블적립 열차 탑승 여부, 선불형 교통카드 Rail+ 사용 여부에 따라서만 결정된다.

오답분석

① KTX 마일리지는 KTX 열차 이용 시에만 적립된다.
③ 비즈니스 등급은 기업회원 여부와 관계없이 최근 1년간의 활동내역을 기준으로 부여된다.
④ 반기 동안 추석 및 설 명절 특별수송기간 탑승 건을 제외하고 4만 점을 적립하면 VIP 등급을 부여받는다.
⑤ VVIP 등급과 VIP 등급 고객은 한정된 횟수 내에서 무료 업그레이드 쿠폰으로 KTX 특실을 KTX 일반실 가격에 구매할 수 있다.

06

K공사를 통한 예약 접수는 온라인 쇼핑몰 홈페이지를 통해서만 가능하며, 오프라인(방문) 접수는 우리·농협은행의 창구를 통해서만 이루어진다.

오답분석

① 구매자를 대한민국 국적자로 제한한다는 내용은 없다.
② 단품으로 구매 시 1인당 화종별 최대 3장으로 총 9장, 세트로 구매할 때도 1인당 최대 3세트로 총 9장까지 신청이 가능하며, 세트와 단품은 중복신청이 가능하므로 1인당 구매 가능한 최대 개수는 18장이다.
③ 우리·농협은행의 계좌가 없다면, K공사 온라인 쇼핑몰을 이용하거나 우리·농협은행에 직접 방문하여 구입할 수 있다.
④ 총발행량은 예약 주문 이전부터 화종별 10,000장으로 미리 정해져 있다.

07

우리·농협은행 계좌 미보유자인 외국인 A씨가 예약 신청을 할 수 있는 방법은 두 가지이다. 하나는 신분증인 외국인등록증을 지참하고 우리·농협은행의 지점을 방문하여 신청하는 것이고, 다른 하나는 K공사 온라인 쇼핑몰에서 가상계좌 방식으로 신청하는 것이다.

오답분석
① A씨는 외국인이므로 창구 접수 시 지참해야 하는 신분증은 외국인등록증이다.
② K공사 온라인 쇼핑몰에서는 가상계좌 방식을 통해서만 예약 신청이 가능하다.
③ 홈페이지를 통한 신청이 가능한 은행은 우리은행과 농협은행뿐이다.
⑤ 우리·농협은행의 홈페이지를 통해 예약 접수를 하려면 해당 은행에 미리 계좌가 개설되어 있어야 한다.

08

3종 세트는 186,000원, 단품은 각각 63,000원이므로 5명의 구매 금액을 계산하면 다음과 같다.
• A : $(186,000 \times 2) + 63,000 = 435,000$원
• B : $63,000 \times 8 = 504,000$원
• C : $(186,000 \times 2) + (63,000 \times 2) = 498,000$원
• D : $186,000 \times 3 = 558,000$원
• E : $186,000 + (63,000 \times 4) = 438,000$원
따라서 가장 많은 금액을 지불한 사람은 D이며, 구매 금액은 558,000원이다.

09

허리디스크는 디스크의 수핵이 탈출하여 생긴 질환이므로 허리를 굽히거나 앉아 있을 때 디스크에 가해지는 압력이 높아져 통증이 더 심해진다. 반면 척추관협착증의 경우 서 있을 때 척추관이 더욱 좁아지게 되어 통증이 더욱 심해진다.

오답분석
① 허리디스크는 디스크의 탄력 손실이나 갑작스런 충격으로 인해 균열이 생겨 발생하고, 척추관협착증은 오랜 기간 동안 황색인대가 두꺼워져 척추관에 변형이 일어나 발생하므로 허리디스크가 더 급작스럽게 증상이 나타난다.
③ 허리디스크는 자연치유가 가능하지만, 척추관협착증은 불가능하다. 따라서 허리디스크는 주로 통증을 줄이고 안정을 취하는 보존치료를 하지만, 척추관협착증은 변형된 부분을 제거하는 외과적 수술을 한다.
④ 허리디스크와 척추관협착증 모두 척추 중앙의 신경 다발(척수)이 압박받을 수 있으며, 심할 경우 하반신 마비 증세를 보일 수 있으므로 빠른 치료를 받는 것이 중요하다.

10

고령인 사람이 서 있을 때 통증이 나타난다면 퇴행성 척추질환인 척추관협착증(요추관협착증)일 가능성이 높다. 반면 허리디스크(추간판탈출증)는 젊은 나이에도 디스크에 급격한 충격이 가해지면 발생할 수 있고, 앉아 있을 때 통증이 심해진다. 따라서 ⊙에는 척추관협착증, ⓒ에는 허리디스크가 들어가야 한다.

11

제시문은 장애인 건강주치의 시범사업을 소개하며 3단계 시범사업에서 기존과 달라지는 것을 위주로 설명하고 있다. 따라서 가장 처음에 와야 할 문단은 3단계 장애인 건강주치의 시범사업을 소개하는 (마) 문단이다. 이어서 장애인 건강주치의 시범사업 세부 서비스를 소개하는 문단이 와야 하는데, 서비스 종류를 소개하는 문장이 있는 (다) 문단이 이어지는 것이 가장 적절하다. 이어서 2번째 서비스인 주장애관리를 소개하는 (가) 문단이 와야 하며, 그 다음으로 3번째 서비스인 통합관리 서비스와 추가적으로 방문 서비스를 소개하는 (라) 문단이 오는 것이 적절하다. 마지막으로 장애인 건강주치의 시범사업에 신청하는 방법을 소개하며 글을 끝내는 것이 적절하므로 (나) 문단이 이어져야 한다. 따라서 글의 순서를 바르게 나열하면 (마) – (다) – (가) – (라) – (나)이다.

12

- 2019년 직장가입자 건강보험금 및 지역가입자 건강보험금 징수율
  - 직장가입자 : $\dfrac{6,698,187}{6,706,712} \times 100 ≒ 99.87\%$
  - 지역가입자 : $\dfrac{886,396}{923,663} \times 100 ≒ 95.97\%$
- 2020년 직장가입자 건강보험금 및 지역가입자 건강보험금 징수율
  - 직장가입자 : $\dfrac{4,898,775}{5,087,163} \times 100 ≒ 96.3\%$
  - 지역가입자 : $\dfrac{973,681}{1,003,637} \times 100 ≒ 97.02\%$
- 2021년 직장가입자 건강보험금 및 지역가입자 건강보험금 징수율
  - 직장가입자 : $\dfrac{7,536,187}{7,763,135} \times 100 ≒ 97.08\%$
  - 지역가입자 : $\dfrac{1,138,763}{1,256,137} \times 100 ≒ 90.66\%$
- 2022년 직장가입자 건강보험금 및 지역가입자 건강보험금 징수율
  - 직장가입자 : $\dfrac{8,368,972}{8,376,138} \times 100 ≒ 99.91\%$
  - 지역가입자 : $\dfrac{1,058,943}{1,178,572} \times 100 ≒ 89.85\%$

따라서 직장가입자 건강보험금 징수율이 가장 높은 해는 2022년이고, 지역가입자 건강보험금 징수율이 가장 높은 해는 2020년이다.

13

이뇨제의 1인 투여량은 60mL/일이고 진통제의 1인 투여량은 60mg/일이므로 이뇨제를 투여한 환자 수와 진통제를 투여한 환자 수의 비는 이뇨제 사용량과 진통제 사용량의 비와 같다.
- 2018년 : $3,000 \times 2 < 6,720$
- 2019년 : $3,480 \times 2 = 6,960$
- 2020년 : $3,360 \times 2 < 6,840$
- 2021년 : $4,200 \times 2 > 7,200$
- 2022년 : $3,720 \times 2 > 7,080$

따라서 2018년과 2020년에 진통제를 투여한 환자 수는 이뇨제를 투여한 환자 수의 2배보다 많다.

오답분석

① 2022년에 사용량이 감소한 의약품은 이뇨제와 진통제로 이뇨제의 사용량 감소율은 $\dfrac{3,720-4,200}{4,200} \times 100 ≒ -11.43\%$p이고, 진통제의 사용량 감소율은 $\dfrac{7,080-7,200}{7,200} \times 100 ≒ -1.67\%$p이다. 따라서 전년 대비 2022년 사용량 감소율이 가장 큰 의약품은 이뇨제이다.

② 5년 동안 지사제 사용량의 평균은 $\dfrac{30+42+48+40+44}{5} = 40.8$정이고, 지사제의 1인 1일 투여량은 2정이다. 따라서 지사제를 투여한 환자 수의 평균은 $\dfrac{40.8}{2} = 20.4$이므로 약 20명이다.

③ 이뇨제 사용량은 매년 '증가 – 감소 – 증가 – 감소'를 반복하였다.

14

분기별 사회복지사 인력의 합은 다음과 같다.
- 2022년 3분기 : 391＋670＋1,887＝2,948명
- 2022년 4분기 : 385＋695＋1,902＝2,982명
- 2023년 1분기 : 370＋700＋1,864＝2,934명
- 2023년 2분기 : 375＋720＋1,862＝2,957명

분기별 전체 보건인력 중 사회복지사 인력의 비율은 다음과 같다.

- 2022년 3분기 : $\frac{2,948}{80,828} \times 100 ≒ 3.65\%$

- 2022년 4분기 : $\frac{2,982}{82,582} \times 100 ≒ 3.61\%$

- 2023년 1분기 : $\frac{2,934}{86,236} \times 100 ≒ 3.40\%$

- 2023년 2분기 : $\frac{2,957}{86,707} \times 100 ≒ 3.41\%$

따라서 옳지 않은 것은 ③이다.

15

건강생활실천지원금제 신청자 목록에 따라 신청자별로 확인하면 다음과 같다.
- A의 주민등록상 주소지는 시범지역에 속하지 않는다.
- B의 주민등록상 주소지는 관리형에 속하지만, 고혈압 또는 당뇨병 진단을 받지 않았다.
- C의 주민등록상 주소지는 예방형에 속하고, 체질량지수와 혈압이 건강관리가 필요한 사람이므로 예방형이다.
- D의 주민등록상 주소지는 관리형에 속하고, 고혈압 진단을 받았으므로 관리형이다.
- E의 주민등록상 주소지는 예방형에 속하고, 체질량지수와 공복혈당 건강관리가 필요한 사람이므로 예방형이다.
- F의 주민등록상 주소지는 시범지역에 속하지 않는다.
- G의 주민등록상 주소지는 관리형에 속하고, 당뇨병 진단을 받았으므로 관리형이다.
- H의 주민등록상 주소지는 시범지역에 속하지 않는다.
- I의 주민등록상 주소지는 예방형에 속하지만, 필수조건인 체질량지수가 정상이므로 건강관리가 필요한 사람에 해당하지 않는다.

따라서 예방형 신청이 가능한 사람은 C, E이고, 관리형 신청이 가능한 사람은 D, G이다.

16

출산장려금 지급 시기의 가장 우선순위인 임신일이 가장 긴 임산부는 B, D, E임산부이다. 이 중에서 만 19세 미만인 자녀 수가 많은 임산부는 D, E임산부이고, 소득 수준이 더 낮은 임산부는 D임산부이다. 따라서 D임산부가 가장 먼저 출산장려금을 받을 수 있다.

17

제시문은 행위별수가제에 대한 것으로 환자, 의사, 건강보험 재정 등 많은 곳에서 한계점이 있다고 설명하면서 건강보험 고갈을 막기 위해 다양한 지불방식을 도입하는 등 구조적인 개편이 필요함을 설명하고 있다. 따라서 글의 주제로 '행위별수가제의 한계점'이 가장 적절하다.

18

- 구상(求償) : 무역 거래에서 수량·품질·포장 따위에 계약 위반 사항이 있는 경우, 매주(賣主)에게 손해 배상을 청구하거나 이의를 제기하는 일
- 구제(救濟) : 자연적인 재해나 사회적인 피해를 당하여 어려운 처지에 있는 사람을 도와줌

19

- (운동에너지)$=\frac{1}{2}\times$(질량)$\times$(속력)$^2=\frac{1}{2}\times2\times4^2=16$J
- (위치에너지)$=$(질량)$\times$(중력가속도)$\times$(높이)$=2\times10\times0.5=10$J
- (역학적 에너지)$=$(운동에너지)$+$(위치에너지)$=16+10=26$J

공의 역학적 에너지는 26J이고, 튀어 오를 때 가장 높은 지점에서 운동에너지가 0이므로 역학적 에너지는 위치에너지와 같다. 따라서 공이 튀어 오를 때 가장 높은 지점에서의 위치에너지는 26J이다.

20

출장지까지 거리는 $200\times1.5=300$km이므로 시속 60km의 속력으로 달릴 때 걸리는 시간은 5시간이고, 약속시간보다 1시간 늦게 도착하므로 약속시간은 4시간 남았다. 300km를 시속 60km의 속력으로 달리다 도중에 시속 90km의 속력으로 달릴 때 약속시간보다 30분 일찍 도착했으므로, 이때 걸린 시간은 $4-\frac{1}{2}=\frac{7}{2}$시간이다.

시속 90km의 속력으로 달린 거리를 $x$km라 하면

$$\frac{300-x}{60}+\frac{x}{90}=\frac{7}{2}$$

$$900-3x+2x=630$$

$$x=270$$

따라서 A부장이 시속 90km의 속력으로 달린 거리는 270km이다.

21

상품의 원가를 x원이라 하면 처음 판매가격은 $1.23x$원이다.

여기서 1,300원을 할인하여 판매했을 때 얻은 이익은 원가의 10%이므로

$$(1.23x-1,300)-x=0.1x$$

$$0.13x=1,300$$

$$x=10,000$$

따라서 상품의 원가는 10,000원이다.

22

G와 B의 자리를 먼저 고정하고, 양 끝에 앉을 수 없는 A의 위치를 토대로 경우의 수를 계산하면 다음과 같다.

- G가 가운데에 앉고, B가 G의 바로 왼쪽에 앉는 경우의 수

	A	B	G		
		B	G	A	
		B	G		A

$3\times4!=72$가지

- G가 가운데에 앉고, B가 G의 바로 오른쪽에 앉는 경우의 수

	A		G	B	
		A	G	B	
			G	B	A

$3\times4!=72$가지

따라서 조건과 같이 앉을 때 가능한 경우의 수는 $72+72=144$가지이다.

23

유치원생이 11명일 때 평균 키는 113cm이므로 유치원생 11명의 키의 합은 113×11=1,243cm이다. 키가 107cm인 유치원생이 나갔으므로 남은 유치원생 10명의 키의 합은 1,243−107=1,136cm이다. 따라서 남은 유치원생 10명의 키의 평균은 $\frac{1,136}{10}$= 113.6cm이다.

24

'우회수송'은 사고 등의 이유로 직통이 아닌 다른 경로로 우회하여 수송한다는 뜻이기 때문에 '우측 선로로 변경'은 순화로 적절하지 않다.

오답분석
① '열차시격'에서 '시격'이란 '사이에 뜬 시간'이라는 뜻의 한자어로, 열차와 열차 사이의 간격, 즉 배차간격으로 순화할 수 있다.
② '전차선'이란 선로를 의미하고, '단전'은 전기의 공급이 중단됨을 말한다. 따라서 바르게 순화되었다.
④ '핸드레일(Handrail)'은 난간을 뜻하는 영어 단어로, 우리말로는 '안전손잡이'로 순화할 수 있다.
⑤ '키스 앤 라이드(Kiss and Ride)'는 헤어질 때 키스를 하는 영미권 문화에서 비롯된 용어로, 환승정차구역을 지칭한다.

25

세 번째 문단을 통해 정부가 철도 중심 교통체계 구축을 위해 노력하고 있음을 알 수는 있으나, 구체적으로 시행된 조치는 언급되지 않았다.

오답분석
① 첫 번째 문단을 통해 전 세계적으로 탄소중립이 주목받자 이에 대한 방안으로 등장한 것이 철도 수송임을 알 수 있다.
② 첫 번째 문단과 두 번째 문단을 통해 철도 수송의 확대가 온실가스 배출량의 획기적인 감축을 가져올 것임을 알 수 있다.
③ 네 번째 문단을 통해 '중앙선 안동 ~ 영천 간 궤도' 설계 시 탄소 감축 방안으로 저탄소 자재인 유리섬유 보강근이 철근 대신 사용되었음을 알 수 있다.
⑤ 네 번째 문단을 통해 S철도공단은 철도 중심 교통체계 구축을 위해 건설 단계에서부터 친환경·저탄소 자재를 적용하였고, 탄소 감축을 위해 2025년부터는 모든 철도건축물을 일정한 등급 이상으로 설계하기로 결정하였음을 알 수 있다.

26

제시문을 살펴보면 먼저 첫 번째 문단에서는 이산화탄소로 메탄올을 만드는 곳이 있다며 관심을 유도하고, 두 번째 문단에서 메탄올을 어떻게 만들고 어디에서 사용하는지 구체적으로 설명함으로써 탄소 재활용의 긍정적인 측면을 부각하고 있다. 하지만 세 번째 문단에서는 앞선 내용과 달리 이렇게 만들어진 메탄올의 부정적인 측면을 설명하고, 네 번째 문단에서는 이와 같은 이유로 탄소 재활용에 대한 결론이 나지 않았다며 글이 마무리되고 있다. 따라서 글의 주제로 적절한 것은 탄소 재활용의 이면을 모두 포함하는 내용인 ①이다.

오답분석
② 두 번째 문단에 한정된 내용이므로 제시문 전체를 다루는 주제로 보기에는 적절하지 않다.
③ 지열발전소의 부산물을 통해 메탄올이 만들어진 것은 맞지만, 새롭게 탄생된 연료로 보기는 어려우며, 글의 전체를 다루는 주제로 보기에도 적절하지 않다.
④·⑤ 제시문의 첫 번째 문단과 두 번째 문단에서는 버려진 이산화탄소 및 부산물의 재활용을 통해 '메탄올'을 제조함으로써 미래 원료를 해결할 수 있을 것처럼 보이지만, 이어지는 세 번째 문단과 네 번째 문단에서는 이렇게 만들어진 '메탄올'이 과연 미래 원료로 적합한지 의문점이 제시되고 있다. 따라서 글의 주제로 보기에는 적절하지 않다.

27

A ~ C철도사의 차량 1량당 연간 승차인원 수는 다음과 같다.

• 2020년

 − A철도사 : $\dfrac{775,386}{2,751} ≒ 281.86$천 명/년/1량

 − B철도사 : $\dfrac{26,350}{103} ≒ 255.83$천 명/년/1량

 − C철도사 : $\dfrac{35,650}{185} ≒ 192.7$천 명/년/1량

• 2021년

 − A철도사 : $\dfrac{768,776}{2,731} ≒ 281.5$천 명/년/1량

 − B철도사 : $\dfrac{24,746}{111} ≒ 222.94$천 명/년/1량

 − C철도사 : $\dfrac{33,130}{185} ≒ 179.08$천 명/년/1량

• 2022년

 − A철도사 : $\dfrac{755,376}{2,710} ≒ 278.74$천 명/년/1량

 − B철도사 : $\dfrac{23,686}{113} ≒ 209.61$천 명/년/1량

 − C철도사 : $\dfrac{34,179}{185} ≒ 184.75$천 명/년/1량

따라서 3년간 차량 1량당 연간 평균 승차인원 수는 C철도사가 가장 적다.

[오답분석]

① 2020 ~ 2022년의 C철도사 차량 수는 185량으로 변동이 없다.

② 2020 ~ 2022년의 연간 승차인원 비율은 모두 A철도사가 가장 높다.

③ A ~ C철도사의 2020년의 전체 연간 승차인원 수는 775,386＋26,350＋35,650＝837,386천 명, 2021년의 전체 연간 승차인원 수는 768,776＋24,746＋33,130＝826,652천 명, 2022년의 전체 연간 승차인원 수는 755,376＋23,686＋34,179＝813,241천 명으로 매년 감소하였다.

⑤ 2020 ~ 2022년의 C철도사 차량 1량당 연간 승차인원 수는 각각 192.7천 명, 179.08천 명, 184.75천 명이므로 모두 200천 명 미만이다.

28

2018년 대비 2022년에 석유 생산량이 감소한 국가는 C, F이며, 석유 생산량 감소율은 다음과 같다.

• C : $\dfrac{4,025,936-4,102,396}{4,102,396} \times 100 ≒ -1.9$%p

• F : $\dfrac{2,480,221-2,874,632}{2,874,632} \times 100 ≒ -13.7$%p

따라서 석유 생산량 감소율이 가장 큰 국가는 F이다.

[오답분석]

① 석유 생산량이 매년 증가한 국가는 A, B, E, H로 총 4개이다.

② 2018년 대비 2022년에 석유 생산량이 증가한 국가의 석유 생산량 증가량은 다음과 같다.

 • A : 10,556,259−10,356,185＝200,074bbl/day

 • B : 8,567,173−8,251,052＝316,121bbl/day

 • D : 5,442,103−5,321,753＝120,350bbl/day

 • E : 335,371−258,963＝76,408bbl/day

 • G : 1,336,597−1,312,561＝24,036bbl/day

- H : $104,902-100,731=4,171$bbl/day

따라서 석유 생산량 증가량이 가장 많은 국가는 B이다.

③ E국가의 연도별 석유 생산량을 H국가의 석유 생산량과 비교하면 다음과 같다.

- 2018년 : $\dfrac{258,963}{100,731}≒2.6$
- 2019년 : $\dfrac{273,819}{101,586}≒2.7$
- 2020년 : $\dfrac{298,351}{102,856}≒2.9$
- 2021년 : $\dfrac{303,875}{103,756}≒2.9$
- 2022년 : $\dfrac{335,371}{104,902}≒3.2$

따라서 2022년 E국가의 석유 생산량은 H국가 석유 생산량의 약 3.2배이므로 옳지 않다.

④ 석유 생산량 상위 2개국은 매년 A, B이며, 매년 석유 생산량의 차이는 다음과 같다.

- 2018년 : $10,356,185-8,251,052=2,105,133$bbl/day
- 2019년 : $10,387,665-8,297,702=2,089,963$bbl/day
- 2020년 : $10,430,235-8,310,856=2,119,379$bbl/day
- 2021년 : $10,487,336-8,356,337=2,130,999$bbl/day
- 2022년 : $10,556,259-8,567,173=1,989,086$bbl/day

따라서 A와 B국가의 석유 생산량의 차이는 '감소 – 증가 – 증가 – 감소'를 보이므로 옳지 않다.

29

정답 ②

제시된 법에 따라 공무원인 친구가 받을 수 있는 선물의 금액은 1회에 100만 원이다.

$$12x<100 \rightarrow x<\frac{100}{12}=\frac{25}{3}≒8.33$$

따라서 A씨는 수석을 최대 8개 보낼 수 있다.

30

정답 ④

거래처로 가기 위해 C와 G를 거쳐야 하므로, C를 먼저 거치는 최소 이동거리와 G를 먼저 거치는 최소 이동거리를 비교해 본다.

- 본사 – C – D – G – 거래처

  $6+3+3+4=16$km
- 본사 – E – G – D – C – F – 거래처

  $4+1+3+3+3+4=18$km

따라서 최소 이동거리는 16km이다.

31

정답 ④

- 볼펜을 30자루 구매하면 개당 200원씩 할인되므로 $800×30=24,000$원이다.
- 수정테이프를 8개 구매하면 $2,500×8=20,000$원이지만, 10개를 구매하면 개당 1,000원이 할인되어 $1,500×10=15,000$원이므로 10개를 구매하는 것이 더 저렴하다.
- 연필을 20자루 구매하면 연필 가격의 25%가 할인되므로 $400×20×0.75=6,000$원이다.
- 지우개를 5개 구매하면 $300×5=1,500$원이며 지우개에 대한 할인은 적용되지 않는다.

따라서 총금액은 $24,000+15,000+6,000+1,500=46,500$원이고 3만 원을 초과했으므로 10% 할인이 적용되어 $46,500×0.9=41,850$원이다. 또한 할인 적용 전 금액이 5만 원 이하이므로 배송료 5,000원이 추가로 부과되어 $41,850+5,000=46,850$원이 된다. 그런데 만약 비품을 3,600원어치 추가로 주문하면 $46,500+3,600=50,100$원이므로 할인 적용 전 금액이 5만 원을 초과하여 배송료가 무료가 되고, 총금액이 3만 원을 초과했으므로 지불할 금액은 10% 할인이 적용된 $50,100×0.9=45,090$원이 된다. 그러므로 지불 가능한 가장 저렴한 금액은 45,090원이다.

32

A ~ E가 받는 성과급을 구하면 다음과 같다.

직원	직책	매출 순이익	기여도	성과급 비율	성과급
A	팀장	4,000만 원	25%	매출 순이익의 5%	1.2×4,000×0.05=240만 원
B	팀장	2,500만 원	12%	매출 순이익의 2%	1.2×2,500×0.02=60만 원
C	팀원	1억 2,500만 원	3%	매출 순이익의 1%	12,500×0.01=125만 원
D	팀원	7,500만 원	7%	매출 순이익의 3%	7,500×0.03=225만 원
E	팀원	800만 원	6%	-	0원

따라서 가장 많은 성과급을 받는 사람은 A이다.

33

2023년 6월의 학교폭력 신고 건수는 7,530+1,183+557+601=9,871건으로, 10,000건 미만이다.

오답분석

① • 2023년 1월의 학교폭력 상담 건수 : 9,652-9,195=457건
  • 2023년 2월의 학교폭력 상담 건수 : 10,109-9,652=457건
  따라서 2023년 1월과 2023년 2월의 학교폭력 상담 건수는 같다.
② 학교폭력 상담 건수와 신고 건수 모두 2023년 3월에 가장 많다.
③ 전월 대비 학교폭력 상담 건수가 가장 크게 감소한 때는 2023년 5월이지만, 학교폭력 신고 건수가 가장 크게 감소한 때는 2023년 4월이다.
④ 전월 대비 학교폭력 상담 건수가 증가한 월은 2022년 9월과 2023년 3월이고, 이때 학교폭력 신고 건수 또한 전월 대비 증가하였다.

34

연도별 전체 발전량 대비 유류・양수 자원 발전량은 다음과 같다.

• 2018년 : $\frac{6,605}{553,256}×100≒1.2\%$

• 2019년 : $\frac{6,371}{537,300}×100≒1.2\%$

• 2020년 : $\frac{5,872}{550,826}×100≒1.1\%$

• 2021년 : $\frac{5,568}{553,900}×100≒1\%$

• 2022년 : $\frac{5,232}{593,958}×100≒0.9\%$

따라서 2022년의 유류・양수 자원 발전량은 전체 발전량의 1% 미만이다.

오답분석

① 원자력 자원 발전량과 신재생 자원 발전량은 매년 증가하였다.
② 연도별 석탄 자원 발전량의 전년 대비 감소폭은 다음과 같다.
  • 2019년 : 226,571-247,670=-21,099GWh
  • 2020년 : 221,730-226,571=-4,841GWh
  • 2021년 : 200,165-221,730=-21,565GWh
  • 2022년 : 198,367-200,165=-1,798GWh
  따라서 석탄 자원 발전량의 전년 대비 감소폭이 가장 큰 해는 2021년이다.

③ 연도별 신재생 자원 발전량 대비 가스 자원 발전량은 다음과 같다.

- 2018년 : $\dfrac{135,072}{36,905} \times 100 \fallingdotseq 366\%$

- 2019년 : $\dfrac{126,789}{38,774} \times 100 \fallingdotseq 327\%$

- 2020년 : $\dfrac{138,387}{44,031} \times 100 \fallingdotseq 314\%$

- 2021년 : $\dfrac{144,976}{47,831} \times 100 \fallingdotseq 303\%$

- 2022년 : $\dfrac{160,787}{50,356} \times 100 \fallingdotseq 319\%$

따라서 연도별 신재생 자원 발전량 대비 가스 자원 발전량이 가장 큰 해는 2018년이다.

⑤ 전체 발전량이 증가한 해는 2020 ~ 2022년이며, 그 증가폭은 다음과 같다.
- 2020년 : $550,826 - 537,300 = 13,526\text{GWh}$
- 2021년 : $553,900 - 550,826 = 3,074\text{GWh}$
- 2022년 : $593,958 - 553,900 = 40,058\text{GWh}$

따라서 전체 발전량의 전년 대비 증가폭이 가장 큰 해는 2022년이다.

35

정답 ②

㉠ 퍼실리테이션(Facilitation)이란 '촉진'을 의미하며, 어떤 그룹이나 집단이 의사결정을 잘하도록 도와주는 일을 가리킨다. 최근 많은 조직에서는 보다 생산적인 결과를 가져올 수 있도록 그룹이 나아갈 방향을 알려 주고, 주제에 대한 공감을 이룰 수 있도록 능숙하게 도와주는 퍼실리테이터를 활용하고 있다. 퍼실리테이션에 의한 문제해결 방법은 깊이 있는 커뮤니케이션을 통해 서로의 문제점을 이해하고 공감함으로써 창조적인 문제해결을 도모한다. 소프트 어프로치나 하드 어프로치 방법은 타협점의 단순 조정에 그치지만, 퍼실리테이션에 의한 방법은 초기에 생각하지 못했던 창조적인 해결 방법을 도출한다. 동시에 구성원의 동기가 강화되고 팀워크도 한층 강화된다는 특징을 보인다. 이 방법을 이용한 문제해결은 구성원이 자율적으로 실행하는 것이며, 제3자가 합의점이나 줄거리를 준비해 놓고 예정대로 결론이 도출되어 가도록 해서는 안 된다.

㉡ 하드 어프로치에 의한 문제해결방법은 상이한 문화적 토양을 가지고 있는 구성원을 가정하여 서로의 생각을 직설적으로 주장하고 논쟁이나 협상을 통해 의견을 조정해 가는 방법이다. 이때 중심적 역할을 하는 것이 논리, 즉 사실과 원칙에 근거한 토론이다. 제3자는 이것을 기반으로 구성원에게 지도와 설득을 하고 전원이 합의하는 일치점을 찾아내려고 한다. 이러한 방법은 합리적이긴 하지만 잘못하면 단순한 이해관계의 조정에 그치고 말아서 그것만으로는 창조적인 아이디어나 높은 만족감을 이끌어내기 어렵다.

㉢ 소프트 어프로치에 의한 문제해결방법은 대부분의 기업에서 볼 수 있는 전형적인 스타일로 조직 구성원들은 같은 문화적 토양을 가지고 이심전심으로 서로를 이해하는 상황을 가정한다. 코디네이터 역할을 하는 제3자는 결론으로 끌고 갈 지점을 미리 머릿속에 그려가면서 권위나 공감에 의지하여 의견을 중재하고, 타협과 조정을 통하여 해결을 도모한다. 결론이 애매하게 끝나는 경우가 적지 않으나, 그것은 그것대로 이심전심을 유도하여 파악하면 된다. 소프트 어프로치에서는 문제해결을 위해서 직접 표현하는 것이 바람직하지 않다고 여기며, 무언가를 시사하거나 암시를 통하여 의사를 전달하고 기분을 서로 통하게 함으로써 문제해결을 도모하려고 한다.

36

정답 ④

네 번째 조건을 제외한 모든 조건과 그 대우를 논리식으로 표현하면 다음과 같다.
- $\sim(D \lor G) \rightarrow F$ / $\sim F \rightarrow (D \land G)$
- $F \rightarrow \sim E$ / $E \rightarrow \sim F$
- $\sim(B \lor E) \rightarrow \sim A$ / $A \rightarrow (B \land E)$

네 번째 조건에 따라 A가 투표를 하였으므로, 세 번째 조건의 대우에 의해 B와 E 모두 투표를 하였다. 또한 E가 투표를 하였으므로, 두 번째 조건의 대우에 따라 F는 투표하지 않았으며, F가 투표하지 않았으므로 첫 번째 조건의 대우에 따라 D와 G는 모두 투표하였다. A, B, D, E, G 5명이 모두 투표하였으므로 네 번째 조건에 따라 C는 투표하지 않았다. 따라서 투표를 하지 않은 사람은 C와 F이다.

37

정답 ⑤

VLOOKUP 함수는 열의 첫 열에서 수직으로 검색하여 원하는 값을 출력하는 함수이다. 함수의 형식은 「=VLOOKUP(찾을 값, 범위, 열 번호, 찾기 옵션)」이며 이 중 근사값을 찾기 위해서는 찾기 옵션에 1을 입력하고, 정확히 일치하는 값을 찾기 위해서는 0을 입력해야 한다. 상품코드 S3310897의 값을 일정한 범위에서 찾아야 하는 것이므로 범위는 절대참조로 지정해야 하며, 크기 중은 범위 중 3번째 열에 위치하고, 정확히 일치하는 값을 찾아야 하므로 입력해야 하는 함수식은 「=VLOOKUP("S3310897", $B$2:$E$8, 3, 0)」이다.

[오답분석]

① · ② HLOOKUP 함수를 사용하려면 찾고자 하는 값은 '중'이고, [B2:E8] 범위에서 찾고자 하는 행 'S3310897'은 6번째 행이므로 「=HLOOKUP("중", $B$2:$E$8, 6, 0)」을 입력해야 한다.
③ · ④ '중'은 테이블 범위에서 3번째 열이다.

38

정답 ③

Windows Game Bar로 녹화한 영상의 저장 위치는 파일 탐색기를 사용하여 [내 PC] – [동영상] – [캡처] 폴더를 원하는 위치로 옮겨 변경할 수 있다.

39

정답 ①

RPS 제도 이행을 위해 공급의무자는 일정 비율 이상(의무공급비율)을 신재생에너지로 발전해야 한다. 하지만 의무공급비율은 매년 확대되고 있고, 여기에 맞춰 신재생에너지 발전설비를 계속 추가하는 것은 시간적, 물리적으로 어려우므로 공급의무자는 신재생에너지 공급자로부터 REC를 구매하여 의무공급비율을 달성한다.

[오답분석]

② 신재생에너지 공급자가 공급의무자에게 REC를 판매하기 위해서는 에너지관리공단 신재생에너지센터, 한국전력거래소 등 공급인증기관으로부터 공급 사실을 증명하는 공급인증서를 신청해 발급받아야 한다.
③ 2021년 8월 이후 에너지관리공단에서 운영하는 REC 거래시장을 통해 일반기업도 REC를 구매하여 온실가스 감축실적으로 인정받을 수 있게 되었다.
④ REC에 명시된 공급량은 발전방식에 따라 가중치를 곱해 표기하므로 실제 공급량과 다를 수 있다.

40

정답 ③

빈칸 ㉠의 앞 문장은 공급의무자가 신재생에너지 발전설비 확대를 통한 RPS 달성에는 한계점이 있음을 설명하고, 뒷 문장은 이에 대한 대안으로서 REC 거래를 설명하고 있다. 따라서 빈칸에 들어갈 접속부사는 '그러므로'가 가장 적절하다.

41

정답 ③

[오답분석]

① 인증서의 유효기간은 발급일로부터 3년이다. 2020년 10월 6일에 발급받은 REC의 만료일은 2023년 10월 6일이므로 이미 만료되어 거래할 수 없다.
② 천연가스는 화석연료이므로 REC를 발급받을 수 없다.
④ 기업에 판매하는 REC는 에너지관리공단에서 거래시장을 운영한다.

42

정답 ③

수소는 연소 시 탄소를 배출하지 않는 친환경에너지이지만, 수소혼소 발전은 수소와 함께 액화천연가스(LNG)를 혼합하여 발전하므로 기존 LNG 발전에 비해 탄소 배출량은 줄어들지만, 여전히 탄소를 배출한다.

[오답분석]

① 수소혼소 발전은 기존의 LNG 발전설비를 활용할 수 있기 때문에 화석연료 발전에서 친환경에너지 발전으로 전환하는 데 발생하는 사회적·경제적 충격을 완화할 수 있다.

② 높은 온도로 연소되는 수소는 공기 중의 질소와 반응하여 질소산화물(NOx)을 발생시키며, 이는 미세먼지와 함께 대기오염의 주요 원인으로 작용한다.

④ 수소혼소 발전에서 수소를 혼입하는 양이 많아질수록 발전에 사용하는 LNG를 많이 대체하므로 탄소 배출량은 줄어든다.

43

정답 ②

보기에 주어진 문장은 접속부사 '따라서'로 시작하므로 수소가 2050 탄소중립 실현을 위한 최적의 에너지원이 되는 이유 뒤에 와야 한다. 따라서 보기는 수소 에너지의 장점과 이어지는 (나)에 들어가는 것이 가장 적절하다.

44

정답 ③

- 총무팀 : 연필, 지우개, 볼펜, 수정액의 수량이 기준 수량보다 적다.
  - 최소 주문 수량 : 연필 15자루, 지우개 15개, 볼펜 40자루, 수정액 15개
  - 최대 주문 수량 : 연필 60자루, 지우개 90개, 볼펜 120자루, 수정액 60개
- 연구개발팀 : 볼펜, 수정액의 수량이 기준 수량보다 적다.
  - 최소 주문 수량 : 볼펜 10자루, 수정액 10개
  - 최대 주문 수량 : 볼펜 120자루, 수정액 60개
- 마케팅홍보팀 : 지우개, 볼펜, 수정액, 테이프의 수량이 기준 수량보다 적다.
  - 최소 주문 수량 : 지우개 5개, 볼펜 45자루, 수정액 25개, 테이프 10개
  - 최대 주문 수량 : 지우개 90개, 볼펜 120자루, 수정액 60개, 테이프 40개
- 인사팀 : 연필, 테이프의 수량이 기준 수량보다 적다.
  - 최소 주문 수량 : 연필 5자루, 테이프 15개
  - 최대 주문 수량 : 연필 60자루, 테이프 40개

따라서 비품 신청 수량이 바르지 않은 팀은 마케팅홍보팀이다.

45

정답 ②

N사에서 A지점으로 가려면 1호선으로 역 2개를 지난 후 2호선으로 환승하여 역 5개를 더 가야 한다.

따라서 편도로 이동하는 데 걸리는 시간은 $(2 \times 2) + 3 + (2 \times 5) = 17$분이므로 왕복하는 데 걸리는 시간은 $17 \times 2 = 34$분이다.

46

정답 ④

- A지점 : $(900 \times 2) + (950 \times 5) = 6,550$m
- B지점 : $900 \times 8 = 7,200$m
- C지점 : $(900 \times 2) + (1,300 \times 4) = 7,000$m 또는 $(900 \times 5) + 1,000 + 1,300 = 6,800$m
- D지점 : $(900 \times 5) + (1,000 \times 2) = 6,500$m 또는 $(900 \times 2) + (1,300 \times 3) + 1,000 = 6,700$m

따라서 이동거리가 가장 짧은 지점은 D지점이다.

47

정답 ②

- A지점 : 이동거리는 6,550m이고 기본요금 및 거리비례 추가비용은 2호선 기준이 적용되므로 1,500+100=1,600원이다.
- B지점 : 이동거리는 7,200m이고 기본요금 및 거리비례 추가비용은 1호선 기준이 적용되므로 1,200+50×4=1,400원이다.
- C지점 : 이동거리는 7,000m이고 기본요금 및 거리비례 추가비용은 4호선 기준이 적용되므로 2,000+150=2,150원이다.
  또는 이동거리가 6,800m일 때, 기본요금 및 거리비례 추가비용은 4호선 기준이 적용되므로 2,000+150=2,150원이다.
- D지점 : 이동거리는 6,500m이고 기본요금 및 거리비례 추가비용은 3호선 기준이 적용되므로 1,800+100×3=2,100원이다.
  또는 이동거리가 6,700m일 때, 기본요금 및 거리비례 추가비용은 4호선 기준이 적용되므로 2,000+150=2,150원이다.

따라서 이동하는 데 드는 비용이 가장 적은 지점은 B지점이다.

48

정답 ⑤

미국 컬럼비아 대학교에서 만들어낸 치즈케이크는 7가지의 반죽형 식용 카트리지로 만들어졌다. 따라서 페이스트를 층층이 쌓아서 만드는 FDM 방식을 사용하여 제작하였음을 알 수 있다.

오답분석

① PBF / SLS 방식 3D 푸드 프린터는 설탕 같은 분말 형태의 재료를 접착제나 레이저로 굳혀 제작하는 것이므로 설탕 케이크 장식을 제작하기에 적절한 방식이다.
② 3D 푸드 프린터는 질감을 조정하거나, 맛을 조정하여 음식을 제작할 수 있으므로 식감 등으로 발생하는 편식을 줄일 수 있다.
③ 3D 푸드 프린터는 음식을 제작할 때 개인별로 필요한 영양소를 첨가하는 등 사용자 맞춤 식단을 제공할 수 있다는 장점이 있다.
④ 네 번째 문단에서 현재 3D 푸드 프린터의 한계점을 보면 디자인적·심리적 요소로 인해 3D 푸드 프린터로 제작된 음식에 거부감이 들 수 있다고 하였다.

49

정답 ④

(라) 문장이 포함된 문단은 3D 푸드 프린터의 장점에 대해 설명하는 문단이며, 특히 대체육 프린팅의 장점에 대해 소개하고 있다. 그러나 (라) 문장은 대체육의 단점에 대해 서술하고 있으므로 네 번째 문단에 추가로 서술하거나 삭제하는 것이 적절하다.

오답분석

① (가) 문장은 컬럼비아 대학교에서 3D 푸드 프린터로 만들어 낸 치즈케이크의 특징을 설명하는 문장이므로 적절하다.
② (나) 문장은 현재 주로 사용되는 3D 푸드 프린터의 작동 방식을 설명하는 문장이므로 적절하다.
③ (다) 문장은 3D 푸드 프린터의 장점을 소개하는 세 번째 문단의 중심내용이므로 적절하다.
⑤ (마) 문장은 3D 푸드 프린터의 한계점인 '디자인으로 인한 심리적 거부감'을 서술하고 있으므로 적절하다.

50

정답 ④

네 번째 문단은 3D 푸드 프린터의 한계 및 개선점을 설명한 문단으로, 3D 푸드 프린터의 장점을 설명한 세 번째 문단과 역접관계에 있다. 따라서 '그러나'가 적절한 접속부사이다.

오답분석

① ㉠ 앞에서 서술된 치즈케이크의 특징이 대체육과 같은 다른 관련 산업에서 주목하게 된 이유가 되므로 '그래서'는 적절한 접속부사이다.
② ㉡ 앞의 문장은 3D 푸드 프린터의 장점을 소개하는 세 번째 문단의 중심내용이고 뒤의 문장은 이에 대한 예시를 설명하고 있으므로 '예를 들어'는 적절한 접속부사이다.
③ ㉢의 앞과 뒤는 다른 내용이지만 모두 3D 푸드 프린터의 장점을 나열한 것이므로 '또한'은 적절한 접속부사이다.
⑤ ㉤의 앞과 뒤는 다른 내용이지만 모두 3D 푸드 프린터의 단점을 나열한 것이므로 '게다가'는 적절한 접속부사이다.

침묵은 다른 방식으로 펼친 주장이다.

– 체 게바라 –

PART 1

직업기초능력

01

정답 ③

제시문에서 레비스트로스는 신화 자체의 사유 방식이나 특성을 특정 시대의 것으로 한정하는 오류를 범하고 있다고 언급하였다. 과거 신화시대에 생겨난 신화적 사유는 신화가 재현되고 재생되는 한 여전히 시간과 공간을 뛰어 넘어 현재화되고 있다.

02

정답 ④

오답분석

① 제시문에서 언급되지 않은 내용이다.
② '무질서 상태'가 '체계가 없는' 상태라고 할 수 없다. 그것이 '혼란스러운 상태'를 의미하는지도 제시문을 통해서는 알 수 없다.
③ 현실주의자들이 숙명론, 결정론적이라고 비판당하는 것이다.

03

정답 ②

아이들이 따뜻한 구들에 누워 자는 것이 습관이 되어 사지의 활동량이 적어 발육이 늦어진 것이지 체온을 높였기 때문에 발육이 늦어진 것은 아니다.

04

정답 ④

제시문의 세 번째 문단에서 '상품에 응용된 과학 기술이 복잡해지고 첨단화되면서 상품 정보에 대한 소비자의 정확한 이해도 기대하기 어려워졌다.'는 내용을 통해 확인할 수 있다.

05

정답 ②

제시문의 마지막 문단에서 '그리고 병원균이나 곤충, 선충에 기생하는 종들을 사용한 생물 농약은 유해 병원균이나 해충을 직접 공격하기도 한다.'라고 하였으므로 ②는 적절하지 않다.

06

정답 ①

평균 비용이 한계 비용보다 큰 경우, 공공요금을 평균 비용 수준에서 결정하면 수요량이 줄면서 거래량이 따라 줄고, 결과적으로 생산량도 감소한다. 이는 사회 전체의 관점에서 볼 때 자원이 효율적으로 배분되지 못하는 상황이다.

오답분석

②는 첫 번째 문단, ③은 두 번째 문단, ④는 마지막 문단에서 확인할 수 있다.

출제유형분석 02   실전예제

01

정답   ①

문맥상 먼저 속담을 제시하고 그 속담에 얽힌 이야기가 순서대로 나와야 하므로 (라)가 가장 먼저 나온다. (라) 다음으로 '앞집'과 '뒷집'의 다툼이 시작되는 (가)가 나오고, 적반하장 격으로 뒷집이 앞집에 닭 한 마리 값을 물어주게 된 상황을 설명하는 (다)가 (가) 뒤로 이어지며, 이야기를 전체적으로 요약하고 평가하는 (나)가 마지막에 나열되어야 한다.

02

정답   ①

(가) 문단에서 피타고라스학파가 근본적인 것으로 '수(數)'를 선택했음을 알 수 있다. 이후 전개될 내용으로는 피타고라스학파가 왜 '수(數)'를 가장 근본적인 것으로 생각했는지의 이유가 전개되어야 한다. 따라서 수(數)의 중요성과 왜 근본적인지에 대한 내용의 보기는 (가) 문단의 뒤에 전개되어야 한다.

03

정답   ④

제시문은 관객이 영화를 보면서 흐름을 지각하는 것을 제대로 설명하지 못하는 동일시 이론에 대해 문제를 제기하고 이를 칸트의 무관심성을 통해 설명할 수 있다고 제시한다. 이어서 관객이 영화의 흐름을 생동감 있게 체험할 수 있는 이유로 '방향 공간'과 '감정 공간'을 제시하고 이에 대한 설명을 한 뒤 이것이 관객이 영화를 지각할 수 있는 원리가 될 수 있음을 정리하며 마치고 있는 글이다. 따라서 '(나) 영화를 보면서 흐름을 지각하는 것을 제대로 설명하지 못하는 '동일시 이론' → (가) 영화 흐름의 지각에 대해 설명할 수 있는 칸트의 '무관심성' → (라) 영화의 생동감을 체험할 수 있게 하는 '방향 공간' → (마) 영화의 생동감을 체험할 수 있게 하는 또 다른 이유인 '감정 공간' → (다) 관객이 영화를 지각하는 과정에 대한 정리'로 나열되어야 한다.

04

정답   ④

보기의 내용은 감각이 아닌 산술 혹은 기하학 등 단순한 것의 앎에 대한 의심으로, '하느님과 같은 어떤 전능자가 명백하게 여겨지는 것에 대해서도 속을 수 있는 본성을 나에게 줄 수 있다.'라는 마지막 문장을 주시해야 한다. 또한 (라) 시작 부분에 '누구든지 나를 속일 수 있으면 속여 보라.'라는 문장을 보면 보기의 마지막과 (라)의 시작 부분이 연결됨을 알 수 있다.

05

정답   ①

제시문은 인간의 도덕적 자각과 사회적 의미를 강조하는 윤리인 '충'과 '서'가 있음을 알리고, 각각의 의미를 설명하는 내용의 글이다. 따라서 '(가) 인간의 도덕적 자각과 사회적 실천을 강조하는 윤리인 '충서' → (다) '충'의 의미 → (나) '서'의 의미 → (라) '서'가 의미하는 역지사지의 상태' 순으로 나열되어야 한다.

06

정답   ④

먼저 귀납에 대해 설명하고 있는 (나) 문단이 오는 것이 적절하며, 특성으로 인한 귀납의 논리적 한계가 나타난다는 (라) 문단이 그다음으로 오는 것이 자연스럽다. 이후 이러한 한계에 대한 흄의 의견인 (다) 문단과 구체적인 흄의 주장과 이에 따라 귀납의 정당화 문제에 대해 설명하는 (가) 문단이 차례로 오는 것이 적절하다.

01

헤겔은 국가를 사회 문제를 해결하고 공적 질서를 확립할 최종 주체로 설정했고, 뒤르켐은 사익을 조정하고 공익과 공동체적 연대를 실현할 도덕적 개인주의의 규범에 주목하면서 이를 수행할 주체로서 직업 단체의 역할을 강조하였다. 즉, 직업 단체가 정치적 중간 집단으로서 구성원의 이해관계를 국가에 전달하는 한편 국가를 견제해야 한다고 보았다.

오답분석

① 뒤르켐이 주장하는 직업 단체는 정치적 중간집단의 역할로 빈곤과 계급 갈등의 해결을 수행할 주체이다.
②·④ 헤겔의 주장이다.

02

제시문의 '나'는 세상의 사물이나 현상을 선입견에 사로잡히지 말고 본질을 제대로 파악하여 이해해야 한다고 말하고 있다. 그러므로 ㉠·㉢·㉣은 '나'의 비판을 받을 수 있다.

03

제시문에서는 아이들이 어른에게서보다 어려운 문제 해득력이나 추상력을 필요로 하지 않는 텔레비전을 통해서 더 많은 것을 배우므로 어린이나 젊은이들에게서 어른에 대한 두려움이나 존경을 찾기 어렵다고 주장한다. 이러한 주장에 대한 반박으로는 아이들은 텔레비전보다 학교의 선생님이나 친구들과 더 많은 시간을 보내고, 텔레비전이 아이들에게 부정적 영향만 끼치는 것은 아니며, 아이들의 그러한 행동에 영향을 미치는 다른 요인이 있다는 것이 적절하다. 따라서 텔레비전이 인간의 필요성을 충족시킨다는 ③은 제시문에 대한 반박으로 적절하지 않다.

04

도킨스에 따르면 인간 개체는 유전자라는 진정한 주체의 매체에 지나지 않게 된다. 이러한 생각에는 살아가고 있는 구체적 생명체를 경시하게 되는 논리가 잠재되어 있다. 따라서 무엇이 진정한 주체인가에 대한 물음이 필자의 문제 제기로 적절하다.

05

제시문은 윤리적 상대주의가 참이라는 결론을 내리기 위한 논증이다. 어떤 행위에 대한 문화 간의 지속적인 시비 논란(윤리적 판단)은 사람들의 윤리적 기준 차이에 의하여 한 문화 안에서 시대마다 다르기도 하고, 동일한 문화와 시대 안에서도 다를 수 있다. 그러므로 올바른 윤리적 기준은 그것을 적용하는 사람에 따라 상대적이고 윤리적 상대주의가 참이라는 논증이다. 따라서 이 논증의 반박은 '절대적 기준에 의한 보편적 윤리 판단은 존재한다.'가 되어야 한다. 그러나 ②는 '윤리적 판단이 항상 서로 다른 것은 아니다.'라는 내용이다. 이 글에서도 윤리적 판단이 '~ 다르기도 하다.', '다른 윤리적 판단을 하는 경우를 볼 수 있다.'고 했지 '항상 다르다.'고는 하지 않았으므로 ②는 반박으로 적절하지 않다.

06

제시문에서는 한국 사람들이 자기보다 우월한 사람들을 준거집단으로 삼기 때문에 이로 인한 상대적 박탈감으로 행복감이 낮다고 설명하고 있으므로 이를 반증하는 사례를 통해 반박해야 한다. 만약 자신보다 우월한 사람들을 준거집단으로 삼으면서도 행복감이 낮지 않는 나라가 있다면 이에 대한 반박이 되므로 ③이 반박으로 적절하다.

07

정답 ④

화폐 통용을 위해서는 화폐가 유통될 수 있는 시장이 성장해야 하고, 농업생산력이 발전해야 한다. 그러나 서민들은 물품화폐를 더 선호하였고, 일부 계층에서만 화폐가 유통되었다. 따라서 광범위한 동전 유통이 실패한 것이다. 화폐수요량에 따른 공급은 화폐가 유통된 이후의 조선 후기에 해당하는 내용이다.

출제유형분석 04　실전예제

01

정답 ①

제시문은 유전자 치료를 위하여 프로브와 겔 전기영동법을 통해 비정상적인 유전자를 찾아내는 방법을 설명하고 있다. 따라서 제시문의 주제로 적절한 것은 '유전자 추적의 도구와 방법'이다.

02

정답 ②

두 번째 문단의 '시장경제가 제대로 운영되기 위해서는 국가의 소임이 중요하다.'라고 한 부분과 세 번째 문단의 '시장경제에서 국가가 할 일은 크게 세 가지로 나누어 볼 수 있다.'라고 한 부분에서 '시장경제에서의 국가의 역할'이라는 제목을 유추할 수 있다.

03

정답 ④

제시문은 인간은 직립보행을 계기로 후각이 생존에 상대적으로 영향을 덜 주게 되면서 시각을 발달시키는 대신 후각을 현저히 퇴화시켰다는 사실을 설명하고 있다. 다만, 후각은 여전히 감정과 긴밀히 연계되어 있고, 관련 기억을 불러일으킨다는 사실을 언급하며 마무리하고 있다. 따라서 인간은 후각을 부수적인 기능으로 남겨두었다는 것이 제시문의 요지로 적절하다.

04

정답 ④

첫 번째 문단은 임신 중 고지방식 섭취로 인한 자식의 생식기에 종양 발생 가능성에 대한 연구 결과를 이야기하고 있고, 두 번째 문단은 사지 절단 수술로 인해 심장병으로 사망할 가능성에 대한 조사 결과를 이야기하고 있다. 따라서 제시문의 주제는 '의외의 질병 원인과 질병 사이의 상관관계'가 적절하다.

05

정답 ①

제시문은 고전 범주화 이론에 바탕을 두고 있는 성분 분석 이론이 단어의 의미를 충분히 설명하지 못한다는 것을 말하고 있는 글이지 '새' 자체가 주제인 것은 아니다. 따라서 제시문의 주제로 적절한 것은 '고전 범주화 이론의 한계'이다.

오답분석

②·③ '새'가 계속 언급되는 것은 고전적인 성분 분석의 예로서 언급되는 것이기 때문에 주제가 될 수 없다.
④ 성분 분석 이론의 바탕은 고전 범주화 이론이고, 이는 너무 포괄적이기 때문에 주제가 될 수 없다.

06

정답 ④

제시된 기사에서는 대기업과 중소기업 간의 상생경영의 중요성을 강조하고 있다. 기존에는 대기업이 시혜적 차원에서 중소기업에게 베푸는 느낌이 강했지만, 현재는 협력사의 경쟁력 향상이 곧 기업의 성장으로 이어질 것으로 보고, 상생경영의 중요성을 높이고 있다. 대기업이 지원해준 업체의 기술력 향상으로 더 큰 이득을 보상받는 등 상생협력이 대기업과 중소기업 모두에게 효과적임을 알 수 있다. 따라서 '시혜적 차원에서의 대기업 지원의 중요성'은 기사의 제목으로 적절하지 않다.

01

정답 ④

문맥의 흐름으로 볼 때 빈칸에는 '유쾌한 건망증'의 예가 될 만한 속담이 들어가야 한다. 따라서 빈칸 뒷부분에서 소개되고 있는 일화와 비슷한 성격의 내용이 담긴 속담인 ④가 가장 적절하다.

02

정답 ①

- 첫 번째 빈칸 : ㉠의 '이렇게 재구성된 의미들'은 빈칸 앞 문장에서의 '수용자가 재구성한 뉴스의 의미'와 연결되며, ㉠의 '만들어진 여론이 뉴스 구성의 틀에 영향을 주는 것'은 빈칸 뒤 문장의 '다시 틀 짓기'와 연결된다. 따라서 빈칸에는 ㉠이 적절함을 알 수 있다.
- 두 번째 빈칸 : 빈칸 앞 문장에서는 수용자의 주체적인 의미 해석이 가능한 이유를 묻고 있으므로 빈칸에는 그러한 질문에 대한 답으로 '외부 정보를 해석하는 수용자의 인지 구조' 때문이라는 내용의 ㉡이 적절함을 알 수 있다.
- 세 번째 빈칸 : ㉢은 빈칸 앞 문장에서 언급한 '수용자의 다양한 해석으로 형성되는 여론'에 대해 설명하고 있다. 따라서 빈칸에는 ㉢이 적절함을 알 수 있다.

03

정답 ②

첫 번째 문단에 따르면 범죄는 취잿감으로 찾아내기가 쉽고 편의에 따라 기사화할 수 있을 뿐만 아니라 범죄 보도를 통해 시청자의 관심을 끌 수 있기 때문에 언론이 범죄를 보도의 주요 소재로 삼지만, 지나친 범죄 보도는 범죄자나 범죄 피의자의 초상권을 침해하여 법적·윤리적 문제를 일으킨다. 따라서 마지막 문단의 내용처럼 범죄 보도가 초래하는 법적·윤리적 논란은 언론계 전체의 신뢰도에 치명적인 손상을 가져올 수도 있다. 이러한 현상을 비유하기에 가장 적절한 표현은 '부메랑'이다. 부메랑은 그것을 던진 사람 자신에게 되돌아와 상처를 입힐 수도 있기 때문이다.

[오답분석]
① 시금석(試金石) : 귀금속의 순도를 판정하는 데 쓰는 검은색의 현무암이나 규질의 암석(층샛돌)을 뜻하며, 가치·능력·역량 등을 알아볼 수 있는 기준이 되는 기회나 사물을 비유적으로 이르는 말로도 쓰인다.
③ 아킬레스건(Achilles 腱) : 치명적인 약점을 비유하는 말이다.
④ 악어의 눈물 : 일반적으로 강자가 약자에게 보이는 '거짓 눈물'을 비유하는 말이다.

04

정답 ①

제시문에 따르면 우리는 작품을 감상할 때 작품이 지닌 의미보다 작품의 맥락과 내용에 대한 지식에 의존한다. 따라서 빈칸에는 의미가 중요하다는 내용이 들어가야 한다.

05

정답 ②

제시문은 '직업안전보건국이 제시한 1ppm의 기준이 지나치게 엄격하다고 판결하였다.'와 '직업안전보건국은 노동자를 생명의 위협이 될 수 있는 화학물질에 노출시키는 사람들이 그 안전성을 입증해야 한다.'의 논점의 대립이다. 따라서 빈칸에는 ②와 같이 '벤젠의 노출 수준이 1ppm을 초과할 경우 노동자의 건강에 실질적으로 위험하다는 것을 직업안전보건국이 입증해야 한다.'는 내용이 오는 것이 적절하다.

06

- 첫 번째 빈칸 : 빈칸 뒤 문장에서 과도한 지방 섭취는 안 좋다는 내용을 통해 지방에 대한 안 좋은 이야기가 나와야 함을 알수 있다. 따라서 ⓒ이 적절하다.
- 두 번째 빈칸 : 빈칸 뒤 문장을 보면 '이러한 축적 능력'이라는 어구가 보인다. 따라서 빈칸에는 축적 능력에 대한 내용이 있어야한다. 따라서 ⓒ이 적절하다.
- 세 번째 빈칸 : 빈칸 앞 문장에서는 살아남은 자들의 후손인 현대인들이 달거나 기름진 음식을 본능적으로 좋아하게 된 것은진화의 당연한 결과이고, 뒤 문장에서는 지방이 풍부한 음식을 찾는 경향은 지나치게 지방을 축적하게 하여 결국 부작용으로이어진다고 했다. 그러므로 빈칸에는 진화가 부작용으로 이어졌다는 내용이 들어가야 한다. 따라서 ㉠이 적절하다.

07

빈칸 뒤에서는 고전 미학과 근대 미학이 각각 추구하는 이념과 대상에 대해 예를 들어 설명하고 있다. 따라서 빈칸에는 미학이추구하는 이념과 대상도 '시대에 따라 다름'을 언급하는 내용이 들어가야 한다.

01

정답 ①

A소금물과 B소금물의 소금의 양을 구하면 각각 $300 \times 0.09 = 27g$, $250 \times 0.112 = 28g$이다.

이에 따라 C소금물의 농도는 $\dfrac{27+28}{300+250} \times 100 = \dfrac{55}{550} \times 100 = 10\%$이다.

소금물을 덜어내도 농도는 변하지 않으므로 소금물은 $550 \times 0.8 = 440g$이고, 소금의 양은 $44g$이다.

따라서 소금을 $10g$ 더 추가했을 때의 소금물의 농도는 $\dfrac{44+10}{440+10} \times 100 = \dfrac{54}{450} \times 100 = 12\%$이다.

02

정답 ①

2일 후 B씨와 C씨의 자산의 차액은 A씨의 2일 후의 자산과 동일하다.

$2y + 2 \times 3 - (y + 2 \times 5) = 5 + 2 \times 2 \rightarrow y = 13$이므로 B씨의 잔고는 13달러, C씨의 잔고는 26달러이다.

또한 x일 후의 B씨의 자산은 $(13 + 5x)$원, C씨의 자산은 $(26 + 3x)$원이 되므로 B씨의 자산이 C씨의 자산보다 같거나 많게 되는 날에 관한 부등식을 세우면 다음과 같다.

$13 + 5x \geq 26 + 3x \rightarrow 2x \geq 13 \rightarrow x \geq 6.5$

따라서 7일 후에 B씨의 자산이 C씨의 자산보다 같거나 많게 된다.

03

정답 ②

A, B, C, D항목의 점수를 각각 a, b, c, d점이라고 하자.

각 가중치에 따른 점수는 다음과 같다.

• $a + b + c + d = 82.5 \times 4 = 330 \cdots$ ㉠
• $2a + 3b + 2c + 3d = 83 \times 10 = 830 \cdots$ ㉡
• $2a + 2b + 3c + 3d = 83.5 \times 10 = 835 \cdots$ ㉢

㉠과 ㉡을 연립하면

• $a + c = 160 \cdots$ ⓐ
• $b + d = 170 \cdots$ ⓑ

㉠과 ㉢을 연립하면

• $c + d = 175 \cdots$ ⓒ
• $a + b = 155 \cdots$ ⓓ

각 항목의 만점은 100점이므로 ⓐ와 ⓓ를 통해 최저점이 55점이나 60점인 것을 알 수 있다. 만약 A항목이나 B항목의 점수가 55점이라면 ⓐ와 ⓑ에 의해 최고점이 100점 이상이 되므로 최저점은 60점인 것을 알 수 있다. 따라서 $a = 60$, $c = 100$이고, G사원이 받을 수 있는 최고점과 최저점의 차는 $100 - 60 = 40$점이다.

04

정답 ②

처음 속력을 x km/h(단, $x>0$)라 하면, 차에 이상이 생긴 후 속력은 $0.5x$ km/h이다. 이때 총 걸린 시간이 1시간 30분이므로 식을 세우면 다음과 같다.

$$\frac{60}{x}+\frac{90}{0.5x}=\frac{3}{2} \rightarrow 60+180=\frac{3}{2}x$$
$$\therefore x=160$$

05

정답 ④

주어진 정보를 표로 정리하면 다음과 같다.

구분	뮤지컬 좋아함	뮤지컬 좋아하지 않음	합계
남학생	24	26	50
여학생	16	14	30
합계	40	40	80

따라서 뮤지컬을 안 좋아하는 사람을 골랐을 때, 그 사람이 여학생일 확률은 $\frac{14}{40}=\frac{7}{20}$ 이다.

06

정답 ③

B지역 유권자의 수를 x명(단, $x>0$)이라고 하면 A지역 유권자의 수는 $4x$명이다.

• A지역 찬성 유권자 수 : $4x\times\frac{3}{5}=\frac{12}{5}x$명

• B지역 찬성 유권자 수 : $\frac{1}{2}x$명

따라서 A, B 두 지역 유권자의 헌법 개정 찬성률은 $\dfrac{\frac{12}{5}x+\frac{1}{2}x}{4x+x}\times100=\dfrac{\frac{29}{10}x}{5x}\times100=58\%$이다.

07

정답 ①

A기계, B기계가 1분 동안 생산하는 비누의 수를 각각 x, y개라 하면
$5(x+4y)=100\cdots\text{㉠}$
$4(2x+3y)=100\cdots\text{㉡}$
두 식을 정리하면
$x+4y=20\cdots\text{㉠}$
$2x+3y=25\cdots\text{㉡}$
㉠, ㉡을 연립하면
$5y=15$, $y=3 \rightarrow x=8$
따라서 A기계 3대와 B기계 2대를 동시에 가동하여 비누 100개를 생산하는 데 걸리는 시간은
$\dfrac{100}{(8\times3)+(3\times2)}=\dfrac{100}{30}=\dfrac{10}{3}$ 시간이다.

08

정답 ③

전체 8명에서 4명을 선출하는 경우의 수에서 남자만 4명을 선출하는 경우를 제외하면 된다.
$${}_8C_4-{}_5C_4=\frac{8\times7\times6\times5}{4\times3\times2\times1}-\frac{5\times4\times3\times2}{4\times3\times2\times1}=70-5=65\text{가지}$$

09

③

G사의 전 직원을 x명이라고 하자. 찬성한 직원은 $0.8x$명이고, 그중 남직원은 $0.8x \times 0.7 = 0.56x$명이다.

구분	찬성	반대	합계
남자	$0.56x$	$0.04x$	$0.6x$
여자	$0.24x$	$0.16x$	$0.4x$
합계	$0.8x$	$0.2x$	x

따라서 여직원 한 명을 뽑았을 때, 유연근무제에 찬성한 직원일 확률은 $\dfrac{0.24x}{0.4x} = \dfrac{3}{5}$이다.

출제유형분석 02 실전예제

01

정답 ④

A팀은 C팀의 평균보다 3초 짧고, B팀은 D팀의 평균보다 2초 길다. 각 팀의 평균을 구하면 다음과 같다.
- A팀 : $45 - 3 = 42$초
- B팀 : $44 + 2 = 46$초
- C팀 : $\dfrac{51 + 30 + 46 + 45 + 53}{5} = 45$초
- D팀 : $\dfrac{36 + 50 + 40 + 52 + 42}{5} = 44$초

A팀의 4번 선수의 기록을 a초, B팀의 2번 선수의 기록을 b초로 가정한다.

A팀의 4번 선수의 기록은 $\dfrac{32 + 46 + 42 + a + 42}{5} = 42 \rightarrow a + 162 = 210 \rightarrow a = 48$이고,

B팀의 2번 선수의 기록은 $\dfrac{48 + b + 36 + 53 + 55}{5} = 46 \rightarrow b + 192 = 230 \rightarrow b = 38$이다.

따라서 두 선수의 평균 기록은 $\dfrac{48 + 38}{2} = 43$초이다.

02

정답 ③

중앙값은 관찰값을 최솟값부터 최댓값까지 크기순으로 배열하였을 때 순서상 중앙에 위치하는 값을 말하며, 관찰값의 개수가 짝수인 경우 중앙에 위치하는 두 관찰값의 평균이 중앙값이 된다. 직원 (가) ~ (바)의 점수를 크기 순으로 나열하면 91, 85, 83, 79, 76, 75가 되며, 관찰값의 개수가 짝수이므로 중앙에 위치하는 두 관찰값 83과 79의 평균인 81이 중앙값이 된다.

03

정답 ③

가중평균은 원값에 해당되는 가중치를 곱한 총합을 가중치의 합으로 나눈 것을 말한다. A의 가격을 a만 원이라고 가정하여 가중평균에 대한 방정식을 구하면 다음과 같다.

$\dfrac{(a \times 30) + (70 \times 20) + (60 \times 30) + (65 \times 20)}{30 + 20 + 30 + 20} = 66 \rightarrow \dfrac{30a + 4,500}{100} = 66 \rightarrow 30a = 6,600 - 4,500 \rightarrow a = \dfrac{2,100}{30} \rightarrow a = 70$

따라서 A의 가격은 70만 원이다.

04

정답 ④

(기대효과)=(조달단가)×(구매 효용성)이므로 물품별 기대효과는 다음 표와 같다.

구분	A	B	C	D	E	F	G	H
기대효과	3×1=3	4×0.5=2	5×1.8=9	6×2.5=15	7×1=7	8×1.75=14	10×1.9=19	16×2=32

여기서 조달단가 20억 원 이내 조합의 기대효과 중 최댓값을 고르면 조달단가가 20억 원인 경우와 19억 원인 경우의 조합을 구한다.

조달단가 합	조합	기대효과
20억 원	H+B	32+2=34
	G+E+A	19+7+3=29
	G+D+B	19+15+2=36
	F+E+C	14+7+9=30
	F+C+B+A	14+9+2+3=28
	E+D+B+A	7+15+2+3=27
19억 원	H+A	32+3=35
	G+D+A	19+15+3=37
	G+C+B	19+9+2=30
	F+E+B	14+7+2=23
	F+D+C	14+15+9=38
	E+C+B+A	7+9+2+3=21

따라서 더 이상 큰 조합은 없으므로 F+D+C 조합일 때의 기대효과 총합 38이 최댓값이다.

05

정답 ④

자료의 개수가 홀수일 때 중앙값은 가장 가운데 오는 수이지만, 자료의 개수가 짝수일 때, 중앙에 있는 2개 값이 중앙값이 된다.
12, 13, 15, 17, 17, 20 중 중앙값은 15와 17의 평균인 16이다. 최빈값은 17점이 두 번 나오므로 17점이 최빈값이 된다.
따라서 중앙값은 16점이며, 최빈값은 17점이다.

06

정답 ③

20명의 통근시간을 오름차순으로 나열하면 다음과 같다.

이름	J	I	E	F	P	O	D	T	G	S
시간(분)	14	19	21	25	25	28	30	30	33	33
이름	N	R	M	B	C	A	L	K	Q	H
시간(분)	36	37	39	41	44	45	48	50	52	55

중위값은 자료의 개수가 짝수이면, $\frac{n}{2}$ 번째와 $\frac{n}{2}+1$번째 값의 평균으로 계산한다. 따라서 표에 정리한 바와 같이 10번째 S직원의

통근시간 33분과 11번째 N직원의 통근시간 36분의 평균은 $\frac{33+36}{2}=34.5$분이다.

01

컴퓨터가 2021년부터 10대 품목에서 밀려나게 되었고, 컴퓨터가 제외된 자리에 전자응용기기가 포함되었다.

오답분석

①·② 제시된 자료를 통해 쉽게 확인할 수 있다.

④ 반도체 비중이 가장 큰 해는 2023년이며, 2023년에는 철강판이 전자응용기기에 이어 두 번째로 적은 비중을 차지했다.

02

대두의 대미 수입규모는 전체의 43.9%이지만 주어진 자료만 가지고 세계에서 가장 규모가 큰지는 알 수 없다.

오답분석

② 곡류는 3,872백만 달러로 수입 금액이 가장 크다.

③ 치즈의 대미 수입 비중은 전체의 50%로 가장 크다.

④ 밀의 전체 수입규모는 4,064천 톤으로, 미국에서 수입하는 밀의 규모인 1,165천 톤의 세 배가 넘는다.

03

ㄴ. 2020년 대비 2023년 모든 분야의 침해사고 건수는 감소하였으나, 50%p 이상 줄어든 것은 스팸릴레이 한 분야이다.

ㄹ. 기타 해킹 분야의 2023년 침해사고 건수는 2021년 대비 증가했으므로 옳지 않은 설명이다.

오답분석

ㄱ. 단순침입시도 분야의 침해사고는 매년 스팸릴레이 분야의 침해사고 건수의 두 배 이상인 것을 확인할 수 있다.

ㄷ. 2022년 홈페이지 변조 분야의 침해사고 건수가 차지하는 비중은 $\frac{5,216}{16,135} \times 100 = 32.3\%$로, 35% 이하이다.

04

2019년과 2023년에는 출생아 수와 사망자 수의 차이가 20만 명이 되지 않는다.

05

2023년 시급과 수강생 만족도를 참고하여 2024년 강사별 시급 및 2023년과 2024년의 시급 차이를 구하면 다음과 같다.

강사	2024년 시급	(2024년 시급)−(2023년 시급)
A	55,000(1+0.05)=57,750원	57,750−55,000=2,750원
B	45,000(1+0.05)=47,250원	47,250−45,000=2,250원
C	54,600(1+0.1)=60,060원 → 60,000원 (∵ 시급의 최대)	60,000−54,600=5,400원
D	59,400(1+0.05)=62,370원 → 60,000원 (∵ 시급의 최대)	60,000−59,400=600원
E	48,000원	48,000−48,000=0원

따라서 2023년과 2024년 시급 차이가 가장 큰 강사는 C이다.

① 강사 E의 2023년 시급은 48,000원이다.
② 2024년 강사 D의 시급과 강사 C의 시급은 60,000원으로 같다.
④ 2023년 강사 C의 시급 인상률을 a%라고 하자.

$$52,000\left(1+\frac{a}{100}\right)=54,600 \rightarrow 520a=2,600 \rightarrow a=5$$

즉, 2023년 강사 C의 시급 인상률은 5%이므로, 2022년 수강생 만족도 점수는 4.0점 이상 4.5점 미만이다.

06

정답 ②

경증 환자 중 남자 환자의 비율은 $\frac{31}{50}$이고, 중증 환자 중 남자 환자의 비율은 $\frac{34}{50}$이므로 경증 환자 비율이 더 낮다.

07

정답 ④

전체 가입자 중 여자 가입자 수의 비율은 $\frac{9,804,482}{21,942,806}\times100 ≒ 44.7\%$이다.

① 남자 사업장가입자 수는 8,059,994명이며, 남자 지역가입자 수의 2배인 $3,861,478\times2=7,722,956$명보다 많다.
② 전체 여자 가입자 수인 9,804,482명에서 여자 사업장가입자 수인 5,775,011명을 빼면 4,029,471명이다. 따라서 여자 사업장 가입자 수가 이를 제외한 항목의 여자 가입자 수를 모두 합친 것보다 많다.
③ 전체 지역가입자 수는 전체 사업장가입자 수의 $\frac{7,310,178}{13,835,005}\times100 ≒ 52.8\%$이다.

08

정답 ②

기원이의 체중이 11kg 증가하면 $71+11=82$kg이다. 이 경우 비만도는 $\frac{82}{73.8}\times100 ≒ 111\%$이므로 과체중에 도달한다.

따라서 기원이가 과체중이 되기 위해서는 11kg 이상 체중이 증가하여야 한다.

① • 혜지의 표준체중 : $(158-100)\times0.9=52.2$kg
   • 기원이의 표준체중 : $(182-100)\times0.9=73.8$kg
③ • 혜지의 비만도 : $\frac{58}{52.2}\times100 ≒ 111\%$

   • 기원이의 비만도 : $\frac{71}{73.8}\times100 ≒ 96\%$

   • 용준이의 표준체중 : $(175-100)\times0.9=67.5$kg

   • 용준이의 비만도 : $\frac{96}{67.5}\times100 ≒ 142\%$

   90% 이상 110% 이하면 정상체중이므로 3명의 학생 중 정상체중인 학생은 기원이뿐이다.
④ 용준이가 정상체중 범주에 속하려면 비만도가 110% 이하여야 한다.

   $$\frac{x}{67.5}\times100 \leq 110\% \rightarrow x \leq 74.25$$

   즉, 현재 96kg에서 정상체중이 되기 위해서는 약 22kg 이상 감량을 해야 한다.

09

신재생 에너지의 경우, 석탄 에너지에 비해 진입 시 추가확충 필요자금은 더 적지만, 진입 후 흑자전환에 소요되는 기간은 2년 더 길다.

[오답분석]
① 국내 최종에너지원별 소비량을 보면, 열 에너지 부문의 시장규모는 제시된 기간 중 매월 신재생 에너지에 비해 더 작다.
② 규제 완화 정도 점수가 낮을수록 제도적 장애물에 자주 부딪힐 것이므로 해당 점수가 가장 낮은 열 에너지 부문이 규제로 인한 문제를 가장 많이 겪을 것이다.
④ 1위 기업의 현재 시장점유율이 더 높은 천연가스 에너지 부문에 진입 시 초기 점유율 확보가 더 어려울 것이다.

10

2022년의 50대 선물환거래 금액은 $1,980억×0.306=605.88억$ 원이며, 2023년은 $2,084억×0.297=618.948억$ 원이다. 따라서 2022년 대비 2023년의 50대 선물환거래 금액 증가량은 $618.948-605.88=13.068억$ 원이므로 13억 원 이상이다.

[오답분석]
① 2022 ~ 2023년의 전년 대비 10대의 선물환거래 금액 비율 증감 추이는 '증가 – 감소'이고, 20대는 '증가 – 증가'이다.
③ 2021 ~ 2023년의 40대 선물환거래 금액은 다음과 같다.
- 2021년 : $1,920억×0.347=666.24억$ 원
- 2022년 : $1,980억×0.295=584.1억$ 원
- 2023년 : $2,084억×0.281=585.604억$ 원

2023년의 40대 선물환거래 금액은 전년 대비 증가했으므로 40대의 선물환거래 금액은 지속적으로 감소하고 있지 않다.
④ 2023년의 10 ~ 40대 선물환거래 금액 총비율은 $2.5+13+26.7+28.1=70.3\%$로, 2022년의 50대 비율의 2.5배인 $30.6\%×2.5=76.5\%$보다 낮다.

출제유형분석 04 실전예제

01

1) 현찰매입률(은행이 고객으로부터 외화를 살 때 적용하는 환율) 산출

구분	매매기준율(KRW)	스프레드(%)	현찰매입률
EUR	1,305	2	$1,305×(1-0.02)=1,278.9$
AED	320	4	$320×(1-0.04)=307.2$
THB	35	6	$35×(1-0.06)=32.9$

2) 원화로 환전
- EUR : $100×1,278.9=127,890$원
- AED : $4,000×307.2=1,228,800$원
- THB : $1,500×32.9=49,350$원
∴ (총액)$=1,406,040$원

3) 현찰매도율(은행이 고객으로부터 외화를 팔 때 적용하는 환율) 산출
$1,160×(1+0.015)=1,177.4$

4) 달러로 환전
$1,406,040÷1,177.4≒1,194.19$

따라서 USD 1,194.19를 환전할 수 있다.

02

정답 ④

- ○○문구

  비품가격은 32,000+31,900+2,500=66,400원이다. 20%를 할인받을 수 있는 쿠폰을 사용하면 총주문금액은 66,400×0.8=53,120원이다. 배송료를 더하면 53,120+4,000=57,120원이므로 견적금액은 57,100원이다(∵ 백 원 미만 절사).

- △△문구

  비품가격은 25,000+22,800+1,800=49,600원이다. 4만 원 이상 구매 시 판매가의 7%를 할인받으므로 총주문금액은 49,600×0.93=46,128원이다. 배송료를 더하면 46,128+2,500=48,628원이므로 견적금액은 48,600원이다(∵ 백 원 미만 절사).

- □□문구

  문서 파일을 제외한 비품가격은 24,100+28,000=52,100원이다. 5만 원 이상 구매 시 문서 파일 1개를 무료 증정하므로 문서 파일은 따로 살 필요가 없다. 즉, 견적금액은 52,100−4,000(∵ 첫 구매 적립금)=48,100원이다. 배송료를 더하면 48,100+4,500=52,600원이다.

따라서 가격이 가장 저렴한 △△문구와 거래하며, 견적금액은 48,600원이다.

03

정답 ③

상품별 고객 만족도 1점당 비용을 구하면 다음과 같다.
- 차량용 방향제 : 7,000원÷5점=1,400원
- 식용유 세트 : 10,000원÷4점=2,500원
- 유리용기 세트 : 6,000원÷6점=1,000원
- 32GB USB : 5,000원÷4점=1,250원
- 머그컵 세트 : 10,000원÷5점=2,000원
- 육아 관련 도서 : 8,800원÷4점=2,200원
- 핸드폰 충전기 : 7,500원÷3점=2,500원

할당받은 예산을 고려하며 고객 만족도 1점당 비용이 가장 낮은 상품부터 구매비용을 구하면 다음과 같다.
- 유리용기 세트 : 6,000×200=1,200,000원
  → 남은 예산 : 5,000,000−1,200,000=3,800,000원
- 32GB USB : 5,000×180=900,000원
  → 남은 예산 : 3,800,000−900,000=2,900,000원
- 차량용 방향제 : 7,000×300=2,100,000원
  → 남은 예산 : 2,900,000−2,100,000=800,000원
- 머그컵 세트 : 10,000×80=800,000원
  → 남은 예산 : 800,000−800,000=0원

즉, 확보 가능한 상품의 개수는 200+180+300+80=760개이다.
따라서 나누어 줄 수 있는 고객의 수는 760÷2=380명이다.

04

정답 ④

정확한 값을 계산하기보다 우선 자료에서 해결 실마리를 찾아, 적절하지 않은 선택지를 제거하는 방식으로 접근하는 것이 좋다.
먼저 효과성을 기준으로 살펴보면, 1순위인 C부서의 효과성은 3,000÷1,500=2이고, 2순위인 B부서의 효과성은 1,500÷1,000=1.5이다. 따라서 3순위 A부서의 효과성은 1.5보다 낮아야 한다는 것을 알 수 있다. 그러므로 A부서의 목표량 (가)는 500÷(가)<1.5 → (가)>333.3…으로 적어도 333보다는 커야 한다. 따라서 (가)가 300인 ①은 제외된다.
효율성을 기준으로 살펴보면, 2순위인 A부서의 효율성은 500/(200+50)=2이다. 따라서 1순위인 B부서의 효율성은 2보다 커야 한다는 것을 알 수 있다. 그러므로 B부서의 인건비 (나)는 1,500÷((나)+200)>2 → (나)<550으로 적어도 550보다는 작아야 한다. 따라서 (나)가 800인 ②는 제외된다.
남은 것은 ③과 ④인데, 먼저 ③부터 대입해보면 C의 효율성이 3,000÷(1,200+300)=2로 2순위인 A부서의 효율성과 같다. 따라서 정답은 ④이다.

05

업체당 평균고용인원은 반월시화공단이 $\frac{195,635}{12,548}≒15.6$명, 울산공단이 $\frac{101,677}{1,116}≒91.1$명이므로 그 차이는 75.5명이다.

06

• 1인 1일 사용량에서 영업용 사용량이 차지하는 비중 : $\frac{80}{282}×100≒28.37\%$

• 1인 1일 가정용 사용량의 하위 두 항목이 차지하는 비중 : $\frac{20+13}{180}×100≒18.33\%$

07

2023년 방송산업 종사자 수는 모두 32,443명이다. '2023년 추세'에서는 지상파(지상파DMB 포함)만 언급하고 있으므로 다른 분야의 인원은 고정되어 있다. 지상파 방송사(지상파DMB 포함)는 전년보다 301명이 늘어났으므로 2022년 방송산업 종사자 수는 32,443−301=32,142명이다.

출제유형분석 05 실전예제

01

중국의 의료 빅데이터 시장 예상 규모의 전년 대비 성장률을 구하면 다음과 같다.

구분	2021년	2022년	2023년	2024년	2025년	2026년	2027년	2028년	2029년	2030년
성장률(%)	−	56.3	90.0	60.7	93.2	64.9	45.0	35.0	30.0	30.0

따라서 전년 대비 성장률을 바르게 변환한 그래프는 ②이다.

02

4월 전월 대비 수출액은 감소했고, 5월 전월 대비 수출액은 증가했는데, 반대로 나타나 있다.

03

내수 현황을 누적으로 나타내었으므로 적절하지 않다.

오답분석

①・② 제시된 자료를 통해 알 수 있다.
③ 신재생에너지원별 고용인원 비율을 구하면 다음과 같다.

• 태양광 : $\frac{8,698}{16,177}×100≒54\%$

• 풍력 : $\frac{2,369}{16,177}×100≒15\%$

• 폐기물 : $\frac{1,899}{16,177}×100≒12\%$

• 바이오 : $\frac{1,511}{16,177}×100≒9\%$

• 기타 : $\frac{1,700}{16,177}×100≒10\%$

CHAPTER 03 문제해결능력

01

 ④

제시된 명제들을 순서대로 논리 기호화 하면 다음과 같다.
- 첫 번째 명제 : 재고
- 두 번째 명제 : ~설비투자 → ~재고 (대우)
- 세 번째 명제 : 건설투자 → 설비투자('~때에만'이라는 한정 조건이 들어가면 논리 기호의 방향이 바뀜)

첫 번째 명제가 참이므로 두 번째 명제의 대우(재고 → 설비투자)에 따라 설비를 투자한다. 세 번째 명제는 건설투자를 늘릴 때에만 이라는 한정 조건이 들어갔으므로 역(설비투자 → 건설투자) 또한 참이다. 이를 토대로 공장을 짓는다는 결론을 얻기 위해서는 '건설투자를 늘린다면, 공장을 짓는다(건설투자 → 공장건설).'라는 명제가 필요하다.

02

 ③

A~D 네 명의 진술을 정리하면 다음과 같다.

구분	진술 1	진술 2
A	C는 B를 이길 수 있는 것을 냈다.	B는 가위를 냈다.
B	A는 C와 같은 것을 냈다.	A가 편 손가락의 수는 B보다 적다.
C	B는 바위를 냈다.	A~D는 같은 것을 내지 않았다.
D	A, B, C 모두 참 또는 거짓을 말한 순서가 동일하다.	이 판은 승자가 나온 판이었다.

먼저 A~D는 반드시 가위, 바위, 보 세 가지 중 하나를 내야 하므로 그 누구도 같은 것을 내지 않았다는 C의 진술 2는 거짓이 된다. 따라서 C의 진술 중 진술 1은 참이 되므로 B가 바위를 냈다는 것을 알 수 있다. 이때, B가 가위를 냈다는 A의 진술 2는 참인 C의 진술 1과 모순되므로 A의 진술 중 진술 2가 거짓이 되는 것을 알 수 있다. 결국 A의 진술 중 진술 1이 참이 되므로 C는 바위를 낸 B를 이길 수 있는 보를 냈다는 것을 알 수 있다.
한편, 바위를 낸 B는 손가락을 펴지 않으므로 A가 편 손가락의 수가 자신보다 적었다는 B의 진술 2는 거짓이 된다. 따라서 B의 진술 중 진술 1이 참이 되므로 A는 C와 같은 보를 냈다는 것을 알 수 있다. 이를 바탕으로 A~C의 진술에 대한 참, 거짓 여부와 가위바위보를 정리하면 다음과 같다.

구분	진술 1	진술 2	가위바위보
A	참	거짓	보
B	참	거짓	바위
C	참	거짓	보

따라서 참 또는 거짓에 대한 A~C의 진술 순서가 동일하므로 D의 진술 1은 참이 되고, 진술 2는 거짓이 되어야 한다. 이때, 승자가 나오지 않으려면 D는 반드시 A~C와 다른 것을 내야 하므로 가위를 낸 것을 알 수 있다.

오답분석
① B와 같은 것을 낸 사람은 없다.
② 보를 낸 사람은 2명이다.
④ B가 기권했다면 가위를 낸 D가 이기게 된다.

03

③

을과 무의 진술이 모순되므로 둘 중 한 명은 참, 다른 한 명은 거짓이다. 여기서 을의 진술이 참일 경우 갑의 진술도 거짓이 되어 두 명이 거짓을 진술한 것이 되므로 문제의 조건에 위배된다. 따라서 을의 진술이 거짓, 무의 진술이 참이다. 그러므로 A강좌는 을이, B와 C강좌는 갑과 정이, D강좌는 무가 담당하고, 병은 강좌를 담당하지 않는다.

04

정답 ④

B보다 시대가 앞선 유물은 두 개이다.

1	2	3	4
		B	

나머지 명제를 도식화하면 'C − D, C − A, B − D'이므로 정리하면 다음과 같다.

1	2	3	4
C	A	B	D

05

정답 ①

'김팀장이 이번 주 금요일에 월차를 쓴다.'를 A, '최대리가 이번 주 금요일에 월차를 쓴다.'를 B, '강사원의 프로젝트 마감일은 이번 주 금요일이다.'를 C라고 하면 제시된 명제는 A → ~B → C이므로 대우 ~C → B → ~A가 성립한다. 따라서 '강사원의 프로젝트 마감일이 이번 주 금요일이 아니라면, 김팀장은 이번 주 금요일에 월차를 쓰지 않을 것이다.'는 반드시 참이 된다.

06

정답 ④

판단의 준거가 되는 명제와 그에 대한 대우를 만들어보면 다음과 같다.
Ⅰ. [명제] A가 채택되면 B도 채택된다.
　　[대우] B가 채택되지 않으면 A도 채택되지 않는다.
Ⅱ. [명제] A가 채택되지 않으면 D와 E 역시 채택되지 않는다.
　　[대우] D나 E가 채택되면 A가 채택된다.
Ⅲ. [명제] B가 채택된다면 C가 채택되거나 A는 채택되지 않는다.
　　[대우] C가 채택되지 않고 A가 채택되면 B는 채택되지 않는다.
Ⅳ. [명제] D가 채택되지 않는다면 A는 채택되지만 C는 채택되지 않는다.
　　[대우] A가 채택되지 않거나 C가 채택되면 D가 채택된다.
위와 같은 판단 명제를 종합하면 'A업체'가 모든 사안과 연결되는 것을 알 수 있다.
A가 채택되는 경우와 되지 않는 경우를 보면 다음과 같다.
1) A가 채택되는 경우 : A・B・C・D는 확실히 채택되고, E는 불분명함
2) A가 채택되지 않는 경우 : 모순이 생기므로 제외함(∵ Ⅳ에서 A가 채택되지 않으면 D가 채택된다고 했는데 이것은 Ⅱ에서 A가 채택되지 않으면 D 역시 채택되지 않는다고 한 명제와 모순된다)
따라서 A가 채택되어야 하고, 이 경우 A・B・C・D 4곳은 확실히 채택된다.

01

정답 ③

주어진 조건을 토대로 다음과 같이 정리해 볼 수 있다. 원형테이블은 회전시켜도 좌석 배치는 동일하므로 좌석에 1~7번으로 번호를 붙이고, A가 1번 좌석에 앉았다고 가정하여 배치하면 다음과 같다.

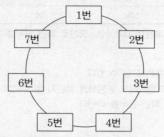

첫 번째 조건에 따라 2번에는 부장이, 7번에는 차장이 앉게 된다.
세 번째 조건에 따라 부장과 이웃한 자리 중 비어 있는 3번 자리에 B가 앉게 된다.
네 번째 조건에 따라 7번에 앉은 사람은 C가 된다.
다섯 번째 조건에 따라 5번에 과장이 앉게 되고, 과장과 차장 사이인 6번에 G가 앉게 된다.
여섯 번째 조건에 따라 A와 이웃한 자리 중 직원명이 정해지지 않은 2번 부장 자리에 D가 앉게 된다.
일곱 번째 조건에 따라 4번 자리에는 대리, 3번 자리에는 사원이 앉는 것을 알 수 있으며, 3번 자리에 앉은 B가 사원 직급임을 알 수 있다.
두 번째 조건에 따라 E는 사원과 이웃하지 않았고 직원명이 정해지지 않은 5번 과장 자리에 해당하는 것을 알 수 있다.
이를 정리하면 다음과 같은 좌석 배치가 되며, F는 이 중 유일하게 빈자리인 4번 대리 자리에 해당한다.

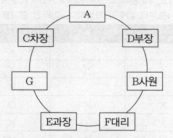

그러므로 사원 직급은 B, 대리 직급은 F가 해당하는 것을 도출할 수 있다.

02

정답 ②

조건에 따라 갑, 을, 병, 정의 사무실 위치를 정리하면 다음과 같다.

구분	2층	3층	4층	5층
경우 1	부장	을과장	대리	갑부장
경우 2	을과장	대리	부장	갑부장
경우 3	을과장	부장	대리	갑부장

따라서 을이 과장이므로 대리가 아닌 갑은 부장의 직책을 가진다.

오답분석

① 갑부장 외의 또 다른 부장은 2층, 3층 또는 4층에 근무한다.
③ 대리는 3층 또는 4층에 근무한다.
④ 을은 2층 또는 3층에 근무한다.

03

주어진 조건을 정리하면 다음과 같다.

구분	영어(3명)	중국어(2명)	일본어(1명)	프랑스어(1염)	독일어(1명)
A	○	×	×	×	○
B	○	○	×		×
C	×	○	○	×	×
D	○	×	×		×

따라서 D 또는 B가 프랑스어를 할 줄 알기 때문에 D가 어느 국가로 파견 근무를 떠나는지 알 수 없다.

오답분석

① A는 영어와 독일어 두 개의 외국어를 능통하게 할 수 있다.
② B는 영어와 중국어를 능통하게 하지만, 프랑스어도 능통하게 하는지 알 수 없다.
③ C는 일본어를 능통하게 하므로 일본으로 파견 근무를 떠난다.

04

오답분석

①·④ E가 두 명이 탑승한 차에 있기 때문에 적절하지 않다.
② A가 D나 F 중 어떤 사람과도 함께 타지 않았기 때문에 적절하지 않다.

05

두 번째 조건에 의해 B는 6층에 입주해야 하고, 세 번째 조건에 의해 F－D－E 순으로 높은 층에 입주해야 한다. A와 C는 1～3층에 거주해야 하므로 E는 3층부터, D는 4층부터 입주가 가능하다. 이러한 결과를 표로 나타내면 다음과 같다.

구분	1	2	3	4	5	6
A				×	×	×
B	×	×	×	×	×	○
C				×	×	×
D	×	×	×	○	×	×
E				×	×	×
F	×	×	×	×	○	×

따라서 A, B, C가 입주할 경우의 수만 생각하면 되므로 3×2×1＝6가지이다.

06

을이 5점, 5점, 6점을 획득할 경우도 있다.

오답분석

①·② 을이 주사위를 두 번 던지면 16점을 얻을 수 없다. 따라서 을은 최소 3번 주사위를 던졌다. 이때, 갑이 가장 많은 횟수를 던졌는데 3번 던졌다고 가정하면 을과 병 중 한 명이 4번을 던졌다는 뜻이 된다. 이는 세 번째 조건과 모순이므로 갑이 4번을 던지고, 을과 병은 3번씩 던진다.
③ 병은 최소 16점을 넘어야 한다. 6이 한 번도 나오지 않는다면 최대 15점을 얻을 수 있다. 따라서 6이 나온 적이 있다.

07

정답 ④

첫 번째, 두 번째 조건에 의해 A·B·C·D가 각각 입지 않는 색상도 서로 겹치지 않음을 알 수 있다. A가 빨간색을 입지 않고 C가 초록색을 입지 않으므로 B와 D는 노란색이나 파란색을 입지 않아야 하는데, D가 노란색 티셔츠를 입으므로 D는 파란색을 입지 않고, B는 노란색을 입지 않았다. 그러면 티셔츠 중 초록색, 빨간색, 파란색이 남는데, C는 초록색은 입지 않고 빨간색 바지를 입었으므로 파란색 티셔츠를 입고, A는 빨간색을 입지 않으므로 초록색 티셔츠를 입으며, B는 빨간색 티셔츠를 입는다. 또한, C는 초록색을 입지 않으므로 노란색 모자를 쓴다. 그러면 노란색 중 남은 것은 바지인데, B는 노란색을 입지 않으므로 A가 노란색 바지를 입고, 파란색 모자를 쓴다. 다음으로 모자 중에는 빨간색과 초록색, 바지 중에는 파란색과 초록색이 남는데, B가 이미 빨간색 티셔츠를 입고 있으므로 D가 빨간색 모자를 쓰고 B가 초록색 모자를 쓰며, D는 파란색을 입지 않으므로 초록색 바지를, B는 파란색 바지를 입는다. 이를 표로 정리하면 다음과 같다.

구분	A	B	C	D
모자	파란색	초록색	노란색	빨간색
티셔츠	초록색	빨간색	파란색	노란색
바지	노란색	파란색	빨간색	초록색

08

정답 ②

첫 번째, 두 번째 조건에 따라 로봇은 '3번 - 1번 - 2번 - 4번' 또는 '3번 - 2번 - 1번 - 4번' 순서로 전시되어 있으며, 사용 언어는 세 번째, 네 번째, 다섯 번째 조건에 따라 '중국어 - 영어 - 한국어 - 일본어' 또는 '일본어 - 중국어 - 영어 - 한국어' 순이다. 제시된 조건에 의해 3번 로봇의 자리가 정해지게 되는데, 3번 로봇은 일본어를 사용하지 않는다고 하였으므로 사용 언어별 순서는 '중국어 - 영어 - 한국어 - 일본어' 순이다. 또한, 2번 로봇은 한국어를 사용하지 않는다고 하였으므로 '3번 - 2번 - 1번 - 4번' 순서이다. 따라서 3번 로봇이 가장 왼쪽에 위치해 있다.

오답분석

① 1번 로봇은 한국어를 사용한다.
③ 4번 로봇은 일본어를 사용한다.
④ 중국어를 사용하는 3번 로봇은 영어를 사용하는 2번 로봇의 옆에 위치해 있다.

09

정답 ④

먼저 갑의 진술을 기준으로 경우의 수를 나누어 보면 다음과 같다.
ⅰ) A의 근무지는 광주이다(○), D의 근무지는 서울이다(×).

병의 진술을 먼저 살펴보면, A의 근무지가 광주라는 것이 이미 고정되어 있으므로 앞 문장인 'C의 근무지는 광주이다.'는 거짓이 된다. 따라서 뒤 문장인 'D의 근무지는 부산이다.'가 참이 되어야 한다. 다음으로 을의 진술을 살펴보면, 앞 문장인 'B의 근무지는 광주이다.'는 거짓이며 뒤 문장인 'C의 근무지는 세종이다.'가 참이 되어야 한다. 이를 정리하면 다음과 같다.

A	B	C	D
광주	서울	세종	부산

ⅱ) A의 근무지는 광주이다(×), D의 근무지는 서울이다(○).

병의 진술을 먼저 살펴보면, 뒤 문장인 'D의 근무지는 부산이다.'는 거짓이 되며, 앞 문장인 'C의 근무지는 광주이다.'는 참이 된다. 다음으로 을의 진술을 살펴보면 앞 문장인 'B의 근무지는 광주이다.'가 거짓이 되므로, 뒤 문장인 'C의 근무지는 세종이다.'는 참이 되어야 한다. 그러나 이미 C의 근무지는 광주로 확정되어 있기 때문에 모순이 발생한다. 따라서 ⅱ)의 경우는 성립하지 않는다.

A	B	C	D
		광주 세종(모순)	서울

따라서 보기에서 반드시 참인 것은 ㄱ, ㄴ, ㄷ이다.

주어진 조건을 정리하면 다음과 같은 순서로 위치함을 알 수 있다.

건물	1번째	2번째	3번째	4번째	5번째	6번째	7번째	8번째	9번째	10번째
가게	초밥가게	×	카페	×	편의점	약국	옷가게	신발가게	×	×

따라서 신발가게는 8번째 건물에 있다.

오답분석

① 카페와 옷가게 사이에 3개의 건물이 있다.
② 초밥가게와 약국 사이에 4개의 건물이 있다.
③ 편의점은 5번째 건물에 있다.

출제유형분석 03　실전예제

01　정답　①

오전 심층면접은 9시 10분에 시작하므로 12시까지 170분의 시간이 있다. 한 명당 15분씩 면접을 볼 때, 가능한 면접 인원은 $170 \div 15 \fallingdotseq 11$명이다. 오후 심층면접은 1시부터 바로 진행할 수 있으므로 종료시간까지 240분의 시간이 있다. 한 명당 15분씩 면접을 볼 때 가능한 인원은 $240 \div 15 = 16$명이다. 즉, 심층면접을 할 수 있는 최대 인원수는 $11 + 16 = 27$명이다. 27번째 면접자의 기본면접이 끝나기까지 걸리는 시간은 $10 \times 27 + 60$(점심·휴식 시간)$= 330$분이다. 따라서 마지막 심층면접자의 기본면접 종료 시각은 오전 9시$+330$분$=$오후 2시 30분이다.

02　정답　②

3년 이상 근속한 직원에게는 최초 1년을 초과하는 근속연수 매 2년에 가산휴가 1일이 발생하므로 2023년 1월 26일에는 16일의 연차휴가가 발생한다.
• 2019년 1월 1일 ~ 2019년 12월 31일
　→ 2020년 15일 연차휴가 발생
• 2020년 1월 1일 ~ 2020년 12월 31일
　→ 2021년 15일 연차휴가 발생
• 2021년 1월 1일 ~ 2021년 12월 31일
　→ 2022년 15일 연차휴가 발생+1일 가산휴가
• 2022년 1월 1일 ~ 2022년 12월 31일
　→ 2023년 16일 연차휴가 발생
따라서 A대리의 당해 연도 연차휴가는 16일이다.

03　정답　②

세 도시를 방문하는 방법은 ABC=60, BCD=80, CDE=80, CEF=60, ACF=70, ABD=80, BDE=110, DEF=100, AEF=80, BCE=70, ABF=90, CDF=100, ACD=70, ACE=50, BCF=90 총 15가지 방법이다. 이 중 80km를 초과하지 않는 방법은 BDE, DEF, CDF, BCF, ABF를 제외한 10가지 방법이다.

04

정답 ②

1단계 조사는 그 조사 실시일을 기준으로 3년마다 실시해야 하므로 을단지 주변지역은 2024년 3월 1일에 실시해야 한다.

[오답분석]
① 2단계 조사는 1단계 조사 판정일 이후 1개월 내에 실시해야 하므로 2023년 12월 31일 전에 실시해야 한다.
③ 환경부장관이 2단계 조사를 실시해야 한다.
④ 병단지 주변지역은 정상지역으로 판정이 났으므로 2단계 조사를 실시할 필요가 없다.

출제유형분석 04 | 실전예제

01

정답 ③

조건에 따르면 A씨가 쓸 수 있는 항공료는 최대 450,000원이다. 항공료와 지원율을 반영해 실제 쓸 돈을 계산하면 다음과 같다.
· 중국 : 130,000×2×2×0.9=468,000원
· 일본 : 125,000×2×2×0.7=350,000원
· 싱가포르 : 180,000×2×2×0.65=468,000원
최대 항공료를 고려하면 A씨는 일본여행만 가능하다. 또한 8월 3~4일은 휴가가 불가능하다고 하였으므로, A씨가 선택할 여행기간은 16~19일이다. 따라서 여행지와 여행기간이 바르게 연결된 것은 ③이다.

02

정답 ②

주어진 조건에 따르면 우리는 A, B 탈의실을, 나라는 B, D 탈의실을, 한국은 A, B, D 탈의실을 대여할 수 있다.

03

정답 ③

선택지별 부품 구성에 따른 총 가격 및 총 소요시간을 계산하면 다음과 같으며, 총 소요시간에서 30초는 0.5분으로 환산한다.

구분	부품	총 가격	총 소요시간
①	A, B, E	(20×3)+(35×5)+(80×1)=315원	6+7+8.5=21.5분
②	A, C, D	(20×3)+(33×2)+(50×2)=226원	6+5.5+11.5=23분
③	B, C, E	(35×5)+(33×2)+(80×1)=321원	7+5.5+8.5=21분
④	B, D, F	(35×5)+(50×2)+(90×2)=455원	7+11.5+10=28.5분

세 번째 조건에 따라 ④의 부품 구성은 총 소요시간이 25분 이상이므로 제외된다. 마지막 조건에 따라 ①, ②, ③의 부품 구성의 총 가격 차액이 서로 100원 미만 차이가 나므로 총 소요시간이 가장 짧은 것을 택한다. 따라서 총 소요시간이 21분으로 가장 짧은 B, C, E부품으로 마우스를 조립한다.

04

정답 ④

D주임은 좌석이 2다 석으로 정해져 있다. 그리고 팀장은 두 번째 줄에 앉아야 하며, 대리와 이웃하게 앉아야 하므로 A팀장의 자리는 2가 석 혹은 2나 석임을 알 수 있다. A팀장의 옆자리에 앉을 사람은 B대리 혹은 C대리이며, 마지막 조건에 의해 B대리는 창가쪽 자리에 앉아야 한다. 그리고 세 번째 조건에서 주임끼리는 이웃하여 앉을 수 없으므로 D주임을 제외한 E주임과 F주임은 첫 번째 줄 중 사원의 자리를 제외한 1가 석 혹은 1라 석에 앉아야 한다. 따라서 B대리가 앉을 자리는 창가쪽 자리인 2가 석 혹은 2라 석이다.
H사원과 F주임은 함께 앉아야 하므로 이들이 첫 번째 줄 1나 석, 1가 석에 앉거나 1다 석, 1라 석에 앉는 경우가 가능하다. 이러한 요소를 고려하면 다음 4가지 경우만 가능하다.

1)

E주임	G사원	복도	H사원	F주임
A팀장	C대리		D주임	B대리

2)

E주임	G사원	복도	H사원	F주임
B(C)대리	A팀장		D주임	C(B)대리

3)

F주임	H사원	복도	G사원	E주임
A팀장	C대리		D주임	B대리

4)

F주임	H사원	복도	G사원	E주임
B(C)대리	A팀장		D주임	C(B)대리

ㄱ. 3), 4)의 경우를 보면 반례인 경우를 찾을 수 있다.

ㄴ. C대리가 A팀장과 이웃하여 앉으면 라 열에 앉지 않는다.

ㄹ. 1), 3)의 경우를 보면 반례인 경우를 찾을 수 있다.

오답분석

ㄷ. 조건들을 고려하면 1나 석과 1다 석에는 G사원 혹은 H사원만 앉을 수 있고, 1가 석, 1라 석에는 E주임과 F주임이 앉아야 한다. 그런데 F주임과 H사원은 이웃하여 앉아야 하므로 G사원과 E주임은 어떤 경우에도 이웃하게 앉는다.

05 정답 ③

ㄱ. 동지역 종합병원을 방문하였지만, 나이가 65세 이상이므로 본인부담금 비율이 다르게 적용된다. 진료비가 20,000원 초과 25,000원 이하이므로 요양급여비용 총액의 20%를 부담하여 67세 이〇〇씨의 본인부담금은 21,500×0.2=4,300원이다.

ㄴ. P읍에 사는 34세 김ㅁㅁ씨는 의원에서 진찰비 12,000원이 나오고, 처방전을 받아 약국에서 총액은 10,000원이었다. 본인부담금 비율은 의원은 총액의 30%, 약국도 30%이므로 김ㅁㅁ씨가 지불하는 본인부담금은 (12,000+10,000)×0.3=6,600원이다.

ㄷ. M면 지역 일반병원에 방문한 60세 최△△씨의 본인부담금 비율은 총액의 35%이고, 약국은 30%이다. 따라서 최△△씨의 본인부담금 총액은 25,000×0.35+60,000×0.3=8,750+18,000=26,750원이다.

따라서 세 사람의 본인부담금은 총 4,300+6,600+26,750=37,650원이다.

06 정답 ①

오답분석

② 법정대리인이 자녀와 함께 방문한 경우 법정대리인의 실명확인증표로 인감증명서를 대체 가능하다.

③ 만 18세인 지성이가 전자금융서비스를 변경하기 위해서는 법정대리인 동의서와 성명·주민등록번호·사진이 포함된 학생증이 필요하다. 학생증에 주민등록번호가 포함되지 않은 경우, 미성년자의 기본증명서가 추가로 필요하다.

④ 법정대리인 신청 시 부모 각각의 동의서가 필요하다.

07 정답 ④

예산이 가장 많이 드는 B사업과 E사업은 사업기간이 3년이므로 최소 1년은 겹쳐야 한다는 것을 기반으로 정리하면 다음과 같다.

사업명 ＼ 연도／예산	1년 20조 원	2년 24조 원	3년 28.8조 원	4년 34.5조 원	5년 41.5조 원
A		1조 원	4조 원		
B		15조 원	18조 원	21조 원	
C					15조 원
D	15조 원	8조 원			

			6조 원	12조 원	24조 원
E					
실질사용 예산합	15조 원	24조 원	28조 원	33조 원	39조 원

따라서 D사업을 첫해에 시작해야 한다.

08

정답 ①

3만 원 초과 10만 원 이하 소액통원의료비를 청구할 시 진단서 없이 보험금 청구서와 병원영수증, 질병분류기호(질병명)가 기재된 처방전만으로 접수가 가능하다.

출제유형분석 05 실전예제

01

정답 ④

발행형태가 4로 전집이기 때문에 한 권으로만 출판된 것이 아님을 알 수 있다.

[오답분석]
① 국가번호가 05(미국)로 미국에서 출판되었다.
② 서명식별번호가 1011로 1011번째 발행되었다. 441은 발행자 번호로 이 책을 발행한 출판사의 발행자번호가 441이라는 것을 의미한다.
③ 발행자번호는 441로 세 자리로 이루어져 있다.

02

정답 ④

알파벳 순서에 따라 숫자로 변환하면 다음과 같다.

a	b	c	d	e	f	g	h	i
1	2	3	4	5	6	7	8	9
j	k	l	m	n	o	p	q	r
10	11	12	13	14	15	16	17	18
s	t	u	v	w	x	y	z	–
19	20	21	22	23	24	25	26	–

'intellectual'의 품번을 규칙에 따라 정리하면 다음과 같다.
• 1단계 : 9, 14, 20, 5, 12, 12, 5, 3, 20, 21, 1, 12
• 2단계 : $9+14+20+5+12+12+5+3+20+21+1+12=134$
• 3단계 : $|(14+20+12+12+3+20+12)-(9+5+5+21+1)|=|93-41|=52$
• 4단계 : $(134+52)\div4+134=46.5+134=180.5$
• 5단계 : 180.5를 소수점 첫째 자리에서 버림하면 180이다.
따라서 제품의 품번은 180이다.

03

서울 지점의 C씨에게 배송할 제품과 경기남부 지점의 B씨에게 배송할 제품에 대한 기호를 모두 기록해야 한다.
- C씨 : MS11EISS
  - 재료 : 연강(MS)
  - 판매량 : 1box(11)
  - 지역 : 서울(E)
  - 윤활유 사용 : 윤활작용(I)
  - 용도 : 스프링(SS)
- B씨 : AHSS00SSST
  - 재료 : 초고강도강(AHSS)
  - 판매량 : 1set(00)
  - 지역 : 경기남부(S)
  - 윤활유 사용 : 밀폐작용(S)
  - 용도 : 타이어코드(ST)

04

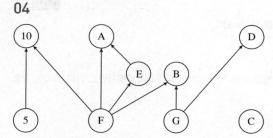

A, B, C를 제외한 빈칸에 적힌 수를 각각 D, E, F, G라고 하자.
F는 10의 약수이고 원 안에는 2에서 10까지의 자연수가 적혀 있으므로 F는 2이다.
10을 제외한 2의 배수는 4, 6, 8이고, A는 E와 F의 공배수이다. 즉, A는 8, E는 4이고, B는 6이다.
6의 약수는 1, 2, 3, 6이므로 G는 3이고 D는 3의 배수이므로 9이며, 남은 7은 C이다.
따라서 A, B, C에 해당하는 수의 합은 8+6+7=21이다.

05

조건에 따라 소괄호 안에 있는 부분을 순서대로 풀이하면 다음과 같다.
'1 A 5'에서 A는 좌우의 두 수를 더하는 것이지만, 더한 값이 10 미만이면 좌우에 있는 두 수를 곱해야 한다. 1+5=6으로 10 미만이므로 두 수를 곱하여 5가 된다.
'3 C 4'에서 C는 좌우의 두 수를 곱하는 것이지만 곱한 값이 10 미만일 경우 좌우에 있는 두 수를 더한다. 이 경우 3×4=12로 10 이상이므로 12가 된다.
중괄호를 풀어보면 '5 B 12'이다. B는 좌우에 있는 두 수 가운데 큰 수에서 작은 수를 빼는 것이지만, 두 수가 같거나 뺀 값이 10 미만이면 두 수를 곱한다. 12−5=7로 10 미만이므로 두 수를 곱해야 한다. 따라서 60이 된다.
'60 D 6'에서 D는 좌우에 있는 두 수 가운데 큰 수를 작은 수로 나누는 것이지만, 두 수가 같거나 나눈 값이 10 미만이면 두 수를 곱해야 한다. 이 경우 나눈 값이 10이 되므로 답은 10이다.

PART 2

최종점검 모의고사

제1회   최종점검 모의고사

제2회   최종점검 모의고사

01	02	03	04	05	06	07	08	09	10	11	12	13	14	15	16	17	18	19	20
③	④	①	④	④	②	②	④	③	①	④	①	②	③	④	②	④	①	④	②
21	22	23	24	25	26	27	28	29	30	31	32	33	34	35	36	37	38	39	40
③	②	①	④	④	③	④	③	③	④	②	④	①	③	③	④	③	④	③	③
41	42	43	44	45	46	47	48	49	50	51	52	53	54	55	56	57	58	59	60
②	①	④	②	④	③	①	④	③	①	④	②	③	④	②	④	②	②	④	④
61	62	63	64	65	66	67	68	69	70	71	72	73	74	75	76	77	78	79	80
④	④	①	③	①	④	②	④	④	③	①	②	①	④	③	③	①	④	③	④
81	82	83	84	85	86	87	88	89	90										
②	③	④	②	④	④	④	②	④	③										

01
정답 ③

척화론을 주장한 김상헌은 청에 항복하는 것은 있을 수 없는 일이라며 끝까지 저항하자고 했으며, 중화인 명을 버리고 오랑캐와 화의를 맺는 일은 군신의 의리를 버리는 것이라고 했다.

오답분석
① 최명길은 '나아가 싸워 이길 수도 없고 물러나 지킬 수도 없으면 타협하는 수밖에 없다.'고 하였다.
② 청에 항복한 것은 인조 때의 일이다. 인조의 뒤를 이은 효종은 청에 복수하겠다는 북벌론을 내세우고, 예전에 척화론을 주장했던 자들을 중용하였다.
④ 인조 때에는 척화론을 주장했던 사람들이 정국을 주도하지 못했기 때문에 주화론을 내세웠던 사람들이 정계에서 쫓겨 나가는 일은 벌어지지 않았다.

02
정답 ④

제시문은 크게 '어떤 질병의 성격을 파악할 때 질병의 발생이 개인적 요인뿐만 아니라 계층이나 직업 등의 요인과도 관련될 수 있음을 고려해야 한다. → 질병에 대처할 때도 사회적 요인을 고려해야 한다. → 질병의 치료가 개인적 영역을 넘어서서 사회적 영역과 관련될 수밖에 없다는 것은 질병의 대처 과정에서 사회적 요인을 반드시 고려해야 한다.'로 요약될 수 있다.

03
정답 ①

해주 앞바다에 나타난 왜구가 조선군과 교전을 벌인 후 요동반도 방향으로 북상하자 태종의 명령으로 이종무가 대마도 정벌에 나섰다.

오답분석
② 제시문에서 명의 군대가 대마도 정벌에 나섰다는 내용은 찾을 수 없다.
③ 세종은 이종무에게 내린 출진 명령을 취소하고, 측근 중 적임자를 골라 대마도주에게 귀순을 요구하는 사신으로 보냈다.
④ 태종은 이종무를 통해 실제 대마도 정벌을 실행하였으며, 세종이 이를 반대하였다는 내용은 제시문에서 찾을 수 없다.

04

정답 ④

사냥꾼은 사냥감으로 자기 자루를 최대한 채우는 것, 즉 세상을 이용하는 것에만 관심이 있으므로 옳은 내용이다.

[오답분석]

① 유토피아는 인간의 지혜로 설계된 세계라는 점에서 인간이 지향하는 것이라는 것까지는 알 수 있으나, 그것을 신이 완성하는지의 여부는 언급되어 있지 않다.
② 정원사는 자신이 생각해 놓은 대로 대지를 디자인한다는 점에서 인간의 적극적인 개입을 지향한다는 점을 알 수 있다.
③ 산지기는 신의 설계에 담긴 자연적 균형을 유지하는 태도를 지니고 있다. 그런데 유토피아라는 것은 인간이 원하는 대로 인간의 지혜로 설계된 세계이므로 산지기는 이러한 유토피아를 꿈꾸는 것 자체를 하지 않는다고 볼 수 있다.

05

정답 ④

ㄱ. 을은 난자와 같은 신체의 일부를 상업적인 대상으로 삼는 것에 반대하고 있으며, 갑 역시 상업적인 이유로 난자 등을 거래하는 것에 반대하고 있다.
ㄴ. 정의 주장은 양면적인 의미를 지닌다고 볼 수 있다. 즉, 난자의 채취가 매우 어렵고 위험하기 때문에 상업적인 목적을 가지는 거래를 반대하는 것으로 볼 수도 있는 반면, 한편으로는 그렇기 때문에 그에 대한 보상으로 금전적인 대가가 있어야 한다고 주장하는 것으로 볼 수도 있다. 병은 후자의 경우와 내용상 유사한 측면이 있다.
ㄷ. 을은 난자와 같은 신체의 일부를 금전적인 대가를 지불하는 대상으로 하는 것 자체에 반대하는 반면, 병은 현실적인 문제로 인해 상업화를 지지하는 입장이다.

06

정답 ②

제시문은 '(가) 대상이 되는 연구 방법의 진행 과정과 그 한계 → (마) 융이 기존의 연구 방법에 추가한 과정을 소개 → (라) 기존 연구자들이 간과했던 새로운 사실을 찾아낸 융의 실험의 의의 → (나) 융의 실험을 통해 새롭게 드러난 결과 분석 → (다) 새롭게 드러난 심리적 개념을 정의한 융의 사상 체계에서의 핵심적 요소에 대한 설명' 순서로 나열하는 것이 적절하다.

07

정답 ②

제시문은 사회보장제도가 무엇인지 정의하고 있으므로 글의 제목으로 '사회보장제도의 의의'가 가장 적절하다.

[오답분석]

① 두 번째 문단에서만 사회보험과 민간보험의 차이점을 언급하고 있다.
③ 우리나라만의 사회보장에 대한 설명은 아니다.
④ 대상자를 언급하고 있지만 글 내용의 일부로 글의 전체적인 제목으로는 적절하지 않다.

08

정답 ④

글쓴이는 동물들이 사용하는 소리는 단지 생물학적인 조건에 대한 반응 또는 본능적인 감정 표현의 수단일 뿐, 사람의 말과 동물의 소리에 근본적인 차이가 존재한다고 말한다. 즉, 동물들이 나름대로 가지고 있는 본능적인 의사소통능력은 인간의 것과 다르다는 것이다. 따라서 글쓴이의 주장으로 소리를 내는 동물의 행위는 대화나 토론·회의 같이 서로 의미를 주고받는 인간의 언어활동으로 볼 수 없다는 ④가 가장 적절하다.

09

조선통어장정에 따르면 어업준단을 발급받고자 하는 일본인은 소정의 어업세를 먼저 내야 했으며 이 장정 체결 직후에 조선해통어조합연합회가 만들어졌다.

오답분석

① '어업에 관한 협정'에 따라 일본인의 어업 면허 신청을 대행하는 일을 한 곳은 조선해수산조합이다.

② 조일통어장정에 일본인의 어업 활동에 대한 어업준단 발급 내용이 담겨있음을 알 수 있지만 조선인의 어업 활동 금지에 대해 규정하고 있는지는 알 수 없다.

④ 조선해통어조합연합회가 조일통상장정에 근거하여 조직되었거나 이를 근거로 일본인의 한반도 연해 조업을 지원했는지는 알 수 없다.

10

제시문에서 긱 노동자들은 고용주가 누구든 간에 자신의 직업을 독립적인 프리랜서 또는 개인 사업자 형태로 인식한다.

11

최초에 부정 청탁을 받았을 때는 명확히 거절 의사를 표현하는 것으로 족하고, 이를 신고할 의무가 생기는 경우는 다시 동일한 부정 청탁을 해 오는 경우이다.

오답분석

① 대가성이 있는 접대도 아니고 직무 관련성도 없으며, 금액 기준을 초과하지도 않는다.

② 직무 관련성이 있는 청탁이므로 청탁금지법상의 금품에 해당한다.

③ A와 C는 X회사라는 공통분모는 있으나 A로부터의 접대는 직무 관련성이 없다고 하였다.

12

종전에는 연장근로를 소정근로의 연장으로 보았고, 1주의 최대 소정근로시간을 정할 때 기준이 되는 1주를 5일에 입각하여 보았다. 그리고 1주 중 소정근로일을 월요일부터 금요일까지의 5일로 보았기에 이 기간에 하는 근로만이 근로기준법상 소정근로시간의 한도에 포함된다고 해석하였다.

13

• 을 : 개정 근로기준법에 의하면, 월요일부터 목요일까지 매일 10시간씩 일한 사람의 경우는 하루 소정근로시간 8시간에 매일 2시간씩 연장근로를 한 경우이고 월요일 ~ 목요일까지 총 8시간을 연장근로했다. 따라서 월요일부터 목요일까지 총 40시간을 근로했고 주당 근로가능한 시간은 총 52시간이어서 남은 시간은 12시간이므로 금요일에 허용되는 최대근로시간은 12시간이다.

오답분석

• 갑 : 개정 근로기준법에 의하면 연장근로는 1주일에 총 12시간을 넘을 수 없으므로 만일 1주 중 3일 동안 하루 15시간씩 일한 경우는 1일 소정근로시간 8시간을 제외하면 연장근로는 7시간이 된다. 그리고 3일을 연속 연장근로 7시간씩 했으므로 총 21시간 연장근로가 되어 1주일에 12시간의 연장근로시간을 초과하게 된다.

• 병 : 기존 근로기준법에서도 연장근로가 아닌 한 1일의 근로시간은 8시간을 초과할 수 없다고 법에 규정되어 있기 때문에, 이미 52시간을 근로한 근로자에게 휴일에 1일 8시간을 넘는 근로를 시킬 수 없다. 따라서 만일 근로자가 일요일에 12시간을 일한 경우 그 근로자의 종전 1주일 연장근로가 12시간을 넘기지 않은 경우라면 일요일 근무한 12시간 중 8시간을 초과한 4시간은 연장근로시간이 된다.

14

정답 ③

폐기물이 신재생에너지에서 차지하는 비중은 77%로 매우 크지만 신재생에너지가 전체 에너지에서 차지하는 비중은 2.4%에 불과하다.

오답분석

① 신재생에너지 분야를 육성하는 이유는 탄소배출량 감축으로 대표되는 환경보전의 측면과 성장동력 육성이라는 경제성장의 측면을 모두 지니고 있기 때문이다.
② 전체 에너지에서 차지하는 비율을 비교한다는 것은 결국 신에너지와 재생가능에너지 중 어느 것의 비율이 더 큰지를 판단하는 것과 같다. 그런데 신재생에너지의 구성요소 중 재생에너지에 속하는 폐기물이 77%를 차지하고 있어서 나머지를 고려할 필요 없이 재생에너지의 비율이 더 크다.
④ 정부가 신재생에너지의 공급을 위한 다양한 규제정책을 도입해야 한다고 주장하고 있다.

15

정답 ④

제시문은 서구사회의 기독교적 전통이 이에 속하는 이들은 정상적인 존재, 그렇지 않은 이들은 비정상적인 존재로 구분한다고 하였다. 빈칸 앞의 내용은 기독교인들이 적그리스도와 이교도들, 나병과 흑사병에 걸린 환자들을 실제 여부와 무관하게 뒤틀어지고 흉측한 모습으로 형상화시켰다는 것이다. 따라서 빈칸에 들어갈 내용으로는 이를 요약한 ④가 적절하다.

16

정답 ②

첫 번째 문단에 따르면 철학은 지적 작업에 포함되고 두 번째 문단에 따르면 귀추법은 귀납적 방법이다. 따라서 철학의 일부 논증에서 귀추법의 사용이 불가피하다는 주장은 모든 지적 작업에서 귀납적 방법의 필요성을 부정하는 견해를 반박한다.

오답분석

ㄱ. ㉠은 귀납적 방법이 철학에서 불필요하다는 견해이므로 과학의 탐구가 귀납적 방법에 의해 진행된다는 주장은 이를 반박한다고 볼 수 없다.
ㄷ. ㉠은 철학이라는 지적 작업에서 귀납적 방법의 필요성을, ㉡은 모든 지적 작업에서 귀납적 방법의 필요성을 부정하는 견해이다. 따라서 연역 논리와 경험적 가설 모두에 의존하는 지적 작업이 있다는 주장은 ㉡을 반박할 수는 있지만 ㉠은 철학에 한정된 주장이므로 이를 반박한다고 볼 수 없다.

17

정답 ②

제시문에서는 돼지를 먹기 위해 먼저 그 돼지를 죽여야 하는 모순된 함축을 부정적으로 바라보고 있으므로, 이것이 제시문 전체를 관통하는 중심 주제라고 할 수 있다.

18

정답 ①

제시문은 나무를 가꾸기 위해 고려해야 하는 사항에 대해 서술하는 글이다. 먼저 나무를 가꾸기 위해 고려해야 할 사항들을 나열하고 그중 제일 먼저 생육조건에 대해 설명하는 (가)가 첫 부분으로 적절하다. 그 다음으로 나무를 양육할 때 주로 저지르는 실수로 나무 간격을 촘촘하게 심는 것을 언급한 (라)와 그 이유를 설명하는 (다)가 이어지는 것이 자연스럽다. 그리고 (나)는 또 다른 식재계획 시 주의점에 대해서 이야기하고 있으므로 (다) 뒤에 나열하는 것이 적절한 순서이다.

19

ㄴ. C는 인간 존엄성이 인간 중심적인 견해이며, 인간 외의 다른 존재에 대해서 폭력적 처사를 정당화하는 근거로 활용된다고 하였다.

ㄷ. B는 인간 존엄성을 신이 인간에게 부여한 독특한 지위로 보면서 이를 비판하고 있으며 C는 위에서 설명한 바와 같다.

오답분석

ㄱ. 선택지의 내용이 A의 주장을 약화시키는 것이 되기 위해서는 A가 존엄사를 인정하지 않는다는 주장을 펼쳤어야 한다. 그러나 그와는 무관한 주장을 하고 있다.

20

제시문에서는 ①과 함께 '그들은 자기들에게 위임된 권한으로는 법률을 집행할 수 없었으며'라고 하였다.

오답분석

① 민이 직접 승인하지 않는 법률은 모두 무효라고 하였으므로 민이 입법권을 가지고 있었다.

③·④ 모든 법은 보편적 선의지의 표명이기 때문에 입법권을 행사하는 데 대표자를 내세울 수 없는 것은 명백하다고 하였다.

21

ㄱ. 탈리도마이드의 사례를 들어 동물 실험 결과 안전성이 입증되었더라도 사람에게는 안전하지 않은 경우가 있다고 하였다.

ㄴ. 페니실린의 경우 일부 설치류에게는 치명적인 독성을 지니지만 사람에게는 널리 사용되는 항생제라고 하였다.

ㄷ. 임상시험에서 독성이 나타나더라도 내성이 있는 사람에게는 투여 가능한 경우가 있다고 하였다.

오답분석

ㄹ. 제시문에서는 내성이 있는 사람에게 부작용이 나타난 경우는 언급하고 있지 않다.

22

제시문은 세계 대공황의 원인으로 작용한 '보이지 않는 손'과 그에 대한 해결책으로 새롭게 등장한 케인즈의 '유효수요이론'을 설명하고 있다. 따라서 제시문의 주제로는 '세계 대공황의 원인과 해결책'이 가장 적절하다.

오답분석

① 고전학파 경제학자들이 주장한 '보이지 않는 손'은 세계 대공황의 원인에 해당하는 부분이므로 글 전체의 주제가 될 수 없다.

③ 유효수요이론은 해결책 중 하나로 언급되었으며, 일부에 지나지 않으므로 글 전체의 주제가 될 수 없다.

④ 세이 법칙의 이론적 배경에 대한 내용은 없다.

23

제시문은 우유의 긍정적인 측면을 강조하면서, 마지막에는 우유의 효과에 대한 부정적인 견해를 비판하고 있다. 따라서 글의 뒤에 올 내용으로는 우유 섭취를 권장하는 내용이 적절하다.

24

제시된 문단은 선택적 함묵증을 불안장애로 분류하고 있다. 그러므로 불안장애에 대한 구체적인 설명 및 행동을 설명하는 (라) 문단이 이어지는 것이 논리적으로 타당하다. 다음에는 불안장애인 선택적 함묵증을 치료하기 위한 방안인 (가) 문단이 적절하고, (가) 문단에서의 제시한 치료방법의 구체적 방안 중 하나인 '미술 치료'를 언급한 (다) 문단이 이어지는 것이 적절하다. 마지막으로 (다) 문단에서 언급한 '미술 치료'가 선택적 함묵증의 증상을 보이는 아동에게 어떠한 영향을 미치는지 언급한 (나) 문단이 이어지는 것이 가장 적절하다.

25

정답 ④

제시된 기사의 논점은 교과서는 정확한 통계·수치를 인용해야 하며, 잘못된 정보는 바로 잡아야 한다는 것이다. 갑, 을, 병, 무는 이러한 논점의 맥락에 맞게 교과서의 오류에 관해 논하고 있다. 그러나 정은 교과서에 실린 원전 폐쇄 찬반문제를 언급하며, 원전 폐쇄 찬성에 부정적인 의견을 펼치고 있다. 따라서 정은 기사를 읽고 난 후의 감상으로 적절하지 않다.

26

정답 ③

- (가) : 빈칸 다음 문장에서 사회의 기본 구조를 통해 이것을 공정하게 분배해야 된다고 했으므로 ⓒ이 가장 적절하다.
- (나) : '원초적 상황'에서 합의 당사자들은 인간의 심리, 본성 등에 대한 지식 등 사회에 대한 일반적인 지식은 알고 있지만, 이것에 대한 정보를 모르는 무지의 베일 상태에 놓인다고 했으므로 사회에 대한 일반적인 지식과 반대되는 개념, 즉 개인적 측면의 정보인 ⊙이 가장 적절하다.
- (다) : 빈칸에 대하여 사회에 대한 일반적인 지식이라고 하였으므로 ⓒ이 가장 적절하다.

27

정답 ④

제시문은 집단을 중심으로 절차의 정당성을 근거로 한 과도한 권력, 즉 무제한적 민주주의에 대한 비판적인 글이다. 또한 민주주의에 의해 훼손될 수 있는 자유와 권리의 옹호라는 주제에 도달해야 한다. 따라서 이를 언급한 ④가 빈칸에 들어가기에 적절하다.

28

정답 ③

(다)의 '이처럼 우리가 계승할 민족 문화의 전통으로 여겨지는 것이, ~'로 보아 ③이 (나)와 (다) 사이에 들어가기에 적절함을 알 수 있다.

29

정답 ③

방사성 인을 사용한 것은 인을 구성요소로 하는 DNA를 추적하기 위한 것일 뿐이고, 인 원자 자체가 유전 정보를 전달하는 것은 아니다. 또한 방사성 동위원소 추적자를 사용한 바이러스 실험을 통해 유전 정보의 전달자는 단백질이 될 수 없으며, 전달자는 DNA인 것으로 밝혀졌다. 따라서 유전 정보가 인을 통해 전달된다는 것은 제시문의 내용으로 적절하지 않다.

30

정답 ④

허쉬 - 체이스 실험에 의하면, 바이러스가 세포에 침투했을 때 바이러스는 다른 세포에 무임승차하여 세포에 악당 유전 정보를 주입한다는 것을 알 수 있다. 그러나 그 유전 정보가 바이러스의 DNA에 들어 있는지 단백질에 들어 있는지는 알 수 없었다. 방사성 동위원소 추적자를 사용해서 바이러스가 침투한 세포들을 추적한 결과, DNA만이 세포 내로 침투하여 유전에 관여함을 알 수 있었다.

[오답분석]
① 방사성과 무관하게 황이 세포 내에 존재할 수 없다.
② 제시문의 내용과 무관하다.
③ 바이러스가 침투한 세포들을 조사한 결과, 방사성 인은 세포에 주입되어 전달된 반면 황이 포함된 단백질은 그렇지 않은 것으로 드러났다.

31

정답 ②

모집단에서 크기 n인 표본을 추출하고, 모표준편차를 σ이라고 할 때, 표본표준편차는 $\dfrac{\sigma}{\sqrt{n}}$이다.

따라서 표본크기 n은 64, 모표준편차 σ는 4이므로 표본표준편차는 $\dfrac{\sigma}{\sqrt{n}} = \dfrac{4}{\sqrt{64}} = \dfrac{4}{8} = 0.5$가 된다.

32

정답 ④

남성 인구 10만 명당 사망자 수가 가장 많은 해는 2014년이다.

2014년 남성 사망자 수의 전년 대비 증가율은 $\frac{4,674-4,400}{4,400} \times 100 ≒ 6.23\%$p이다.

[오답분석]

① • 2020년 전체 사망자 수 : 4,111+424=4,535명
  • 2022년 전체 사망자 수 : 4,075+474=4,549명
  따라서 2020년과 2022년의 전체 사망자 수는 같지 않다.

② 제시된 자료를 보면 2016년과 2022년 여성 사망자 수는 전년보다 감소했다.

③ 2021년, 2023년 남성 인구 10만 명당 사망자 수는 각각 15.9명, 15.6명이고, 여성 인구 10만 명당 사망자 수는 각각 2.0명, 2.1명이다. 15.9<2×8=16, 15.6<2.1×8=16.8이므로 옳지 않은 설명이다.

33

정답 ①

해상 교통서비스 수입액이 많은 국가부터 차례대로 나열하면 '인도 – 미국 – 한국 – 브라질 – 멕시코 – 이탈리아 – 터키' 순서이다.

34

정답 ③

해상 교통서비스 수입보다 항공 교통서비스 수입이 더 높은 국가는 미국과 이탈리아이다.

[오답분석]

① 터키의 교통서비스 수입에서 항공 수입이 차지하는 비중은 $\frac{4,003}{10,157} \times 100 ≒ 39.4\%$이므로 45% 미만이다.

② 교통서비스 수입액이 첫 번째로 높은 국가는 미국이고, 두 번째로 높은 국가는 인도이다. 두 국가의 차이는 94,344-77,256= 17,088백만 달러이다.

④ 제시된 자료를 통해 확인할 수 있다.

35

정답 ③

삶의 만족도가 한국보다 낮은 국가는 에스토니아, 포르투갈, 헝가리이다. 세 국가의 장시간 근로자 비율 산술평균은 $\frac{3.6+9.3+2.7}{3}$ =5.2%이다. 이탈리아의 장시간 근로자 비율은 5.4%이므로 옳지 않은 설명이다.

[오답분석]

① 삶의 만족도가 가장 높은 국가는 덴마크이며, 덴마크의 장시간 근로자 비율이 가장 낮음을 자료에서 확인할 수 있다.

② 삶의 만족도가 가장 낮은 국가는 헝가리이며, 헝가리의 장시간 근로자 비율은 2.7%이다.
  2.7×10=27<28.1이므로 한국의 장시간 근로자 비율은 헝가리의 장시간 근로자 비율의 10배 이상이다.

④ • 여가 · 개인 돌봄시간이 가장 긴 국가 : 덴마크
  • 여가 · 개인 돌봄시간이 가장 짧은 국가 : 멕시코
  ∴ 두 국가의 삶의 만족도 차이 : 7.6-7.4=0.2점

36

ⓒ B국의 대미무역수지와 GDP 대비 경상수지 비중은 각각 742억 달러, 8.5%로 X요건과 Y요건을 충족한다.

ⓒ 세 가지 요건 중 두 가지 요건만 충족하면 관찰대상국으로 지정된다.
- X요건과 Y요건을 충족하는 국가 : A, B, C, E
- X요건과 Z요건을 충족하는 국가 : C
- Y요건과 Z요건을 충족하는 국가 : C, J

C국가는 X, Y, Z요건을 모두 충족한다.
따라서 관찰대상국으로 지정되는 국가는 A, B, E, J로 4개이다.

ⓔ X요건의 판단기준을 '대미무역수지 150억 달러 초과'로 변경할 때, 새로 X요건을 충족하는 국가는 H국이다. 그러나 H국은 Y요건과 Z요건을 모두 충족하지 않으므로 환율조작국이나 관찰대상국으로 지정될 수 없다. 따라서 옳은 설명이다.

오답분석

ⓒ X, Y, Z요건을 모두 충족하면 환율조작국으로 지정된다. 각 요건을 충족하는 국가를 나열하면 다음과 같다.
- X요건을 충족하는 국가 : A, B, C, D, E, F, G
- Y요건을 충족하는 국가 : A, B, C, E, J
- Z요건을 충족하는 국가 : C, J

따라서 환율조작국으로 지정되는 국가는 C국가이다.

37

'메뉴 가격에 변동이 없는 경우 일반식 이용자와 특선식 이용자의 수가 모두 2023년 12월에 비해 감소'한다고 했는데 ①은 일반식이 1,220으로 1,210보다 증가했으므로 제외된다.

'특선식 가격만을 1,000원 인상하여 7,000원으로 할 경우, 특선식 이용자 수는 2023년 7월 이후 최저치 이하로 감소하지만, 가격 인상의 영향 등으로 총매출액은 2023년 10월 이상으로 증가할 것으로 예측된다.'고 했으므로 2023년 7월 이후 최저치는 8월이며 885명 이하여야 한다. 따라서 ②는 특선식만 1,000원 인상한 경우 890명이므로 제외된다.

마지막 조건에서 '일반식 가격만을 1,000원 인상하여 5,000원으로 할 경우, 일반식 이용자 수는 2023년 12월 대비 10%p 이상 감소하며, 특선식 이용자 수는 2023년 10월보다 증가하지는 않으리라 예측'된다고 했으므로 2023년 12월 대비 10%p 감소한 인원은 1,210−121=1,089명 이하여야 한다. 따라서 ④는 제외된다.

두 번째 조건에서 '특선식 가격만을 1,000원 인상하여 7,000원으로 할 경우, 특선식 이용자 수는 2023년 7월 이후 최저치 이하로 감소하지만, 가격 인상의 영향 등으로 총매출액은 2023년 10월 이상으로 증가할 것으로 예측된다. 총매출액이 2023년 10월 매출액인 '10,850'보다 증가한다고 했으므로 ③이 답이다.

38

소비자물가지수는 상품의 가격 변동을 수치화한 것으로, 각 상품의 가격은 알 수 없다.

오답분석

① 그래프를 보면 세 품목이 모두 2019년에 물가지수 100을 나타낸다. 따라서 모든 품목의 소비자 물가지수는 2019년 물가를 100으로 하여 등락률을 산정했음을 알 수 있다.

② 짜장면의 2023년 물가지수와 2019년 물가지수 차이는 115−100=15로, 짜장면은 물가지수가 가장 많이 오른 음식이다.

③ 설렁탕은 2014년에 물가지수가 가장 낮은 품목이며, 2019년의 세 품목의 물가지수는 100으로 동일하다. 따라서 설렁탕은 2014년부터 2019년까지 물가지수가 가장 많이 오른 음식이다.

39

1일 구입량을 x개, 1일 판매량을 y개, 현재 보유량을 A개라 하면 다음과 같다.

$A+60x=60y \cdots \bigcirc$

$A+0.8x\times40=40y \rightarrow A+32x=40y \cdots \bigcirc$

$\bigcirc - \bigcirc$을 하면

$28x=20y \rightarrow 7x=5y \cdots \bigcirc$

60일 동안 판매하기 위한 감소 비율을 k라 하면

$A+0.8x\times60=(1-k)\times y\times60$

$\rightarrow 60y-60x+48x=(1-k)\times y\times60 \ (\because \bigcirc)$

$\rightarrow 12x=60ky$

$\rightarrow \dfrac{60}{7}y=60ky \ (\because \bigcirc)$

$\therefore k=\dfrac{1}{7}$

40

쓰레기 1kg당 처리비용은 400원으로 동결 상태이다. 오히려 쓰레기 종량제 봉투 가격이 인상될수록 G신도시의 쓰레기 발생량과 쓰레기 관련 예산 적자가 급격히 감소하는 것을 볼 수 있다.

41

강 B에서 A로 올라가는 데 걸린 시간을 $2.4x$시간이라 하면, 내려오는 데 걸린 시간은 x시간이다.

$2.4x+x+\dfrac{24}{60}=5+\dfrac{30}{60} \rightarrow 24x+10x+4=50+5 \rightarrow 34x=51$

$\therefore x=1.5$

따라서 올라가는 데 걸린 시간은 $2.4\times1.5=3.6$시간이고, 내려오는 데 걸린 시간은 1.5시간이다.

A에서 B까지의 거리를 $a$km, 흐르지 않는 물에서 보트의 속력을 $b$km/h라 하면 다음과 같다.

$1.5\times(b+5)=a \rightarrow 1.5b+7.5=a \cdots \bigcirc$

정지한 보트는 0.4시간 동안 물에 의해 떠내려가므로

$3.2\times(b-5)=a+5\times0.4 \rightarrow 3.2b-18=a \cdots \bigcirc$

$\bigcirc$과 $\bigcirc$을 연립하면

$1.5b+7.5=3.2b-18 \rightarrow 1.7b=25.5 \rightarrow b=15$

따라서 흐르지 않는 물에서 보트의 속력은 15km/h이다.

42

$\bigcirc$ • 1시간 미만 운동하는 3학년 남학생 수 : 87명
　　• 4시간 이상 운동하는 1학년 여학생 수 : 46명
　　따라서 옳은 설명이다.

$\bigcirc$ 제시된 자료에서 남학생 중 1시간 미만 운동하는 남학생의 비율이 여학생 중 1시간 미만 운동하는 여학생의 비율보다 각 학년에서 모두 낮음을 확인할 수 있다.

오답분석

$\bigcirc$ 남학생과 여학생 모두 학년이 높아질수록 3시간 이상 4시간 미만 운동하는 학생의 비율은 낮아진다. 그러나 남학생과 여학생 모두 학년이 높아질수록 4시간 이상 운동하는 학생의 비율은 높아지므로 옳지 않은 설명이다.

$\bigcirc$ 3학년 남학생의 경우 3시간 이상 4시간 미만 운동하는 학생의 비율은 4시간 이상 운동하는 학생의 비율보다 낮다.

43

2023년 10월 전체 자동차 월매출 총액을 x억 원이라 하자.

J자동차의 10월 매출액과 시장점유율을 이용해 10월 전체 자동차 월매출 총액을 구하면

$$\frac{27}{x} \times 100 = 0.8 \rightarrow x = 2,700 \div 0.8 = 3,375$$

따라서 2023년 10월 G국의 전체 자동차 매출액 총액은 4,000억 원 미만이다.

오답분석

① 2023년 C자동차의 9월 매출액을 a억 원(단, $a \neq 0$)이라고 하자.

2023년 C자동차의 10월 매출액은 285억 원이고, 전월 대비 증가율은 50%이므로 $a(1+0.5) = 285$

∴ $a = 190$

즉, 2023년 9월 C자동차의 매출액은 200억 원 미만이다.

② 2023년 10월 매출액 상위 6개 자동차의 9월 매출액을 구하면 다음과 같다.
- A자동차 : $1,139 \div (1+0.6) = 711.88$억 원
- B자동차 : $1,097 \div (1+0.4) = 783.57$억 원
- C자동차 : $285 \div (1+0.5) = 190$억 원
- D자동차 : $196 \div (1+0.5) = 130.67$억 원
- E자동차 : $154 \div (1+0.4) = 110$억 원
- F자동차 : $149 \div (1+0.2) = 124.17$억 원

즉, 2023년 9월 매출액 상위 5개 자동차의 순위는 'B자동차 − A자동차 − C자동차 − D자동차 − F자동차 − E자동차'이다. 따라서 옳지 않은 설명이다.

③ 2023년 I자동차 누적매출액 자료를 살펴보면 I자동차의 1월부터 5월까지 누적매출액을 알 수 없으므로 6월 매출액은 정확히 구할 수 없다. 다만, 6월 누적매출액을 살펴보았을 때, 6월 매출액의 범위는 0원 ≤ (6월 매출액) ≤ 5억 원임을 알 수 있다. 2023년 I자동차의 7~9월 월매출액을 구하면 다음과 같다.
- 7월 월매출액 : $9-5=4$억 원
- 8월 월매출액 : $24-9=15$억 원
- 9월 월매출액 : $36-24=12$억 원

따라서 2023년 6~9월 중 I자동차의 월매출액이 가장 큰 달은 8월이다.

44

20대 신규 확진자 수가 10대 신규 확진자 수보다 적은 지역은 3월에 E, F, H지역, 4월은 A, G, H지역으로 각각 3개 지역이다.

오답분석

① C, G지역의 3월과 4월의 10대 미만 신규 확진자 수는 각각 동일하다.

③ 3월 신규 확진자 수가 세 번째로 많은 지역은 C지역(228명)으로, C지역의 4월 신규 확진자 수가 가장 많은 연령대는 60대(26명)이다.

④ H지역의 4월 신규 확진자 수는 93명으로 4월 전체 신규 확진자 수인 $121+78+122+95+142+196+61+93+54=962$명에서 차지하는 비율은 $\frac{93}{962} \times 100 = 9.7\%$로 10% 미만이다. 또한, 4월 전체 신규 확진자 수의 10%는 $962 \times 0.1 = 96.2$명으로, H지역의 4월 신규 확진자 수인 93명보다 많다.

45

제시된 자료에 의하면 수도권은 서울과 인천·경기를 합한 지역을 의미한다. 따라서 전체 마약류 단속 건수 중 수도권의 마약류 단속 건수의 비중은 $22.1+35.8=57.9\%$이다.

오답분석

① • 대마 단속 전체 건수 : 167건
  • 코카인 단속 전체 건수 : 65건
  $65 \times 3 = 195 > 167$이므로 옳지 않은 설명이다.

③ 코카인 단속 건수가 없는 지역은 강원, 충북, 제주로 3곳이다.

④ • 대구·경북 지역의 향정신성의약품 단속 건수 : 138건
  • 광주·전남 지역의 향정신성의약품 단속 건수 : 38건
  $38 \times 4 = 152 > 138$이므로 옳지 않은 설명이다.

제1회 최종점검 모의고사 • 53

46

정답 ③

ⓛ 2022년과 2023년은 농·임업 생산액과 화훼 생산액 비중이 전년 대비 모두 증가했으므로 화훼 생산액 또한 증가했음을 알 수 있다. 나머지 2018 ~ 2021의 화훼 생산액을 구하면 다음과 같다.

- 2018년 : $39,663 \times 0.28 = 11,105.64$십억 원
- 2019년 : $42,995 \times 0.277 = 11,909.62$십억 원
- 2020년 : $43,523 \times 0.294 = 12,795.76$십억 원
- 2021년 : $43,214 \times 0.301 = 13,007.41$십억 원

따라서 화훼 생산액은 매년 증가한다.

ⓔ 2018년의 GDP를 a억 원, 농업과 임업의 부가가치를 각각 x억 원, y억 원이라고 하자.

- 2018년 농업 부가가치의 GDP 대비 비중 : $\frac{x}{a} \times 100 = 2.1\% \rightarrow x = 2.1 \times \frac{a}{100}$

- 2018년 임업 부가가치의 GDP 대비 비중 : $\frac{y}{a} \times 100 = 0.1\% \rightarrow y = 0.1 \times \frac{a}{100}$

2018년 농업 부가가치와 임업 부가가치의 비는 $x : y = 2.1 \times \frac{a}{100} : 0.1 \times \frac{a}{100} = 2.1 : 0.1$이다.

즉, 매년 농업 부가가치와 임업 부가가치의 비는 GDP 대비 비중의 비로 나타낼 수 있다.

농·임업 부가가치 현황 자료를 살펴보면 2018년, 2019년, 2021년과 2020년, 2022년, 2023년 GDP 대비 비중이 같음을 확인할 수 있다. 비례배분을 이용해 매년 농·임업 부가가치에서 농업 부가가치가 차지하는 비중을 구하면 다음과 같다.

- 2018년, 2019년, 2021년 : $\frac{2.1}{2.1+0.1} \times 100 = 95.45\%$

- 2020년, 2022년, 2023년 : $\frac{2.0}{2.0+0.2} \times 100 = 90.91\%$

따라서 옳은 설명이다.

[오답분석]

ⓖ 농·임업 생산액이 전년보다 적은 해는 2021년이다. 그러나 2021년 농·임업 부가가치는 전년보다 많다.

ⓒ 같은 해의 곡물 생산액과 과수 생산액은 비중을 이용해 비교할 수 있다.

2020년의 곡물 생산액 비중은 15.6%, 과수 생산액 비중은 40.2%이고 $40.2 \times 0.5 = 20.1 > 15.6$이므로 옳지 않은 설명이다.

47

정답 ③

2023년 공기업 여성 합격자 수는 2,087명인데 해당 자료는 전체의 25%라고 되어 있으므로 2023년 전체 공기업 합격자 수인 9,070명의 25%를 계산해 보면 2267.5명이다.

48

정답 ①

92m²의 6억 원 초과 9억 원 이하 주택의 표준세율은 $0.02+0.002+0.002 = 0.024$이므로 거래금액을 x원이라고 하면

$x \times (1+0.024) = 670,000,000 \rightarrow 1.024x = 670,000,000$

∴ $x = 654,290,000$(∵ 만 원 단위 미만 절사)

49

정답 ④

사망자가 30명 이상인 사고를 제외한 나머지 사고는 A, C, D, F이다. 네 사고를 화재규모와 복구비용이 많은 순으로 각각 나열하면 다음과 같다.

- 화재규모 : A - D - C - F
- 복구비용 : A - D - C - F

따라서 옳은 설명이다.

① 터널길이가 긴 순, 사망자가 많은 순으로 사고를 각각 나열하면 다음과 같다.

  • 터널길이 : A − D − B − C − F − E
  • 사망자 수 : E − B − C − D − A − F

  따라서 터널길이와 사망자 수는 관계가 없다.

② 화재규모가 큰 순, 복구기간이 긴 순으로 사고를 각각 나열하면 다음과 같다.

  • 화재규모 : A − D − C − E − B − F
  • 복구기간 : B − E − F − A − C − D

  따라서 화재규모와 복구기간의 길이는 관계가 없다.

③ 사고 A를 제외하고 복구기간이 긴 순, 복구비용이 많은 순으로 사고를 각각 나열하면 다음과 같다.

  • 복구기간 : B − E − F − C − D
  • 복구비용 : B − E − D − C − F

  따라서 옳지 않은 설명이다.

50

• 2019년 대비 2020년 사고 척수의 증가율 : $\dfrac{2,362-1,565}{1,565} \times 100 \fallingdotseq 50.9\%\text{p}$

• 2019년 대비 2020년 사고 건수의 증가율 : $\dfrac{2,101-1,330}{1,330} \times 100 \fallingdotseq 58.0\%\text{p}$

51

연도별 사고 건수당 인명피해의 인원수를 구하면 다음과 같다.

• 2019년 : $\dfrac{710}{1,330} \fallingdotseq 0.53$명/건

• 2020년 : $\dfrac{395}{2,101} \fallingdotseq 0.19$명/건

• 2021년 : $\dfrac{411}{2,307} \fallingdotseq 0.18$명/건

• 2022년 : $\dfrac{523}{2,582} \fallingdotseq 0.20$명/건

• 2023년 : $\dfrac{455}{2,671} \fallingdotseq 0.17$명/건

따라서 사고 건수당 인명피해의 인원수가 가장 많은 연도는 2019년이다.

52

총무부서 직원은 총 250×0.16=40명이다. 2022년과 2023년의 독감 예방접종 여부가 총무부서에 대한 자료라면, 총무부서 직원 중 2022년과 2023년의 예방접종자 수의 비율 차는 56−38=18%p이다. 따라서 40×0.18≒7명 증가하였다.

① 2022년 독감 예방접종자 수는 250×0.38=95명, 2023년 독감 예방접종자 수는 250×0.56=140명이다. 따라서 2022년에는 예방접종을 하지 않았지만 2023년에는 예방접종을 한 직원은 총 140−95=45명이다.

② 2022년의 예방접종자 수는 95명이고, 2023년의 예방접종자 수는 140명이다. 따라서 $\dfrac{140-95}{95} \times 100 \fallingdotseq 47\%\text{p}$ 증가했다.

③ 2022년에 예방접종을 하지 않은 직원들을 대상으로 2023년의 독감 예방접종 여부를 조사한 자료라고 하면, 2022년과 2023년 모두 예방접종을 하지 않은 직원은 총 250×0.62×0.44≒68명이다.

53

정답 ②

월간 용돈을 5만 원 미만으로 받는 비율은 중학생 89.4%, 고등학생 60%로 중학생이 고등학생보다 높다.

오답분석

① 용돈을 받는 남학생과 여학생의 비율은 각각 82.9%, 85.4%이다. 따라서 여학생이 더 높다.
③ 고등학교 전체 인원을 100명이라 한다면 그중 용돈을 받는 학생은 약 80.8명이다. 80.8명 중에 용돈을 5만 원 이상 받는 학생의 비율은 40%이므로 $80.8 \times 0.4 = 32.3$명이다.
④ 전체에서 금전출납부의 기록, 미기록 비율은 각각 30%, 70%이다. 따라서 기록하는 비율이 더 낮다.

54

정답 ③

청소년의 영화 티켓 가격은 $12,000 \times 0.7 = 8,400$원이다.
청소년, 성인을 각각 x명, $(9-x)$명이라고 하면 다음과 같다.
$12,000 \times (9-x) + 8,400 \times x = 90,000$
$\rightarrow -3,600x = -18,000$
$\therefore x = 5$

55

정답 ②

A $\sim$ E의 평균은 모두 70점으로 같으며 분산은 다음과 같다.

A : $\dfrac{(60-70)^2 + (70-70)^2 + (75-70)^2 + (65-70)^2 + (80-70)^2}{5} = 50$

B : $\dfrac{(50-70)^2 + (90-70)^2 + (80-70)^2 + (60-70)^2 + (70-70)^2}{5} = 200$

C : $\dfrac{(70-70)^2 + (70-70)^2 + (70-70)^2 + (70-70)^2 + (70-70)^2}{5} = 0$

D : $\dfrac{(70-70)^2 + (50-70)^2 + (90-70)^2 + (100-70)^2 + (40-70)^2}{5} = 520$

E : $\dfrac{(85-70)^2 + (60-70)^2 + (70-70)^2 + (75-70)^2 + (60-70)^2}{5} = 90$

표준편차는 분산의 양의 제곱근이므로, 표준편차를 큰 순서대로 나열한 것과 분산을 큰 순서대로 나열한 것은 같다.
따라서 표준편차가 큰 순서대로 나열하면 D>B>E>A>C이다.

56

정답 ③

㉠ 제시된 자료를 보면 2023년에 공개경쟁채용을 통해 채용이 이루어진 공무원 구분은 5급, 7급, 9급, 연구직으로 총 4개이다.
㉡ • 2023년 우정직 채용 인원 : 599명
   • 2023년 7급 채용 인원 : 1,148명
   $1,148 \div 2 = 574 < 599$이므로 옳은 설명이다.
㉣ • 2024년 9급 공개경쟁채용 인원 : $3,000(1+0.1) = 3,300$명
   • 2025년 9급 공개경쟁채용 인원 : $3,300(1+0.1) = 3,630$명
   • 2025년 9급 공개경쟁채용 인원의 2023년 대비 증가폭 : $3,630 - 3,000 = 630$명
   나머지 채용 인원은 2023년과 동일하게 유지하여 채용한다고 하였으므로, 2025년 전체 공무원 채용 인원은 $9,042 + 630 = 9,672$명이다. 따라서 2025년 전체 공무원 채용 인원 중 9급 공개경쟁채용 인원의 비중은 $\dfrac{3,630}{9,672} \times 100 = 37.53\%$이다.

오답분석

㉢ 5급, 7급, 9급의 경우 공개경쟁채용 인원이 경력경쟁채용 인원보다 많다. 그러나 연구직의 경우 공개경쟁채용 인원은 경력경쟁 채용 인원보다 적다.

57

㉠ 연도별 지하수 평균수위 자료를 통해 확인할 수 있다.

㉡ 2023년 지하수 온도가 가장 높은 곳은 영양입암 관측소이고 온도는 27.1℃이다. 따라서 2023년 지하수 평균수온과의 차이는 $27.1-14.4=12.7℃$이다.

오답분석

㉢ 2023년 지하수 전기전도도가 가장 높은 곳은 양양손양 관측소이고 전기전도도는 $38,561.0\mu S/cm$이다. $38,561.0\div516=74.73$이므로 2023년 지하수 전기전도도가 가장 높은 곳의 지하수 전기전도도는 평균 전기전도도의 76배 미만이다.

58

정답 ②

금형 업종의 경우, 사무소 형태로 진출한 현지 자회사 법인의 비율이 가장 높다.

오답분석

① 단독법인 형태의 소성가공 업종의 수는 $30\times0.381=11.43$개로, 10개 이상이다.

③ 표면처리 업종의 해외 현지 자회사 법인 중 유한회사의 형태인 업종은 $133\times0.024=3.192$곳으로, 2곳 이상이다.

④ 전체 업종 중 용접 업종의 해외 현지 자회사 법인의 비율은 $\dfrac{128}{387}\times100=33\%$로, 30% 이상이다.

59

정답 ④

- (가)$=723-(76+551)=96$
- (나)$=824-(145+579)=100$
- (다)$=887-(131+137)=619$
- (라)$=114+146+688=948$

∴ (가)$+$(나)$+$(다)$+$(라)$=96+100+619+948=1,763$

60

정답 ④

보전관리지역 지가변동률 대비 농림지역 지가변동률의 비율은 경기도가 $\dfrac{3.04}{2.1}\times100=144.8\%$, 강원도가 $\dfrac{2.49}{1.23}\times100=202.4\%$ 이다. 따라서 강원도가 더 높으므로 옳다.

오답분석

① 부산광역시의 경우 전년 대비 공업지역의 지가는 감소하였으나, 농림지역의 지가는 변동이 없었다.

② 전라북도 상업지역의 지가변동률은 충청북도 주거지역의 지가변동률보다 $\dfrac{1.83-1.64}{1.64}\times100=12\%$ 더 높다.

③ 대구광역시 공업지역의 지가변동률과 경상남도 보전관리지역의 지가변동률 차이는 $|-0.97-1.77|=2.74\%p$이다.

61

정답 ④

E는 교양 수업을 신청한 A보다 나중에 수강한다고 하였으므로 목요일 또는 금요일에 강의를 들을 수 있다. 이때, 목요일과 금요일에는 교양 수업이 진행되므로 'E는 반드시 교양 수업을 듣는다.'의 ④는 항상 참이 된다.

오답분석

① A가 수요일에 강의를 듣는다면 E는 교양2 또는 교양3 강의를 들을 수 있다.

② B가 수강하는 전공 수업의 정확한 요일을 알 수 없으므로 C는 전공1 또는 전공2 강의를 들을 수 있다.

③ C가 화요일에 강의를 듣는다면 D는 교양 강의를 듣는다. 이때, 교양 수업을 듣는 A는 E보다 앞선 요일에 수강하므로 E는 교양2 또는 교양3 강의를 들을 수 있다.

구분	월(전공1)	화(전공2)	수(교양1)	목(교양2)	금(교양3)
경우 1	B	C	D	A	E
경우 2	B	C	A	D	E
경우 3	B	C	A	E	D

62
정답 ④

보기의 명제들을 논리 기호화하면 다음과 같다.
• 첫 번째 명제 : (~연차 ∨ 출퇴근) → 주택
• 두 번째 명제 : 동호회 → 연차
• 세 번째 명제 : ~출퇴근 → 동호회
• 네 번째 명제 : (출퇴근 ∨ ~연차) → ~동호회

먼저 두 번째 명제의 경우, 동호회행사비 지원을 도입할 때에만이라는 한정 조건이 있으므로 역(연차 → 동호회) 또한 참이다. 만약 동호회행사비를 지원하지 않는다고 가정하면, 두 번째 명제의 역의 대우(~동호회 → ~연차)와 세 번째 명제의 대우(~동호회 → 출퇴근)에 따라 첫 번째 명제가 참이 되므로, 출퇴근교통비 지원과 주택마련자금 지원을 도입하게 된다. 그러나 다섯 번째 조건에 따라 주택마련자금 지원을 도입했을 때, 다른 복지제도를 도입할 수 없으므로 모순이 된다. 따라서 동호회행사비를 지원하는 것이 참인 것을 알 수 있다.
따라서 동호회행사비를 지원한다면, 네 번째 명제의 대우[동호회 → (~출퇴근 ∧ 연차)]에 따라 출퇴근교통비 지원은 도입되지 않고, 연차 추가제공은 도입된다. 그리고 다섯 번째 명제의 대우에 따라 주택마련자금 지원은 도입되지 않는다. 그러므로 G공단에서 도입할 복지제도는 동호회행사비 지원과 연차 추가제공 지원 2가지이다.

63
정답 ①

주어진 조건에 따라 학생 순서를 배치해보면 다음 표와 같다.

1번째	2번째	3번째	4번째	5번째	6번째	7번째	8번째
마	다	가	아	바	나	사	라

따라서 3번째에 올 학생은 가이다.

64
정답 ③

조건을 바탕으로 할 때 가능한 경우는 다음과 같다.

구분	1교시	2교시	3교시	4교시
경우 1	사회	국어	영어	수학
경우 2	사회	수학	영어	국어
경우 3	수학	사회	영어	국어

따라서 2교시가 수학일 때 1교시는 사회이며, 3교시는 항상 영어임을 알 수 있다.

65
정답 ①

조건에 따라 G회사의 4월 일정표를 정리하면, G회사는 기존 4월 10일까지의 휴무 기간에서 일주일 더 연장하여 4월 17일까지 휴무한다. 가능한 빠르게 신입사원 채용시험을 진행해야 하지만, 토·일·월요일은 필기 및 면접시험을 진행할 수 없으므로 화요일인 21일에 필기시험을 진행한다. 이후 필기시험일로부터 3일이 되는 24일에 면접대상자에게 관련 내용을 고지하고, 고지한 날로부터 2일이 되는 26일에 면접시험을 진행하여야 한다. 그러나 일요일과 월요일에는 시험을 진행할 수 없으므로 화요일인 28일에 면접시험을 진행한다.

66

65번 문제를 통해 결정된 면접시험일은 4월 28일 화요일이므로 이틀 뒤인 4월 30일 목요일에 최종 합격자를 발표한다. 최종 합격자는 그 다음 주 월요일인 5월 4일에 첫 출근을 하여 5월 18일까지 2주간의 신입사원 교육을 받는다. 교육이 끝나면 5월 19 ~ 20일 이틀 동안 회의를 통해 신입사원의 배치가 결정되고, 신입사원은 그 다음 주 월요일인 5월 25일에 소속 부서로 출근하게 된다.

67

정답 ②

주어진 조건에 따라 옥상 정원 구조를 추론해보면 다음과 같다.

1줄	은행나무, 벚나무
2줄	플라타너스, 단풍나무
3줄	소나무, 감나무
4줄	밤나무, 느티나무

따라서 벚나무는 은행나무와 함께 맨 앞줄에 심어져 있다.

68

정답 ④

매물의 세 번째 자리를 보면 'O'라고 표기되어 있다. 즉, 매매 물건이므로 월세를 협의할 수 있는 매물이 아니다.

오답분석

① 매물은 전원주택(HO)이므로 주거를 위한 것으로 보는 것이 적절하다.
② 매물은 매매 물건(O)이므로 구매 시 소유권이 변경되게 된다.
③ 매물은 강화읍(01)에 위치하므로 옳은 설명이다.

69

정답 ④

FC(공장) – P(전세) – 04(불은면) – 2(공유매물) – 31(3억 1천만 원) – T(월세 해당 없음)

오답분석

① GDO01131T : 강화읍은 피하고 싶다고 했으므로 이 매물은 적절하지 않다.
② GDP02241T : 전세가에 경우 최대 4억 원까지만 가능하다고 했으므로 전세가 4억 1천만 원인 이 매물은 적절하지 않다.
③ FCO03138T : 매매가에 경우 최대 3억 3천만 원까지만 가능하다고 했으므로 매매가 3억 8천만 원인 이 매물은 적절하지 않다.

70

정답 ③

ⓛ SRO07218N : 매매(O)물건이 월세(N : 30만 원 미만)가 있다는 것은 모순이다.
ⓔ VIQ08108X : 매물지역은 01번부터 07번까지만 존재한다.

오답분석

ⓣ FE(펜션) – P(전세) – 03(길상면) – 1(독점매물) – 21(21,000만 원대) – T(해당 없음)
ⓒ AP(아파트) – O(매매) – 05(송해면) – 2(공유매물) – 25(25,000만 원대) – T(해당 없음)
ⓜ FC(공장) – P(전세) – 02(선원면) – 1(독점매물) – 35(35,000만 원대) – T(해당 없음)

제1회 최종점검 모의고사 • 59

71

정답 ①

먼저 총비행시간이 편도로 8시간 이내이면서 직항 노선이 있는 곳을 살펴보면 두바이, 모스크바, 홍콩으로 후보군을 압축할 수 있다. 다음으로 연차가 하루밖에 남지 않은 상황에서 최대한 길게 휴가를 다녀오기 위해서는 화요일 혹은 목요일 중 하루를 연차로 사용해야 하는데 어떤 경우이든 5일의 연휴가 가능하게 된다. 따라서 세훈이는 두바이(4박 5일), 모스크바(6박 8일), 홍콩(3박 4일) 중 모스크바는 연휴 기간을 넘어서므로 제외하고 두바이와 홍콩 중 여행 기간이 더 긴 두바이로 여행을 다녀올 것이다.

72

정답 ②

주어진 조건에 따라 G가 해야 할 일의 순서를 배치해보면 다음 표와 같이 두 가지 경우가 가능하다.

1)
월	화	수	목	금	토	일
d	c	f	a	i	b	h

2)
월	화	수	목	금	토	일
d	c	a	f	i	b	h

따라서 G가 화요일에 하게 될 일은 c이다.

73

정답 ①

제시된 조건에 따라 각각의 컴퓨터에 점수를 부여하면 다음과 같다.

컴퓨터 \ 항목	램 메모리 용량	하드 디스크 용량	가격	총점
A	0	50	200	250
B	100	0	100	200
C	0	100	0	100
D	100	50	0	150

항목별 점수의 합이 가장 큰 컴퓨터를 구입한다고 하였으므로 G씨는 A컴퓨터를 구입하게 된다.

74

정답 ④

ㄴ. 갑이 1장만 당첨되고, 을이 응모한 3장 모두가 당첨되는 경우에 갑이 받는 사과의 개수가 최소가 된다. 이 경우에 갑은 25개 $\left(=\frac{100}{4}\times1\right)$의 사과를 받게 되므로 옳다.

ㄷ. 당첨된 직원이 한 명뿐이라면 그 직원이 모든 사과(100개)를 받게 되므로 옳다.

오답분석

ㄱ. 갑이 응모한 3장 모두가 당첨되고 을이 1장만 당첨된 경우에 갑이 받는 사과의 개수가 최대가 된다. 이 경우에 갑은 75개 $\left(=\frac{100}{4}\times3\right)$의 사과를 받게 되므로 옳지 않다.

75

정답 ④

제시된 조건을 종합해 보면 E, F, G는 3층에, C, D, I는 2층에, A, B, H는 1층에 투숙해 있는 것을 알 수 있으며, 다음과 같이 2가지 경우로 정리가 가능하다.

• 경우 1

G			F	E
I			C	D
H		B	A	

• 경우 2

G			E	F
		C	D	I
B		A		H

따라서 2가지 경우 모두 G는 301호에 투숙하게 되므로 항상 참이다.

[오답분석]

①·③ 경우 2에만 해당되므로 항상 참인 것은 아니다.
② 경우 1에만 해당되므로 항상 참인 것은 아니다.

76

정답 ③

ⅰ) 먼저 두 번째 조건을 통해 D~F는 모두 20대임을 알 수 있으며, 이에 따라 A~G 중 나이가 가장 많은 사람은 G라는 것을 확인할 수 있다. 따라서 세 번째 조건에 의해 G는 왕자의 부하가 아니다.

ⅱ) 다음으로 네 번째 조건을 살펴보면 이미 C, D, G의 3명이 여자인 상황에서 남자가 여자보다 많다고 하였으므로 A, B, E, F의 4명이 모두 남자임을 알 수 있다. 여기까지의 내용을 정리하면 다음과 같다.

친구	나이	성별	국적
A	37세	남자	한국
B	28세	남자	한국
C	22세	여자	중국
D	20대	여자	일본
E	20대	남자	중국
F	20대	남자	한국
G	38세	여자	중국

ⅲ) 마지막 조건을 살펴보면, 국적이 동일한 2명이 왕자의 부하이므로 단 한 명인 일본인 D는 부하가 될 수 없으며, 왕자의 두 부하는 성별이 서로 다르다고 하였는데 한국인 A, B, F는 모두 남자이므로 역시 부하가 될 수 없다. 마지막으로 남은 C와 E가 중국 국적이면서 성별이 다른 상황이므로 이들이 왕자의 부하임을 알 수 있다.

77

정답 ①

주어진 조건을 논리기호화하면 다음과 같다.

ⅰ) 혁신역량강화 → ~조직문화
ⅱ) ~일과 가정 → 미래가치교육
ⅲ) 혁신역량강화, 미래가치교육 中 1
ⅳ) 조직문화, 전략적 결정, 공사융합전략 中 2
ⅴ) 조직문화

• G대리가 조직문화에 참여하므로 ⅰ)의 대우인 '조직문화 → ~혁신역량강화'에 따라 혁신역량강화에 참여하지 않는다. 따라서 ⅲ)에 따라 미래가치교육에 참여한다.
• 일과 가정의 경우 참여와 불참 모두 가능하지만, G대리는 최대한 참여하므로 일과 가정에 참여한다.
• ⅳ)에 따라 전략적 결정, 공사융합전략 중 한 가지 프로그램에 참여할 것임을 알 수 있다.

따라서 G대리는 조직문화, 미래가치교육, 일과 가정 그리고 전략적 결정 혹은 공사융합전략에 참여하므로 최대 4개의 프로그램에 참여한다.

> **오답분석**
> ② G대리의 전략적 결정 참여 여부와 일과 가정 참여 여부는 상호 무관하다.
> ③ G대리는 혁신역량강화에 참여하지 않으며, 일과 가정 참여 여부는 알 수 없다.
> ④ G대리는 조직문화에 참여하므로 iv)에 따라 전략적 결정과 공사융합전략 중 한 가지에만 참여 가능하다.

78

정답 ④

조건을 논리기호에 따라 나타내어 간소화하면 다음과 같다.
- 기획지원부 → ~통계개발부
- 해외기술부, 전략기획실, 인재개발부 중 2곳 이상
- 비서실 → ~전략기획실
- 인재개발부 → 통계개발부
- 대외협력부, 비서실 중 1곳
- 비서실

마지막 조건에 따르면 비서실은 선정되며, 세 번째 조건에 따라 전략기획실은 선정되지 않는다. 그러면 두 번째 조건에 따라 해외기술부와 인재개발부는 반드시 선정되어야 한다. 또한, 인재개발부가 선정되면 네 번째 조건에 따라 통계개발부도 선정된다. 이때 첫 번째 조건의 대우가 '통계개발부 → ~기획지원부'이므로 기획지원부는 선정되지 않는다. 마지막으로 다섯 번째 조건에 따라 대외협력부는 선정되지 않는다. 따라서 국제협력사업 10주년을 맞아 행사에 참여할 부서로 선정된 곳은 비서실, 인재개발, 해외기술부, 통계개발부이므로 ④는 옳지 않다.

79

정답 ③

가입연도가 2021년이므로 코드 생성방법은 방법 1을 따른다.
자료의 순서와 방법을 반대로 하면 A가 입력한 비밀번호를 알 수 있다.

4. 알파벳 소문자(a ~ n)를 한글 자음(ㄱ ~ ㅎ) 순서대로 치환하여 입력한다. 그 외 알파벳 소문자는 그대로 유지한다. → 한글 자음 순서대로 알파벳 소문자를 치환하여 입력한다.
   #53ㅅ—ㅌㅠㄷㅗ → #53g—ㅣㅠㄷㅗ

3. 특수문자는 모두 @로 치환하여 입력한다. 단, @는 #으로 치환한다. → @는 특수문자로 치환하고, #은 @로 치환한다.
   #53g—ㅣㅠㄷㅗ → @53g—ㅣㅠㄷㅗ

2. 자음 중 된소리가 있는 것만 된소리로 치환하고 된소리인 것은 아닌 것으로 치환하며, 된소리가 없는 것은 그대로 입력한다. → 된소리 해당사항 없음

1. 숫자 1 ~ 9는 순서대로 한글 모음 ㅏ, ㅑ, ㅓ, ㅕ, ㅗ, ㅛ, ㅜ, ㅠ, ㅡ로 각각 치환하여 입력하고, 숫자 0은 그대로 입력한다. → 한글 모음(ㅏ ~ ㅡ) 순서대로 숫자 1 ~ 9를 치환하여 입력한다.
   @53g—ㅣㅠㄷㅗ → @53g—l8c5

따라서 A가 입력한 비밀번호는 '@53g—l8c5'이다.

80

정답 ④

2022년 가입자의 방법 2를 통한 암호화 코드를 구하면 다음과 같다.
@Lu290ㄱㅌㅛ!! → @Lu2U0ㄱㅌㅛ!! → XLu2U0ㄱㅌㅛXX → XlU2U0ㄱㅌㅛXX
2020년 가입자의 방법 1을 통한 암호화 코드를 구하면 다음과 같다.
@Lu290ㄱㅌㅛ!! → @Luㅑ—l0ㄱㅌㅛ!! → @Luㅑ—l0ㄲㅌㅛ!! → #Luㅑ—l0ㄲㅌㅛ@@ → #Luㅑ—l0ㄲㅌㅛ@@
따라서 각각 'XlU2U0ㄱㅌㅛXX, #Luㅑ—l0ㄲㅌㅛ@@'이다.

81

정답 ②

2020년에 가입한 사람의 암호화 방법은 방법 1과 같으므로 순서대로 정리하면 다음과 같다.

1. 숫자 1 ~ 9는 순서대로 한글 모음인 ㅏ, ㅑ, ㅓ, ㅕ, ㅗ, ㅛ, ㅜ, ㅠ, ㅡ로 각각 치환하여 입력하고, 숫자 0은 그대로 입력한다.
   ㅎㅏㄹㅁㅓ05HaPPy114105Hhanㅐㄲ → ㅎㅏㄹㅁㅓ0ㅗHaPPyㅏㅏㅕㅏ0ㅗHhanㅐㄲ

2. 자음 중 된소리가 있는 것(ㄱ, ㄷ, ㅂ, ㅅ, ㅈ)에서 된소리가 아닌 것은 된소리로 치환하고(ㄱ → ㄲ), 된소리인 것은 된소리가 아닌 것으로 치환한다(ㄲ → ㄱ). 단, 된소리가 없는 자음은 그대로 입력한다.
   ㅎㅏㄹㅁㅓ0ㅗHaPPyㅏㅏㅕㅏ0ㅗHhanㅐㄲ → ㅎㅏㄹㅁㅓ0ㅗHaPPyㅏㅏㅕㅏ0ㅗHhanㅐㄱ

3. 특수문자는 모두 @로 치환하여 입력한다. 단, @는 #으로 치환한다. → 해당사항 없음

4. 알파벳 소문자(a ~ n)를 한글 자음(ㄱ ~ ㅎ) 순서대로 치환하여 입력한다. 그 외 알파벳 소문자는 그대로 유지한다.
   ㅎㅏㄹㅁㅓ0ㅗHaPPyㅏㅏㅕㅏ0ㅗHhanㅐㄱ → ㅎㅏㄹㅁㅓ0ㅗHㄱPPyㅏㅏㅕㅏ0ㅗHㅇㄱㅎㅏㅐㄱ

따라서 2020년에 가입한 사람의 암호화 코드는 'ㅎㅏㄹㅁㅓ0ㅗHㄱPPyㅏㅏㅕㅏ0ㅗHㅇㄱㅎㅏㅐㄱ'으로, 이 중 알파벳 소문자의 개수는 'y' 1개이다.

82

정답 ③

첫 번째 조건에 의하면 내구연한이 8년 이상인 소화기는 폐기처분해야 한다. 2023년 7월 1일을 기준으로 하였을 때, 제조연도가 2014년, 2015년인 소화기는 처분대상이 되므로 총 39개이며, 폐기처분 비용은 $10,000 \times 39 = 390,000$원이 발생된다.

두 번째 조건에 의하면 지시압력계가 노란색이거나 빨간색이면 신형 소화기로 교체처분을 해야 한다. 2016 ~ 2018년 노란색으로 표시된 소화기는 총 5개이며, 빨간색으로 표시된 소화기는 3개이다. 그러므로 교체비용은 $50,000 \times (5+3) = 400,000$원이 발생된다.

세 번째 조건에 의하면 소화기는 최소한 60개 이상 보유하여야 한다. 2016 ~ 2018의 소화기가 51개이므로 9개의 신형 소화기를 새로 구매해야 한다. 그러므로 구매비용은 $50,000 \times 9 = 450,000$원이 발생된다.

따라서 최종적으로 발생된 전체비용은 $390,000 + 400,000 + 450,000 = 1,240,000$원이다.

83

정답 ④

행사장 방문객은 시계 반대 방향으로 돌면서 전시관을 관람한다. 400명의 방문객이 출입하여 제1전시관에서 100명이 관람한다면 나머지 300명은 관람하지 않고 지나치게 된다. 따라서 A지역에서 홍보판촉물을 나눠 줄 수 있는 대상자는 300명이 된다. 그리고 B지역은 A지역을 걸쳐서 오는 300명과 제1전시관을 관람하고 나온 100명의 인원이 합쳐지는 장소이므로 총 400명을 대상으로 홍보판촉물을 나눠 줄 수 있다. 이를 토대로 모든 지역을 고려해 보면 각 전시관과의 출입구가 합류되는 B, D, F지역에서 가장 많은 사람들에게 홍보판촉물을 나눠줄 수 있다.

84

정답 ②

A호텔 연꽃실은 2시간 이상 사용할 경우 추가비용이 발생하고, 수용 인원도 부족하다. B호텔 백합실은 1시간 초과 대여가 불가능하며, C호텔 매화실은 이동수단을 제공하지만 수용 인원이 적절하지 않다. 나머지 C호텔 튤립실과 D호텔 장미실을 비교했을 때, C호텔의 튤립실은 예산초과로 예약할 수 없으므로 이대리는 대여료와 수용 인원의 조건이 맞는 D호텔 연회장을 예약하면 된다. 따라서 이대리가 지불해야 하는 예약금은 D호텔 대여료 150만 원의 10%인 15만 원이다.

85

정답 ④

예산이 200만 원으로 증액되었을 때, 가능한 연회장은 C호텔 튤립실과 D호텔 장미실이다. 예산 내에서 더 저렴한 연회장을 선택해야 한다는 내용이 없고, 이동수단이 제공되는 연회장을 우선적으로 고려해야 하므로 이대리는 C호텔 튤립실을 예약할 것이다.

86

'KS90101-2'는 아동용 10kg 이하의 자전거로, 109동 101호 입주민이 2번째로 등록한 자전거이다.

오답분석

① 등록순서를 제외한 일련번호는 7자리로 구성되어야 하며, 종류와 무게 구분 번호의 자리가 서로 바뀌어야 한다.
② 등록순서를 제외한 일련번호는 7자리로 구성되어야 한다.
③ 자전거 무게를 구분하는 두 번째 자리에는 L, M, S 중 하나만 올 수 있다.

87

마지막의 숫자는 동일 세대주가 자전거를 등록한 순서를 나타내므로 해당 자전거는 2번째로 등록한 자전거임을 알 수 있다. 따라서 자전거를 2대 이상 등록한 입주민의 자전거이다.

오답분석

① 'T'를 통해 산악용 자전거임을 알 수 있다.
② 'M'을 통해 자전거의 무게는 10kg 초과 20kg 미만임을 알 수 있다.
③ 104동 1205호에 거주하는 입주민의 자전거이다.

88

발급방식 상 뒤 네 자리는 아이디가 아닌 개인정보와 관련이 있다. 따라서 아이디를 구하기 위해서는 뒤 네 자리를 제외한 문자를 통해 구해야 한다.
• 'HW688'에서 방식 1의 역순을 적용하면 HW688 → hw688
• 'hw688'에서 방식 2의 역순을 적용하면 hw688 → hwaii
따라서 직원 A의 아이디는 'hwaii'임을 알 수 있다.

89

1. 아이디의 알파벳 자음 대문자는 소문자로, 알파벳 자음 소문자는 대문자로 치환한다.
   JAsmIN → jASMIn
2. 아이디의 알파벳 중 모음 A, E, I, O, U, a, e, i, o, u를 각각 1, 2, 3, 4, 5, 6, 7, 8, 9, 0으로 치환한다.
   jASMIn → j1SM3n
3 · 4. 1과 2의 내용 뒤에 덧붙여 본인 성명 중 앞 두 자리와 본인 생일 중 일자를 덧붙여 입력한다.
   j1SM3n → j1SM3n김리01

90

규칙상 알파벳 모음만 숫자로 치환되므로 홀수가 몇 개인지 구하기 위해서는 전체를 치환하는 것보다 모음만 치환하는 것이 효율적이다. 제시된 문장에서 모음을 정리하면 IE i oo O o e IE이다. 이어서 규칙 2를 적용하면 IE i oo O o e IE → 32 8 99 4 9 7 32이다. 따라서 홀수는 모두 6개이다.

최종점검 모의고사

01	02	03	04	05	06	07	08	09	10	11	12	13	14	15	16	17	18	19	20
④	②	①	③	①	①	④	②	①	①	②	④	②	②	③	③	①	④	④	③
21	22	23	24	25	26	27	28	29	30	31	32	33	34	35	36	37	38	39	40
④	③	②	④	④	④	①	④	②	①	③	④	①	②	④	③	②	②	④	②
41	42	43	44	45	46	47	48	49	50	51	52	53	54	55	56	57	58	59	60
④	②	④	④	④	③	④	②	③	②	③	④	①	④	③	②	①	②	④	④
61	62	63	64	65	66	67	68	69	70	71	72	73	74	75	76	77	78	79	80
②	②	③	②	②	③	③	③	④	④	②	④	③	③	③	④	④	②	④	③
81	82	83	84	85	86	87	88	89	90										
②	③	②	④	①	④	②	②	③	③										

01

정답 ④

독립운동가들이 채택한, 조소앙이 기초한 대한민국임시헌장 제1조에 '대한민국은 민주공화제로 함.'이라는 문구가 담겨 있었다.

오답분석

① 대한민국임시헌장은 3·1운동 직후 상하이에 모여든 독립운동가들이 임시정부를 만들기 위한 첫걸음으로 채택하였다.
② 대한민국 임시정부가 만들어진 것은 3·1운동 이후임을 알 수 있고, 두 번째 문단에서 '조소앙은 3·1운동이 일어나기 전 대한제국 황제가 국민의 동의 없이 마음대로 국권을 일제에 넘겼다고 말하면서 국민은 국권을 포기한 적이 없다고 밝힌 대동단결선언을 발표한 적이 있다.'고 하고 있다.
③ 대한민국임시헌장을 기초할 때 조소앙은 국호를 '대한민국'으로 하고 정부 명칭도 '대한민국 임시정부'로 하자고 하였다.

02

정답 ②

완성된 최종적 결과물이 '작품'이라는 것은 전통적인 예술 관념에 따른 것이며, 생성예술에서는 작품이 자동적으로 만들어져가는 과정 자체를 창작활동의 핵심적 요소로 보고 있다. 또한 창작과정에서 무작위적 우연이 배제될 수 없기 때문에 생성예술에서는 작가 개인의 미학적 의도를 해석해낼 수 없다고 하였다.

오답분석

① 작품이 만들어지는 과정 자체는 무작위적인 우연의 연속이라고 하였다.
③ 생성예술에서는 작품이 자동적으로 만들어져 가는 과정 자체가 창작활동의 핵심적 요소라고 하였다.
④ 생성예술에서 작품이 만들어지는 과정은 작가가 설계한 생성 시스템에서 시작되지만, 그것이 작동하면 스스로 작품요소가 선택되고, 선택된 작품요소들이 창발적으로 새로운 작품요소를 만들어낸다고 하였다.

03

정답 ①

제시문의 내용은 20세기 중반, 정보의 생산 및 분배 메커니즘이 우리들을 영원한 정보처리 결손 상태로 남겨두었는데, 이를 데이터 스모그라 하며, 이에 대처하는 강력한 처방을 고안할 필요가 있다는 것이다. 따라서 결론으로 가장 적절한 것은 ①이다.

04

마지막 문단에서 이러한 유행은 언제나 상류 계층에서만 생성된다고 하였다.

오답분석
① 오늘의 유행은 어제나 내일의 유행과 다른 개별적 특징을 갖게 된다고 하였다.
② 유행은 개인의 차별화된 욕구의 만족, 즉 구별하고, 변화하며, 부각되려는 개인들의 경향을 만족시킨다고 하였다.
④ 유행이란 동일 계층 내 균등화 경향과 개인적 차별화 경향 사이에 개인들이 타협을 이루려고 시도하는 생활양식이라고 하였다.

05

제시된 문단은 신탁 원리의 탄생 배경인 12세기 영국의 상황에 대해 이야기하고 있다. 따라서 이어지는 문단은 '(가) 신탁 제도의 형성과 위탁자, 수익자, 수탁자의 관계 등장 → (다) 불안정한 지위의 수익자 → (나) 적극적인 권리 행사가 허용되지 않는 연금 제도에 기반한 신탁 원리 → (라) 연금 운용 권리를 현저히 약화시키는 신탁 원리와 그 대신 부여된 수탁자 책임의 문제점' 순서로 나열하는 것이 적절하다.

06

제시문에서는 고전적 조건 형성, 조건 형성 반응이 일어나는 이유, 바람직하지 않은 조건 반사를 수정하는 방법 등을 밝히고 있다. 그러나 소거의 종류에 대해서는 다루고 있지 않다.

07

과학기술을 모든 문제에 대한 유일한 해결책으로 여기는 것이 허세이며, 여러 해결책의 하나로 보는 것은 허세가 아니다.

오답분석
① 과학기술에서는 할 수 있거나 할 수 없거나 둘 중 하나라고 하였다.
② 과학기술은 허세가 허용되지 않는 영역이라는 생각이 일반적이라고 하였다.
③ 'technology'라는 말이 '기술에 대한 담론'으로 쓰일 때 과학기술의 허세가 나타난다고 하였다.

08

르베리에는 관찰을 통해 얻은 천왕성의 궤도와 뉴턴의 중력 법칙에 따라 산출한 궤도의 차이를 수학적으로 계산하여 해왕성의 위치를 정확하게 예측했지만 이 과정에서 뉴턴의 중력 법칙을 대신할 다른 법칙이 필요했는지는 알 수 없다.

오답분석
① 르베리에는 해왕성을 예측하는 데 사용한 방식과 동일한 방식으로 불칸을 예측하려고 했다.
③ 수성의 궤도에 대한 르베리에의 가설은 미지의 행성인 불칸이 존재한다는 것이다. 불칸의 존재를 확신하고 첫 번째 관찰자가 되기 위해 노력한 천문학자들이 존재했으며 불칸을 발견했다고 주장하는 천문학자가 존재했다고 한 부분을 통해 알 수 있다.
④ 르베리에는 관찰을 통해 얻은 천왕성의 궤도와 뉴턴의 중력 법칙에 따라 산출한 궤도 사이의 차이를 수학적으로 계산하여 해왕성의 위치를 예측하였다.

09

제시문의 논증에 의하면 훌륭하게 사는 사람, 즉 도덕적인 사람은 행복하다고 하였다. 그러나 도덕적으로 살고 있음에도 불행하게 사는 사람이 존재한다면 이 논증에 반하는 것으로서 논증을 약화시키게 된다.

오답분석
ㄴ. 제시문의 논증에 의하면 도적적으로 사는 것은 이익이 됨을 알 수 있다. 그러나 도덕적으로 살지 않는다고 해서 이익이 되지 않는다는 보장은 없다. 이는 본 명제의 이(異)에 해당하는 것으로서 논리적으로 동치라고 할 수 없다.

ㄷ. 제시문에서 '눈이나 귀'와 '혼이나 정신'은 각각 별개의 범주로 논의되고 있으며 이 둘 사이에는 어떠한 연관관계도 찾을 수 없다. 따라서 눈이나 귀가 고유의 기능을 수행하지 않는 것과 눈이나 귀가 도덕적인 것은 서로 무관한 것이어서 선택지와 같은 추가 논증이 주어진다고 해서 전체 논증이 약화되거나 강화되는 것은 아니다.

10

정답 ①

아이돌 그룹 A가 공연 예술단에 참가하는 것이 분명하므로 빈칸에는 갑이나 을이 수석대표를 맡는다는 것을 뒷받침할 내용이 들어가야 한다. 따라서 첫 번째 문단 내용에 따라 정부 관료가 아닌 고전음악 지휘자이며, 전체 세대를 아우를 수 있는 두 가지 조건에 부합하는 갑에 대한 설명이 빈칸에 들어갈 내용으로 가장 적절하다.

11

정답 ②

국방 서비스에 대한 비용을 지불하지 않았더라도 누군가의 소비가 다른 사람의 소비 가능성을 줄어들게 하지 않으므로 비경합적으로 소비될 수 있다.

오답분석
① 배제적이라는 것은 재화나 용역의 이용 가능 여부를 대가의 지불 여부에 따라 달리하는 것이다.
③ 여객기 좌석 수가 한정되어 있다면 원하는 모든 사람들이 그 여객기를 이용할 수 없으므로 경합적으로 소비될 수 있다.
④ 국방 서비스의 사례를 통해 무임승차가 가능한 재화 또는 용역이 과소 생산되는 문제가 발생함을 알 수 있다.

12

정답 ④

일상적 행위의 대부분이 무의식으로 연결되어 있는데, 구체적으로는 언어 사용과 사유 모두가 무의식, 즉 자동화된 프로그램에 의해 나타난다고 하였다.

오답분석
① 인간의 사고 능력과 언어 능력의 연관성을 입증하는 글이 아니다.
② 사례로 든 내용에 불과할 뿐 이것이 중심 내용이라고 보기는 어렵다.
③ 정보가 인간의 우뇌에 저장되어 있는 것과 좌뇌에 저장되어 있는 것이 서로 독립적임을 입증하는 것이 아니다.

13

정답 ②

기계화·정보화의 부정적인 측면을 부각시키고 있는 제시문을 통해 기계화·정보화가 인간의 삶의 질 개선에 기여하고 있음을 경시한다고 지적할 수 있다.

14

정답 ②

첩보 위성은 임무를 위해 낮은 궤도를 비행해야 하므로 높은 궤도로 비행시키면 수명은 길어질 수 있으나 임무의 수행 자체가 어려워질 수 있다.

15

정답 ③

제시문의 마지막 문장에서 '매체를 통해서보다 자주 접속하는 사람들을 통해 언어 변화가 진전된다.'라고 언급했으므로 글의 논지를 이끌 수 있는 첫 문장으로 ③이 가장 적절하다.

16

정답 ③

마지막 문단에서 알 수 있듯이 체감 경쟁이 가장 치열한 것은 과점 시장이다.

17

정답 ①

과점 시장은 체감 경쟁이 가장 심한 시장의 형태이다.

18

정답 ④

- (가) : 개혁주의자들은 중국의 정신을 서구의 물질과 구별되는 특수한 것으로 내세운 것이므로 ⓒ이 적절하다.
- (나) : 개혁주의자들은 서구의 문화를 받아들이는 데는 동의하면서도 무분별하게 모방하는 것에 대해 반대하는 입장이므로 ㉠이 적절하다.
- (다) : 정치 부분에서는 사회주의를 유지한 가운데 경제 부분에서 시장경제를 선별적으로 수용하자는 입장이다. 즉, 기본 골격은 사회주의를 유지하면서 시장경제(자본주의)를 이용하는 것이므로 ⓛ이 적절하다.

19

정답 ④

마지막 문단을 통해 '국내 치유농업은 아직 초보적인 단계에 머물러 있을 뿐만 아니라 농업과 직접적인 관련이 적고 자연을 활용하는 수준'으로 서비스를 제공하고 있음을 알 수 있다.

20

정답 ③

두 번째 문단에 따르면 농업경제의 역사에서 정원이 갖는 의미는 시대와 지역에 따라 매우 달랐으나, 여성들의 입장은 지역적인 편차가 없었으므로 ③은 적절하지 않다.

21

정답 ④

보기는 20대 여성 환자가 많은 이유에 대한 설명으로, 20대 여성 환자가 많다는 사실이 거론된 후에 나오는 것이 자연스럽다. (라)의 앞부분에 그러한 사실이 열거되어 있으므로 (라)에 들어가는 것이 적절하다.

22

정답 ③

빈칸 앞의 접속부사 '따라서'에 집중해야 한다. 빈칸에는 '공공미술이 아무리 난해해도 대중과의 소통 가능성이 늘 열려있다.'는 내용을 근거로 하여 추론할 수 있는 결론이 와야 문맥상 자연스럽다. 따라서 공공미술에서 예술의 자율성이 소통의 가능성과 대립되지 않는다는 ③이 가장 적절하다.

23

정답 ②

제11조 제1항에 해당하는 내용이다.

오답분석
① 응급조치에 소요된 비용에 대해서는 주어진 제시문에서 확인할 수 없다. 따라서 '갑'이 부담하는지 알 수 없다.
③ 제12조 제1항에서 '을'이 미리 긴급조치를 취할 수 있지만, 즉시 '갑'에게 통지해야 한다.
④ 제11조 제2항에서 설계상의 하자나 '갑'의 요구에 의한 작업으로 인한 재해에 대해서는 '을'의 책임은 없다.

24

정답 ④

구글은 데이터센터에 대해서 철저한 보안을 유지하다가 2012년 10월 처음으로 자사의 홈페이지를 통해 데이터센터 내부를 공개했다. '구글 스트리트뷰'를 이용하면 미국 노스캐롤라이나주 르노어시에 위치한 구글 데이터센터 내부를 방문할 수 있다.

25

정답 ④

제시문은 '미국의 양적완화로 인한 경제가치의 변화와 그에 따른 우리경제의 변화요인'이 핵심 내용이고, 문항들은 우리나라의 변화 추이로 이에 따른 명제를 설정한다. 이에 따라 핵심 명제는 '미국이 양적완화를 중단하면 미국금리가 상승한다.'에 따른 우리나라의 변동 사항, 즉 '우리나라 금리가 상승하고 가계부채 문제가 심화되며 국내소비는 감소한다.'이다.
'우리나라 경제는 대외 의존도가 높기 때문에 경제의 주요지표들이 개선되기 위해서는 수출이 감소하면 안 된다.'를 전제로 도출한 명제인 '수출이 증가하지 않으면 지표들이 개선되지 않는다.'와 '달러 환율이 하락하면 우리나라의 수출이 감소한다.'를 통합하면 '달러 환율이 하락하면 지표들이 개선되지 않는다.'가 되기 때문에 이의 대우인 ④는 반드시 참이 된다.

오답분석

① 제시문의 '달러 환율이 하락하면 우리나라의 수출이 감소한다.'에 상반되므로 참이 아니다.
② 제시문의 명제인 '미국이 양적완화를 중단하면 가계부채 문제가 심화된다.'의 역이므로 반드시 참이라고 할 수 없다.
③ 제시문의 명제인 '우리나라에 대한 외국인 투자가 증가하면 경제의 전망이 어두워진다.'의 명제와 어긋나므로 참이 아니다.

26

정답 ④

제시된 기준에 따라 논제를 나누거나 묶은 부분은 나와 있지 않다.

오답분석

① '전화와 직접적인 대면과는 어떠한 차이가 있는가?'라는 물음에 대해 답변하는 방식으로 논의를 전개하고 있다.
② 자녀의 전화 사용과 관련된 일상의 예가 나타난다.
③ 전화가 직접적인 대면과 어떠한 차이가 있는지에 대해 논의를 전개하고 있다.

27

정답 ①

제시문에서 '보통의 현상이 되고 있다.'는 '같은 현상이나 일이 한두 번이나 한둘이 아니고 많음'을 나타내는 문장으로, 사자성어로는 '비일비재(非一非再)'로 표현할 수 있다.

오답분석

② 우공이산(愚公移山) : 쉬지 않고 꾸준하게 한 가지 일만 열심히 하면 마침내 큰일을 이룰 수 있음을 비유한 말이다.
③ 새옹지마(塞翁之馬) : 인생에 있어서 길흉화복은 항상 바뀌어 미리 헤아릴 수 없다는 뜻이다.
④ 권토중래(捲土重來) : 한번 싸움에 패하였다가 다시 힘을 길러 쳐들어오는 일, 또는 어떤 일에 실패한 뒤 다시 힘을 쌓아 그 일에 재차 착수하는 일을 나타내는 말이다.

28

정답 ④

• (가) : 첫 번째, 두 번째 문단은 완전국가에서 귀족정치체제, 과두체제로 퇴화하는 내용을 단계별로 제시하고 있다. 또 (가) 뒤의 문장이 그 첫 단계를 언급하고 있으므로 빈칸에는 '타락해 가는 네 가지 국가형태'에 대한 개괄적인 진술이 와야 한다. 따라서 ⓒ이 적절하다.
• (나) : 정치가의 야심과 명예욕에 대해 설명하고 있으므로 ⓔ이 적절하다.
• (다) : 민주에 대한 플라톤의 기술(記述)을 설명하고 있으므로 '민주체제에 대한 플라톤의 기술'을 언급하고 있는 ⓐ이 적절하다.

29

정답 ②

오답분석

①은 제9조 제5항, ③은 제9조 제4항, ④는 제9조 제3항에 따라 적절하지 않은 내용이다.

30

정답 ①

마지막 문단을 통해 유산의 위험이 있다면 안정기까지 최대한 주의를 해야 함을 알 수 있다. 따라서 보기에서 적절한 것은 1개이다.

31

정답 ③

$$\frac{20\times 2 + 40 \times 3}{5} = 32$$

따라서 팀 전체의 매출 평균값은 32이다.

32

정답 ④

부서별 투입시간을 구하면 다음과 같다.

부서	인원(명)	개인별 투입시간(시간)	총 투입시간(시간)
A	2	$41 + 3 \times 1 = 44$	$44 \times 2 = 88$
B	3	$30 + 2 \times 2 = 34$	$34 \times 3 = 102$
C	4	$22 + 1 \times 4 = 26$	$26 \times 4 = 104$
D	3	$27 + 2 \times 1 = 29$	$29 \times 3 = 87$

따라서 업무효율이 가장 높은 부서는 총 투입시간이 가장 적은 D이다.

33

정답 ①

신용카드의 공제율은 15%이고, 체크카드의 공제율은 30%이기 때문에 공제받을 금액은 체크카드를 사용했을 때 더 유리하게 적용된다.

오답분석

② 연봉의 25%를 초과 사용한 범위가 공제의 대상에 해당된다. 연봉 35,000,000원의 25%는 8,750,000원이므로 현재까지의 사용금액 6,000,000원에 2,750,000원을 초과하여 더 사용해야 공제받을 수 있다.

③ 사용한 금액 5,000,000원에서 더 사용해야 하는 금액 2,750,000원을 뺀 2,250,000원이 공제대상금액이 된다. 이는 체크카드 사용금액 내에 포함되므로 공제율 30%를 적용하여 675,000원이 소득공제금액이다.

④ 사용한 금액 5,750,000원에서 더 사용해야 하는 금액 2,750,000원을 뺀 3,000,000원이 공제대상금액이 된다. 이는 체크카드 사용금액 내에 포함되므로 공제율 30%를 적용하여 900,000원이 소득공제금액이다.

34

정답 ②

G씨의 신용카드 사용금액은 총 6,500,000원이고, 추가된 현금영수증 금액은 5,000,000원이다. 변경된 연봉의 25%는 40,000,000 ×0.25=10,000,000원이다. 즉, 15,000,000원에서 10,000,000원을 차감한 5,000,000원에 대해 공제가 가능하며, 현금영수증 사용금액 내에 포함되므로 공제율 30%를 적용한 1,500,000원이 소득공제 금액이 된다. 과표에 따르면 연봉 40,000,000원에 해당하는 세율은 15%이고, 이를 소득공제금액에 적용하면 세금은 1,500,000×0.15=225,000원이다.

35

국민연금 전체 운용수익률은 연평균기간이 짧을수록 $5.24\% \rightarrow 3.97\% \rightarrow 3.48\% \rightarrow -0.92\%$로 감소하고 있다.

오답분석
① 2023년 운용수익률에서 기타부문은 흑자를 기록했고, 공공부문은 알 수 없다.
② 금융부문 운용수익률은 연평균기간이 짧을수록 감소하고 있다.
③ 공공부문의 경우 11년 연평균(2013 ~ 2023년)의 수치만 있으므로 알 수 없다.

36

정답 ①

ⅰ) 홀수가 적힌 공이 나오고, 주사위를 2번 던졌을 때 합이 5인 경우
- 홀수 공을 뽑았을 확률 : $\dfrac{3}{5}$
- 주사위 숫자 합이 5일 경우의 수 : $(1, 4), (2, 3), (3, 2), (4, 1) \rightarrow$ 4가지

홀수가 적힌 공이 나오고, 주사위를 2번 던졌을 때 합이 5일 확률은 $\dfrac{4}{36} \times \dfrac{3}{5} = \dfrac{1}{15}$ 이다.

ⅱ) 짝수 공이 나오고, 주사위 3번 던졌을 때 합이 5인 경우
- 짝수 공이 나올 확률 : $\dfrac{2}{5}$
- 주사위 숫자 합이 5일 경우의 수 : $(3, 1, 1), (1, 3, 1), (1, 1, 3), (2, 2, 1), (2, 1, 2), (1, 2, 2) \rightarrow$ 6가지

짝수가 적힌 공이 나오고, 주사위를 3번 던졌을 때 합이 5일 확률은 $\dfrac{6}{6^3} \times \dfrac{2}{5} = \dfrac{1}{90}$ 이다.

따라서 공 하나를 꺼내고, 주사위를 던져 나온 숫자의 총합이 5일 확률은 $\dfrac{1}{15} + \dfrac{1}{90} = \dfrac{7}{90}$ 이므로 $p+q = 90+7 = 97$이다.

37

정답 ②

B은행은 10인 이상 기업과의 계약 건수(853건)가 가장 많은 비율을 차지하고 있다.

오답분석
① A은행은 1,000인 이상 기업의 경우 총 계약 건수가 368건으로, B은행의 360건, C은행의 300건에 비해 가장 많다.
③ 확정기여형의 경우, 300인 이상 기업과의 계약 건수는 A은행이 114건, B은행이 102건으로 가장 적은 비율을 차지하고 있다.
④ A ~ C은행의 9인 미만 기업과 총 계약 건수는 41,311건이며, 이 중 A은행의 계약 건수는 21,216건으로 50% 이상을 차지하고 있다.

38

정답 ②

(자기자본)=(발행 주식 수)×(액면가) → (발행 주식 수)=$\dfrac{(자기자본)}{(액면가)}$

구분	A	B	C	D
발행 주식 수	$\dfrac{100,000}{5}=20,000$	$\dfrac{500,000}{5}=100,000$	$\dfrac{250,000}{0.5}=500,000$	$\dfrac{80,000}{1}=80,000$
주당 순이익	$\dfrac{10,000}{20,000}=0.5$	$\dfrac{200,000}{100,000}=2$	$\dfrac{125,000}{500,000}=0.25$	$\dfrac{60,000}{80,000}=0.75$
자기자본 순이익률	$\dfrac{10,000}{100,000}=0.1$	$\dfrac{200,000}{500,000}=0.4$	$\dfrac{125,000}{250,000}=0.5$	$\dfrac{60,000}{80,000}=0.75$

ㄴ. 주당 순이익은 B − D − A − C 순으로 높다. 이는 주식가격이 높은 순서와 일치한다.
ㄷ. 20,000×4=80,000이므로 옳은 설명이다.

ㄱ. 주당 순이익은 C기업이 가장 낮다.
ㄹ. 자기자본 순이익률은 D기업이 가장 높고, A기업이 가장 낮다.

39

연봉은 매년 고정적으로 각국의 통화로 지급한다고 하였다. 따라서 연봉액수는 감소하지 않으나, 환율에 따라 원화 환산 연봉이 감소할 수 있다. 따라서 환율의 감소율을 구하면 다음과 같다.

- 중국 : (2025년 대비 2026년 환율 감소율)$=\dfrac{160-170}{170}≒-5.88\%p$

- 일본 : (2024년 대비 2026년 환율 감소율)$=\dfrac{1,050-1,100}{1,100}≒-4.54\%p$

따라서 2025년 대비 2026년 중국기업의 원화 환산 연봉의 감소율이 5.88%p로 더 크다.

① 2024년 원화 환산 연봉은 중국기업이 가장 많다.
  - 미국기업 : 1,250×3만=3,750만 원
  - 일본기업 : 1,100×290만÷100=3,190만 원
  - 중국기업 : 190×20만=3,800만 원
② 2025년 원화 환산 연봉은 일본기업이 가장 많다.
  - 미국기업 : 1,100×3만=3,300만 원
  - 일본기업 : 1,200×290만÷100=3,480만 원
  - 중국기업 : 170×20만=3,400만 원
③ 2026년 원화 환산 연봉은 일본기업이 중국기업보다 적다.
  - 미국기업 : 1,150×3만=3,450만 원
  - 일본기업 : 1,050×290만÷100=3,045만 원
  - 중국기업 : 160×20만=3,200만 원

40

㉠ 근로자가 총 90명이고 전체에게 지급된 임금의 총액이 2억 원이므로 근로자당 평균 월 급여액은 $\dfrac{2억 원}{90명}≒222$만 원이다.
  따라서 평균 월 급여액은 230만 원 이하이다.
㉡ 월 210만 원 이상 급여를 받는 근로자 수는 26+12+8+4=50명이다. 따라서 총 90명의 절반인 45명보다 많으므로 옳은 설명이다.

㉢ 월 180만 원 미만의 급여를 받는 근로자 수는 6+4=10명이다. 따라서 전체에서 $\dfrac{10}{90}≒11\%$의 비율을 차지하고 있으므로 옳지 않은 설명이다.
㉣ '월 240만 원 이상 월 270만 원 미만'의 구간에서 월 250만 원 이상 받는 근로자의 수는 주어진 자료만으로는 확인할 수 없다. 따라서 옳지 않은 설명이다.

41

정답 ④

- B비커의 설탕물 100g을 A비커의 설탕물과 섞은 후 각 비커의 설탕의 양

  – A비커 : $\left(\dfrac{x}{100}\times300+\dfrac{y}{100}\times100\right)$g 　　　　　– B비커 : $\left(\dfrac{y}{100}\times500\right)$g

- A비커의 설탕물 100g을 B비커의 설탕물과 섞은 후 각 비커의 설탕의 양

  – A비커 : $\left(\dfrac{3x+y}{400}\times300\right)$g 　　　　　　　– B비커 : $\left(\dfrac{y}{100}\times500+\dfrac{3x+y}{400}\times100\right)$g

설탕물을 모두 옮긴 후 두 비커에 들어 있는 설탕물의 농도는

$$\dfrac{\dfrac{3x+y}{400}\times300}{300}\times100=5 \ \cdots \ \text{㉠}$$

$$\dfrac{\dfrac{y}{100}\times500+\dfrac{3x+y}{400}\times100}{600}\times100=9.5 \ \cdots \ \text{㉡}$$

㉡에 ㉠을 대입하여 정리하면 $5y+5=57 \ \rightarrow \ y=\dfrac{52}{5}$, $x=\dfrac{20-\dfrac{52}{5}}{3}=\dfrac{16}{5}$이다.

따라서 $10x+10y=10\times\dfrac{16}{5}+10\times\dfrac{52}{5}=32+104=136$이다.

42

정답 ②

- 18개 지역 날씨의 총합 : $(-3.4)+(-2.4)+(-2.0)+(0.6)+(7.9)+(4.1)+(0.6)+(-2.3)+(-1.2)+(2.5)+(1.1)+(-1.7)$ $+(-3.2)+(0.6)+(-4.9)+(1.6)+(3.2)+(3.4)=4.5$℃
- 18개 지역 날씨의 평균 : $\dfrac{4.5}{18}=0.25$℃
- 18개 지역의 중앙값 : 0.6℃

따라서 평균값과 중앙값의 차는 $0.6-0.25=0.35$이다.

43

정답 ④

조건에서 a, b, c의 나이를 식으로 표현하면 $a\times b\times c=2,450$, $a+b+c=46$이다.

세 명의 나이의 곱을 소인수분해하면 $a\times b\times c=2,450=2\times5^2\times7^2$이다.

2,450의 약수 중에서 19 ～ 34세 나이를 구하면 25세이므로 甲의 동생 a는 25세이다.

그러므로 아들과 딸 나이의 합은 $b+c=21$이다.

甲과 乙 나이의 합은 $21\times4=84$가 되며, 甲은 乙과 동갑이거나 乙보다 연상이라고 했으므로 乙의 나이는 42세 이하이다.

44

정답 ④

각 연령대를 기준으로 남성과 여성의 인구비율을 계산하면 다음과 같다.

구분	남성	여성
0 ～ 14세	$\dfrac{323}{627}\times100 ≒ 51.5\%$	$\dfrac{304}{627}\times100 ≒ 48.5\%$
15 ～ 29세	$\dfrac{453}{905}\times100 ≒ 50.1\%$	$\dfrac{452}{905}\times100 ≒ 49.9\%$
30 ～ 44세	$\dfrac{565}{1,110}\times100 ≒ 50.9\%$	$\dfrac{545}{1,110}\times100 ≒ 49.1\%$
45 ～ 59세	$\dfrac{630}{1,257}\times100 ≒ 50.1\%$	$\dfrac{627}{1,257}\times100 ≒ 49.9\%$

	$\dfrac{345}{720} \times 100 ≒ 47.9\%$	$\dfrac{375}{720} \times 100 ≒ 52.1\%$
60 ~ 74세		
75세 이상	$\dfrac{113}{309} \times 100 ≒ 36.6\%$	$\dfrac{196}{309} \times 100 ≒ 63.4\%$

따라서 남성 인구가 40% 이하인 연령대는 75세 이상(36.6%)이며, 여성 인구가 50% 초과 60% 이하인 연령대는 60 ~ 74세(52.1%)이다.

45

정답 ①

2022년 3개 기관의 전반적 만족도의 합은 6.9+6.7+7.6=21.2이고, 2023년 3개 기관의 임금과 수입 만족도의 합은 5.1+4.8+4.8 =14.7이다. 따라서 2022년 3개 기관의 전반적 만족도의 합은 2023년 3개 기관의 임금과 수입 만족도의 합의 $\dfrac{21.2}{14.7} ≒ 1.4$배이다.

46

정답 ③

2023년에 기업, 공공연구기관의 임금과 수입 만족도는 전년 대비 증가하였으나, 대학의 임금과 수입 만족도는 감소했으므로 옳지 않은 설명이다.

오답분석
① 2022년, 2023년 현 직장에 대한 전반적 만족도는 대학 유형에서 가장 높은 것을 확인할 수 있다.
② 2023년 근무시간 만족도에서는 공공연구기관과 대학의 만족도가 6.2로 동일한 것을 확인할 수 있다.
④ 사내분위기 측면에서 2022년과 2023년 공공연구기관의 만족도는 5.8로 동일한 것을 확인할 수 있다.

47

정답 ④

월 급여가 300만 원 미만인 직원은 1,200×(0.18+0.35)=636명, 월 급여가 350만 원 이상인 직원은 1,200×(0.12+0.11)=276 명으로 $\dfrac{636}{276} ≒ 2.30$배이다. 따라서 2.5배 미만이다.

오답분석
① 직원 중 4년제 국내 수도권 지역 대학교 졸업자 수는 1,200×0.35×0.45=189명으로, 전체 직원의 $\dfrac{189}{1,200} \times 100 = 15.75\%$로 15% 이상이다.
② 고등학교 졸업의 학력을 가진 직원은 1,200×0.12=144명, 월 급여 300만 원 미만인 직원은 1,200×(0.18+0.35)=636명이 다. 이 인원이 차지하는 비율은 $\dfrac{144}{636} \times 100 ≒ 22.6\%$이다.
③ 4년제 대학교 졸업 이상의 학력을 가진 직원은 1,200×0.35=420명, 월 급여 300만 원 이상인 직원은 1,200×(0.24+0.12+ 0.11)=564명이다. 이 인원이 차지하는 비율은 $\dfrac{420}{564} \times 100 ≒ 74.46\%$로 78% 이하이다.

48

정답 ④

국내 소재 대학 및 대학원 졸업자는 1,200×(0.17+0.36)+1,200×0.35×(0.25+0.45+0.1)=972명으로, 이들의 25%는 972 ×0.25=243명이다.

월 급여 300만 원 이상 직원은 1,200×(0.24+0.12+0.11)=564명이므로, 이들이 차지하는 비율은 $\dfrac{243}{564} \times 100 ≒ 43\%$이다.

49

정답 ③

ⓒ (교원 1인당 원아 수)$=\dfrac{(\text{원아 수})}{(\text{교원 수})}$이다. 따라서 교원 1인당 원아 수가 적어지는 것은 원아 수 대비 교원 수가 늘어나기 때문이다.

ⓔ 제시된 자료만으로는 알 수 없다.

[오답분석]

ⓐ 유치원 원아 수는 감소, 증가가 뒤섞여 나타나므로 옳은 설명이다.

ⓒ 취원율은 2017년 26.2%를 시작으로 매년 증가하고 있다.

50

정답 ②

• 수도권 지역에서 경기가 차지하는 비중

93,252(서울)+16,915(인천)+68,124(경기)=178,291천 명

$\rightarrow \dfrac{68,124}{178,291} \times 100 ≒ 38.21\%$

• 수도권 지역에서 인천이 차지하는 비중

$\rightarrow \dfrac{16,915}{178,291} \times 100 ≒ 9.49\%$

$9.49 \times 4 = 37.96\% < 38.21\%$

따라서 수도권 지역에서 경기가 차지하는 비중은 인천이 차지하는 비중의 4배 이상이다.

[오답분석]

① 의료인력이 수도권 지역 특히 서울, 경기에 편중되어 있으므로 불균형상태를 보이고 있다.

③ 서울과 경기를 제외한 나머지 지역 중 의료인력수가 가장 많은 지역은 부산(28,871천 명)이고, 가장 적은 지역은 세종(575천 명)이다. 부산과 세종의 의료인력의 차는 28,296천 명으로, 이는 경남(21,212천 명)보다 크다.

④ 제시된 자료에 의료인력별 수치가 나와 있지 않으므로 의료인력수가 많을수록 의료인력 비중이 고르다고 말할 수는 없다.

51

정답 ③

처음 판매된 면도기 가격을 x원이라고 하자.

상점 A의 최종 판매 가격은 처음 판매된 가격에서 15+15=30%가 할인된 가격인 0.7x원이다.

이 가격이 상점 B의 처음 할인가인 0.8x원에서 추가로 y% 더 할인했을 때, 가격이 같거나 더 저렴해야 하기 때문에

$0.7x \geq 0.8x \times (1-y) \rightarrow y \geq \dfrac{1}{8}$

따라서 최소 12.5%가 더 할인되어야 한다.

52

정답 ④

아시아주 전체 크루즈 이용객의 수는 미주 전체 크루즈 이용객의 수의 $\dfrac{1,548}{2,445} \times 100 ≒ 63\%$이다.

[오답분석]

① 여성 크루즈 이용객 수가 가장 많은 국가는 미국이며, 미국의 전체 크루즈 이용객 중 남성 이용객 수의 비율을 구하면

$\dfrac{757}{1,588} \times 100 ≒ 47.6\%$이므로 50% 이하이다.

② 브라질 국적의 남성 크루즈 이용객의 수는 16명으로, 인도네시아 국적의 남성 크루즈 이용객 수인 89명의 $\dfrac{16}{89} \times 100 ≒ 18\%$이다.

③ 멕시코보다 여성 크루즈 이용객 수와 남성 크루즈 이용객 수가 모두 많은 국가는 미국뿐이다.

53

- 남자의 고등학교 진학률 : $\dfrac{861,517}{908,388} \times 100 ≒ 94.8\%$

- 여자의 고등학교 진학률 : $\dfrac{838,650}{865,323} \times 100 ≒ 96.9\%$

54

정답 ④

공립 중학교의 남녀별 졸업자 수는 제시되지 않았으므로 계산할 수 없다.

55

정답 ④

졸업 후 창업하는 학생들은 총 $118+5+5+1+37=166$명이며, 이 중 특성화고 졸업생은 37명이다. 따라서 졸업 후 창업하는 졸업생들 중 특성화고 졸업생이 차지하는 비율은 $\dfrac{37}{166} \times 100 ≒ 22.3\%$이다.

오답분석

① 일반고 졸업생 중 대학에 진학하는 졸업생 수는 6,773명, 특성화고 졸업생 중 대학에 진학하는 졸업생 수는 512명이다. 따라서 일반고 졸업생 중 대학에 진학하는 졸업생 수는 특성화고 졸업생 중 대학에 진학하는 졸업생 수보다 $\dfrac{6,773}{512} ≒ 13.2$배 많다.

② 졸업 후 군입대를 하거나 해외 유학을 가는 졸업생들은 $297+5+3+6+86=397$명이며, 이 중 과학고·외고·국제고와 마이스터고 졸업생들은 $5+6=11$명이다. 따라서 졸업 후 군 입대를 하거나 해외 유학을 가는 졸업생들 중 과학고·외고·국제고와 마이스터고 졸업생들이 차지하는 비율은 $\dfrac{11}{397} \times 100 ≒ 2.8\%$이다.

③ 진로를 결정하지 못한 졸업생의 수가 가장 많은 학교유형은 일반고이다.

56

정답 ③

ⓒ 졸업 후 취업한 인원은 $457+11+3+64+752=1,287$명이므로 1,200명을 넘었다.

ⓔ 특성화고 졸업생 중 진로를 결정하지 못한 졸업생 수는 260명, 대학에 진학한 졸업생 수는 512명이다. 따라서 특성화고에서 진로를 결정하지 못한 졸업생은 대학에 진학한 졸업생의 수의 $\dfrac{260}{512} \times 100 ≒ 50.8\%$이다.

오답분석

㉠ 마이스터고와 특성화고의 경우 대학에 진학한 졸업생 수보다 취업한 졸업생 수가 더 많았다.

ⓒ 일반고 졸업생 중 취업한 졸업생 수는 457명으로, 창업한 졸업생 수의 4배인 $118 \times 4=472$명보다 적으므로 옳지 않은 설명이다.

57

정답 ②

남녀 국회의원의 여야별 SNS 이용자 구성비 중 여자의 경우 여당이 $(22 \div 38) \times 100 ≒ 57.9\%$이고, 야당은 $(16 \div 38) \times 100 ≒ 42.1\%$이므로 잘못된 그래프이다.

오답분석

① 국회의원의 여야별 SNS 이용자 수는 각각 145명, 85명이다.

③ 야당 국회의원의 당선 횟수별 SNS 이용자 구성비는 85명 중 초선 36명, 2선 28명, 3선 14명, 4선 이상 7명이므로, 각각 계산해 보면 42.4%, 32.9%, 16.5%, 8.2%이다.

④ 2선 이상 국회의원의 정당별 SNS 이용자는 A당 63명, B당 44명, C당 5명이다.

58

정답 ①

회화(영어·중국어) 중 한 과목을 수강하고 지르박을 수강하면 2과목 수강이 가능하고, 지르박을 수강하지 않고 차차차와 자이브를 수강하면 최대 3과목 수강이 가능하다.

오답분석

② 자이브의 강좌시간이 3시간 30분으로 가장 길다.

③ 중국어 회화의 한 달 수강료는 $60,000 \div 3 = 20,000$원이고, 차차차의 한 달 수강료는 $150,000 \div 3 = 50,000$원이므로 한 달 수강료는 70,000원이다.

④ 차차차의 강좌시간은 12:30~14:30이고, 자이브의 강좌시간은 14:30~18:00이므로 둘 다 수강할 수 있다.

59

정답 ④

원금을 a원, 연 이자율을 r, 기간을 n년이라고 가정하면, 연복리 예금의 경우 n년 후 받을 수 있는 총금액은 $a(1+r)^n$원이다. G씨가 연 3%인 연복리 예금상품에 4,300만 원을 넣고 금액이 2배가 될 때를 구하는 방정식은 다음과 같다.

$$4,300 \times (1+0.03)^n = 4,300 \times 2 \rightarrow (1+0.03)^n = 2 \rightarrow n\log1.03 = \log2 \rightarrow n = \frac{\log2}{\log1.03} = \frac{0.3}{0.01} \rightarrow n = 30$$

따라서 G씨가 만기 시 금액으로 원금의 2배를 받는 것은 30년 후이다.

60

정답 ④

ㄴ. B작업장은 생물학적 요인에 해당하는 바이러스의 사례 수가 가장 많다.

ㄷ. 화학적 요인에 해당하는 분진은 집진 장치를 설치하여 예방할 수 있다.

오답분석

ㄱ. A작업장은 물리적 요인(소음, 진동)에 해당하는 사례 수가 6건으로 가장 많다.

61

정답 ②

A씨와 B씨의 일정에 따라 요금을 계산하면 다음과 같다.

• A씨
  - 이용요금 : $1,310$원$\times 6 \times 3 = 23,580$원
  - 주행요금 : 92×170원$= 15,640$원
  - 반납지연에 따른 패널티 요금 : $(1,310$원$\times 9) \times 2 = 23,580$원
  ∴ $23,580 + 15,640 + 23,580 = 62,800$원
• B씨
  - 이용요금
    목요일 : 39,020원
    금요일 : 880원$\times 6 \times 8 = 42,240$원 → 81,260원
  - 주행요금 : 243×170원$= 41,310$원
  ∴ $39,020 + 81,260 + 41,310 = 122,570$원

62

정답 ②

국제해양기구의 마지막 의견에서 회의 시설에서 C를 받은 도시는 후보도시에서 제외하라고 하였으므로 대전과 제주는 제외되어 서울과 인천, 부산의 점수를 정리하면 다음과 같다.

구분	서울	인천	부산
회의 시설	10	10	7
숙박 시설	10	7	10
교통	7	10	7
개최 역량	10	3	10
가산점	–	10	5
합산점수	37	40	39

따라서 합산점수가 가장 높은 인천이 개최도시로 선정된다.

63

정답 ③

역할을 분담하여 정한 청소 당번 규칙에 따라 O사원은 화분 관리, J대리는 주변 정돈, C사원은 커피 원두 채우기를 각각 담당하고 있으므로 L주임이 분리수거 담당자임을 알 수 있다. 또한 네 번째 조건에 따라 주변 정돈을 하는 담당자는 분리수거를 하지 않는다고 하였는데, O사원과 C사원은 J대리를 도와 주변 정돈을 하므로 이 셋은 분리수거를 하지 않음을 알 수 있다. 따라서 분리수거를 하는 사람은 L주임 혼자이므로 항상 참이 되는 것은 ③이다.

오답분석

① 커피 원두를 채우는 담당자는 C사원이며, 주어진 조건만으로는 O사원이 커피 원두를 채우는지 알 수 없다.
② 두 번째 조건에 따라 O사원이 J대리를 도와주고 있음을 알 수 있지만, J대리가 O사원을 도와주는지는 알 수 없다.
④ 네 번째 조건에 따라 주변 정돈을 하는 담당자는 분리수거를 하지 않으므로 주변 정돈을 돕고 있는 C사원은 분리수거를 하지 않는다.

64

정답 ②

재무팀이 2종목에서 이긴 상황에서 기획팀이 최대의 승점을 얻을 수 있는 경우는 다음과 같다.
ⅰ) 재무팀과의 맞대결을 펼친 단체줄넘기에서 승리
ⅱ) 족구에서는 기획팀이 재무팀에 패배
ⅲ) 피구에서는 재무팀이 인사팀에 승리
ⅳ) 제기차기에서는 기획팀이 인사팀에 승리
이때 재무팀이 얻은 승점은 280점인데 반해 기획팀은 270점에 그치므로 기획팀이 종합 우승을 할 수 없게 된다.

오답분석

① 법무팀은 모든 종목에서 결승에 진출하지 못했으므로 현재까지 얻은 120점이 최종 획득점수이다. 이때 기획팀의 경우 진출한 3종목의 결승전에서 모두 패하더라도 210점을 획득하므로 법무팀보다 승점이 높게 된다. 따라서 법무팀은 남은 경기결과에 상관없이 종합 우승을 할 수 없다.
③ 기획팀이 남은 경기에서 모두 지게 되면 얻게 되는 승점은 210점이며, 피구에서 인사팀이 재무팀을 이겼다고 가정하더라도 재무팀의 승점은 290점이 된다. 한편 이 경우 인사팀이 얻게 되는 승점은 220점에 불과하므로 결국 재무팀이 종합 우승을 차지하게 된다.
④ 재무팀이 남은 경기에서 모두 패하면 얻게 되는 승점은 220점이며, 기획팀과 인사팀의 승점은 마지막 제기차기의 결승결과에 따라 달라지게 된다. 만약 인사팀이 승리하게 되면 인사팀은 220점, 기획팀은 280점을 얻게 되고, 기획팀이 승리하게 되면 인사팀은 200점, 기획팀은 300점을 얻게 된다. 이를 정리하면 다음과 같다.
ⅰ) 인사팀 승리 : 기획팀(280점), 재무팀(220점), 인사팀(220점)
ⅱ) 기획팀 승리 : 기획팀(300점), 재무팀(220점), 인사팀(200점)
따라서 인사팀이 승리하는 경우와 기획팀이 승리하는 경우 모두 재무팀이 종합 준우승을 차지하게 되므로 옳은 내용임을 알 수 있다.

65

정답 ②

두 번째, 다섯 번째 조건과 여덟 번째 조건에 따라 회계직인 D는 미국 서부의 해외사업본부로 배치된다.

66

정답 ②

조건에 따르면 가능한 경우는 총 2가지로 다음과 같다.

구분	인도네시아	미국 서부	미국 남부	칠레	노르웨이
경우 1	B	D	A	C	E
경우 2	C	D	B	A	E

㉠ 경우 2로 B는 미국 남부에 배치된다.
㉣ 경우 1, 2 모두 노르웨이에는 항상 회계직인 E가 배치된다.

오답분석
㉡ 경우 1로 C는 칠레에 배치된다.
㉢ 경우 1일 때 A는 미국 남부에 배치된다.

67

정답 ③

주어진 보기의 명제를 정리해보면 다음과 같다.

구분	A지사	B지사	C지사	D지사	E지사
경우 1	가	마	다	라	나
경우 2	나	마	다	라	가

따라서 항상 참인 것은 ③이다.

오답분석
①·② 주어진 명제만으로는 판단하기 힘들다.
④ 가는 A지사에 배정될 수도, 배정받지 못할 수도 있다.

68

정답 ③

참여 조건을 정리하면 다음과 같다.
• 전략기획연수
• 노후관리연수 → 직장문화연수
• 자기관리연수 → ~평생직장연수
• 직장문화연수 → ~전략기획연수
• 자기관리연수 → ~노후관리연수 or ~자기관리연수 → 노후관리연수
조건을 정리하면 '전략기획연수 → ~직장문화연수 → ~노후관리연수 → 자기관리연수 → ~평생직장연수'가 성립한다. 그러므로 A사원은 전략기획연수와 자기관리연수에는 참여하고, 노후관리연수, 직장문화연수, 평생직장연수에는 참여하지 않는다. 따라서 ㄴ, ㄷ이 옳은 설명이다.

69

정답 ③

수도권은 서울과 인천·경기인데, 이 학생이 재학 중인 캠퍼스는 GS로 서울캠퍼스이므로 옳다.

오답분석
① 학생 A가 2022년도에 입학하였지만, 2021년에 첫 수능을 응시하였는지는 알 수 없다.
② 같은 이름이 2명 이상일 경우, 임의로 이름 뒤에 숫자를 기입하여 구분한다고 되어 있으므로 학생 A가 2라고 표기되어 있더라도 '재하'라는 이름이 더 있을 수 있다.
④ 학생코드로는 학생 A의 성이 ㅅ(S)으로 시작하는 것만 알 수 있을 뿐 그 이상은 알 수 없다.

70

- 갑은 2021년 가을, G대학 수시전형 지원을 하였지만 탈락하였다. 그러나 같은 해 수능을 응시하고 정시전형을 지원한 결과 최종합격을 하게 되어 2022년 G대학 인천캠퍼스 의예과에 입학하였다. 즉, 갑은 최종적으로 2021년 정시전형을 지원하여 2022년도 인천캠퍼스 의예과에 입학하였다. → 22YGIME
- 갑은 여성이다. → W
- 갑의 이름은 이주영이며, 같은 해 입학자 중 '주영'이라는 이름을 가진 사람은 갑뿐이다. → Ljuyoung
- 갑은 2023년 기준으로 휴학 중이다. → -AB

따라서 갑의 2023년 학생코드는 '22YGIMEWLjuyoung-AB'이다.

71

자료에 맞게 학생코드를 입력한 것은 '20YGIMOMMria-IN' 1개이다.

[오답분석]

- 18XGSDEWKhayeon-IM : 재학여부에 IM이란 코드는 자료에서 찾을 수 없다.
- 19ZGKMMWHyisoo-GR : 전공학과 중 MM코드를 가진 학과는 자료에서 찾을 수 없다.
- 22ZGIRAWKhanha0-AB : 같은 이름이 없을 경우에는 이름 뒤에 숫자를 기입하지 않고, 같은 이름이 2명 이상이라면 이름 뒤에 1부터 숫자를 기입한다.

72

- 다섯 번째 조건에 따라 G대리는 밀양을 방문한다.
- 여섯 번째 조건의 대우명제는 '밀양을 방문하면 동래를 방문하지 않는다.'이다. 이에 따라 동래는 방문하지 않는다.
- 세 번째 조건의 대우명제에 따라 목포도 방문하지 않는다.
- 첫 번째 조건에 따라 G대리는 목포를 제외하고 양산, 세종을 방문해야 한다.
- 두 번째 조건의 대우명제에 따라 성남을 방문하지 않는다.
- 네 번째 조건에 따라 익산을 방문한다.

따라서 G대리는 양산, 세종, 익산, 밀양은 방문하고, 성남, 동래, 목포는 방문하지 않는다. 이에 따라 옳은 설명을 한 사람은 세리와 진경뿐이다.

73

제시된 조건에 따르면 밀크시슬을 월요일에 섭취하는 경우와 목요일에 섭취하는 경우로 정리할 수 있다.

구분	월	화	수	목	금
경우 1	밀크시슬	비타민B	비타민C	비타민E	비타민D
경우 2	비타민B	비타민E	비타민C	밀크시슬	비타민D

따라서 수요일에는 항상 비타민C를 섭취한다.

[오답분석]

① 월요일에는 비타민B 또는 밀크시슬을 섭취한다.
② 화요일에는 비타민E 또는 비타민B를 섭취한다.
④ 경우 1에서는 비타민E를 비타민C보다 나중에 섭취한다.

74

정답 ③

문제해결을 위한 방법으로 소프트 어프로치, 하드 어프로치, 퍼실리테이션(Facilitation)이 있다. 그중 마케팅 부장은 연구소 소장과 기획팀 부장 사이에서 의사결정에 서로 공감할 수 있도록 도와주는 일을 하고 있다. 또한, 상대의 입장에서 공감을 하며, 서로 타협점을 좁혀 생산적인 결과를 도출할 수 있도록 대화를 하고 있다. 따라서 마케팅 부장이 취하는 문제해결 방법은 '퍼실리테이션'이다.

오답분석

① 소프트 어프로치 : 대부분의 기업에서 볼 수 있는 전형적인 스타일로, 조직 구성원들은 같은 문화적 토양으로 가지고 이심전심으로 서로를 이해하려 하며, 직접적인 표현보다 무언가를 시사하거나 암시를 통한 의사전달로 문제를 해결하는 방법이다.
② 하드 어프로치 : 다른 문화적 토양을 가지고 있는 구성원을 가정하고, 서로의 생각을 직설적으로 주장하며 논쟁이나 협상을 하는 방법으로 사실과 원칙에 근거한 토론이다.
④ 비판적 사고 : 어떤 주제나 주장 등에 대해 적극적으로 분석하고 종합하며 평가하는 능동적인 사고로 어떤 논증, 추론, 증거, 가치를 표현한 사례를 타당한 것으로 받아들일 것인지 결정을 내릴 때 요구되는 사고력이다.

75

정답 ③

기존 커피믹스가 잘 팔리고 있어 새로운 것에 도전하지 않는 것으로 보인다. 또한, 기존에 가지고 있는 커피를 기준으로 틀에 갇혀 블랙커피 커피믹스는 만들기 어렵다는 부정적인 시선으로 보고 있기 때문에 '발상의 전환'이 필요하다.

오답분석

① 전략적 사고 : 지금 당면하고 있는 문제와 해결 방법에만 국한되어 있지 말고, 상위 시스템 및 다른 문제와 관련이 있는지 생각해 봐야 한다.
② 분석적 사고 : 전체를 각각의 요소로 나누어 그 요소의 의미를 도출한 다음 우선순위를 부여하고 구체적인 문제해결 방법을 실행하는 것이다.
④ 내·외부자원의 효과적 활용 : 문제해결 시 기술·재료·방법·사람 등 필요한 자원 확보 계획을 수립하고, 내·외부자원을 활용하는 것을 말한다.

76

정답 ④

A가 등록한 수업은 봄 학기로 1월에 시작하여 3개월간 진행된다. 각 학기는 다음 학기와 겹치지 않으므로 봄 학기는 3월에 끝난다.

오답분석

① 등록번호 맨 앞 두 자리가 CH라고 표기되어 있으므로 중국어이다.
② 회화반과 시험반은 수강 전 모의시험을 본다고 했으므로 옳은 설명이다.
③ 모의시험을 결과 상위 50%는 LEVEL1반으로, 하위 50%는 LEVEL2반으로 나눈다고 하였으므로 LEVEL1반에 속하는 A는 상위권이라고 볼 수 있다.

77

정답 ④

S강사의 강의정보를 수강생 등록번호 순으로 정리하면 다음과 같다.
• 영어(UU) – 회화반(1) – 상위반 LEVEL1(01) – 오프라인반(B) – 여름 학기(SUM)
• 스페인어(SP) – 회화반(1) – 상위반 LEVEL1(01) – 오프라인반(B) – 여름 학기(SUM)
• 스페인어(SP) – 시험반(2) – 상위반 LEVEL1(01) – 오프라인반(B) – 겨울 학기(WIN)
수강시간에 대한 언급은 따로 없으므로 오전반(R)과 오후반(G)은 구분하지 않는다. 따라서 가능한 모든 강의를 나타내면 다음과 같다.
UU101BSUMR, UU101BSUMG, SP101BSUMR, SP101BSUMG, SP201BWINR, SP201BWING
'SP201BSUMG'는 시험반이며, 여름 학기 수업이므로 해당하지 않는다.

78

FR300BSPRG : FR(프랑스어) – 3(강사양성반) – 00(LEVEL0) – B(오프라인반) – SPR(봄 학기) – G(오후반)

오답분석

㉠ SP00HSUMR : 수강생 등록번호는 총 10자리로, 9자리인 ㉠은 사용할 수 없다.
㉢ EN300HSPRR : 맨 앞 두 자리는 언어 종류를 구분을 하는 자리로, EN을 나타내는 것은 없다.
㉣ IT202HWINR : 온라인반은 오후반만 운영한다고 했으므로 6번째 자리가 온라인반(H)을 나타낸다면 마지막 자리는 오후반(G)
만 가능하다.
㉤ GE100HFALG : 회화반은 LEVEL1반과 LEVEL2반만 존재하므로 LEVEL0반이 될 수 없다.

79

정답 ④

A ~ E의 진술을 차례대로 살펴보면, A는 B보다 먼저 탔으므로 서울역 또는 대전역에서 승차하였다. 이때, A는 자신이 C보다
먼저 탔는지 알지 못하므로 C와 같은 역에서 승차하였음을 알 수 있다. 다음으로 B는 A와 C보다 늦게 탔으므로 첫 번째 승차
역인 서울역에서 승차하지 않았으며, C는 가장 마지막에 타지 않았으므로 마지막 승차 역인 울산역에서 승차하지 않았다. 한편,
D가 대전역에서 승차하였으므로 같은 역에서 승차하는 A와 C는 서울역에서 승차하였음을 알 수 있다. 또한 마지막 역인 울산역에서
혼자 승차하는 경우에만 자신의 정확한 탑승 순서를 알 수 있으므로 자신의 탑승 순서를 아는 E가 울산역에서 승차하였다. 이를
표로 정리하면 다음과 같다.

구분	서울역		대전역		울산역
탑승객	A	C	B	D	E

따라서 'E는 울산역에서 승차하였다.'는 항상 참이 된다.

오답분석

① A는 서울역에서 승차하였다.
② B는 대전역, C는 서울역에서 승차하였으므로 서로 다른 역에서 승차하였다.
③ C는 서울역, D는 대전역에서 승차하였으므로 서로 다른 역에서 승차하였다.

80

정답 ③

ㄱ. 인천에서 중국을 경유해서 베트남으로 가는 경우에는 (210,000+310,000)×0.8=416,000원이 들고, 싱가포르로의 직항의
경우에는 580,000원이 든다. 따라서 164,000원이 더 저렴하다.
ㄷ. 갈 때는 직항으로 가는 것이 가장 저렴하여 341,000원 소요되고, 올 때도 직항이 가장 저렴하여 195,000원이 소요되므로,
최소 총비용은 536,000원이다.

오답분석

ㄴ. 왕복으로 태국은 298,000+203,000=501,000원, 싱가포르는 580,000+304,000=884,000원, 베트남은 341,000+195,000
=536,000원이 소요되기 때문에 가장 비용이 적게 드는 태국을 선택할 것이다.

81

직항이 중국을 경유하는 것보다 소요 시간이 적으므로 직항 경로별 소요 시간을 도출하면 다음과 같다.

여행지	경로	왕복 소요 시간
베트남	인천 → 베트남(5시간 20분) 베트남 → 인천(2시간 50분)	8시간 10분
태국	인천 → 태국(5시간) 태국 → 인천(3시간 10분)	8시간 10분
싱가포르	인천 → 싱가포르(4시간 50분) 싱가포르 → 인천(3시간)	7시간 50분

따라서 G씨는 소요 시간이 가장 짧은 싱가포르로 여행을 갈 것이며, 7시간 50분이 소요될 것이다.

82

세 번째 조건과 네 번째 조건을 기호로 나타내면 다음과 같다.
- D → ~E
- ~E → ~A

각각의 대우 E → ~D와 A → E에 따라 A → E → ~D가 성립하므로 A를 지방으로 발령한다면 E도 지방으로 발령하고, D는 지방으로 발령하지 않는다. 이때, 회사는 B와 D에 대하여 같은 결정을 하고, C와 E에 대하여는 다른 결정을 하므로 B와 C를 지방으로 발령하지 않는다.

따라서 A가 지방으로 발령된다면 지방으로 발령되지 않는 직원은 B, C, D 총 3명이다.

83

수원에서 134km 떨어진 강원도로 여행을 가는 데 필요한 연료량과 연료비는 다음과 같다.

구분	필요 연료량	연료비
A자동차	134÷7≒19kW	19×300＝5,700원
B자동차	134÷6≒22kW	22×300＝6,600원
C자동차	134÷18≒7L	7×1,780＝12,460원
D자동차	134÷20≒6L	6×1,520＝9,120원

G씨의 가족 구성원은 8명이므로 B자동차를 이용할 경우 6인승 이상의 차를 렌트해야 하지만, 나머지 차는 4인승 또는 5인승이므로 같이 빌릴 수 없다. 따라서 B자동차를 제외한 A, C, D자동차 중 2대를 렌트해야 하며, 대여비는 같으므로 세 자동차 중 연료비가 저렴한 A자동차와 D자동차를 렌트한다.

84

세레나데 & 봄의 제전은 55% 할인된 가격인 27,000원에서 10%가 티켓 수수료로 추가된다고 했으니 2,700원을 더한 29,700원이 총 결제가격이다. 따라서 티켓판매 수량이 1,200장이니 총수익은 35,640,000원이다.

[오답분석]

① 판매자료에 티켓이 모두 50% 이상 할인율을 가지고 있어 할인율이 크다는 생각을 할 수 있다.
② 티켓 판매가 부진해 소셜커머스도 반값 이상의 할인을 한다는 생각은 충분히 할 수 있는 생각이다.
③ 백조의 호수의 경우 2월 5일 ~ 2월 10일까지 6일이라는 가장 짧은 기간 동안 티켓을 판매했지만, 1,787장으로 가장 높은 판매량을 기록하고 있다. 설 연휴와 더불어 휴일에 티켓 수요가 늘 것을 예상해 일정을 짧게 잡아 단기간에 빠르게 판매량을 높인 것을 유추할 수 있다.

85

고객관리코드 순으로 내용을 정리하면 다음과 같다.
간병보험 상품(NC) – 해지환급금 미지급(N) – 남성(01) – 납입기간·납입주기 일시납(0000) – 보장기간 100세(10)
따라서 남성의 고객관리코드는 'NCN01000010'이다.

86

고객관리코드 순서로 내용을 정리하면 다음과 같다.
- 충치치료와 관련된 보험 내용이므로 치아보험으로 보는 것이 적절하다. → TO
- 해지환급금은 지급받되 지급률은 최대한 낮게 한다 하였으므로 30% 지급이 가장 적절하다. → R
- 성별은 언급되어 있지 않기에 여성, 남성 모두 가능하다. → 01 또는 10
- 치아보험의 경우, 보험기간은 최대 20년까지 가능하다. A는 보장기간과 납입기간을 같게 한다고 했으므로 모두 20년이며, 납입주기는 연납이다. → 200102

따라서 고객 A의 고객관리코드는 'TOR01200102' 또는 'TOR10200102'이다.

87

- 먼저 보험기간에 대한 제약이 없는 보험 상품은 종합보험·암보험·어린이보험·간병보험이므로, 치아보험(TO)과 생활보장보험 (LF)을 가입한 고객을 지우면 다음과 같다.

SYY01100102	NCP01201202	CCQ10151202	LFR10151220
CCR10000008	SYR01151203	BBN10100108	SYY01101209
LFP10101220	TOQ01000001	NCY01101208	BBQ01201209
TOY10200120	CCQ10000010	CCR01301210	SYN10200110

- 다음으로 해지환급금의 일부만을 지급받는다 하였으므로, 전체를 지급받거나(Y) 지급받지 않는(N) 고객을 지우면 다음과 같다.

SYY01100102	NCP01201202	CCQ10151202	LFR10151220
CCR10000008	SYR01151203	BBN10100108	SYY01101209
LFP10101220	TOQ01000001	NCY01101208	BBQ01201209
TOY10200120	CCQ10000010	CCR01301210	SYN10200110

- 마지막으로 납입기간이 보장기간보다 짧은 월납 고객이 추석선물 지급 대상이므로, 연납(01) 또는 일시불(00)인 고객을 제외한다.

SYY01100102	NCP01201202	CCQ10151202	LFR10151220
CCR10000008	SYR01151203	BBN10100108	SYY01101209
LFP10101220	TOQ01000001	NCY01101208	BBQ01201209
TOY10200120	CCQ10000010	CCR01301210	SYN10200110

남은 고객 중에서 납입기간과 보장기간을 비교하면 다음과 같다.

NCP01201202	: 납입기간 20년＝보장기간 20년
CCQ10151202	: 납입기간 15년＜보장기간 20년
SYR01151203	: 납입기간 15년＜보장기간 30년
BBQ01201209	: 납입기간 20년≤보장기간 90세까지
CCR01301210	: 납입기간 30년≤보장기간 100세까지

따라서 80 ～ 100세까지 보장은 납입기간이 보장기간보다 짧은지 같은지 알 수 없으므로 납입기간이 보장기간보다 짧은 고객은 2명이다.

88

예금 업무를 보려는 사람들의 대기 순번과 공과금 업무를 보려는 사람들의 대기 순번은 별개로 카운트된다. A는 예금 업무이고, A보다 B가 늦게 발권하였으나 대기번호는 A보다 빠른 4번이므로 B는 공과금 업무를 보려고 한다는 사실을 알 수 있다. 그리고 1인당 업무 처리시간은 모두 동일하게 주어지므로 주어진 조건들을 표로 정리하면 다음과 같다.

예금 창구		공과금 창구	
대기번호 2번	업무진행 중	대기번호 3번	업무진행 중
대기번호 3번	−	대기번호 4번	B
대기번호 4번	−	대기번호 5번	C
대기번호 5번	E	대기번호 6번	−
대기번호 6번	A	대기번호 7번	−
대기번호 −번	D	대기번호 8번	−

따라서 B − C − E − A − D 순서로 업무를 보게 된다.

89

유지보수인 양천구와 영등포구의 사업이 개발구축으로 잘못 적혔다.

오답분석

① 강서구와 서초구의 사업기간이 1년 미만이다.
② 강서구의 사업금액이 5.6억 원으로, 6억 원 미만이다.
④ 사업금액이 가장 많은 사업은 양천구이고, 사업기간이 2년 미만인 사업은 마포구이므로 서로 다르다.

90

정답 ③

기현이가 휴대폰 구매 시 고려하는 사항의 순위에 따라 제품의 평점을 정리하면 다음과 같다.

구분	A사	B사	L사	S사
디자인	4	3	4	4
카메라 해상도	4	제외	4	4
가격	3	제외	3	3
A/S 편리성	2	제외	4	4
방수	제외	제외	5	3

먼저 디자인 항목에서 가장 낮은 평점이 가장 먼저 B사 제품은 제외된다. 카메라 해상도와 가격 항목에서는 A사, L사, S사 제품의 평점이 모두 동일하지만, A/S 편리성 항목에서 A사 제품의 평점이 L사와 S사에 비해 낮으므로 A사 제품이 제외된다. 다음으로 고려하는 방수 항목에서는 L사가 S사보다 평점이 높으므로 결국 기현이는 L사의 휴대폰을 구매할 것이다.

만약 우리가 할 수 있는 일을 모두 한다면, 우리들은 우리 자신에 깜짝 놀랄 것이다.

- 에디슨 -

NCS 금융감독원 필기시험 답안카드

번호	답란	번호	답란	번호	답란	번호	답란	번호	답란
1	① ② ③ ④	21	① ② ③ ④	41	① ② ③ ④	61	① ② ③ ④	81	① ② ③ ④
2	① ② ③ ④	22	① ② ③ ④	42	① ② ③ ④	62	① ② ③ ④	82	① ② ③ ④
3	① ② ③ ④	23	① ② ③ ④	43	① ② ③ ④	63	① ② ③ ④	83	① ② ③ ④
4	① ② ③ ④	24	① ② ③ ④	44	① ② ③ ④	64	① ② ③ ④	84	① ② ③ ④
5	① ② ③ ④	25	① ② ③ ④	45	① ② ③ ④	65	① ② ③ ④	85	① ② ③ ④
6	① ② ③ ④	26	① ② ③ ④	46	① ② ③ ④	66	① ② ③ ④	86	① ② ③ ④
7	① ② ③ ④	27	① ② ③ ④	47	① ② ③ ④	67	① ② ③ ④	87	① ② ③ ④
8	① ② ③ ④	28	① ② ③ ④	48	① ② ③ ④	68	① ② ③ ④	88	① ② ③ ④
9	① ② ③ ④	29	① ② ③ ④	49	① ② ③ ④	69	① ② ③ ④	89	① ② ③ ④
10	① ② ③ ④	30	① ② ③ ④	50	① ② ③ ④	70	① ② ③ ④	90	① ② ③ ④
11	① ② ③ ④	31	① ② ③ ④	51	① ② ③ ④	71	① ② ③ ④		
12	① ② ③ ④	32	① ② ③ ④	52	① ② ③ ④	72	① ② ③ ④		
13	① ② ③ ④	33	① ② ③ ④	53	① ② ③ ④	73	① ② ③ ④		
14	① ② ③ ④	34	① ② ③ ④	54	① ② ③ ④	74	① ② ③ ④		
15	① ② ③ ④	35	① ② ③ ④	55	① ② ③ ④	75	① ② ③ ④		
16	① ② ③ ④	36	① ② ③ ④	56	① ② ③ ④	76	① ② ③ ④		
17	① ② ③ ④	37	① ② ③ ④	57	① ② ③ ④	77	① ② ③ ④		
18	① ② ③ ④	38	① ② ③ ④	58	① ② ③ ④	78	① ② ③ ④		
19	① ② ③ ④	39	① ② ③ ④	59	① ② ③ ④	79	① ② ③ ④		
20	① ② ③ ④	40	① ② ③ ④	60	① ② ③ ④	80	① ② ③ ④		

NCS 금융감독원 필기시험 답안카드

1	① ② ③ ④	21	① ② ③ ④	41	① ② ③ ④	61	① ② ③ ④	81	① ② ③ ④
2	① ② ③ ④	22	① ② ③ ④	42	① ② ③ ④	62	① ② ③ ④	82	① ② ③ ④
3	① ② ③ ④	23	① ② ③ ④	43	① ② ③ ④	63	① ② ③ ④	83	① ② ③ ④
4	① ② ③ ④	24	① ② ③ ④	44	① ② ③ ④	64	① ② ③ ④	84	① ② ③ ④
5	① ② ③ ④	25	① ② ③ ④	45	① ② ③ ④	65	① ② ③ ④	85	① ② ③ ④
6	① ② ③ ④	26	① ② ③ ④	46	① ② ③ ④	66	① ② ③ ④	86	① ② ③ ④
7	① ② ③ ④	27	① ② ③ ④	47	① ② ③ ④	67	① ② ③ ④	87	① ② ③ ④
8	① ② ③ ④	28	① ② ③ ④	48	① ② ③ ④	68	① ② ③ ④	88	① ② ③ ④
9	① ② ③ ④	29	① ② ③ ④	49	① ② ③ ④	69	① ② ③ ④	89	① ② ③ ④
10	① ② ③ ④	30	① ② ③ ④	50	① ② ③ ④	70	① ② ③ ④	90	① ② ③ ④
11	① ② ③ ④	31	① ② ③ ④	51	① ② ③ ④	71	① ② ③ ④		
12	① ② ③ ④	32	① ② ③ ④	52	① ② ③ ④	72	① ② ③ ④		
13	① ② ③ ④	33	① ② ③ ④	53	① ② ③ ④	73	① ② ③ ④		
14	① ② ③ ④	34	① ② ③ ④	54	① ② ③ ④	74	① ② ③ ④		
15	① ② ③ ④	35	① ② ③ ④	55	① ② ③ ④	75	① ② ③ ④		
16	① ② ③ ④	36	① ② ③ ④	56	① ② ③ ④	76	① ② ③ ④		
17	① ② ③ ④	37	① ② ③ ④	57	① ② ③ ④	77	① ② ③ ④		
18	① ② ③ ④	38	① ② ③ ④	58	① ② ③ ④	78	① ② ③ ④		
19	① ② ③ ④	39	① ② ③ ④	59	① ② ③ ④	79	① ② ③ ④		
20	① ② ③ ④	40	① ② ③ ④	60	① ② ③ ④	80	① ② ③ ④		

성 명

지원 분야

문제지 형별기재란

Ⓐ Ⓑ

형 ( )

수험번호

⓪ ① ② ③ ④ ⑤ ⑥ ⑦ ⑧ ⑨
⓪ ① ② ③ ④ ⑤ ⑥ ⑦ ⑧ ⑨
⓪ ① ② ③ ④ ⑤ ⑥ ⑦ ⑧ ⑨
⓪ ① ② ③ ④ ⑤ ⑥ ⑦ ⑧ ⑨
⓪ ① ② ③ ④ ⑤ ⑥ ⑦ ⑧ ⑨
⓪ ① ② ③ ④ ⑤ ⑥ ⑦ ⑧ ⑨
⓪ ① ② ③ ④ ⑤ ⑥ ⑦ ⑧ ⑨

감독위원 확인

(인)

※ 본 답안지는 마킹연습용 모의 답안지입니다.

NCS 금융감독원 필기시험 답안카드

성 명

지원 분야

문제지 형별기재란

( )형   Ⓐ Ⓑ

수험번호

① ② ③ ④ ⑤ ⑥ ⑦ ⑧ ⑨ ⓪

감독위원 확인

㊞

	①	②	③	④		①	②	③	④		①	②	③	④		①	②	③	④		①	②	③	④
1	①	②	③	④	21	①	②	③	④	41	①	②	③	④	61	①	②	③	④	81	①	②	③	④
2	①	②	③	④	22	①	②	③	④	42	①	②	③	④	62	①	②	③	④	82	①	②	③	④
3	①	②	③	④	23	①	②	③	④	43	①	②	③	④	63	①	②	③	④	83	①	②	③	④
4	①	②	③	④	24	①	②	③	④	44	①	②	③	④	64	①	②	③	④	84	①	②	③	④
5	①	②	③	④	25	①	②	③	④	45	①	②	③	④	65	①	②	③	④	85	①	②	③	④
6	①	②	③	④	26	①	②	③	④	46	①	②	③	④	66	①	②	③	④	86	①	②	③	④
7	①	②	③	④	27	①	②	③	④	47	①	②	③	④	67	①	②	③	④	87	①	②	③	④
8	①	②	③	④	28	①	②	③	④	48	①	②	③	④	68	①	②	③	④	88	①	②	③	④
9	①	②	③	④	29	①	②	③	④	49	①	②	③	④	69	①	②	③	④	89	①	②	③	④
10	①	②	③	④	30	①	②	③	④	50	①	②	③	④	70	①	②	③	④	90	①	②	③	④
11	①	②	③	④	31	①	②	③	④	51	①	②	③	④	71	①	②	③	④					
12	①	②	③	④	32	①	②	③	④	52	①	②	③	④	72	①	②	③	④					
13	①	②	③	④	33	①	②	③	④	53	①	②	③	④	73	①	②	③	④					
14	①	②	③	④	34	①	②	③	④	54	①	②	③	④	74	①	②	③	④					
15	①	②	③	④	35	①	②	③	④	55	①	②	③	④	75	①	②	③	④					
16	①	②	③	④	36	①	②	③	④	56	①	②	③	④	76	①	②	③	④					
17	①	②	③	④	37	①	②	③	④	57	①	②	③	④	77	①	②	③	④					
18	①	②	③	④	38	①	②	③	④	58	①	②	③	④	78	①	②	③	④					
19	①	②	③	④	39	①	②	③	④	59	①	②	③	④	79	①	②	③	④					
20	①	②	③	④	40	①	②	③	④	60	①	②	③	④	80	①	②	③	④					

〈절취선〉

NCS 금융감독원 필기시험 답안카드

성 명	

지원 분야	

문제지 형별기재란	Ⓐ Ⓑ
( )형	

수 험 번 호

⓪	①	②	③	④	⑤	⑥	⑦	⑧	⑨
⓪	①	②	③	④	⑤	⑥	⑦	⑧	⑨
⓪	①	②	③	④	⑤	⑥	⑦	⑧	⑨
⓪	①	②	③	④	⑤	⑥	⑦	⑧	⑨
⓪	①	②	③	④	⑤	⑥	⑦	⑧	⑨
⓪	①	②	③	④	⑤	⑥	⑦	⑧	⑨
⓪	①	②	③	④	⑤	⑥	⑦	⑧	⑨

감독위원 확인	
(인)	

문번	답란	문번	답란	문번	답란	문번	답란	문번	답란
1	① ② ③ ④	21	① ② ③ ④	41	① ② ③ ④	61	① ② ③ ④	81	① ② ③ ④
2	① ② ③ ④	22	① ② ③ ④	42	① ② ③ ④	62	① ② ③ ④	82	① ② ③ ④
3	① ② ③ ④	23	① ② ③ ④	43	① ② ③ ④	63	① ② ③ ④	83	① ② ③ ④
4	① ② ③ ④	24	① ② ③ ④	44	① ② ③ ④	64	① ② ③ ④	84	① ② ③ ④
5	① ② ③ ④	25	① ② ③ ④	45	① ② ③ ④	65	① ② ③ ④	85	① ② ③ ④
6	① ② ③ ④	26	① ② ③ ④	46	① ② ③ ④	66	① ② ③ ④	86	① ② ③ ④
7	① ② ③ ④	27	① ② ③ ④	47	① ② ③ ④	67	① ② ③ ④	87	① ② ③ ④
8	① ② ③ ④	28	① ② ③ ④	48	① ② ③ ④	68	① ② ③ ④	88	① ② ③ ④
9	① ② ③ ④	29	① ② ③ ④	49	① ② ③ ④	69	① ② ③ ④	89	① ② ③ ④
10	① ② ③ ④	30	① ② ③ ④	50	① ② ③ ④	70	① ② ③ ④	90	① ② ③ ④
11	① ② ③ ④	31	① ② ③ ④	51	① ② ③ ④	71	① ② ③ ④		
12	① ② ③ ④	32	① ② ③ ④	52	① ② ③ ④	72	① ② ③ ④		
13	① ② ③ ④	33	① ② ③ ④	53	① ② ③ ④	73	① ② ③ ④		
14	① ② ③ ④	34	① ② ③ ④	54	① ② ③ ④	74	① ② ③ ④		
15	① ② ③ ④	35	① ② ③ ④	55	① ② ③ ④	75	① ② ③ ④		
16	① ② ③ ④	36	① ② ③ ④	56	① ② ③ ④	76	① ② ③ ④		
17	① ② ③ ④	37	① ② ③ ④	57	① ② ③ ④	77	① ② ③ ④		
18	① ② ③ ④	38	① ② ③ ④	58	① ② ③ ④	78	① ② ③ ④		
19	① ② ③ ④	39	① ② ③ ④	59	① ② ③ ④	79	① ② ③ ④		
20	① ② ③ ④	40	① ② ③ ④	60	① ② ③ ④	80	① ② ③ ④		

NCS 금융감독원 필기시험 답안카드

성 명

지원 분야

문제지 형별기재란

( )형   Ⓐ Ⓑ

수험번호

감독위원 확인

(인)

1	① ② ③ ④	21	① ② ③ ④	41	① ② ③ ④	61	① ② ③ ④	81	① ② ③ ④
2	① ② ③ ④	22	① ② ③ ④	42	① ② ③ ④	62	① ② ③ ④	82	① ② ③ ④
3	① ② ③ ④	23	① ② ③ ④	43	① ② ③ ④	63	① ② ③ ④	83	① ② ③ ④
4	① ② ③ ④	24	① ② ③ ④	44	① ② ③ ④	64	① ② ③ ④	84	① ② ③ ④
5	① ② ③ ④	25	① ② ③ ④	45	① ② ③ ④	65	① ② ③ ④	85	① ② ③ ④
6	① ② ③ ④	26	① ② ③ ④	46	① ② ③ ④	66	① ② ③ ④	86	① ② ③ ④
7	① ② ③ ④	27	① ② ③ ④	47	① ② ③ ④	67	① ② ③ ④	87	① ② ③ ④
8	① ② ③ ④	28	① ② ③ ④	48	① ② ③ ④	68	① ② ③ ④	88	① ② ③ ④
9	① ② ③ ④	29	① ② ③ ④	49	① ② ③ ④	69	① ② ③ ④	89	① ② ③ ④
10	① ② ③ ④	30	① ② ③ ④	50	① ② ③ ④	70	① ② ③ ④	90	① ② ③ ④
11	① ② ③ ④	31	① ② ③ ④	51	① ② ③ ④	71	① ② ③ ④		
12	① ② ③ ④	32	① ② ③ ④	52	① ② ③ ④	72	① ② ③ ④		
13	① ② ③ ④	33	① ② ③ ④	53	① ② ③ ④	73	① ② ③ ④		
14	① ② ③ ④	34	① ② ③ ④	54	① ② ③ ④	74	① ② ③ ④		
15	① ② ③ ④	35	① ② ③ ④	55	① ② ③ ④	75	① ② ③ ④		
16	① ② ③ ④	36	① ② ③ ④	56	① ② ③ ④	76	① ② ③ ④		
17	① ② ③ ④	37	① ② ③ ④	57	① ② ③ ④	77	① ② ③ ④		
18	① ② ③ ④	38	① ② ③ ④	58	① ② ③ ④	78	① ② ③ ④		
19	① ② ③ ④	39	① ② ③ ④	59	① ② ③ ④	79	① ② ③ ④		
20	① ② ③ ④	40	① ② ③ ④	60	① ② ③ ④	80	① ② ③ ④		

수험번호 마킹란:
Ⓞ ① ② ③ ④ ⑤ ⑥ ⑦ ⑧ ⑨

〈절취선〉

※ 본 답안지는 마킹연습용 모의 답안지입니다.

NCS 금융감독원 필기시험 답안카드

성 명	

지원 분야	

문제지 형별기재란	ⒶⒷ
( )형	

수 험 번 호

⓪	①	②	③	④	⑤	⑥	⑦	⑧	⑨
⓪	①	②	③	④	⑤	⑥	⑦	⑧	⑨
⓪	①	②	③	④	⑤	⑥	⑦	⑧	⑨
⓪	①	②	③	④	⑤	⑥	⑦	⑧	⑨
⓪	①	②	③	④	⑤	⑥	⑦	⑧	⑨
⓪	①	②	③	④	⑤	⑥	⑦	⑧	⑨
⓪	①	②	③	④	⑤	⑥	⑦	⑧	⑨

감독위원 확인	
(인)	

문항별 답란 (1~90): 각 문항 ① ② ③ ④

성 명

지원 분야

문제지 형별기재란

( )형 Ⓐ
Ⓑ

수 험 번 호

⓪ ① ② ③ ④ ⑤ ⑥ ⑦ ⑧ ⑨
⓪ ① ② ③ ④ ⑤ ⑥ ⑦ ⑧ ⑨
⓪ ① ② ③ ④ ⑤ ⑥ ⑦ ⑧ ⑨
⓪ ① ② ③ ④ ⑤ ⑥ ⑦ ⑧ ⑨
⓪ ① ② ③ ④ ⑤ ⑥ ⑦ ⑧ ⑨
⓪ ① ② ③ ④ ⑤ ⑥ ⑦ ⑧ ⑨
⓪ ① ② ③ ④ ⑤ ⑥ ⑦ ⑧ ⑨

감독위원 확인

(인)

문항	답안	문항	답안	문항	답안	문항	답안	문항	답안
1	①②③④	21	①②③④	41	①②③④	61	①②③④	81	①②③④
2	①②③④	22	①②③④	42	①②③④	62	①②③④	82	①②③④
3	①②③④	23	①②③④	43	①②③④	63	①②③④	83	①②③④
4	①②③④	24	①②③④	44	①②③④	64	①②③④	84	①②③④
5	①②③④	25	①②③④	45	①②③④	65	①②③④	85	①②③④
6	①②③④	26	①②③④	46	①②③④	66	①②③④	86	①②③④
7	①②③④	27	①②③④	47	①②③④	67	①②③④	87	①②③④
8	①②③④	28	①②③④	48	①②③④	68	①②③④	88	①②③④
9	①②③④	29	①②③④	49	①②③④	69	①②③④	89	①②③④
10	①②③④	30	①②③④	50	①②③④	70	①②③④	90	①②③④
11	①②③④	31	①②③④	51	①②③④	71	①②③④		
12	①②③④	32	①②③④	52	①②③④	72	①②③④		
13	①②③④	33	①②③④	53	①②③④	73	①②③④		
14	①②③④	34	①②③④	54	①②③④	74	①②③④		
15	①②③④	35	①②③④	55	①②③④	75	①②③④		
16	①②③④	36	①②③④	56	①②③④	76	①②③④		
17	①②③④	37	①②③④	57	①②③④	77	①②③④		
18	①②③④	38	①②③④	58	①②③④	78	①②③④		
19	①②③④	39	①②③④	59	①②③④	79	①②③④		
20	①②③④	40	①②③④	60	①②③④	80	①②③④		

NCS 금융감독원 필기시험 답안카드

문번	답란	문번	답란	문번	답란	문번	답란	문번	답란
1	① ② ③ ④	21	① ② ③ ④	41	① ② ③ ④	61	① ② ③ ④	81	① ② ③ ④
2	① ② ③ ④	22	① ② ③ ④	42	① ② ③ ④	62	① ② ③ ④	82	① ② ③ ④
3	① ② ③ ④	23	① ② ③ ④	43	① ② ③ ④	63	① ② ③ ④	83	① ② ③ ④
4	① ② ③ ④	24	① ② ③ ④	44	① ② ③ ④	64	① ② ③ ④	84	① ② ③ ④
5	① ② ③ ④	25	① ② ③ ④	45	① ② ③ ④	65	① ② ③ ④	85	① ② ③ ④
6	① ② ③ ④	26	① ② ③ ④	46	① ② ③ ④	66	① ② ③ ④	86	① ② ③ ④
7	① ② ③ ④	27	① ② ③ ④	47	① ② ③ ④	67	① ② ③ ④	87	① ② ③ ④
8	① ② ③ ④	28	① ② ③ ④	48	① ② ③ ④	68	① ② ③ ④	88	① ② ③ ④
9	① ② ③ ④	29	① ② ③ ④	49	① ② ③ ④	69	① ② ③ ④	89	① ② ③ ④
10	① ② ③ ④	30	① ② ③ ④	50	① ② ③ ④	70	① ② ③ ④	90	① ② ③ ④
11	① ② ③ ④	31	① ② ③ ④	51	① ② ③ ④	71	① ② ③ ④		
12	① ② ③ ④	32	① ② ③ ④	52	① ② ③ ④	72	① ② ③ ④		
13	① ② ③ ④	33	① ② ③ ④	53	① ② ③ ④	73	① ② ③ ④		
14	① ② ③ ④	34	① ② ③ ④	54	① ② ③ ④	74	① ② ③ ④		
15	① ② ③ ④	35	① ② ③ ④	55	① ② ③ ④	75	① ② ③ ④		
16	① ② ③ ④	36	① ② ③ ④	56	① ② ③ ④	76	① ② ③ ④		
17	① ② ③ ④	37	① ② ③ ④	57	① ② ③ ④	77	① ② ③ ④		
18	① ② ③ ④	38	① ② ③ ④	58	① ② ③ ④	78	① ② ③ ④		
19	① ② ③ ④	39	① ② ③ ④	59	① ② ③ ④	79	① ② ③ ④		
20	① ② ③ ④	40	① ② ③ ④	60	① ② ③ ④	80	① ② ③ ④		

성명

지원분야

문제지 형별기재란 Ⓐ Ⓑ

(형)

수험번호

⓪ ① ② ③ ④ ⑤ ⑥ ⑦ ⑧ ⑨

감독위원 확인

(인)

2024 최신판 SD에듀 All-New 금융감독원
NCS + 논술 + 최종점검 모의고사 5회 + 무료NCS특강

개정3판1쇄 발행	2024년 04월 30일 (인쇄 2023년 12월 19일)
초 판 발 행	2021년 09월 20일 (인쇄 2021년 08월 12일)
발 행 인	박영일
책 임 편 집	이해욱
편 저	SDC(Sidae Data Center)
편 집 진 행	김재희
표지디자인	조혜령
편집디자인	김지수 · 장성복
발 행 처	(주)시대고시기획
출 판 등 록	제10-1521호
주 소	서울시 마포구 큰우물로 75 [도화동 538 성지 B/D] 9F
전 화	1600-3600
팩 스	02-701-8823
홈 페 이 지	www.sdedu.co.kr

I S B N	979-11-383-6397-6 (13320)
정 가	25,000원

금융
감독원

정답 및 해설

기업별 맞춤 학습 "기본서" 시리즈

공기업 취업의 기초부터 심화까지! 합격의 문을 여는 **Hidden Key!**

기업별 시험 직전 마무리 "봉투모의고사" 시리즈

실제 시험과 동일하게 마무리! 합격을 향한 **Last Spurt!**

※**기업별 시리즈** : HUG 주택도시보증공사/LH 한국토지주택공사/강원랜드/건강보험심사평가원/국가철도공단/국민건강
보험공단/국민연금공단/근로복지공단/발전회사/부산교통공사/서울교통공사/인천국제공항공사/코레일 한국철도공사/
한국농어촌공사/한국도로공사/한국산업인력공단/한국수력원자력/한국수자원공사/한국전력공사/한전KPS/항만공사 등

※도서의 이미지 및 구성은 변동될 수 있습니다.

SD에듀가 합격을 준비하는 당신에게 제안합니다.

성공의 기회! **SD에듀**를 잡으십시오.
성공의 Next Step!

결심하셨다면 지금 당장 실행하십시오.
SD에듀와 함께라면 문제없습니다.

기회란 포착되어 활용되기 전에는
기회인지조차 알 수 없는 것이다.
- 마크 트웨인 -